세계 · 지방화시대의 한국학 7

일반이론 정립

세계 · 지방화시대의 한국학 7

일반이론 정립

조 동 일

계명대학교 출판부

머 리 말

시간이 생각한 것보다 빨리 흐르면서 나중에 후회하지 않게 충실하게 살도록 다짐한다. 또 한 학기를 끝내면서 헤아려보니, 40년 80학기 동안 대학 교단에 서서 강의를 했다. 오랜 세월이라고 하지 않을 수 없다. 추수를 다시 하는 감회가 새삼스럽다는 것을 관심을 가진 분들에게 전하고 싶다.

서울대학교에서 정년퇴임하고 계명대학교 석좌교수가 되어 새 출발을 한 다음 일곱 학기가 지나가고 세 학기가 남았다. 세계·지방화 시대의 한국학을 어떻게 할 것인지 물으면서 열 번 하는 강의의 일곱 번째 순서를 끝내고 얻은 결과를 거두어들인다. 학문 연구의 최종 목표라고 할 수 있는 일반이론 정립의 비결을 찾고자 한 내용이다. 이 작업이 어떤 위치를 차지하는지 알리기 위해 전후의 계획을 모두 제시하면 다음과 같다.

1 길을 찾으면서 (2004년 2학기 강의, 2005년 2월 출간)
2 경계 넘어서기 (2005년 1학기 강의, 2005년 8월 출간)
3 국내외 학문의 만남 (2005년 2학기 강의, 2006년 2월 출간)

4 고금학문의 합동작전 (2006년 1학기 강의, 2006년 8월 출간)
5 표면에서 내면으로 (2006년 2학기 강의, 2007년 2월 출간)
6 비교연구의 방법 (2007년 1학기 강의, 2007년 8월 출간)
7 일반이론 정립 (2007년 2학기 강의, 2008년 2월 출간)

8 학자의 생애 (2008년 1학기 강의, 2008년 8월 출간)
9 학문의 정책과 제도 (2008년 2학기 강의, 2009년 2월 출간)
10 학문하는 보람 (2009년 1학기 강의, 2009년 8월 출간)

세 단계로 진행되는 작업이다. 경계를 나타내기 위해 띄어 썼다. 1부터 3까지에서는 학문 밖에서 안으로 들어섰다. 4부터 7까지에서는 학문 안에 들어앉아 해야 할 일을 했다. 8부터 10까지에서는 학문 안에서 밖으로 나간다.

학문 안에 들어앉아 해야 할 작업 네 번째 것을 이 책에서 맡는다. 고금학문의 합동작전에서 학문의 전통을 물려받고, 표면에서 내면으로 나아가면서 자료학을 넘어서고, 비교연구의 방법을 마련해 시야를 확대한 데 이어서, 개별연구를 넘어선 일반이론 정립으로 한국학이 세계학이게 하는 가능성과 필연성을 밝힌다. 이미 한 작업을 이용해 논거를 밝히고 필요한 사례를 제시하면서 논의의 발전을 이룩한다.

이번에도 전과 같은 방법을 사용해 집필과 강의와 병행했다. 미리 써서 홈페이지에 올린 원고를 이용해 누구나 청강하고 토론할 수 있는 공개강의를 하고, 수정하고 정리하는 과정을 거쳐 완성도를 높였다. 멀리서도 와서 참여한 분들과의 합작 덕분에 능력 이상의 결과를 얻었음을 밝히고 깊이 감사한다.

출판에 넘기는 최종 단계의 원고를 여러 동학에게 보내고 잘못을 찾아 바로잡아 달라고 간청했다. 수고를 아끼지 않고 도와준 분들이 이복규, 윤동재, 최귀묵, 김영숙, 안장리, 황재문, 이경하, 윤주필, 임재해, 정천구, 안창수, 장옥관, 이동길, 육재용, 이진오, 박미영, 정소연, 안동준 등 여러 학우이다. 학연의 소중함을 거듭 생각한다.

2008년 1월 15일

교정을 마치면서

조 동 일

제1강 한국학의 미래상

소개하는 말

2006년 5월 31일 서울대학교 개교 60주년 기념 국제학술회의에서 기조발표를 한 <21세기 한국학을 내다보면서>을 여기 내놓는다. 내가 하고 있는 강의에 관한 사항도 그 당시의 것이고, 추가해 설명하지 않는다. 제목은 바꾸고, 내용을 조금 손질하는 데 그친다. 덧붙임은 발표를 마친 다음에 썼다.

주최측에서 주문한 제목에 맞추어 너무나도 당연한 말을 했는데, 듣는 사람들은 수긍하는 것 같지 않았다. 연구 양상을 정리해 검토하려고 하지 않고 내 견해를 앞세우는 것이 관례에 어긋났을 수 있었다. 뜻밖의 주장을 과격하게 편다고 의아하게 여기는 반응이 확인되었다. 새로운 학문을 위해 커다란 전환이 있어야 한다고 판단하고 혼자 앞서 나갈 수 없다고 여겨 동참을 권유하고자 했는데 뜻을 이루지 못한 것 같다.

서울대학교는 한국을 대표하는 대학이어서 학문 연구에서도 모범을 보인다고 여기는 것은 착각이다. 지난 60년 동안 과연 무엇을 했는지 깊이 반성해야 한다. 그러나 반성과 비판에서 진로가 바로 도출되지는 않는다. 앞으로의 60년은 아주 달라져야 한다고 요구하는 것이 더욱 긴요한 과업이다. 무엇이 어떻게 달라져야 하는지 내가 하고 있는 일을 예증으로 삼아 구체적으로 제시하려고 노력했다.

둘러보기

21세기 한국학의 방향을 제시하려면, 먼저 21세기는 20세기와 어떻게 다를지 알아야 한다. 지금 우리는 20세기를 끝내고 21세기에 들어섰다. 21세기 동안에 커다란 시대 변화가 있을 것으로 예견된다. 이에 관해 고찰하는 것이 연구의 우선 과제이다.

20세기는 강대국이 세계를 분할하고 지배한 시대였다. 그 진통이 미쳐와 한국은 주권을 잃었다가 되찾자 남북이 분단되고 전쟁을 겪었다. 이제 통일을 위한 접근이 어렵게 시도되고, 뒤떨어진 처지를 탈피하려는 노력의 성과는 평가할 만한 수준에 이르렀다. 21세기는 20세기와 많이 다를 것이다. 한국이 통일되고 번영을 누리면서 창조적 역량을 다각도로 발휘해 세계사의 불행을 시정하는 데 적극 기여하리라고 기대한다.

20세기의 한국학은 자기 방어를 위한 배타적인 민족주의를 기본이념으로 삼았다. 뒤떨어져 있는 처지를 비관하지 말고 희망을 가지자. 외세에 맞서서 주권을 찾고 주체성을 지키자. 민족국가의 건설과 통일에 역량을 집중시켜 발전을 이룩하자. 이런 주장을 실현하려고 분투했으나 만족스럽지 못하다. 도달한 성과가, 비교대상인 선진국에 미치지 못해 불만이다. 많은 과업이 아직 미완 상태이다. 통일이 이루어지지 않고 남북의 긴장관계가 지속되는 것이 커다란 불행이고 부담이다.

그러나 많은 것이 달라졌다. 뒤떨어진 처지에 대한 비관이 사라지고, 피해의식을 가지고 방어로 일관하지 않게 되었다. 불변의 선진국은 있을 수 없으며, 각기 자기 장기를 살려 어느 부문에서는 앞서 나갈 수 있다는 것을 깨달았다. 자기 방어를 위한 배타적인 민족주의를, 서로 대등한 위치에서 상호협력을 이룩하는 개방적인 민족주의로 바꾸어놓는 과정에 들어섰다. 어느 일방의 패권주의를 거부하고 바람직한 세계화를 이룩하는 데 적극 기여하고자 한다.

이런 생각이 기술개발과 상품수출에서 먼저 나타나 사회 전반으로 확대되고 있다. 우리가 세계 정상에 서서 앞으로의 발전을 선도할 수 있다는 것이 사고방식 전환을 촉구하는 소중한 체험이다. 대중문화 창조물이 밖으로 나아가 기대 이상의 호응을 얻어 韓流라는 것을 이루자 자기 인식을 다시 하지 않을 수 없게 되었다. 어째서 그럴 수 있는가 말해야 하고, 어떤 노력이 더 필요한지 알아내야 한다.

변화의 정체가 무엇이고, 왜 나타났으며, 미래의 전망은 어떤지 말하지 못하고 있어 갑갑하다. 경험을 통해 확인한 개별적 사실, 여기저기서 얻은 단편적인 인식만 열거하고 있어 전모는 파악되지 않는다. 지금까지 해온 학문과는 다른 새로운 학문을 해야 의문에 대답할 수 있다. 새로운 학문이 21세기 한국학이다.

우리가 해야 할 학문이 그것만은 아니다. 20세기 동안 줄곧 수입에 힘쓴 유럽문명권 원산의 근대학문을 넘어서는 임무를 21세기 한국학이 맡고자 한다. 그러려면 21세기를 20세기 수준에서 말하지 말고, 새로운 사고를 갖추어야 한다. 앞에서 21세기에는 한국이 통일되고 번영을 누리면서, 창조적 역량을 다각도로 발휘해 세계사의 불행을 시정하는 데 크게 기여하리라고 생각한다고 했다. 이것은 근대학문의 사고이고 표현이다. 근대를 넘어서서 다음 시대로 나아가는 근대 극복의 학문을 이룩해 사고와 표현을 혁신해야 한다. 인류의 미래를 바람직하게 설계하고 실현하는 작업을 적극적으로 진행해야 한다.

근대 극복의 학문은 포스트모더니즘이라고 생각하기 쉬우나 그렇지 않다. 포스트모더니즘은 다름이 아니라, 근대는 종말을 고해야 한다는 것은 알면서 대안이 없어 역사를 부정하는 허무주의이다. 총체성, 논리, 구조 등 근대 동안에 이룩한 소중한 발견 성과를 허물어뜨리고 모두 헛되다고 한다. 그것은 아주 그릇된 생각이다. 역사의 종말은 있을 수 없다는 진리를 근시안적 안목에 사로잡혀 망각한다. 사태를 오판하지 말고 역사의 전개를 거시적으로 이해하는 통찰력을 갖추어야 한다.

고대나 중세에도 문명권의 중심부에서는 자기네가 이룩한 모든 것이 최종적인 성과이므로 역사의 발전이 더 없을 것이라고 주장했다. 그러나 고대의 주변부에서 중세를, 중세의 주변부에서 근대를 창조하는 데 앞장서서 새로운 시대가 거듭 시작되게 했다. 아라비아에서 이슬람교가 생겨나고, 영국에서 산업혁명이 일어난 것은 앞 시대의 후진이 다음 시대의 선진이 되는 당연한 전환이었다.

유럽문명권 중심의 근대를 끝내고 다음 시대로 들어서는 또 한 번의 대전환이 근대 동안 뒤떨어지고 피해를 받은 곳에서 추진되는 것이 당연하다. 동아시아는 그런 곳의 하나이면서, 몇 가지 점에서 인도나 아랍세계보다 유리하다. 근대의 역량을 근대 극복에 활용할 만큼 축적했으며, 중세학문의 전통이 종교에서 벗어나 있어 새 시대에 맞게 재창조하는 데 어려움이 적다. 절대적인 신념을 내세워 문제를 해결하려고 하지 않고, 근대 합리주의의 대안이 되는 다음 시대 합리주의를 바람직하게 마련하는 데 앞설 수 있다.

근대를 극복하고 다음 시대를 이룩하기 위해 동아시아가 분발하자고 촉구하면서 필요한 이론을 제공하는 학문이 21세기 한국학이다. 한국학은 한국에서 시작하는 학문이고, 한국의 경우를 우선적으로 다루는 학문이다. 그러나 이제 혁신을 하고 비약을 이룩할 때가 되었다. 한국에 머무르지 않고 인류를 위해 봉사하는 세계학이어야 20세기까지와는 다른 21세기 한국학일 수 있다.

20세기 한국학은 민족사의 요구를 실현해야 했으나, 21세기 한국학은 세계사를 이끌어가는 사명을 지닌다. 지금 우리는 그 출발 선상에서서 과거를 되돌아보고 미래를 준비한다. 한국학의 혁신은 학문 일반론의 재창조를 요구한다. 학문이 무엇이며, 어떻게 해야 하는가에 관해 많은 논의를 치열하게 전개해야 한다.

시련을 넘어서면서

지금까지 편 주장은 지나친 낙관론이라는 반론이 예상된다. 한국학이 당면하고 있는 불리한 상황을 무시하고 희망찬 미래를 말하기나 하는 것은 잘못이라는 비판을 들을 수 있다. 반론과 비판을 수용해, 현실을 직시하고 합당한 대책을 세워야 한다.

한국학은 중국학 및 일본학과의 관계에 어려움이 있다. 세계학계에서 한국학은 중국학이나 일본학에 비해 현저히 열세이다. 중국과 일본에서 한국사를 축소하고 왜곡한다고 분개하지 않을 수 없게 하는 사태가 지속된다. 그렇다고 해서 자기 옹호를 한국학의 임무로 삼아 맞대응

할 것은 아니다. 객관성과 보편성을 견지하면서 한층 포괄적이고 타당한 학문을 해야 한다.

중국의 대국주의나 일본의 제국주의가 학문의 보편성을 훼손한다고, 국가 단위를 넘어선 넓은 범위의 연구를 진행하면서 일깨워야 한다. 동아시아문명의 공통된 유산을 함께 또는 각기 어떻게 계승해야 하는지 밝혀내 서로 도움이 되는 방안을 찾아야 한다. 중심부 중국과 주변부 일본 사이의 중간부 한국이 문명권 전체를 더 잘 이해할 수 있는 조건을 적극 활용해 모두에게 유익한 성과를 얻어야 한다.

중국과 일본 양쪽을 함께 잘 알아야 그럴 수 있다. 몽골이나 월남까지 포함해 광범위한 비교연구가 필수적인 작업임을 또한 명심해야 한다. 비교연구의 영역을 더욱 확대하고 세계적인 범위의 일반이론을 수립해, 민족주의를 넘어서서 보편주의로 나아가면서 인류 전체가 다음 시대를 바람직하게 이룩하는 지침을 제공하는 작업을 해야 한다. 한국학은 한국학이 아니어야 한국학이다.

당면하고 있는 또 하나의 어려움은 인문학문 불신이다. 인문학문 · 사회학문 · 자연학문이라고 일컬어야 한다고 주장해온 세 분야가 심한 차별을 겪고 있다. 자연학문은 세상에 기여하는 바가 크고 국가경쟁력과 직결된다고 하면서 힘써 장려하고 지원한다. 사회학문도 유용성이 눈에 보인다고 인정한다. 인문학문은 개인의 취향 때문에 한다고 오해하고, 가치관과 창조력의 근본을 바로잡는 학문인 줄 모른다. 이런 잘못을 시정하는 데 21세기 한국학이 앞장서야 한다.

자연학문 · 사회학문 · 인문학문이 모두 한국학일 수 있지만, 독자적인 연원을 갖추고 스스로 개척하는 학문이냐 하는 기준에서 판단한다면 앞서는 순위가 인문학문 · 사회학문 · 자연학문이다. 근대를 넘어선 다음 시대 학문 창조를 선도하는 임무가 인문학문 분야의 한국학에 부여되어 있다. 수입해온 이론으로 인문학문의 위기 상황에 안이하게 대처하다가 사태를 악화시키지 말고, 인문학문의 가치를 입증하는 창조학의 성과를 이룩해야 가능한 일이다.

한국인의 저력을 의심하지 말고 바르게 인식해야 한다. 우리는 무관심하게 지내지만, 외국에서는 알고 싶어 한다. 식민지 통치에서 해방된 제3세계 나라 가운데 한국이 경제 발전과 사회의 민주화를 남다르게 성취한 이유가 무엇인가? 과학기술의 발달로 설명할 수는 없다. 과학기술 발달의 사회적 요인을 찾아야 한다. 사회학문에서 맡아 수입학의 이론으로 대답할 수 있는 의문은 아니다.

나는 인도에서 열린 한국학 학술회의에서 기조발표를 하면서 이에 관해 말했다. "한국은 동아시아문명권에서 유래한 높은 수준의 학문, 민족문화의 다양한 창조력, 이 두 전통을 훌륭하게 계승했다"(Korea succeeded in inheriting two precious traditions: the high level of learning that originated with the East Asian civilization sphere and the creative varieties of national culture)고 했다. 이 지론은 인문학문이 사회학문이나 자연학문보다 앞서 나가 얻어낸 것이다.

(인용한 대목이 Cho Dong-il, "Korean Studies in the Global Age", *Interrelated Issues in Korean, East Asian and World Literature*, Seoul: Jimoondang, 2006, 4-5면에 있다. 이 책을 서울대학교 개교 60주년 기념 국제학술회의 발표자들과 주요 참가자들에게 나누어주고, 한국학을 세계화하는 작업의 본보기로 삼는다고 했다.)

한국인은 능력이 뛰어나면서 성급하다고 한다. 그래서 남들이 하지 못하는 일을 해낸다고 한다. 이런 진단의 근거를 밝히는 작업이 상식론에서 학문으로, 사회학문에서 인문학문으로, 수입학에서 창조학으로 넘어왔다. 성실하게 연구해 타당한 성과를 내놓아야 한다.

지적 능력이 뛰어난 것은 문명권 중간부가 지닌 유산이다. 중심부에서는 버리고, 주변부에서는 미처 갖추지 못한 학문 존중의 전통을 깊이 간직하고 있어 학구열이 지나치다고 할 정도이다. 성급하다고 한 것은 무슨 일이든지 탈춤 추듯이 하는 민족 기층문화의 특성이다. 상극 관계를 가진 그 둘이 상생을 만들어내는 것이 창조력의 비밀이다.

한국학은 한국인을 연구해야 한다. 민족성론은 열등의식을 자극하고 말 수 있고, 학문적 근거가 없으니 건드리지 말아야 한다는 충고에서 벗어날 때가 되었다. 한국인은 어느 때 열심히 일하는가? 이것이 참으로 긴요한 질문이다. 신명이 나면 열심히 일한다는 것이 정답이다. 신명이란 무엇이며, 어느 경우에, 어떻게 발현되는가? 나는 이에 대한 대답을 탈춤 연구에서 찾아 남들의 경우와 비교하는 작업을 했다. 그 성과를 확대해 인류문명사에 대한 새로운 이해를 하고, 창조의 방향을 제시하고자 한다.

시야를 확대하면 인문학문의 유용성이 세계 전역에서 확인된다. 근대 동안 과학과 기술, 경제나 정치의 경쟁 때문에 세계 전체에서 갈등이 커졌다. 그런 갈등을 넘어서서 인류는 하나이고 공통된 이상을 지니면서 살아가야 마땅하다고 일깨워주는 사명을 인문학문이 맡고 있다. 문명의 충돌을 넘어서서 문명의 화합을 이룩하는 데 한국학이 큰 기여를 해야 한다.

기술과 경제 발달의 긍정적인 기여 덕분에 계급모순이 어느 정도 완화되면서 그것과는 이질적인 또 하나의 기본모순인 민족모순이 더욱 격심해진 것이 지금의 상황이다. 충돌을 일으키는 종교, 언어, 풍속,

역사 등을 실상대로 연구해 민족모순을 진단하고 해결하는 통찰력을 제시하는 것이 인문학문의 사명이고 과제이다. 인문학문의 유용성을 의심하면 세계사의 미래는 암담하다.

물질생활의 향상이나 사회적인 평등은 계속 추구해야 하지만, 그런 것들에서 얻지 못할 삶의 보람, 내면정신의 충족 같은 것들을 인문학문에서 감당해야 한다. 고대에서 중세까지는 인문학문이 학문을 지배했다. 그러다가 근대에는 사회학문이 인문학문에서 분리되어 독자적인 성장을 자랑하고, 자연학문이 출현해 위력을 발휘하면서 인문학문은 뒤로 밀렸다.

이제 근대를 넘어서 다음 시대를 창조하기 위해 인문학문이 다시 일어나야 한다. 자연학문 · 사회학문과 대등하게 되는 데 그치지 않고 그 두 학문을 이끄는 위치에 서서 학문의 사명과 과제에 대한 총괄론을 다시 마련해야 한다. 21세기 한국학에서 그 작업을 선도해야 한다. 인문학문의 자랑스러운 전통이 가능성을 입증하고, 학문 존경의 기풍이 실현을 보장한다.

과제와 시도

학문을 어떻게 해야 하는가 하는 문제는 원론적이고 당위론적 차원에서 거론하고 말 수 없다. 주장하는 바가 실현 가능한지, 어느 수준의 결과를 얻을 수 있는지 실제 작업에서 검토해야 납득 가능한 내용을 갖춘다. 학문의 동향을 널리 살피면서 새로운 시도를 찾아내 평가해야 하지만 제한된 조건에서 감당하기 어려워, 내 자신의 작업을 예증으로 들고자 하니 양해하기 바란다.

『한국문학통사』(서울: 지식산업사, 제1판 1982-1988, 제2판 1989, 제3판 1994, 제4판 2005)는 내가 맡아서 쓴 학계의 공동작이라고 할 수 있다. 한국문학의 제반영역을 시대를 통괄해 고찰하면서, 일관된 이해의 체계를 마련하는 작업을 방대한 규모로 진행하고 거듭 개고하면서 수많은 동학의 연구를 종합했다. 20세기 한국학의 완성판을 하나 이룩했다고 해도 잘못이 아니라고 할 수 있는, 한 시대의 산물이다.

자국문학사를 총정리해 민족정신 함양을 위한 자산으로 삼고, 학문 수준을 높이는 근대민족국가의 필수 과업을 자랑스럽게 성취했다. 불리한 여건 탓에 성사가 늦고, 남북의 문학을 합치지는 못한 아쉬움이 있지만, 이룬 바가 남들보다 앞선다고 자부하고 도달점이 새로운 출발점이게 했다. 이론 정립에서 거둔 성과를 변신의 발판으로 삼았다. 문학연구에 머무르지 않고 한국학 전반을 문제 삼으며, 한국문학사에서 동아시아문학사로, 동아시아문학사에서 세계문학사로 나아갔다. 20세기 한국학을 넘어서서 21세기 한국학을 마련하는 작업에 착수했다.

학계의 자각을 고취하고 창조하는 학풍을 일으키고자 하는 노력을 먼저 했다. 『우리 학문의 길』(서울: 지식산업사, 제1판 1993, 제2판 1996)에서는 학문이 무엇인가 다시 묻고, 우리 학문을 스스로 이룩해서 미래의 역사를 위한 설계도를 마련하자고 했다. 『인문학문의 사명』(서울: 서울대학교출판부, 1997)을 써서 새로운 학문을 위한 이론 창조의 작업을 인문학문이 선도해서 사회학문과 자연학문의 각성을 촉구해야 한다고 했다. 『이 땅에서 학문하기』(서울: 지식산업사, 2000)에서는 학문 발전을 방해하는 제도와 관습을 고치자고 했다.

이런 작업은 학문의 현황, 방향, 방법 등에 관한 구체적인 논의를 다수 포함하고 있기는 하지만, 일관되게 진행해 완성된 결과를 보여준 것은 아니었다. 세계 학문을 새롭게 하는 이론을 우리 학문에서 실제로 이룩하는 데까지 이르려면 별도의 노력이 필요했다. 어려움을 무릅쓰고 몇 가지 시도를 해야 했다.

착상이 성사를 보장해주지 않는다. 오랜 시간에 걸쳐 많은 노력을 들여 방대한 자료를 처리해야 한다. 그 작업을 학문의 분야를 넘어서서 진행해야 한다. 이렇게 하는 데 가장 큰 난관은 대학의 제도이다. 한 학과에 소속되어 주어진 분야를 연구하고 강의해야 하는 구속이 새로운 학문을 하지 못하게 막는다.

직무이탈을 하겠다고 과감하게 작정하면 뜻을 이룰 수 있는 것은 아니다. 경계를 넘어서서 새로운 학문을 하려면 시간이 몇 갑절 더 필요하다. 연구한 결과를 강의할 과목이 없고, 동지가 되어줄 학생이 없는 것도 고민이다. 20세기의 대학이 21세기로 나아가지 못하게 막고 있다.

제도를 바꾸어 통합학문을 하는 자리를 마련하려고 노력해도 소용이 없었다. 연구교수가 되어 하고 싶은 연구를 자유롭게 하고자 해서 공개구직을 광고했지만 뜻을 이루지 못했다. 주어진 제도 안에서 최대한 반칙을 하면서 새로운 시도를 할 수밖에 없었다. 미비한 여건을 무시하고 의욕이 앞서서 설익은 결과를 양산해야 했다. 그 가운데 셋을 든다.

『문명권의 동질성과 이질성』(서울: 지식산업사, 1999)에서는 중세문명의 특징을 이루는 책봉체제, 성자전, 교술시 등이 세계 여러 곳에서 어떤 공통점과 차이점을 가지고 나타났는지 해명했다. 『철학사와 문학사 둘인가 하나인가』(서울: 지식산업사, 2000)를 써서 철학사와 문학사가 합쳐지기도 하고 나누어지기도 해온 과정을 여러 문명권의 경우를 함께 다루면서 밝혀냈다. 철학과 문학이 가장 멀어진 오늘날의 위기를 둘이 다시 하나가 되어 극복해야 한다고 하고, 이성에서 통찰로 나아가야 한다고 했다.

『소설의 사회사 비교론』(서울: 지식산업사, 2001)으로 나아가 동아시아, 유럽, 인도, 동남아시아, 아랍세계, 아프리카 등지의 소설을 널리 다루어 세계소설 사회사 일반론을 이룩했다. 소설의 형성, 반영한 현실, 내세운 주제 등의 공통점과 차이점을 다각도로 해명했다. 동아시아, 유럽, 아프리카에서 앞서가는 소설을 차례대로 이룩한 교체과정을 밝혀 선진이 후진이고 후진이 선진인 원리를 입증했다.

정년퇴임하고 나서야 비로소 자유롭게 연구하고 강의할 수 있게 되었다. 학과에는 소속되지 않는 인문대학 석좌교수가 되어 염원하던 작업을 한다. 스스로 설계해 "세계·지방화시대의 한국학"이라는 공개강의를 한다. 홈페이지에 들어와 멀리서도 동참할 수 있게 한다. 5년 10학기 동안 강의하면서 매학기 강의 원고를 책 한 권씩으로 출판해 모두 10권이 되게 한다. 모두 대구의 계명대학교출판부에서 낸다.

『길을 찾으면서』(2004년 2학기 강의, 2005년 3월 출간), 『경계 넘어서기』(2005년 1학기 강의, 2005년 8월 출간), 『국내외 학문의 만남』(2005년 2학기 강의, 2006년 2월 출간), 이 셋은 강의를 마치고 책을 냈다. 『고금학문 합동작전』(2006년 1학기 강의, 2006년 8월 출간)을 지금 강의하고 있다. 『표면에서 내면으로』(2006년 2학기 강의, 2007년 2월 출간), 『비교연구의 방법』(2007년 1학기 강의, 2007년 8월 출간), 『일반이론 정립』(2007년 2학기 강의, 2008년 2월 출간), 『학자의 생애』(2008년 1학기 강의, 2008년 8월 출간), 『학문의 정책과 제도』(2008년 2학기 강의, 2009년 2월 출간), 『학문하는 보람』(2009년 1학기 강의, 2009년 9월 출간)은 앞으로 할 강의이고 낼 책이다.

번다함을 무릅쓰고 내역을 길게 소개하는 것은 제도 개선을 촉구하는 자료로 삼기 위해서이다. 연구와 강의를 일치시켜 이런 작업을 진행하는 재량권을 정년퇴임 전의 교수들도 누릴 수 있어야 한다. 학생들을 보살피는 수고를 덜고, 다른 일은 면제받아 충분한 시간을 확보하고, 교과과정과 무관하게 스스로 선택한 거대 주제를 여러 해 동안 일관되게 다루어야 뚜렷한 성과를 얻을 수 있다. 늦게나마 행운을 얻어 다행이나 감당하기에 벅차다. 10년 전에 했더라면 더 잘 할 수 있었을 것이다.

전반적인 서론을 『길을 찾으면서』에서 폈다. 국학이 한국학으로 성장한 자취를 평가하고, 그 토대 위에서 방향 설정을 다시 해야 한다고 했다. 외국의 사례들과 비교해 고찰하면서 한국학의 진로를 다시 설정해야 한다고 했다. 한국학의 여러 분야를 아우르면서, 지방학이 한국학이고, 한국학이 동아시아학이고, 동아시아학이 세계학이게 하자고 했다.

그 뒤를 이어 『경계 넘어서기』에서는 학문 아우르기에 대한 구체적인 고찰을 다각도로 했다. 국내외에서 연구 분야가 나누어졌다가 다시 합쳐지는 원리를 논의하고, 통합의 방법을 검토하면서 더욱 바람직한 작업을 하자고 했다. 한국학의 여러 분야에서 각기 출발해 이웃 분야의 관심사를 통합한 다음에 세계 학문 일반론으로까지 나아가는 사례를 보여주었다.

『국내외 학문의 만남』에서는 17개국에서 열린 40여 회의 국제학술회의에 참가해 발표하고 토론한 경험 가운데 특히 긴요한 것을 선택해 발표 논문 원문을 제시하고 검토했다. 한국학에서 제기되는 의문이 무엇이고, 한국학의 진로를 어떻게 잡아야 하는지 논했다. 한국문학사 서술에서 얻은 원리에 입각해 동아시아문학사를 이해하고 세계문학사를 새롭게 서술하는 방안을 제시하는 것을 긴요한 과제로 삼았다. 한국이 식민지 통치를 함께 겪은 다른 나라들보다 앞선 이유가 무엇인지 말하기도 했다.

『고금학문 합동작전』에서는 고전에 관한 연구가 자료학에서 이론학으로 나아가 오늘날의 학문을 위해 지침을 제공할 수 있게 한다. 동아시아 및 한국 학문의 긴요한 유산을 되살려 오늘날의 이론을 창조하는 작업을 다양하게 시도한다. 儒·佛·道家의 사고형태를 이어받는 방향을 말하고, 文·史·哲 통합론의 전통을 재평가하는 작업이 긴요한 부분을 이룬다.

『표면에서 내면으로』라 함은 글로 써놓은 것의 의미를 이면에까지 들어가 알아내는 방법을 찾자는 것이다. 구조분석, 현지조사, 그 둘의 통합논의 등에서 필요한 작업을 한다. 『비교연구의 방법』에 가서는 한국의 사례를 외국의 사례와 함께 다루어 공통점과 차이점을 찾는 작업의 방법과 의의를 다룬다. 『일반이론 정립』에서는 한국학의 연구 성과를 출발점으로 삼아 세계 전체에서 널리 타당성을 가진 일반이론을 만들어내는 방법을 찾고 실제 작업을 한다.

『학자의 생애』에서는 한국, 중국, 일본, 인도, 아랍, 유럽 등지에서 본보기를 널리 찾아, 학자는 왜 학문을 하며, 학문에서 무엇을 이루려고 하는지 묻고 대답한다. 『학문의 정책과 제도』에서는 정책을 제대로 세우고 제도를 잘 만드는 방안을 국내외의 비교를 통해 고찰한다. 『학문하는 보람』에서는 모든 논의를 총괄하고 마무리하는 말을 한다.

이론의 핵심

내가 하고 있는 연구는 범위가 넓고 내용이 잡다하지만 生克論을 구심점으로 삼고 있다. 다양한 대상을 각기 그것대로 연구하는 데 그치지 않고 모든 것을 관통하는 기본이론이 있어야 학문을 제대로 한다고 할 수 있다. 창조학은 철학 창조를 기본과제로 삼아야 한다. 근대를 넘어서서 다음 시대를 이룩하려면 지침이 있어야 한다.

그래서 나는 생극론을 마련했다. 생극론이란 相生이 相克이고, 상극이 상생이라는 원리이다. 이것은 나의 창안물이 아니고, 조상이 물려준 공동의 유산이다. 동아시아철학의 전통에서 가져와 이 시대 학문의 기본이론이 되게 다시 만들었다.

徐敬德이 "一不得不生二 二自能生克 生則克 克則生"(하나는 둘을 생하지 않을 수 없고, 둘은 능히 스스로 생극하니, 생하면 극하고, 극하면 생한다)(<原理氣>)고 한 것이 직접적인 원천이다. 『老子』나 불교까지 소급해 도움을 얻고, 후대의 氣철학에서 이룬 바를 받아들이고, 설화나 탈춤으로 구현된 구비철학을 보탰다. 문학사에서 시작한 작업을 여러 연구에 다각도로 적용하고 검증해 내용을 풍부하게 하고 타당성과 유용성을 키웠다.

생극론의 논쟁 상대는 변증법이다. 변증법에서 모순은 처음부터 있었고 중간에 생기지 않았다고 했다. 그러나 모순만 처음부터 있었고 조화는 중간에 생긴 것은 아니다. 처음부터 모순이 조화이고, 조화가 모순이다. 상이한 모순은 상이한 방법으로 해결해야 한다고 하면서 갖가지 모순을 거론한 데 민족모순은 없다. 그런데 이제 민족모순이 가장 심각하다.

계급모순은 상극의 투쟁으로 다루어야 상생에 이를 수 있지만, 민족모순은 상생의 화합으로 다루어야 상극의 투쟁을 전개할 수 있다는 것을 말해야 한다. 그렇기 때문에 변증법은 맞으면서 틀렸다. 상극에 관해서 전개한 이론은 맞고, 상생은 부차적인 것으로 돌리거나 제외했기 때문에 틀렸다. 한쪽으로 기울어진 잘못을 바로잡아, 변증법을 생극론으로 바꾸어놓아야 한다.

변증법은 선진과 후진의 교호작용을 파악하는 점에서 형식논리보다 앞선다. 그러나 선진과 후진의 교체는 알지 못한다. 그것은 생극론이 할 수 있는 일이다. 상생이 상극이고 상극이 상생이라고 하는 것과 함께 선진이 후진이고 후진이 선진이라고 하는 것이 생극론의 또 하나 기본명제이다. 선진과 후진의 교체는 희망이 아니고, 역사의 실상에 근거를 두고 파악된 사실이다. 고대에서 중세로, 중세에서 근대로 전환할 때 후진이 선진이 되고, 선진이 후진이 되는 변화를 겪었다. 그런 일이 다시 일어날 수 있다고 하는 것이 합당한 사실판단이다.

역사의 전개는 거기서 끝나지 않았다. 선진이 다시 후진이 되는 변화가 뒤따랐다. 아랍인은 중세의 선진이었으므로 근대에는 후진이 되었다. 영국은 근대를 이룩하는 데 앞섰으므로 근대를 극복해야 하는 지금에 와서는 어려움을 겪고 있다. 다음 시대로 나아가는 전환은 근대의 후진이었던 곳에서 선도해 근대의 평가기준에서는 가치를 인정할 수 없는 방법으로 시작하는 것이 당연하다. 역사는 종말에 이르러 다음 시대는 없다고 하는 것은 거짓이다. 과거에도 한 시대의 지배자는 자기 시대가 역사의 종착점이라고 주장했으나, 그 말대로 되지 않았다. 그렇게 말하는 것 자체가 물러날 때가 되었다는 증거이다.

그렇게 하는 나의 작업은 세계문학사 서술을 통해 구체화되고 있다. 한국문학에서 시작한 연구를 세계문학으로 확대하고, 한국학을 세계

학문으로 발전시켜, 유럽문명권중심주의 문학론을 통해 구현된 근대 학문을 비판하고 극복한다. 세계사의 전환이 닥쳐왔음을 문학을 통해 입증하고, 유럽문명권이 지나치게 앞서나가다가 자초한 문학의 해체 위기를 극복하는 대안이 있어 근대가 종말의 시기가 아님을 입증한다.

생극론 연구는 겨우 시작했을 따름이다. 문학사에 적용해 검증한 중심 작업에도 많은 미비점이 있다. 문학사를 넘어선 영역에 관해서는 논의 가능성을 탐색하는 정도에 머물렀다. 많은 동참자가 있어 여러 측면에서 더욱 진전된 작업을 하기 바란다. 생극론은 개인재산이 아니고 공유재산이다. 지적 소유권을 지나치게 주장해 학문의 성과를 독점하는 근대의 관행도 넘어서야 한다.

유럽문명권 근대학문을 넘어서서 다음 시대를 이룩하는 새로운 학문의 기본원리가 반드시 생극론인 것은 아니다. 생극론은 가능한 대안의 하나이다. 21세기를 바람직하게 만드는 기본설계가 되는 철학 창조 작업을 한국에서, 동아시아에서, 또한 다른 문명권에서 적극적으로 하자고 주장하면서, 본보기를 하나 보이고 많은 동학의 동참과 분발을 촉구한다.

덧붙임

행사 현장에서 발표를 어떻게 해야 할지 판단하기 어려워 말을 더듬었다. 서울대학교 개교 60주년이라는데, 나는 학생으로 10년, 교수로 17년 반, 합계 27년 반을 서울대학교에서 보냈으니 거의 절반의 시간을 함께 한 셈이다. 그런데도 서울대학교가 낯설게만 느껴졌다. 내가 하는 학문과 거리가 멀어 친근감을 가지기 어렵고, 설득이 가능할까 의심되었다.

무엇을 말할까도 문제였다. 내 발표를 이따금 들은 사람은 하던 말을 되풀이한다고, 처음 듣는 사람은 이상한 말을 한다고 나무랄 것 같았다. 회의의 주최자, 개최한 계기, 참가자, 주제 등에 관해 할 말이 많았으나 기회를 얻지 못했다. 여러 사항을 되돌아보고 이제 할 말을 한다.

발표를 부탁할 때에는 서울대학교 한국문화연구소와 규장각이 공동 주최를 한다고 했는데, 2006년 2월에 그 둘이 규장각한국학연구원이 되었다고 했다. 그 결과 한국학을 자료학 위주로 하고 말지 않을까 염려된다. 이번 행사에서 규장각 자료에 대한 고찰이 큰 비중을 차지했다.

서울대학교 개교 60주년을 기념하는 학술회의라고 하기에는 그 날의 행사에서 여러 사람이 발표한 내용이 너무 빈약하다고 하지 않을 수 없다. 학문의 성장을 알아보기 어려웠다. 규장각 창립 230주년에다 초점을 맞추었다고 할 수 있으나, 세부적인 사항이나 거론하고 말아 갑갑하기만 했다. 거시적인 관점을 가지고 규장각에 해당하는 기관이 여러 나라에 어떤 것이 있는지 찾아내 비교고찰을 하는 것이 마땅했다고 생각한다.

국제학술회의를 한다고 하고, 발표자를 미국과 일본에서 불러오는데 그쳐 '국제'라는 말이 무색했다. 국내 참가자들까지 합쳐도 한국사학을 하는 사람들이 대부분이었다. 늘 하던 이야기를 다시 하고, 새롭게 관심을 가져야 할 내용은 없었다. 내부에 칩잠해 있지 말고 시야를 밖으로 돌려, 일본의 일본학, 중국의 중국학, 그리고 다른 여러 나라의 자국학을 우리가 하는 한국학과 비교해 고찰하는 것이 더 좋은 계획이었다고 생각한다.

“21세기 한국학의 진로 모색”이 기조강연에 부과된 과제였다. 나보다 먼저 기조발표를 한 미국인 학자는 나와 아주 다른 지론을 폈다. 민족주의에서 벗어나 다양한 연구를 여러 각도에서 하는 것이 바람직하다고 했다. 이제 자유주의의 취향을 가지고 해체주의 작업이나 하자고 했다고 할 수 있다. 21세기에 대한 전망이 결여되어 있으며, 한국학에서 무엇을 할 수 있는지 생각하지 않았다. 방향 상실을 부추긴 셈이다. 개별적인 발표에서도 진로 모색에 관한 논의는 없었다.

규장각한국학연구원이라고 하는 곳에 대해서 더 고찰하자. 규장각 소장 자료를 돌보고 만지는 전임연구원은 있으나, 한국학 전반에 대해서 새로운 연구를 하는 연구교수는 없다. 소장이나 부장의 직무는 강의교수가 담당한다. 자료 제공에 그치고 연구를 선도하지는 않는다. 계획에 따라 사업을 진행할 따름이고, 하고 싶은 연구를 하는 곳은 아니다. 앞에 놓인 말 ‘규장각’이 뒤에 적은 ‘한국학연구원’의 성격을 제한해 자유롭게 연구하는 곳일 수 없다.

연구를 바람직하게 하려면 자유와 시간이라는 두 가지 조건이 절대적으로 필요하다. 지시받지 않고, 일을 만들기 위해 작성한 공동의 계획 없이 각자 하고자 하는 연구를 전공분야의 한계마저 넘어서서 마음껏 하는 자유가 있어야 한다. 많은 수고를 감당할 수 있는 시간이 있어야 한다. 힘든 일은 조수를 써서 하겠다는 것은 잘못이다. 새로운 분야를 개척하고, 방대한 독서를 하고, 전에 없던 이론을 만들어내는 일을 연구자 자신이 직접 해야 한다.

발표를 마치면서 원고에 없는 말을 보탰다. 정년퇴임하기 전에도 하고 싶은 연구를 마음껏 해서 학문 발전에 크게 기여할 수 있는 교수가 있어야 한다고 했다. 그렇게 할 수 없게 하는 처사는 동네축구단을 모두 국가대표급으로 키우지 못하니 국가대표선수는 없어야 한다는 것과 같다고 했다. 서울대학교에서는 장차 어떻게 하겠느냐고 묻고 좌중에 있는 총장에게 대답을 하라고 하니, 내가 하는 말을 4년 전에 듣지 못한 것이 유감이라고 하고, 자기는 임기가 50일밖에 남지 않았으므로 후임총장에게 전하겠다고 했다.

한국학연구소가 규장각한국학연구원으로 바뀌어 기대에서 더 멀어졌다. 인문학연구원이라는 것이 따로 있어 큰 일을 할 것 같은 인상을 주지만, 인문학의 여러 분야 개별 연구소를 거느리고 있는 연방정부이다. 개별연구소의 구성과 분포는 인문대학을 이루는 학과와 일치한다. 인문학연구원은 인문대학과 일치한다. 결국 연구소는 없다는 말이다.

『교수신문』에서 보도한 바에 의하면, 성균관대학교인가 하는 데서 앞서서 연구소의 경쟁력을 강화하기 위해 2년 이상 외부 연구비를 따오지 않는 연구소는 폐쇄한다고 했다. 좋은 정책이라고 하면서 다른 대학도 따르라고 부추겼다. 크게 우려할 만한 사태이다.

연구소는 학과 소속의 강의교수들이 보직을 맡고 운영한다. 연구소가 없어지면 연구비를 따서 나누어 가지는 데는 다소 불리할지 모르지만, 교수 노릇을 하는 데 지장이 없다. 공연한 수고나 하게 하니 연구소가 없는 것이 나을 수 있다.

연구소에 연구교수를 두는 곳도 있지만, 강의교수보다 하위에 있는 임시직이다. 강의교수가 될 때까지 머무는 것이 예사이다. 연구비를 따오지 않으면 연구소를 없앤다는 것은 스스로 벌어먹지 않으면 내쫓겠다는 말이다. 대학에서 하는 일은 날품팔이꾼 면허증을 주는 정도인데, 실적이 나쁘면 바로 회수한다고 한다. 연구소에서 쫓겨나면 연구 날품팔이도 할 수 없는 가련한 인생을 마구 협박한다.

이래서는 학문이 될 수 없다. 땅을 치고 통곡할 일이다. 우리 학문이 어느 때 제대로 될 수 있는가?

토론

❑ 문: 生克論은 생소하니, 陰陽論이라고 하면 더 좋지 않는가?

❑ 답: 음양이 생극의 관계를 가지는 것을 지적해서 말하는 이론이 음양생극론인데 줄여서 생극론이라고 한다.

❑ 문: 학문이 잘못 되었다고 앉아서 개탄하기만 하지 말고 나서서 싸워야 하지 않는가? 다른 사람들이 싸우라고 선동하기만 하면 할 일을 한다고 생각하는가?

❑ 답: 홀로 싸우면서 다른 사람들이 동참하라고 호소하고 있다.

❑ 문: 행동은 하지 않으면서 싸운다고 할 수 있는가?

❑ 답: 정치투쟁과 학문투쟁은 다르다. 정치투쟁은 권력을 독점하고 부당하게 행사하고 있는 쪽과 행동으로 싸워 권력을 빼앗아야 뜻을 이룰 수 있다. 학문투쟁은 학문을 잘못 한다고 공격하면 되는 것은 아니다. 학문은 권력처럼 어느 쪽에서 독점하지 못한다. 비판자가 스스로 올바른 학문을 하면서 정당성을 입증하고 동조자를 확대해야 한다. 대학에 정치투쟁을 하는 교수와 학생만 있고 학문투쟁은 아무도 하지 않는 것이 비극이다.

양의학과의 다툼이 격화되어 한의과대학이 일제히 동맹휴학을 할 때 전국의 한의학 교수들이 농성장으로 나를 불러 강연을 해달라고 한 적 있다. 어떻게 싸워야 하는지 일러달라고 했다. 나는 말했다. 양의

학은 과학이라고 하는데 한의학은 무엇인가? 미신인가? 직관인가? 아니다. 한의학은 통찰이어야 한다. 통찰은 과학과 대립되지 않고, 과학을 포함하면서 넘어선다. 병에 관한 연구에서 사람에 대한 연구로 나아가 종합을 이룬다. 이 점을 원리의 차원에서 밝히고 구체적인 내용을 갖추는 것이 투쟁의 과제이다. 그러므로 농성을 풀고 대학으로 돌아가 양의학 쪽보다 더 열심히 연구해야 한다. 한의과대학 학생들도 강연을 해달라고 해서, 동맹휴학 중에는 하지 않고 정상 수업을 할 때 응낙하겠다고 하고 약속을 지켰다.

❑ 문: 학생이 학문투쟁을 어떻게 해야 한다는 말인가?

❑ 답: 교수는 새롭게 연구하는 것을 가르치고 학생은 공부하고 싶은 것을 배울 수 있게 하는 것이 투쟁을 가능하게 하는 조건이다. 일정 수 이상의 학생이 자발적으로 모여 공부해 발표하고 토론하고 싶은 내용을 의논해 계획을 세워 희망하는 지도교수를 찾아가 승낙을 얻은 다음, 강의 개설을 요청하면 학교에서 승낙하도록 하는 것이 선결과제이다. 이렇게 하지 못하게 학교가 막을 이유가 없다. 재정적인 손해가 없고, 학생 확보에 유익하기 때문이다. 오직 학생들의 요구가 없어 잠잠할 따름이다. 학생운동이 정치투쟁뿐이고 학문투쟁은 외면하니 대학은 침체하고 학문이 죽어간다.

❑ 문: 학문투쟁 동참자들에게 무엇을 원하는가?

❑ 답: 내가 하고 싶어도 하지 못한 일을 하기 바란다. 나는 생극론을 문학사의 이론으로 삼는 데 그치고 더 나아가지 못했다. 다른 여러 분야에서 같은 정도의 작업을 하지 못해 생극론에 대한 탐구가 많이 부족하다. 사람의 일생에 할 수 있는 일이 얼마 되지 않는다는 것을

절감하고, 하던 일을 완성도를 높여 마무리하는 것을 포기하고 내가 하지 못한 일을 널리 알려 동참자를 구하려고 이 강의를 한다.

특히 긴요한 과제를 하나 들자. 민족모순이 전례 없이 심각해진 고민을 진단하고 해결하려면 생극론의 종교학을 이룩해야 하는데, 나는 필요성을 역설하는 데 그치고 있다. 致富術을 보편적인 타당성을 가진 경제학으로 바꾸어놓으면서 근대학문이 시작되었듯이, 개별 종교 옹호론 수준을 넘어서서 모든 종교를 대등하게 포괄하면서 상극이 상생이게 하는 종교학으로 만들어야 근대를 극복하는 다음 시대 학문이 시작된다.

경제학과 종교학은 공학과 농학, 의학과 간호학과 같은 관계를 가진다고 할 수 있다. 앞에 든 것들은 근대학문의 선두주자들이고, 뒤에 든 것들은 근대 동안에 눌려 있다가 다음 시대에는 크게 활약할 것으로 기대한다. 의학은 신체 각 부분의 병을 연구하지만, 간호학은 환자를 총체적으로 연구해 한의학에 근접한다.

근대 동안 피해자가 되어 시련을 겪었으면서 중세의 유산을 창조의 활력으로 삼을 수 있는 곳에서 새로운 학문을 선도하는 것이 당연하다. 후진이 선진인 역전을 실현해야 비약적인 발전이 가능한 것이 불변의 이치이다. 나의 문학사 이론에서 가능성을 보여주고 방향을 잡았다고 생각하고, 다른 분들이 동참해 여러 분야에서 더 많은 일을 하기 바란다.

기성학자들에게 바라는 것은 아니다. 학문을 시작하는 다음 세대 역군들이 커다란 포부, 넓은 안목, 비상한 통찰력을 가지고 학문을 혁신하는 투사가 될 것을 기대한다. 학문투쟁 동참자들이 내가 한 작업을 발판으로 삼거나 참고로 해서 더 멀리까지 과감하게 나아가기를 바란다.

❑ 문: 경영학 전공자이다. 경영학에서는 무엇을 해야 하는가?

❑ 답: 경영학은 최신의 근대학문이며 경제학보다도 더 잘 나가고 있는 응용학문이어서 자기반성을 해야 할 이유가 없는 듯하지만, 무엇을 하는지 따져보자. 물건을 만들어 돈을 버는 학문이 아니고, 인사관리를 잘 해서 열심히 일하도록 하는 방법을 찾는 것을 핵심 과제로 삼는다. 사람에 대한 탐구를 필수 과제로 한다. 사람은 모두 같기도 하고 다르기도 하다. 미국인은 돈을 더 주면, 일본인은 높은 사람이 알아주면, 한국인은 신명이 나야 열심히 일한다고 비교해서 말할 수 있다. 신명의 체험과 연구를 활용하는 것이 우리 경영학의 최대 과제인데 남들이 하는 말을 수입해다 쓰려고만 한다. 근대학문의 낙제생 같은 국문학과 제휴해 혁신을 시도해야 한다. 근대 경영학에 머무르지 말고 다음 시대 경영학을 개척하려고 노력해야 한다.

❑ 문: 신명은 어떻게 하면 나는가?

❑ 답: 힘써 연구해야 할 과제이다. 다수의 사람들이 대등한 관계에서 자발적으로 움직이면서 서로 경쟁하고 협력해야 신명이 난다. 이것이 생극의 원리이다. 이 원리가 산업 현장에서 발현하도록 해야 한다. 신명은 어느 나라 누구에게도 있는데 금전과 제도 때문에 억압되었다. 다른 경쟁수단이 없는 곳에서는 상대적으로 덜 손상된 신명을 살려야 한다. 미국이나 일본과는 다른 한국의 특성을 활용하는 신명의 이론으로 경영학을 세계적인 범위에서 혁신하는 출발점을 마련할 수 있다.

❑ 문: 대등한 관계는 한국과는 거리가 멀지 않는가?

❑ 답: 아니다. 차등의 관계를 만들어 위계질서를 존중하게 하려는

오랜 시도가 성공하지 못하고 사회 저변에서 완강한 생명력을 가지고 이어진 대등한 관계가 전면에 부상해 신명풀이를 하겠다고 하면서 사회 전체에 거대한 소용돌이를 일으키고 있다. 위계질서에 미련을 가지면 망하고, 신명풀이를 터뜨리면 흥한다. 학문도 경영도 정치도 마찬가지이다.

❑ 문: 한국을 대표하는 학자 李滉의 윤리관이 위계질서를 존중해 가치의 혼란을 막고자 한 것을 평가해야 하지 않는가?

❑ 답: 그것은 가족윤리라면, 徐敬德에서 비롯한 또 하나의 윤리관은 사회윤리이다. 가족은 성향이 같지만 지위에서 차등이 있는 사람들의 정태적인 집합체라면, 사회는 성향이 서로 다른 사람들이 대등한 관계에서 경쟁하고 협동해야 제대로 움직이는 활력체이다. 서경덕의 뒤를 이은 氣철학자 洪大容, 朴趾源, 崔漢綺 등이 전개한 생극론의 사회윤리는 탈춤과 깊은 관련을 가지면서 상하의 각성을 함께 보여주었다. 이 유산을 이어 인류에게 봉사하는 학문을 하는 것이 마땅하다.

❑ 문: 지금의 논의가 韓流와 어떤 관련을 가지는가?

❑ 답: 상극이 상생이고, 다툼이 화합임을 소박하게 확인해 오해가 풀리자 모두 착한 사람이라고 하는 공연물이 다른 나라 사람들에게도 감명을 주어 한류라고 하는 것이 일어났다.

❑ 문: 한국인의 우수성을 입증하는 것이 아닌가?

❑ 답: 전혀 아니다. 착각하지 말아야 한다. 한국의 전통적인 공연물은 평가받지 못하고 알아주는 사람이 없어 출세하지 못한 못난이라 뒤늦게 효자 노릇을 할 따름이다. 상층 취향을 지니거나 상업화되는 침해를

덜 받아 다른 데서는 이미 마멸된 가치를 새로운 매체에서 보여준다. 전혀 생각하지 않았던 일이다.

❑ 문: 앞으로의 과제는 무엇인가?

❑ 답: 정부가 나서서 국책으로 지원하고, 모르면서 안다는 사람들이 함부로 떠들어대면 시들어지고 만다. 온갖 잡소리에 휘말리지 않고 통찰력을 제대로 갖춘 예술가가 창조의 주역이 되어 새로운 경지를 열어나가야 한다. 상극이 상생이라는 데 치우친 방송극을 고치기는 어려우니, 상생이 상극임이 또한 진실이라고 하는 영화를 힘써 만들어야 한다. 이론 정립의 작업에서도 같은 일을 해서 서로 호응되게 해야 한다.

제2강 학문을 하는 이유

유래 설명

이것도 서울대학교에서 발표한 글이다. 2006년 11월 29일에 서울대학교 자연과학대학 여러 학과 젊은 교수들이 만든 모임 자연포럼에서 발표한 <왜 학문을 하는가>를 제목을 고쳐 내놓는다. 토론에서 한 말을 간추려 말미에다 적고, 순서를 조금 조정하고, 미처 하지 못한 말을 보탠다.

앞의 발표를 많은 사람이 모인 큰 방에서 진행한 것과 크게 다르게, 특별한 관심을 가진 소수의 교수가 오붓하게 모여 분위기가 진지했다. 광고를 하지 않아, 외부인 참관자는 김헌선 교수 한 사람만 있었다. 모임을 주선한 정해진 교수가 끝난 뒤에 전자우편을 보내 다음과 같이 말했다.

> 선생님의 명강의에 저희 모두 큰 감명을 받았습니다. 선생님의 말씀을 가슴 깊이 새기고, 열심히 연구에 정진하겠습니다. 아무쪼록 강건하시어 저희들에게 계속 많은 가르침을 주시기를 부탁 올리겠습니다.

현장에서, 또한 저녁 식사 자리에서 많은 토론이 있었다. 발표 시간은 30분이고, 토론 시간은 세 시간 정도였다. 토론을 다 정리하려고 했는데 제대로 되지 않았다. 기록하지 않고 말만 한 탓에 모두 되살릴 수 없다.

자연학문을 하는 젊은 교수들이 다른 학문은 어떻게 하는지 들어보려고 모임을 만들고 나를 초청한다고 했다. 무슨 말이든지 해달라고 했다. 원고를 쓸까 하니 필요하지 않다고 했다. 흔한 기회가 아니어서 긴장하지 않을 수 없었다.

서두에서 이렇게 말했다. 발표를 자주 하지만, 이번 것이 가장 어렵다. 전공에서 거리가 먼 분들을 상대하고, 주제를 특별히 정하지 않고 무슨 말이든지 해달라고 하는 두 가지 사항이 어려운 이유이다. 할 말이 너무 많아 횡설수설할까 염려해 필요하지 않다는 원고를 썼다. 딱딱하게 생각될 수 있으나 준비한 원고를 읽고 자유로운 토론을 하자.

그 때 하지 않았던 말을 하나 더 보탠다. 초청 발표를 할 때에는 청중이 누구냐에 따라서 내용을 다르게 마련한다. 나와 같은 전공자들의 모임에서는 새로 연구한 성과를 구체적인 논증을 갖추어 제시해야 한다. 이웃 분야 학자들에게 말할 때에는 기존의 것 반, 새로운 것 반 배합하면서 공동의 관심사를 찾는다. 전공이 먼 분야의 청중을 상대로 하면 내가 이미 한 연구를 모르고 있으므로 간추려 예증으로 삼으면서 학문 전반의 문제를 고찰하는 것이 마땅하다.

이번 발표는 그 가운데 세 번째의 것이다. 전공분야는 서로 거리가 멀지만 학문하는 수준이 높은 분들을 위해 이야기를 하므로 내가 무엇을 어떻게 연구했는지 간추려 설명하고 일반이론 정립을 위한 학문의 길을 논의했다. 내 연구를 간추려 설명한 부분은 이 강의 수강자들에게 정리하는 수고를 덜어준다. 일반이론 정립을 위한 학문의 길은 지금 다루는 과제이다.

서두에서 과학과 학문에 관해 말한 것은 이미 여러 차례 다루어 새삼스럽지 않다. 그러나 학문이 무엇인지 되돌아보기 위해 다시 필요하다. 학문이 즐거워서 한다는 것은 제5권의 마지막 제14강에서 한 말이다. 같은 논의를 차원을 높여 다시 하면서 일반이론 창조의 의의를 찾는다. 연구 과정을 넷으로 나눈 것은 명확한 정리를 위한 선택이다. 다른 여러 과제에 관한 연구는 생략되어 있어 제2강 이하에서 다시 거론하겠다.

문학과 수학, 문학연구와 수학연구의 공통점과 차이점이 가장 중요한 내용이다. 문학연구에서 정립하는 일반이론의 성격을 말하는 데 결정적인 의의를 가진다. 둘의 공통점이 더욱 중요하지만 공통점을 제대로 확보하기 위해서 차이점을 무시하지 말아야 한다. 차이점을 무시해서 생기는 폐단을 연구 여건을 다룬 대목에서 문제 삼았다.

토론은 핵심에서 벗어나 산만하게 진행되기도 했으나 모두 소중하다고 여겨 그대로 수록한다. 제9권 학문의 정책과 제도에서 다루어야 할 것도 있다. 발표와 토론 전체의 내용이 제10권 학문하는 보람에 관한 것이라고 할 수도 있어 그쪽으로 돌릴까 생각해보기도 했다. 문제를 구분해 강의를 진행하지만 앞뒤의 내용을 엄밀하게 구별할 수 없다.

과학과 학문

왜 과학을 하는가? 이렇게 묻지 않는다. 왜 학문을 하는가? 이렇게 묻는다. 왜 이렇게 묻는가?

과학은 'science'의 번역어이고, '學問'은 조상 전래의 용어이다. 과학은 탐구 자체이고, 학문은 탐구하고 검증하는 사람의 행위를 문제 삼는다. 과학은 자연과학을 본래의 영역으로 하고, 사회과학에도 적용되지만, 인문학과는 거리가 있다. 학문에서는 인문학문 · 사회학문 · 자연학문이 대등한 관계를 가지고 공통점이 중요시된다.

왜 과학을 하는가는 왜 (자연)과학을 하고, 사회과학이나 인문학을 하지는 않는가 하는 질문으로 들릴 수 있다. 왜 학문을 하는가는 인문학문 · 사회학문 · 자연학문에서 함께 학문을 하는 이유를 묻는다. 나는 인문학문을 하면서 학문이란 무엇이며 왜 하는지 줄곧 생각하고 학문일반론을 이룩하려고 애써왔다. 기존의 과학철학을 넘어서서 훨씬 높이 올라가는 학문일반론이 가능한가? 이 의문을 해결하는 길을 왜 학문을 하는지 따지면서 찾고자 한다.

학문하는 즐거움

왜 학문을 하는가? 즐거워서 한다. 즐겁지 않으면 학문을 해야 할 이유가 없다. 먹고살기 위해, 이름을 내서 행세하려고, 이득을 노리고 하는 학문은 즐겁지 않고 괴롭기 때문에 목적을 달성하지 못할 것 같으면 그만두고, 목적을 어느 정도 달성했다고 생각되어도 그만둔다. 아무 소용이 없을 것 같고, 하지 않아도 될 것 같은 학문을 지칠 줄 모르고 하는 것은 특별한 즐거움이 있기 때문이다.

학문을 하는 즐거움은 어떤 점이 특별한가? 학문은 계속 새롭게 창조되므로 일정한 방식과 내용으로 되풀이해서 하는 다른 행위에서는 찾을 수 없는 즐거움이 있다고 말할 수 있다. 새롭게 하지 않은 것은 학문이 아니므로 학문하는 즐거움이 있을 수 없다. 학문 흉내나 학문 구경은 학문이 아니다.

학문을 새롭게 한다는 것은 전에 모르고 있던 이치를 찾아낸다는 말이다. 논리적인 추구에서 하는 작업에 때로는 뜻하지 않은 비약이 있다. 미리 헤아리지 못한 깨달음이 어딘지 모르는 곳에서 닥쳐와 득도하는 것과 같은 과정을 겪게 한다. 감격을 느끼면서 들떠 있다가 정신을 차려, 논리를 초월한 발견을 논리로 나타내 불가능을 가능하게 한다. 이 경지에 이르러야 학문의 진면목을 알고 최대의 즐거움을 누린다.

학문의 즐거움은 학문이 무엇이며 왜 즐거운지 알고 하는 즐거움이다. 즐거움을 자각하고 학문을 하니 더욱 즐겁고, 잘 하면 즐거움을 키울 수 있다. 자기 경험을 근거로 삼아 분명한 논거를 확보하고 멀리 있는 분야의 사정까지 함께 다루어 보편성을 확보하면 학문일반론에 이를 수 있다. 그렇지만 비약적 깨달음의 정체, 논리를 초월한 논리의 가능성에 대한 해명은 끝나지 않아 학문일반론은 언제나 미완성인 채로 열려 있다.

내가 하는 학문

내가 하는 학문은 문학연구이다. 문학학이라는 말은 사용하지 않고 문학연구라고 한다. 문학연구는 문학이 무엇인지 고찰한다. 고찰의 한 방법이 비교이다. 문학이란 연구 대상이 어떤 특징을 가지는지 수학과 견주어 살펴보자.

문학연구는 수식을 사용하지 않고 일상의 언어를 사용하는 점이 수학과 다르다. 수학에서처럼 정교하고 엄밀한 논증을 하지도 못한다.

그 이유를 둘 들 수 있다. 문학연구는 연구 대상인 문학과 연결되어 있어야 한다. 연구 결과가 문학을 좋아하는 사람들에게 전달되어 좋아하는 이유를 밝힌 것으로 인정되어야 한다. 이런 이유에서 문학연구는 일상의 언어를 사용한다. 문학이 나타내는 바를 널리 이해할 수 있게 풀이하면서 누구나 하고 듣는 말의 격조를 높이려고 한다.

그러면서 수학과 문학연구는 대상과 내용에 뚜렷한 공통점이 있다. 둘 다 인간 사고의 탐구이다. 인간의 사고가 수학을 개발하는 원천이다. 인간의 사고가 다양하고 오묘하게 진행되지 않는다면 수학이 있을 수 없다. 있다 해도 장난에 지나지 않는다. 장난을 두고 맞고 틀린 것을 분별할 수는 없다. 문학은 인간 사고의 예술적 표현이다. 인간 사고가 다양하고 오묘한 것을 가시적인 형태로 만들어 보여준다. 문학연구는 인간의 사고를 탐구하는 점에서 수학과 다를 바 없다.

문학에서 보여주는 가시적인 형태의 구조와 특징을 해명하는 작업은 수학의 경우와 원리에서뿐만 아니라 방법에서도 상통한다. 문학연구에서도 수학의 방법을 사용한다고 할 수 있다. 구조를 발견하고, 상수와 변수의 관계를 알고, 변화의 법칙을 정립하려고 한다. 그러면서 문학은 그 자체만이 아니고 사상의 구현이며 사회적이고 역사적 의의를 지니고 있어, 연구가 원래의 범위를 넘어서서 확대된다. 문학이 다른 것들과 복합되어 있는 총체가 인식 대상으로 분리되지 않고 인식 주체와 연결되어 있어 가치관의 문제를 제기하고, 실천의 방향을 찾게 한다. 취급 범위가 넓어지고 논의의 차원이 높아지지 않을 수 없게 되는 벅찬 과제를 감당하면서 즐거움이 증폭된다.

연구 과정

(1) 서정은 세계의 자아화이다. 이 한 마디로 오랜 의문이 풀렸다. 서정에 관한 수많은 경험적 인식을 최소의 언술로 집약하는 원리를 발견했다. 더욱 확대된 작업을 위한 출발점을 마련했다.

서정은 세계의 자아화이고, 교술은 자아의 세계화이다. 자아와 세계를 어느 한쪽으로 전환시키는 이 둘은 자아와 세계의 대결인 서사나 희곡과 다르다. 희곡은 자아와 세계의 대결만이고, 서사에서는 그 대결에 작품외적 자아가 개입한다. 문학갈래는 자아와 세계의 관계 양상에 따라 나누어진다. 이 작업에서 각기 따로 존재한다고 여기고 있던 것들의 체계적인 관계가 밝혀졌다. 문학갈래가 크게 넷으로 나누어지는 이유를 알게 되었다.

넷 가운데 서사에 대한 논의를 구체화했다. 자아와 세계의 대결이 신화에서는 동질성을 가지고, 전설에서는 세계의 우위에서, 민담에서는 자아의 우위에서 전개된다. 소설에서는 자아와 세계가 상호우위의 관계를 가지고 대결한다. 이렇게 해서 소설이 무엇인가 하는 오랜 의문을 해결했다. 자아와 세계가 상호우위의 관계를 가지는 양상에서 소설사의 전개를 해명했다.

(2) 서정시만 있던 시대를 지나 서정시와 교술시가 공존하는 시대가 된 것이 중세전기에서 중세후기로 이행한 변화이다. 앞 시대 문학을 주도한 귀족은 마음만 소중하다고 여겼으나, 새 시대를 만든 사대부는 마음과 사물이 함께 소중하다고 여겨 세계의 자아화와 자아의 세계화를 함께 요구했다.

이러한 변화가 문명권의 중심부나 주변부에서는 없고, 문명권의 중간부에서 일제히 나타났다. 한문문명권, 산스크리트문명권, 아랍어문명권, 라틴어문명권 등 여러 문명권의 중간부에서 일제히 중세후기에 민족어 교술시를 발전시켜 문명권 중심부의 주도권에 도전하는 새로운 시대의 사상적 반론을 제기했다.

이와 유사한 원리가 다른 시대 다른 갈래에서 나타나는 것들을 다양하게 발견해 세계문학사의 전개를 통괄해서 이해했다. 세계문학은 하나이면서 여럿인 이치를 해명했다. 유럽문명권중심주의를 넘어서서 세계 전역의 문학을 대등의 관점에서 파악하는 세계문학사를 최초로 이룩했다.

(3) 자아와 세계는 陰陽이다. 음양이 서로 전환되고 대결하는 관계를 따지다가 生克論을 발견하고 이어받았다. 氣는 하나이면서 둘인 음양이고, 음양은 相生과 相克의 관계를 함께 가진다고 한 생극론을 문학의 원리를 해명하는 데 적용하고 문학사 이해의 역사철학으로 삼아 타당성과 유용성을 검증했다. 철학사와 문학사의 관계, 소설의 사회사 비교론 등을 거쳐, 세계문학사의 전개를 생극론에 입각해 이해했다.

생극론은 변증법을 통합하면서 넘어서는 철학으로서 소중한 의의가 있다. 상극에 치우친 결함을 상극이 상생이고 상생이 상극임을 밝혀 시정한다. 역사는 발전이기만 하지 않고 순환이기도 하다는 것을 명시한다. 투쟁의 결과가 새롭게 판가름되어 선진이 교체되는 데 그치지 않고 선진이 지나치면 스스로 패망해 선진이 후진이고 후진이 선진임을 말한다. (4) 문명권의 중심부는 중세 보편주의에 머무르고자 할 때 주변부가 앞장서서 근대 민족주의 노선을 마련하고 독자적 발전을 이룩했다. 중세의 유산과 근대의 성취를 합치고, 보편주의와 민족주의를 아울러 근대를 넘어서서 다음 시대를 이룩하는 데 중간부가 주도적인 구실을 할 수 있다. 이론 통찰력을 가지고 세계사의 미래를 예견하고, 바람직하게 만들 수 있다.

중세에는 후진이었던 주변부가 근대의 선진일 수 있었다. 중간부는 중세 동안 중심부보다, 근대에는 주변부보다 뒤떨어져 이중의 후진이어서 근대를 넘어서서 다음 시대로 나아가는 데 선진일 수 있다. 후진이 선진이고 선진이 후진인 원리를 실현하려면 슬기로운 판단과 비상한 노력이 필요하다.

논저 출간

위와 같은 작업을 하기 위해 논문 200여 편, 저서 50여 종을 내놓았다. 공동작업은 제외하고 단독작업의 성과가 이와 같다. 20여 종의 전작저서가 가장 중요한 업적이다. 정신없이 몰두해 너무 많은 일을 했다. 그 가운데 대표적인 것을 들고 작업 연구 과정과 관련시켜 설명한다.

『한국소설의 이론』(1977)에서 (1) 단계 작업을 마무리해 갈래 이론을 정립하고 소설에다 구체적으로 적용했다. 획기적인 수준의 이론을 창조하는 큰 학문을 하기로 작정하고 여러 해 동안 노력한 결과이다. 학문의 즐거움을 깊이 체험하고, 무엇이든지 할 수 있다는 자신감이 생겼다. 많은 서평이 나와 전례 없이 적극적으로 시비하는 데 대해 후속작업을 길게 해서 응답하기로 했다.

『한국문학통사』 1-6 (1982-1988, 제4판 2005)에서 (2) 단계의 작업을 진행해 한국문학사의 전개를 통괄해 고찰했다. 이론적 일관성과 자세한 내용을 갖추는 두 가지 작업을 많은 노력을 기울여 최초로 완수한 것이 흐뭇하다. 다른 사람이 비슷한 일을 다시 하지 않아 본의 아니게 독점적인 지위를 누리고 있다. 전문을 그대로 번역하면 이해하기 어렵기 때문에, 축소판 불역본을 출간하고, 영역본 원고를 넘겼다.

『철학사와 문학사 둘인가 하나인가』(2000), 『소설의 사회사 비교론』 1-3 (2001)을 내면서 (3) 단계의 작업인 생극론 정립에 관한 여러 해 동안의 시도를 발전시키고 가다듬었다. 앞의 책에서는 철학사와 문학사가 합쳐지고 나누어진 과정을, 뒤의 책에서는 소설사와 사회사의 관계를 세계 전체의 범위에서 고찰했다. (2)와 (3) 단계의 작업을 아울러 『세계문학사의 전개』(2002)를 이룩했다.

정년퇴임한 다음 자유롭게 연구하고 강의하는 석좌교수가 되어 (4) 단계 작업을 전개하는 『세계 · 지방화시대의 한국학』 1-10 (2005-2009)을 내고 있다. 원고를 홈페이지에 올리고 전문 학자들을 상대로 공개강의를 하고 있어 많은 도움을 얻는다. 문학연구의 범위를 넘어서서 학문의 진로를 찾는다.

연구 여건

나는 연구논저를 한국어로 써서, 한국 학계에서 발표한다. 16개 외국에 가서 40회 이상 연구발표를 하고, 논저가 영어, 불어, 이탈리아어, 스페인어, 일본어, 중국어, 월남어 등으로도 나와 있으나, 모두 한국어로 낸 일차생산물의 일부를 소개한 이차생산물에 지나지 않는다. 일차생산물은 도외시하고 이차생산물 가운데 영어로 된 것만 국제적인 평가의 대상으로 삼는다면 전혀 부당한 처사이다. 부당한 처사가 일반화되는 것이 우려할 사태이다.

학문의 언어를 영어로 하면 정당한 평가를 받을 수 있지 않은가 하고 반문할 수 있다. 그렇게 하면 연구의 질이 떨어지고 발전이 둔화된다. 연구 대상과 연구 방법이 한국어나 한문으로 이루어진 문화유산이기 때문에 영어로 옮기면 온전하지 못하다. 깊이 있는 토론을 해줄 사람을 찾을 수도 없다. 한국에서는 적극적인 관심의 대상으로 부각된 생극론을 영어로도 알리려고 'becoming-overcoming theory'라고 옮기다가 의혹만 사고 있다.

내 연구를 외국에 전하려고 너무 많이 애쓰는 것은 시간과 노력의 낭비이다. 그것은 한국어를 잘 하고 한국학을 전공하는 외국인들에게 맡길 일이다. 내가 할 일은 한국어를 최상급 학문의 언어로, 한국을 창조학의 본거지로 만들기 위해 힘쓰는 것이다. 한국학의 세계화는 여기서 출발한다. 경쟁력이 뛰어난 물건을 생산하면 다투어 사간다. 외국에 가서 읽은 기조발표 방식의 논문 가운데 긴요한 것들을 간추린 *Interrelated Issues in Korean, East Asian and World Literary History* (2006)를 내서 일차생산물에 관한 안내서로 삼고 있다.

인문학문 연구에 절대적으로 필요한 조건은 시간 확보이다. 조교를 두고 시간 부족을 해결하는 것은 불가능하다. 조교가 책을 읽으면 교수 머리에 들어가는 것은 아니기 때문이다. 나는 특단의 수단을 강구해 시간을 확보했다. 일체의 보직을 하지 않고 학과 일에도 관심을 가지지 않았다. 학회 회장 노릇을 면제 받는 대신에 요청이 있으면 언제든지 연구발표를 하겠다고 했다. 학과장 노릇을 면제해주면 학과 논문집에 계속 논문을 내기로 했다. 논문 재고품이 어느 때든지 있어 약속을 지킬 수 있었다. 지금도 한 해 동안에 학회나 대학 연구소에서 하는 연구발표를 10여 건, 강연까지 보태면 20여 건 가까이 한다.

학과가 아닌 연구소에 소속되어 연구에 전념할 수 있는 연구교수라야 학문을 제대로 할 수 있다. 연구의 진행을 발표하고 토론하는 강의

하나만 하는 것이 본인을 위해서나 학문을 위해서나 크게 도움이 된다. 이렇게 해주는 곳이 있기를 바라고 공개구직을 했으나 실패하고, 정년퇴임 후에 가까스로 뜻을 이루었다.

연구를 제대로 하지 못하게 하는 또 하나의 결정적인 장애는 도서 부족이다. 나는 연구비를 많이 받는 편이어서 어려움을 어느 정도 해결해왔다. 그런데 이 방법은 혜택을 받는 범위가 제한되어 있고, 나라 전체로 보면 낭비가 심하다. 국립도서관에는 여러 분야 연구에 필요한 자료를 최대한 확보하는 것이 국가 경영의 슬기로운 방법이다.

현장에서 오고간 문답

문: 즐거움을 추구하는 것은 도락이 아닌가? 학문이 도락인가?

답: 즐겁게 살고자 하는 것은 사람의 본성이고 천부의 인권이다. 예술이나 학문을 하면서 즐거움의 질적 향상을 이룩하는 것이 바람직한 삶이다.

문: 즐거움을 추구하는 학문을 한다는 것과 우리 학문을 해야 한다는 것은 상반된 견해가 아닌가?

답: 우리 학문을 해야 학문 흉내나 학문 구경 수준을 넘어서서 학문을 실제로 하는 즐거움을 누린다. 좋은 성과가 나타나 널리 쓰이면 즐거움이 더 커진다. 수입학을 해서는 즐겁지 않다. 창조학을 해야 즐겁다. 우리 학문을 세계의 학문으로 발전시키는 창조학을 하면 아주 즐겁다.

문: 전에는 우리 학문을 하자는 책을 쓰더니 이제 학문은 즐겁다고 하는 것은 무슨 까닭인가?

답: 서로 연결되는 말 가운데 어느 쪽을 강조해야 하는지 상황에

따라 다르다. 남들이 하는 말을 따르기나 하고 우리 현실과 문제를 도외시하는 풍조를 비판하고 우리 학문을 해야 한다고 했다. 지금은 응용학문의 위세에 눌리는 순수학문 옹호가 더욱 긴요한 과제가 되었다.

실용성이 없고 남들이 알아주지도 않는 순수학문을 왜 하는가, 노력의 대가를 찾을 수 있는가 하고 묻는 데 대한 대답이 절실하게 필요해 학문은 즐거워서 한다고 한다. 즐거우면 하고 즐겁지 않으면 그만두어라. 즐거워서 하다가보면 좋은 결과를 얻고 대가를 얻을 수 있다. 공부하면 알아주니, 알아주면 공부하겠다고 하지 말아라. 학문을 시작하려는 후진에게 이렇게 잘라 말한다.

문: 인문학문의 위기에 대해서 어떻게 생각하는가?

답: 우리는 위기가 그리 크지 않고, 다른 분야의 이해와 지지를 얻을 수 있고, 극복의 가능성이 있으므로 위기라고 떠들어댄다. 사태가 되돌릴 수 없을 정도로 악화된 다른 나라에서는 위기라는 말도 하지 않는다. 전공에 따라 보수가 다른 미국의 대학교수 가운데 인문학문 분야가 하위, 영문학이 최하위급인 것이 당연하다고 여긴다. 일본 대학의 문학부는 학생이 없어 텅 비다시피 한 형편이지만 자구책을 찾지도 않는다. 우리 인문학문은 전통이 죽지 않고 기대가 높아 위기를 극복할 수 있다.

그런데 인문학문의 위기라고 떠들고 다니는 사람들은 이것을 일거리로 삼고, 밥거리로 삼으려고까지 한다. 인문학문의 가치를 입증하는 연구를 하면 스스로 즐겁고 세상의 평가가 달라지니 더 즐거울 것이다. 공부하면 알아주니, 알아주면 공부하겠다고 하지 말라는 말을 다시

하고 싶다.

문: 문학작품은 서로 다른 창조물인데, 문학연구가 어떻게 감당하는가?

답: 창조가 이루어지는 양상과 원리를 논리로 해명하는 것이 문학연구이다. 문학작품의 창조가 새롭게 이루어질 뿐만 아니라 문학연구의 논리도 수학연구에서 하듯이 다시 개발된다. 작품과 수학을 연결시키는 일을 문학연구에서 한다고 할 수 있다.

문: 좋은 작품이 따로 있는가? 있다면 어떻게 구별하는가?

답: 좋은 작품도 있고, 좋지 못한 작품도 있다. 좋지 못한 작품은 처음 읽을 때에는 대단한 것 같은데 다시 읽으면 싱겁다. 추리소설이 좋은 본보기이다. 결말을 몰라 마음 졸인 경험이 결말을 알고 다시 읽을 때에는 재현되지 않는다. 좋은 작품은 다시 읽으면 새로운 발견을 경험한다. 정신적 성숙의 정도에 따라, 시대 변화에 따라 다르게 이해되는 다층구조를 감추고 있기 때문이다. 어디까지 드러내 어떤 논리로 해명하는가 하는 것이 연구자에게 부여된 과업이다. 다시 해명하는 새로운 연구가 많을수록 더 좋은 작품이다.

문: 작가가 써놓지 않은 의미를 독자나 연구자가 찾아냈다고 하는 것은 착각이 아닌가?

답: 작자의 의식에는 스스로 설명할 수 있는 정립된 의식도 있고, 설명은 하지 못하고 작품에 나타나 있기만 한 정립되지 않은 의식도 있다. 작품의 저층을 이루는 정립되지 않은 의식에 인간정신의 오묘한

구조가 다양하게 나타나 있는 것이 수학에서 볼 수 있는 바와 같다. 작품을 새롭게 창작하고 수학을 다시 연구하면서 보물을 보탠다. 문학을 연구하는 학자는 작품에 숨어 있는 보물을 찾아내면서 새로운 논리를 개발한다는 점에서 수학자와 상통하는 작업을 한다.

문: 심층심리학을 적용해서 문학을 연구해야 할 것이 아닌가?

답: 심층심리학을 그대로 사용하는 연구가 있으나 좋은 결과를 얻지 못한다. 프로이트(Freud)가 말하는 성충동, 융(Jung)이 주장하는 원형의식 등을 적용해 일률적으로 설명할 수 없는 오묘하고 다양한 구조가 문학작품에서 검증되는 심층심리에 있다. 역사적이고 사회적인 사연이 얽혀 있어 더욱 복잡하다. 무엇이 있는지 발견하고 기술하기 위해 문학연구가 애쓴다.

문: 문학연구는 개별적인 양상을 연구하는가, 일반화를 향해 나아가는가?

답: 개별적인 양상의 연구에서 일반화로 나아가 보편성에 대한 이해를 수정한다. 문학작품에서 문학갈래로, 문학갈래에서 문학사로 나아간다. 문학연구만의 작업에서 역사학·철학과 얽힌 양상으로 나아간다. 또한 한국문학에서 동아시아문학으로, 동아시아문학에서 세계문학으로 나아간다.

앞의 두 가지 일을 잘해야 세 번째로 든 일을 제대로 감당할 수 있다. 한국문학에서 발견한 원리를 동아시아문학에 적용해 타당성을 검증하고, 인도, 아랍, 아프리카 등지의 문학을 거쳐, 비교의 범위를 유럽문학에까지 확장해 유럽문학만 가지고 정립한 보편적인 원리가 그릇되었음을 지적하고 대안을 제시하는 것이 긴요한 과제이다. 유럽문명권중심주의의 시대는 끝났다고 그 쪽에서도 시인하지만, 대안 제시는 다른 쪽에서 해야 한다. 내 작업이 알려지면서 관심을 끌고 있다.

이런 연구는 동심원을 그리면서 진행된다고 할 수 있다. 어느 단계의 작업인가에 따라서 완성도의 등급이 달라진다. 출발점이 되는 연구를 철저하고 심도 있게 해야 다음 단계의 작업을 제대로 할 수 있는 근거를 확보한다. 중간 단계의 점검을 가능한 한 충실하게 해야 멀리까지 나아갈 수 있는 힘을 얻는다. 가장 확대된 작업은 취급 범위가 너무 넓어 정밀하게 하기 어려운 조건을 감수해야 한다. 이런 순서를 무시하고 처음부터 멀리서 놀기만 해서는 학문 흉내나 학문 구경을 학문으로 착각하고 만다.

문: 공부는 넓게, 연구는 좁게 하라고 한 것과 어떻게 관련되는가?

답: 최한기와 조동일의 합작으로, 젊어서 공부를 되도록 넓게 하다가 연구는 좁게 시작하고 차차 넓혀야 한다는 이론을 정립했다. 논문을 써서 발표한 내용을『세계・지방화시대의 한국학 4』(대구: 계명대학교 출판부, 2006) 제12강 <학문 후속세대의 자각과 작전>에서 재론했다. 지금 한 말과 관련시켜 다시 살피겠다.

가장 멀리까지 연구를 확대할 수 있는 시야를 일찍이 학사과정 학생 시절에 열어두는 것이 마땅하다. 전공이나 학과를 넘어서서 넓게 공부해야 한다는 말이다. 대학원에 들어가서 연구를 위한 훈련을 하면서 넓은 공부와 좁은 연구를 구분하는 법을 익혀야 한다. 연구는 대상을 좁히고 문제를 예각화해서 철저하고 심도 있게 시작해서 분명한 결론을 얻어야 한다. 그것을 중심점으로 삼고 단계적인 확대를 하는 것이 마땅하다. 미리 어느 정도 보아둔 것이 있어야 확대가 가능하다. 나중에는 공부의 전 영역까지 나아가고, 새로운 것을 보태야 한다.

학자가 되어 연구하는 기간을 30년이라고 하면, 전반에는 특정 주제의 논문을 쓰고, 후반에는 포괄적인 내용의 저서를 쓰는 것이 인문·사회학문의 정석이다. 경계가 되는 연령을 50세로 본다. 자연학문에서는 저서를 써야 할 이유가 없으므로 이 원리가 어떻게 적용될 수 있을지 의문이다. 그러나 공부는 넓게 하고 연구는 좁게 시작했다가 차차 확대해야 한다는 것은 서로 다르지 않으리라고 생각한다.

문: 인문학문과 자연학문은 같은 학문인가, 다른 학문인가?

답: 인문·사회학문과 자연학문은 학문을 하는 이유, 방법, 과정 등에서 많은 공통점이 있는데 사용하는 언어가 달라 소통되지 않는다. 인문·사회학문에서 하는 말은 자연학문에서도 알아듣는다. 자연학문을 어떻게 하는지 인문·사회학문 쪽의 일상의 언어로 통역해야 학문론이 이룩된다.

자연학문에서 사용하는 수리언어는 세계 어디서나 통용되지만, 인문·사회학문 특히 인문학문에서 사용하는 일상언어는 민족문화이다. 다루는 내역에서는 다시 지방문화로 세분화되어 있다. 단일언어와 개별언어는 모두 소중하다. 개별언어에 포함되어 있는 지식이나 지혜가 소유자의 자랑일 뿐만 아니라 전 인류의 자산이다.

동식물이 멸종되는 것은 큰일로 여기면서 언어문화의 소멸은 어쩔 수 없다고 여기는 것은 잘못이다. 언어문화를 지키고 가꾸어 인류가 정신적 풍요를 누리게 하는 것이 인문학문의 사명이다. 이것은 자연을 이해하고 잘 이용할 수 있게 하는 자연학문의 사명과 상통한다. 두 사명에 대한 통괄 이해가 긴요한 과제이다.

인문·사회·자연학문을 다 하는 사람이 있어야 타인의 통역에 의존하지 않고 학문일반론을 스스로 이룩할 수 있다. 학문일반론을 통합학문을 하는 지침으로 삼고, 개별학문의 진로와 방법에 관한 논의에 활용할 수 있다. 기존의 학자는 할 수 없는 일이므로, 특별한 능력을 가진 인재를 양성해야 한다.

문: 인재 양성을 어떻게 해야 하는가?

답: '統攝대학원'을 설치하자는 제안을 신문에서 보았다. 두 가지 점에서 부당하다. 統攝이라는 생소한 말은 미국 진화생물학자 윌슨(Edward O. Wilson)이 사용한 'consilience'라는 용어의 번역이다. 윌슨은 문화의 축적이 유전자에 각인되어 있어 유전자 해독에서 그 내역을 알아낼 수 있다고 했다. 학문이 하나일 수 있게 하는 놀랄만한 발언으로 들린다. 그러나 문화의 축적은 인문학문에서 바로 알아낼 수 있어 그런 번거로운 방법을 쓸 필요가 없다. 양쪽 학문이 각자의 장기를 살리면서 대등하게 협동해야 바람직한 통합으로 나아갈 수 있다.

나는 윌슨의 견해를 검토하면서 'consilience'를 '통합과학'이라고 하면 된다고 했다. (제2권, 40-43면) 자연과학에서 출발해서 학문통합을 이룩하려고 하는 점을 분명하게 하기 위해서였다. 통합과학은 통합학문을 위한 한 가지 제안이다. '統攝대학원'을 수입학의 통로로 만들어 통합학문을 하겠다는 발상은 잘못 되었다. 기존의 여러 학문을 널리 포용하면서 통합의 원리와 방법을 스스로 마련해야 한다.

통합학문의 과정을 대학원에 두는 것은 부적절하다. 학사과정부터 박사과정까지 다 있어야 한다. 학사과정에서 시작해야 하는 이유가 명백하다. 자연학문의 기초를 고등학교에서 공부한 것을 공백이 없이 바로 발전시켜 학사과정에서 닦아야 한다. 인문 · 사회학문 공부에 필수인 여러 외국어 공부도 학사과정에서 하고 대학원으로 미루지 말아야 한다.

통합학문 과정을 설치하는 구체적인 방안을 제시한다. 단과대학을 만드는 것을 장래의 목표로 하고 우선 협동과정을 둔다. 인문 · 사회 · 자연대학 교수들 가운데 적임자가 공동으로 운영한다. 학생은 인문 · 사회 · 자연학문을 고르게 선택해 공부하고, 외국어를 여럿 습득한다. 전원 장학생으로 하고, 중간에 자유롭게 전과할 수 있는 조건을 내걸고 특히 우수한 인재를 선발한다.

나는 통합학문을 하려고 하지만 자연학문과 이별한 탓에 뜻을 이루지 못하고 막연한 서론이나 펴고 있어 안타깝다. 자연학문 쪽의 장회익 교수도 만년에 통합학문으로 나아가고자 했으나 인문학문 연구를 스스로 축적하지 않아 성과가 그리 크지 않다. 늦게 후회해도 소용없다. 처음부터 잘해야 한다. 대학에서 기회를 제공하고 길을 열어주어야 한다.

문: 양쪽 학문을 다할 만한 능력을 가진 학생들이 있겠는가?

답: 당연히 있다고 보아야 한다. 신입생들을 위한 강연을 하면서 말했다. 여러분은 이제 태릉선수촌에 입촌했다고 할 수 있다. 그런데 일생의 목표를 달성했다고 착각하니 개탄스럽다. 선수촌에 입촌한 것은 올림픽에서 금메달을 따기 위해서이다. 학문의 올림픽은 어떻게 하는가? 세계적인 석학과 싸워 이기는 것이다. 세계적인 석학은 책에 있어 쉽게 만날 수 있다. 이미 죽은 사람도 현역 선수인 것이 학문의 특성이다. 세계적인 석학과 싸워 이기려면 단단히 준비해야 한다. 우선

여러 학문을 널리 공부해 기초를 쌓고, 외국어를 다섯은 해야 한다.

학문의 올림픽에서 금메달을 따기 위해 훈련을 하고 뜻을 이루지 못하면 어떻게 하는가? 아무 손해도 없다. 도전하는 학생이 많으면 성공할 사람이 있다. 불가능하고 무의미하다고 생각해 일찍 그만두는 풍조가 만연하면 성공할 사람이 아무도 없다. 태릉선수촌에 입촌했으니 일생의 목표를 달성했다고 착각하는 학생들이 대다수여서 대학이 죽고 학문이 망한다.

여러분 친구들 가운데 체육선수로 나서기로 하고 공부는 그만두다시피 한 사람들이 있었을 것이다. 공부 선수인 여러분은 그런 친구들을 얕보았을 수 있다. 그런데 체육선수는 올림픽 금메달을 목표로 하는데, 공부선수는 선수촌 입촌을 목표로 하면 얼마나 우스운가. 생각을 바꾸지 못하겠으면 모두 자퇴하고, 다른 선수들에게 자리를 양보해라. 살아있는 동안 무사하다고 해도, 저승에 가면 염라대왕이 죄를 물을 것이다.

이렇게 말한 대로 할 학생은 많지 않고 소수이다. 소수에게 기회를 주어, 결심을 실현할 수 있게 도와주어야 한다. 세계적인 석학을 기르는 교육을 처음부터 해야 한다. 영재를 따로 선발해 누구나 하는 공부의 과정을 어린 나이에 통과하도록 하자는 것은 큰 잘못이다. 어느 누구도 대학에 일찍 입학할 필요는 없다. 정해진 나이에 대학을 다니면서 다른 사람들보다 몇 갑절 많은 공부를 하게 하는 것이 마땅하다. 즐거운 마음으로 다 감당하면서 자기 생각을 키우는 학생이 진정한 영재이다.

교수가 감당할 수 없다고 학생이 공부할 기회를 주지 않는 것은 잘못이다. 미비사항은 학생이 극복할 수 있다. 넓게 공부할 수 있게 허용하기만 해도 큰 성과를 거둘 수 있다.

문: 전에는 가난한 집에서 인재가 난다고 했는데, 지금은 여유 있는

집 자식이라야 입시에서 우수한 성적을 나타낸다. 이런 풍조에 대해서 어떻게 생각하는가?

답: 불행이지만 어쩔 수 없는 일인 듯이 보인다. 그러나 뛰어난 학자는 여유 있는 집안 출신이 아니고 고난을 겪고 자란다. 고난을 겪지 않고 커다란 깨달음을 얻을 수 없다는 것은 고금 불변의 이치이다. 남들이 보면 행복한 조건에서 공부하는 사람이라도 행복을 무색하게 하는 고난을 스스로 선택해서 이겨내면서 크게 성장할 수 있다.

문: 공부하는 동안에 감화를 받은 선생님이 어떤 분들인가?

답: "저렇게는 하지 말아야 하겠구나"라고 생각하게 하는 본보기를 보인 분들에게서 더 많은 도움을 받고, "어떻게 하면 저렇게 하지 않을 수 있는가" 하고 골똘하게 궁리했다. 힘든 과제를 안겨준 것을 감사하게 여긴다.

문: 서울대학에 재직하는 동안에 서울대학이 집이라고 생각했는가, 여관이라고 생각했는가?

답: 참으로 의미심장한 질문이다. 솔직하게 대답하면, 서울대학을 여관이라고 생각했다. 집이라고 생각하고 잘 고쳐 좋게 만들려는 노력은 성사되지 않는다. 그 때문에 상심할 필요는 없다. 연구를 할 수 있게 해놓고 연구를 하려고 하면 끝내 연구를 하지 못하고 만다. 일생이 한 번뿐인데, 얼마나 억울한가. 집이 아니고 여관이므로 마음에 들지 않아도 하는 수 없다고, 비바람을 피할 수 있는 거처가 마련되어 다행이라고 생각하고 해야 할 연구에 매진했다.

토론

❑ 문: 옛 사람은 즐거움을 快活이라고 했다. 학문을 하면 쾌활해질 수 있다는 말인가?

❑ 답: 그렇다. 학문을 하면 쾌활해질 수 있다고 옛 사람이 이미 말했다. 徐敬德의 시에 "學到不疑知快活"이라는 구절이 있다. "학문이 의심할 것이 없는 경지에 이르니 쾌활함을 알겠다"는 말이다. 그런데 "쾌활하다" 또는 "쾌활해진다"고 하지 않고, "쾌활함을 알겠다"고 한 이유가 무엇인지 의문을 가질 필요가 있다. 학문을 하는 즐거움에 학문은 즐겁다는 것을 아는 즐거움이 추가된 것이 아닌가 한다.

❑ 문: 학문의 즐거움은 삶의 즐거움과 같은가?

❑ 답: 학문의 즐거움은 삶의 즐거움 가운데 하나이고 별난 무엇은 아니다. 그러면서 그 나름대로의 특성이 있다. 앞에서 한 말을 재정리해 단계를 나누어보면, (가) 학문을 하는 즐거움, (나) 학문에서 진전이 있는 즐거움, (다) 학문을 스스로 창조 작업으로 하는 즐거움, (라) 학문의 즐거움에 대해서 성찰하는 즐거움이 있다. (가) 쪽은 삶의 즐거움과 다르지 않고, (라) 쪽은 학문 특유의 즐거움이다. (나)까지의 학문에서는 지식을 자랑한다. (다)에서는 업적을 대단하게 여겨 달라고 한다. 그러나 (라)에서는 지식이 지혜가 되고, 업적이 통찰에 자리를 내주고 물러난다.

학문하는 경지가 높아지면 예사로운 삶에서 아주 멀어지는 것 같지만 어린아이의 천진스러움으로 되돌아간다. 그리는 그림을 보면 어린아이는 모두 천재다. 화가 피카소는 어린아이 그림처럼 그리려고 평생을 노력한다면서 온갖 장난을 마음대로 했다. 一字無識이 크게 깨달을 수 있는 자격이라고 인도에서 말하는 것을 깊이 생각해볼 일이다.

❑ 문: 孔子는『論語』에서, 배워서 얻은 지식을 소중하게 여긴 것으로 안다. 지금 말한 것이 儒家의 전통과는 어긋나지 않는가?

❑ 답: 공자의 제자들이 대답하기 쉬운 질문이나 해서『論語』의 내용이 범속하기만 하다는 말이 있다. 선생을 잘 섬기려다가 반대로 된 셈이라고 할까. 이유야 어쨌든, 聞道라는 말을 써서 道를 다른 사람에게서 들어서 안다고 한 것이 미흡하다. 君子의 학문이 말을 듣고 하는 수준이라면 그대로 받아들일 수 없다. 道家의 觀妙나 佛家의 見性을 이어 높은 경지로 올라가야 한다고 생각한다. 제4권 제7강에서 세 가지 학문의 길을 비교해 논의했다.

❑ 문: 생극론은 지나치게 크고 막연해서 문학연구를 실제로 하는 데 얼마나 쓰일 수 있을지 의문이다. 갈래 구분의 원리를 밝히고, 문학사의 이론으로 발전시켰다고 하지만 구체화된 성과가 무엇인지 실감나게 파악되지 않는다.

❑ 답: 생극론 자체는 너무 크고 막연해서 말을 하나마나 하는 것 같다. 그래서 원론적인 차원의 논의를 길게 하지 않고, 체계적인 저술에서 논의를 완결시키려고 시도하지 않는다. 여러 분야의 실제 연구에서 세부적인 고찰을 전개해야 생극론이 생동하는 의의를 가지고 실질적인 효력이 발생한다. 내 나름대로 많은 작업을 했으나『소설의 사회사 비교론』(서울: 지식산업사, 2001) 전3권에서 전개한 소설론만큼 알찬 것이 더 없다.

같은 정도의 노력을 더 하지 못한 것을 안타깝게 여기면서, 문학연구에서든 다른 여러 학문에서든 많은 일꾼이 동참할 것을 기대하고 촉구한다. 생극론 자체는 만인의 공유물이어서 내가 앞서서 말하고 있어도 지적 소유권을 가지지 않는다. 얼마나 크고 무엇을 할 수 있는지 짐작하지 못한다. 그러나 활용하면 연구의 수준을 크게 높일 수 있다는 것은 내 경험에 근거를 두고 분명하게 말할 수 있다.

❑ 문: 협동과정에서 통합학문을 할 수 있는가?

❑ 답: 협동과정은 여러 학문 분야가 서로 돕는 자리를 마련한 것이다. 서로 도우면 통합을 할 수 있는 것은 아니다. 둘 이상의 학문을 함께 전공하고 자기 학문에서 합치는 사람이 있어야 통합학문이 가능하다. 그러나 이런 사람이 따로 놀면 통합이 확대될 수 없다. 통합학문을 서로 다르게 하는 사람들이 함께 연구하면서, 그 범위 안에 들어오지 않는 다른 여러 학문과 널리 협동해야 한다.

❑ 문: 재직하는 대학이 집이 아니고 여관이라고 여기면서 개혁을 위한 노력을 하지 않은 것이, 그 때문에 많은 연구를 했다고 해도 정당화될 수 있다고 생각하지 않는다.

❑ 답: 대학 개혁을 위한 노력을 슬기롭게 한다. 주변의 방해꾼들과 작은 다툼을 벌이면서 시간을 낭비하지 않고 시야를 밖으로 돌린다. 어디서라도 실현해야 할 방안을 글로 써서 제시하고, 여러 대학에서 강연을 하고 총장들과 이야기를 나누는 기회가 자주 있어 힘써 역설한다. 학문혁명의 선도자가 되는 경쟁에서 앞서는 대학은 비약적인 발전을 한다고 한다.

제3강 지방문화에서 세계학문으로

경과 소개

이 글은 2006년 11월 17일 계명대학교 한국학연구원 학술회의에서 발표했다. 지방의 중요성과 지방 연구의 의의를 말하는 여러 발표 가운데 하나였다. 그러면서 두 가지 특징이 있다. 당위성 역설에 그치지 않고 내 자신의 연구를 예증으로 들어 논의를 구체화했다. 지방문화는 세계학문의 일반이론을 혁신할 수 있어 더욱 소중하다고 했다. 다음 대목부터는 발표 원고에 있던 말이다.

지방 또는 지역 연구가 소중한 시대가 되었다. 그 작업을 지방문학에서 시도해 『지방문학사: 연구의 방향과 과제』(서울: 서울대학교출판부, 2003)를 내놓았다. 논의의 경과와 동향을 검토하는 작업을 거기서 길게 했다. 긴요한 사항을 다시 든다.

지방이 새로운 의의를 가지는 것은 근대 국민국가가 절대적인 위치를 잃고 몰락의 길에 들어섰다고 여기기 때문이다. 이런 변화가 유럽에서 먼저 나타났다. 시대가 달라진 것을 말하고 방향 전환을 제대로 해야 한다고 주장하는 논저가 계속 나오고 있다.

몇 가지 예를 들어보자. 『국민국가의 몰락』(Gurutz Jauregui Bereciartu, William A. Douglass tr., *Decline of the Nation-State*, 원본 1986, 번역 Reno: University of Nevada Press, 1994)이 선구적인 업적이다. 『국민국가의 종말』(Jean-Marie Guehénno, Victoria Elliott tr., *The End of the Nation-State*, 원문 1993, 번역 Minneapolis: University of Minnesota Press, 2000)이 그 뒤를 이었다. 비슷한 책이 여럿 있어 유행을 이루다시피 한다.

책 표제에 있는 'nation-state'는 '민족국가'라고 번역할 수도 있으나 유럽의 현실에서는 '국민국가'가 더욱 적합하다. 다수민족이 지배하는 '국민'에 소수민족이 포함되어 동화를 요구받은 것이 그 동안의 경과이다. 국민국가가 종말에 이르면서 소수민족이 자주를 되찾고 있다. 『소수민족과 유럽의 국민국가 체제』(Jennifer Jackson Preece, *National Minorities and the European Nation-States System*, Oxford: Clarendon, 1998)를 비롯한 여러 저작에서 이 문제를 다루었다. 국민국가 문화의 단일화가 부정되면서 문화다원주의가 등장한다. 『문화다원주의의 등장, 국민국가는 물러가는가?』(Crawford Young ed., *The Rising Tide of Cultural Pluralism, the Nation-State at Bay?*, Madison: The University of Wisconsin Press, 1993) 같은 데서 이에 관해 논의했다.

선행 연구에서 문학사의 경우를 중심으로 각국의 동향을 파악하는 작업을 구체적으로 했다. 우리와 거리가 먼 곳부터 다루어 인도, 중국, 미국 같은 큰 나라의 경우부터 살폈다. 유럽의 경우를 영국, 프랑스, 독일로 나누어 고찰했다. 끝으로 일본의 경우를 들었다. 지방연구의 국제적인 비교가 이루어지고 있는 동향도 살폈다.

한국의 경우를 살펴보면 두 가지 흐름이 파악된다. 전국을 지배하는 서울의 횡포에 대한 지방의 반감이 김정호, 『서울제국과 지방식민지』

(서울: 지식산업사, 1991) 같은 데서 표명되었다. 김용갑, 『영남과 호남의 문화비교』(서울: 풀빛, 1998); 한국향토사연구전국협의회, 『향토사의 길잡이』(서울: 수서원, 1995) 등에서는 반감을 순화시키면서 연구에 힘써야 한다고 했다. 이런 움직임에 전문 학자보다 일반인이 더욱 적극적으로 호응한다.

지방사에 대한 전문적 연구의 필요성을 역설하는 것이 또 하나의 동향이다. 지방의 사학계에서 내놓은 『대구사학』 30 지방사 특집호(대구: 대구사학회, 1986)가 선구적인 의의를 가진다. 이존희, <지방사 인식의 새로운 시작>, 『한국사 서술의 새로운 시각』(서울: 교학사, 1992); 역사문화학회 편, 『지방사와 지방문화 1, 특집 지방사연구 어떻게 할 것인가?』(서울: 학연문화사, 1998) 등에서 논의가 확대되었다. 민속학이 참여해 임재해, 『지역문화와 문화산업』(서울: 지식산업사, 2000); 실천민속학회 편, 『민속문화의 지역성과 보편성』(서울: 집문당, 2000) 같은 것들을 내놓았다. 김정호, 『호남문화입문』(광주: 호남문화사, 1998); 현길언, 『제주문화론』(제주: 탐라목석원, 2001); 권태을, 『상주한문학』(대구: 문창사, 2002) 등이 여러 곳에서 출판되어 지방문화 이해를 구체화했다.

위에서 든 책에서 나는 지방문학 연구의 국내외 동향을 검토하고, 새로운 시도를 했다. 제주 · 영남 · 호남의 경우를 집중해서 다루고, 지리산문학에 관한 논의를 보탰다. <제주문학사의 연원: 탐라국 건국 서사시를 찾아서>, <영남문학사의 특징: 인물전설에 나타난 상하관계의 역전>, <호남문학사의 맥락: 남성시가의 여성화자>, <지리산문학사의 영역: 조식의 시문에 나타난 지리산의 의미>를 써서 구체적인 주제를 하나씩 다루었다.

추가 사항

멀리 있는 분야의 동향은 검토하지 못했으므로 추가해야 한다. 먼저 학회의 움직임을 보자. 한국지역학회가 결성되고, 『지역연구』를 1985년에 창간했다. 유완, <지역학의 정의와 재조정>에서 방향을 제시했다. 국제지역학회도 생겨 『국제지역연구』를 내고 있다. 2000년의 제4권 제1호에 수록된 이중회, <한국의 지역연구: 가능성과 한계>에서 총론을 전개했다. 한국사회학회에서 『지역사회 공동체에 대한 성찰과 재활성화를 위하여』 (2006년 5월 3일)라는 학술회의를 열었다.

여러 사람의 글을 모은 저작이 거듭 이루어졌다. 최협 편, 『인류학과 지역연구』(서울: 나남출판, 1997); 이상섭 · 권태환 편, 『한국의 지역연구: 현황과 과제』(서울: 서울대학교출판부, 1998); 김경일 편, 『지역연구의 역사와 이론』(서울: 문화과학사, 1998); 정지웅 외, 『지역사회학』(서울: 서울대학교출판부, 2000); 정지웅 외, 『지역사회 종합연구』(서울: 교육과학사, 2005) 등이 대표적인 예이다. 이런 작업을 여러 분야에서 한다.

학회지나 공저를 통해 여러 사람의 견해를 모으는 것이 예사이고, 개인의 저작은 찾아보기 어렵다. 김일철, 『지역사회와 인간생활』(서울: 서울대학교출판부, 1998)이 있어 공백을 메운다고 할 수 있다. 지역사회의 구조와 삶에 대한 전반적인 논의를 펴고 구체적인 사례 검증을 갖추었다. 기존의 논문을 모으는 데 그치지 말고, 체계화된 저술을 마련해 이론 정립을 적극적으로 시도하면 더 좋았을 것이다.

지금까지 검토한 동향을 총괄해보면, 지역 또는 지방에 대한 연구가 긴요하게 된 상황에 대한 인식이 불분명하다. 시대가 달라져 학문을 새롭게 해야 한다고 하지는 않고, 외국에서 흔히 하는 연구니 우리도

해야 한다고 하는 경우가 대부분이다. 문제의식이 결여되어 연구가 제대로 이루어지지 않았다.

수입학을 존중하고 창조학으로 나아가려고 하지 않는 기존의 학풍이 그대로 나타나 있다. 외국 특히 미국 학계의 동향을 소개하는 데 그치고, 국내에서 나타난 관심과 연구에 대한 진지한 검토가 없다. 독자적인 연구를 발전시켜 새로운 이론을 이룩하고자 하는 의지도 계획도 없다.

또 하나의 결함은 관점이 편벽된 것이다. 지역을 연구하는 인류학이나 사회학의 작업을 중심에다 두고 다른 학문의 관심사를 끌어들이고 있다. 역사적인 이해가 결여되어 있으며 역사학과의 제휴는 시도하지 않는다. 문화에 관해 논의하면서 문학이나 예술은 다루지 않는다.

개념과 범위가 모호하다. 'community', 'region', 'area' 등의 개념을 혼란스럽게 수입하면서 모두 '지역'이라고 한다. 취급하는 범위를 보면, 정지웅 외, 『지역사회학』에서 '향토지역사회', '地區지역사회', '국가지역사회', '국제지역사회'라고 한 것들 사이에서 넘나든다. 뒤의 두 개념을 사용해 중국, 일본, 동남아시아, 남아시아, 중동지역, 아프리카, 유럽 등 외국 지역연구에 관한 국내외의 동향을 다룬 것이 많다.

지방과 지역은 함께 쓸 수 있는 용어이고 어느 한쪽을 택해야 하는 것은 아니다. 그러나 연구의 현황을 구분해 지칭할 필요가 있다. 방금 개관하고 비판한 사회학문 분야의 연구는 모두 지역이라는 용어를 사용한다. 내가 문제 삼고 새롭게 시도한 연구는 지방을 기본 용어로 한다.

지역연구에서 보이는 혼란을 청산하고 지방연구를 하고 있는 노력에 동참해 몇 가지 점을 분명하게 하는 것이 마땅하다. 학풍전환의 이유와 다루어야 할 문제를 분명하게 해야 한다. 수입학에 머무르지 말고 창조학을 이룩해야 한다. 역사를 공유하고 공통된 문화와 의식을 지닌 지방에 대한 연구에 관심을 모아야 한다.

지방연구는 왜 해야 하고, 무엇을 할 수 있는가? 이 의문에 대해 세 차원의 대답을 할 수 있다. 지방에 가해지는 억압과 천대에서 벗어나 대등한 삶을 누리기 위해 노력해야 한다. 지방의 역사와 문화를 제대로 알아 국가 전체에 대한 균형 잡힌 이해를 하고자 한다. 지방에서 얻는 자료와 사실로 세계의 학문을 새롭게 하고, 세계화를 바람직하게 설계하는 일반이론을 이룩하기를 바란다. 첫 번째 것이 동기이고, 두 번째 것이 기여이고, 세 번째 것이 목표이다.

나의 작업

연구 방향을 말한다면서 자기는 하지 않는 일을 남들에게 시키는 것은 잘못이다. 실현 가능성이 입증되지 않는 당위론을 펴는 것도 경계할 일이다. 연구를 제대로 하려면 일반의 인식, 학계의 관행, 정부 시책이 전부 달라져야 한다고 하는 것은 억지이다.

지방학과 세계학, 자료와 이론 사이의 관련에 대한 일반론을 길게 논하는 것은 적절하지 못하다. 당위성이 입증되고 가능성이 인정된다고 해서 기대하는 결과를 얻을 수 있는 것은 아니다. 내 자신이 실제로 연구한 성과를 검증의 자료로 삼아 필요한 논의를 전개한다.

세계·지방화 시대의 한국학을 한다고 하는 것은 축적한 성과가 있기 때문이다. 세계화는 지금에 와서 밖으로부터 닥쳐온 과제이지만, 지방이 소중하다는 것은 일찍부터 깨달았다. 경북지방 구비문학의 조사연구에서 시작한 학문을 단계적으로 확대했다. 구비문학에 대한 다각적인 고찰을 하는 것을 그 다음 과제로 삼고, 구비문학에서 고전문학 전체로 나아가고, 다시 한국문학을 총괄해서 고찰했다. 문・사・철학의 통합을 시도하면서, 한국학에서 동아시아학문으로, 다시 세계학문으로 관심을 확대하는 것이 지금 하고 있는 작업이다.

경북지방 구비문학의 조사연구에서 얻은 성과가 무엇이었는지 되돌아보고, 그것이 지금 하고 있는 작업과 어떻게 연결되는지 살피고자 한다. 경북지방 구비문학은 내가 나고 자라고 활동하는 곳의 지방문화 유산이다. 가까이 있는 연구대상에 정열을 쏟으면서 학자 생활을 시작했다. 그 성과를 한국학을 새롭게 하는 출발점으로 삼고자 했다.

연구를 해오는 동안에 관심이 확대되어 한국학을 넘어서서 세계학문으로 나아가게 되었다. 세계화가 시대의 과제로 대두하기 전에 스스로 준비한 바가 있어 전환에 앞장설 수 있다. 지방문화 연구가 세계학문을 새롭게 이룩하는 데 긴요하게 쓰인 것을 확인할 수 있다.

내 경험에 근거를 두고 분명하게 말할 수 있다. 세계화 시대가 요구하는 학문을 바람직하게 이룩하기 위해 지방문화 연구를 출발점으로 삼아야 한다. 학문을 세계적인 범위에서 발전시키는 데 특별히 기여할 수 있는 능력을 기르고 논거를 마련할 수 있는 최상의 연구 대상이 지방문화이다. 친숙하게 알아 깊이 이해할 수 있는 지방문화를 일차적인 해명 대상으로 삼지 않고 공허한 일반론을 전개하고 있으면 혁신이 가능하지 않다.

연구의 실상

경북지방 구비문학 조사연구에 힘을 기울이던 시기는 29세 때인 1968년부터 41세 때인 1981년까지 13년 동안이다. 계명대학교에서 9년, 영남대학교에서 4년 재직하면서 경북지방 여러 곳을 찾아가 민요와 설화를 채록하고 고찰하는 현지연구를 가장 긴요한 일거리로 삼았다. 특히 중요한 작업을 소개하고 이룬 업적을 제시한다.

1969년 7-8월, 1970년 1-2월에 영양·청송·영천군으로 갔다. 북쪽에서 남쪽으로 뻗어 있는 길이 약 80킬로미터, 폭 약 20킬로미터의 계곡에서 전에 길쌈을 많이 하던 마을 10개를 찾아, 길쌈을 하면서 부르는 노래, 특히 이야기가 있는 민요를 채록했다. 전승자들을 개별적으로 방문해서 잊고 있던 노래를 되살리는 방식을 사용했다.

길쌈은 중단되었지만 전에 하던 부녀자들이 남아 있고, 부르던 노래를 잘 기억했다. 영양군의 한 마을이 나의 고향이다. 고향이 아니라도 잘 아는 곳이어서 접근하기 쉬웠다. 그곳 방언이 내가 배운 말이어서 이질감이 생기지 않게 할 수 있었다. 현지조사를 잘 할 수 있는 최적의 장소였다.

채록한 서사민요의 본보기를 하나 들면, 시집살이를 할 수 없어 중이 되어 떠나 친정으로 동냥 갔다가, 시집에 돌아가 남편과 함께 살았다는 것이 있다. 이것을 '시집살이'라고 일컬었다. '우리선비', '진주낭군', '첩의집에', '부모죽은', '삼촌집에', '이내방에', '한번가도', '신부죽은', '니행실이', '큰쾌자를', '주은댕기', '생가락지', '옥단춘아'라고 명명한 것들도 있어, 모두 14개 유형을 이루었다. 14개 유형을 반복해 조사해 170편의 자료를 얻었다. 이에 대해서 장르론, 유형론, 문체론, 전승론의 고찰을 했다.

그래서 얻은 결과를 『서사민요연구』(대구: 계명대학출판부, 1970)로 출간했다. 앞은 연구편이고 뒤는 자료편이다. 계명대학에 출판부가 생겨 처음 낸 책이다. 이미 다룬 비극적 서사민요와는 다른 자료에 관해 논의한 <희극적 서사민요 연구>를 추가해 증보판을 냈다. (1983)

그 전후의 시기에 경상북도 여러 곳에서 다른 여러 민요도 조사했다. 자료와 논의를 함께 갖춘 『경북민요』(대구: 형설출판사, 1977)를 출간하고, 『한국민요의 전통과 시가 율격』(서울: 지식산업사, 1996)에 수록했다. 두 작업은 보완관계를 가진다.

1977년 8월에는 경상북도 영덕군 영해면 5개 마을에 가서 다른 방법으로 현지조사를 했다. 앞의 조사에서 동질적인 것을 거듭 확인한 방법을 버리고 이질성을 중요시했다. 조사 대상이 전설이고, 전설은 서로 다른 처지에서 논란을 하면서 전하는 이야기이기 때문이다.

영해면 면소재지 일대에는 가까운 거리 안에 과거에 민촌·아전촌·반촌이었던 곳이 있고, 민촌의 생업이 농업·어업·상업이다. 마을마다 집회 장소 노릇을 하는 사랑방 이야기판을 찾아다녔다. 그 고장 역사적 인물이거나 그 고장 사람들이 잘 알고 있는 인물에 관한 전설을 이야기판에 따라서, 이야기하는 사람마다 어떻게 다르게 말하고, 어떤 논란을 벌이는지 조사했다. 목표로 하는 현지연구를 할 수 있는 최적의 장소에서 쉽게 성과를 올렸다.

선택된 인물은 김부대왕, 박세통, 우탁, 나옹, 박경보, 남사고, 지체 높은 분들, 신유한, 방학중, 신돌석이다. 신라시대부터 최근까지의 인물이 망라되었다. 신라의 마지막 인물 경순왕을 김부대왕이라고 하면서 아주 잘 아는 사람으로 취급했다. 박세통에서 나옹까지는 고려시대 인물이다. 박세통은 관원이고, 우탁은 유학자이며, 나옹은 승려이다.

조선시대 인물인 박경보는 효자이고, 남사고는 도사이고, 신유한은 시인이다. 지체 높은 분들이라고 한 곳에서 여러 양반을 함께 다루었다. 근래의 인물인 방학중은 건달이고, 신돌석은 의병장이다. 다양한 성격의 인물이 망라되었다. 시대와 인물에 관한 다양한 논의를 갖추고 이야기하는 사람들의 가치관 논란을 전개했다.

인물 하나하나에 대한 논란을 자료를 들면서 고찰하고, 총론을 뒤에 붙였다. 총론을 구조적 이해, 사회적 이해, 역사적 이해로 구성해, 『인물전설의 의미와 기능』(경산: 영남대학교 출판부, 1979)을 출간했다. 영남대학교에 민족문화연구소가 생겨 영남지방 전통문화에 대한 현지연구를 전작저서로 내기로 한 데 참여한 첫 업적이다. 내가 연구소 실무를 주관했다. 이수건, 『영남 사림파의 형성』; 정순목, 『한국 서원교육제도 연구』; 최명옥, 『경북 동해안방언 연구』; 권병탁, 『전통 도자의 생산과 수요』가 이어져 나왔다.

한국정신문화연구원(현재의 한국학중앙연구원)에서 하는 구비문학 조사 사업에 참여해 1979년 2월에는 경상북도 월성군(현재는 경주시) 현곡면 가정리에 갔다. 동학을 창건한 崔濟愚의 마을이다. 설화와 민요를 다양하게 조사한 자료 가운데 최제우에 관한 전설이 특히 소중한 성과였다.

최제우 이야기는 아버지 崔鋈, 친척 崔琳에 관한 전승과 연결되어 대조적인 관계를 가졌다. 글공부를 해서 과거에 거듭 낙방하기만 한 최옥, 도술을 익혔어도 쓸 데가 없는 최림의 실패를 뒤집고, 최제우는 득도하는 길을 택했다. 현지조사 성과를 문헌자료와 견주어 살피고, 자연발생적인 설화와 교단에서 공식화한 것과의 차이를 문제 삼으면서 알려진 사실의 이면에 접근했다. 왜 동학을 창건했으며 동학이 어떤 의의를 가지는가 하는 의문에, 교단에서 교리화해서 고정시키기 전의 생동하는 전승이 더욱 설득력 있게 응답해준다는 것을 밝혀냈다.

득도가 어떻게 해서 이루어졌는지 해명하고 득도의 내용을 전하는 것이 힘써 해야 할 일이었다. 교단에서 구전을 기록했다고 하는 문헌에서는, 금강산에서 온 어떤 승려가 전해준 天書를 읽고 깨달았다고 했다. 설명을 위한 설명으로 쓰인 우연한 사건이다. 깨달은 과정과 깨달은 내용이 무관하다. 최제우 자신이 지은 <몽중노소문답가>에서는 사실의 차원을 넘어선 상징에서 그 둘을 함께 알렸다. 사상과 문학이 하나인 원리를 최대한 고양해 예사롭지 않은 충격을 주는 노래를 지었다. 현지조사를 해보아야 실감 나게 이해할 수 있는 사실이다.

"삼각산 한양 도읍 사백년 지낸 후의 하원갑"에 놀라운 일이 있었다고 했다. 조선왕조가 운수를 다한 下元甲 말세에 이르러 전환이 불가피해졌다고 했다. "금강산 상상봉에 잠깐 앉아 쉬오다가/ 홀연히 잠이 드니 몽의/ 우의천편 일도사가 효유하여 하는 말이"라고 했다. 삼각산보다 더욱 신령스러운 금강산 상상봉에 올라 새로운 시대가 시작되는 소식을 얻어 전했다고 했다. 깃옷을 날리는 어느 도사라고 한 금강산 신령이 꿈에 나타나 "십이제국 괴질운수 다시 개벽 아닐런가/ 개탄지심 두지 말고 차차차차 지내서라/ 하원갑 지내거든 상원갑 호시절에 만고 없는 무극대도 이 세상에 날 것이니", "태평곡 격양가를 불구에 볼 것이니"라고 했다. 세계 전체가 하원갑의 고난에서 벗어나 上元甲의 좋은 시대를 맞이하는 대전환이 일어난다고 했다.

얻은 성과를 『동학 성립과 이야기』(서울: 홍성사, 1981)라는 이름의 단행본으로 내놓았다. 채록한 자료를 표준어로 바꾸어 인용하고, 원문은 『한국구비문학대계』 7-1 (성남: 한국정신문화연구원, 1980)에 있다고 했다. 책이 얼마 되지 않는 분량이므로 전문을『민중영웅 이야기』(서울: 문예출판사, 1992)에 수록했다.

재검토의 시각

위에서 든 세 작업은 최적의 장소에서 이루어진 현지조사이다. 노동요로 전승되는 서사민요, 역사적 인물을 두고 논란을 벌이는 전설, 새로운 종교가 생겨나는 현장의 전승은 한국에 국한되지 않고 세계적인 보편성을 가진 자료이다. 조사할 수 있는 곳이 세계 도처에 있겠지만, 여러 가지 조건을 더 잘 갖춘 곳을 찾기는 어려울 것이다.

먼 나라, 생소한 곳에 가서, 조사연구를 하기에 좋은 조건을 갖춘 현지를 찾기 위해 애쓰는 사람들이 적지 않지만 여기까지 오지는 못했다. 외국인은 물론이고 외지 사람도 그런 줄 모르고 접근하기 어려운 곳이다. 속내까지 알아 심도 있는 고찰을 하는 것은 기대하기 힘들다. 나는 그 속에서 나고 자라고 일하고 있으니 얼마나 행복한가. 세계가 부러워하고 따르는 연구를 할 수 있는 자격을 타고났다. 경북의 지방문화는 세계학문을 발전시키는 데 적극 기여할 수 있어 아주 소중하다.

자격을 타고났다고 저절로 좋은 결과를 얻을 수 있는 것은 아니다. 조사하고 연구해 무엇을 해명하고자 하는가 하는 문제의식을 분명하게 하고 연구방법을 잘 갖추어야 자료가 가진 가치를 제대로 발현할 수 있다. 연구 결과는 사실 고찰에 그치지 않고 이론 정립에까지 이르러야 한다. 이론 정립이 학문의 목표이고, 사실 고찰은 그 과정이거나 수단이다. 사실과의 관계에서 이론은 세 등급으로 나누어진다. (가)

특정 사실에서 발견된 이론, (나) 여러 사실에서 타당성을 가지는 이론, (다) 취급 대상을 최대한 확대하는 포괄적인 이론이 있다. (가)는 아직 이론이기에는 부족하고, (나)는 이론일 수 있는 필요조건을 갖추고, (다)는 충분조건까지 갖춘 일반이론이다.

(다)가 목표라고 해서 바로 이를 수 있는 것은 아니다. (다)는 (나)에서 이루어지고, (나)는 (가)를 출발점으로 삼는 것이 예사이다. 지방문화 연구는 (가)를 생동하고 심오하게 이룩할 수 있어 (나)를 거쳐 (다)에 이르는 확대와 발전이 보장된 출발점을 마련한다고 할 수 있다.

일반이론 창조는 학자의 소망이다. 우리 학문이 아직 그 단계에 이르지 못한 것을 개탄하는 말을 자주 듣는다. 세상이 온통 달라져야 한다고 요구하지 말고, 스스로 길을 열어야 한다. 수입해온 이론을 적용하고 가공해 더 나은 것을 만들어 재수출하겠다는 망상을 버려야 한다. 우리 문화를 깊이 연구해 인류 공통의 창조력을 밝히고 키우는 것이 가장 확실한 출발점이다.

전국을 일거에 다루려고 하지 말고 가까이 있어 가장 잘 알 수 있는 지방문화의 구체적인 양상을 집중적인 연구 대상으로 삼아야 한다. 과거와 현재를 연결시키고, 문헌과 구전이 보완작용을 하도록 하고, 체험과 논리를 함께 키워야 한다. 그래서 얻는 결과를 다루는 대상을 넓혀 적용하고 비교해 연구 작업을 한국학 · 동아시아학 · 세계학으로 확대하는 것이 마땅하다.

이런 작업에서 특수성과 보편성에 관한 오랜 논란이 해결된다. 보편성을 그 자체로 숭상하고, 특수성을 그것대로 존중하는 잘못을 되풀이하지 말아야 한다. 보편성을 새롭게 탐구하고 바람직하게 발전시키려면 남다른 능력인 특수성이 있어야 한다. 그것을 지방문화 연구에서 얻는 길이 가장 빠르고 확실하다.

율격 형성의 방식

『서사민요연구』에서 한 작업 가운데 율격에 관한 것을 한 본보기로 들어보자. 율격에 관한 그 전의 작업은 늘 빗나갔다. 일본의 자수율, 영시의 강약율이나 따르려고 하고, 우리말 노래의 실상을 외면했기 때문이다. 글로 쓰인 자료가 아닌 말로 전하는 자료를 분석해야 타당한 결과를 얻는다고 깨닫지 못하다가, 『서사민요연구』에서 전환을 마련했다.

그 뒤를 이어 『한국민요의 전통과 시가 율격』(서울: 지식산업사, 1996)에서 전반적인 고찰을 했다. 이미 밝힌 원리를 『한국문학통사』(서울: 지식산업사, 제4판 2005)에서 활용해 율격의 형성과 변천을 문학사의 전폭에 걸쳐 고찰했다. 『하나이면서 여럿인 동아시아문학』(서울: 지식산업사, 1999)에서는 동아시아 다른 나라의 경우와 비교해 고찰했다. 『세계문학사의 전개』(서울: 지식산업사, 2002)에서는 다른 여러 문명권의 경우까지 다루었다.

조사 대상으로 삼은 서사민요라는 특정 사실에서 발견된 이론을 근거로 삼아, 한국 문학 전반에서 타당성을 가지는 이론을 마련했다. 거기서 더 나아가 동아시아 여러 민족의 경우를 함께 다루고 서로 비교하고, 취급 대상을 세계 전역으로 확대하는 일반이론을 창조했다. 이미 한 작업을 연속시키면서 원래의 성과를 줄곧 중심에다 두었다.

한국 시가의 율격을 이루는 단위는 음보이다. 지금은 '토막'이라는 용어를 쓰고 있으므로 고쳐 일컫는다. '토막'은 2에서 6까지의 음절수로 이루어진다. 4가 중위수이고, 최빈수이다. 평균수는 3과 5 사이이다. 토막은 둘씩 결합되는 것이 예사이고, 셋씩 결합되기도 한다. 결합의 양상이 민요에서보다 기록문학의 시가 갈래에서 더욱 제한되어 있다.

민요에 있는 형식 가운데 어느 것을 택해 다듬어 향가, 경기체가, 시조, 가사가 이루어졌다고 하는 것은 자료 자체에 근거를 둔 대안이다. 기존의 시가에 불만을 가진 새로운 문학담당층이 민요의 형식 가운데 적절한 것을 다시 선택해 기록문학 영역의 시가 갈래를 재정립했다고 보면, 창조의 원천과 주체, 과정과 결과를 밝힐 수 있다. 문학사의 전개에 관한 많은 의문을 풀 수 있다.

율격을 정비하는 데 한시가 상당한 자극이 되었으리라고 추정된다. 한시와 대등한 수준의 율격을 갖추어야 격조 높은 노래일 수 있다고 생각했을 것이다. 그런데 한시의 전례를 재현하려고 하지 않고 민요의 율격을 가다듬어 규칙화했다. 어디서나 그렇게 했던 것은 아니다. 한시와 맞서는 민족어시의 율격을 마련하기 위해 동아시아 여러 민족이 각기 택한 방식 가운데 우리 것이 민요와 가장 밀착되어 있다는 사실을 밝혔다.

변방의 민족은 중심부에서 가져온 공동문어시를 같은 방식으로 창작하려고 하다가, 공동문어시의 율격을 자기네 민족어시에서도 재현해 품격을 높이려고 했다. 그 희망이 이루어질 수 있는가는 민족어의 특성에 달려 있었다. 공동문어시의 율격을 받아들일 수 있는 자질이 민족어에 있는 경우와 그렇지 않은 경우가 각기 달랐다. 공동문어시의 율격을 받아들일 수 있는 경우에도 다소의 변형이 불가피하고, 그렇지 못한 경우라고 해도 가능한 재현을 부분적으로 시도했다.

한문문명권의 여러 민족은 한자를 이용해서 민족어를 표기하는 방법을 일제히 고안했다. 한국에서 鄕札로 지은 시는 '鄕歌'라고 했다. 일본에서 假名으로 지은 시는 '和歌'라고 했다. 白族이 白文으로 지은 시는 '白文詩'라고 했다. 월남에서 字喃으로 지은 시는 '國音詩'라고 했다. (동아시아 민족어시 율격 형성에 관해 제6권 제10강에서 상론했다.)

한시와 민족어시가 율격 형성의 조건에서 유사한 경우에는 그 둘을 결합시키기 쉬웠다. 白文詩가 바로 그런 경우여서, 민요의 율격을 사용하면서 한시와 '음절수'와 '정보량' 양면에서 대등할 수 있었다. 國音詩에서도 한시와 정보량과 음절수 양면을 대등하게 하려고, 음절수에서 민요를 버리고 한시를 따랐으나, 그 차이가 그리 크지 않았다.

鄕歌나 和歌의 경우에는 율격을 형성하는 조건이 한시의 경우와 달라서, 정보량을 대등하게 하는 것과 음절수를 대등하게 하는 것 가운데 하나를 택하지 않을 수 없었다. 그 둘 가운데 鄕歌는 정보량을, 和歌는 음절수를 한시와 대등하게 해서, 서로 다른 길로 나아갔다. 鄕歌는 음절수를 민요에서 가져와 민요와 연결되었으나, 和歌는 정보량에서도 민요와 멀어졌다. (이에 관해 제6권 제10강에서 상론했다.)

공동문어시의 율격을 민족어시에서 재현하고자 해도 언어의 특성이 달라 뜻대로 되지 못하는 것은 세계 공통의 현상이다. 그 모두를 포괄해서 다루는 일반이론 정립을 처음으로 시도했다. 각기 그것대로 알려져 있는 개별적인 사실을 일관성을 가지도록 연결시켜 이해하는 것이 이론의 기능이다. 모든 사례를 검토하지는 못했지만 일반이론을 구성하고 그 기능을 확인하는 것은 확보된 성과이다.

산스크리트문명권에서 타밀과 캄보디아가 대조가 되는 길을 택했다. 타밀시에서는 산스크리트시의 장단율을 이으면서, 모음으로 끝나는 음절과 자음이 첨가된 음절을 교체하는 특별한 방식을 추가했다.

캄보디아어시는 언어의 특성 때문에 장단율일 수 없고 단순율이다.

팔리어시가 민족어 시에 수용된 양상은 타이와 라오스의 경우를 통해 살필 수 있다. 두 곳의 시는 원래 음절수의 규칙을 가진 단순율이다. 그런데 타이시에서는 장단율을 자기네 방식대로 받아들여 독자적인 율격을 이루었다. 라오스시에서는 장단율을 받아들였으나 규칙화하지는 않고 경우에 따라 선택할 수 있는 것으로 했다.

아랍어시의 장단율을 페르시아어시에서 재현하면서 어느 정도 융통성이 있게 고쳤다. 터키에서도 그렇게 하려고 했으나, 자기네 시의 율격이 원래 단순율이어서 뜻대로 되지 않았다. 상이한 율격이 공존하면서 갈등을 빚어내다가 결국 단순율이 승리했다. 아프리카의 하우사인은 구비시에서 이미 사용하던 장단율을 아랍어시의 전범을 받아들여 재창조했다. 스와힐리시는 아랍어시의 영향을 하우사 시 못지않게 받았으면서 단순율로 일관했다.

라틴어시의 장단율은 문명권 전체 여러 민족의 시에서 그대로 따르려고 했지만 그 어느 쪽에서도 이을 수 없었다. 라틴어를 이어받은 이탈리아어와 프랑스어의 시는 장단을 상실한 탓에 단순율에 머물러야 했다. 게르만 민족의 언어는 강약이 의미 구분에 관여하므로 라틴어시를 강약율로 읽는 과정을 거쳐, 라틴어시 장단율을 자기네의 강약율로 바꾸어 계승했다.

서사 구조에서 전개되는 논란

서사민요는 '고난', '해결의 시도', '좌절', '해결'이 이어져 나오는 단락구조를 가지고 있다. 어려운 조건을 무릅쓰고 사람답게 살아가려고 하는 의지를 나타낸다. 인물전설은 '고난'-'해결의 시도'-'좌절'-'해결의 시도'-'좌절'로 이루어진 것이 예사이다. '좌절' 다음에 '해결의 시도'가 한 번 더 있고, 결말은 '좌절'이다. 고난이나 좌절이 더 커서 극복하지 못하고 패배한다.

차이점에 대해서 두 가지 이해가 가능하다. 서사민요는 자아의 민담적 가능성을 보여주고, 인물전설은 전설 일반의 특징인 세계의 횡포에 의한 자아의 패배를 나타낸다. 서사민요는 개인의 삶을 다루지만, 인물전설에서는 역사적이고 사회적인 갈등을 문제 삼는다. 이러한 사실을 근거로 서사문학의 여러 모습에 대한 포괄적인 이론을 마련할 수 있다.

인물전설에서 발견한 중요한 사실은 '구조의 층위'이다. '해결의 시도'를 거쳐 '좌절'에 이르는 주역이 누구인지 하나로 정해져 있지 않다. 처음 생각한 것과 다른 하위의 층위가 있고, 다시 살피면 그 하위의 층위가 있다.

신유한의 경우를 들어보면 세 층위가 나타난다. 층위 1은 서자로 태어나 과거에 급제한 신유한이 아까운 인물이라는 것이다. 층위 2는 신유한은 서자로 태어났으므로 적자인 일가친척보다 뛰어날 수 있었다는 것이다. 층위 3은 신유한보다 더 천하게 태어났으므로 더 뛰어난 인물이 얼마든지 있을 수 있다는 것이다.

신유한을 어느 층위에서 이해하는가는 이야기를 하고 듣는 사람이 선택할 수 있는 권리이다. 하층일수록 아래의 층위를 선호한다. 그 때문에 개인 사이에 또는 집단 사이에 논란이 일어난다. 구조가 고정되어 있지 않고 상황에 따라 달라져, 현장론적 구조분석이 필요하다.

인물전설에 대한 조사연구와 병행해서 소설을 문제 삼았다. 『한국소설의 이론』(서울: 지식산업사, 1977)에서 시작한 소설론을 『소설의 사회사 비교론』(서울: 지식산업사, 2001)으로 발전시키는 데 적용했다. 그러는 동안에 生克論을 마련해 이론의 철학적 근거로 삼았다. 서사문학에서 심각하게 문제되는 갈등과 논란의 양상과 전개에 대한 포괄적인 이해가 생극론이다.

율격론 연구는 서사민요에서 한국시가 전반으로, 다시 한국에서 동아시아를 거쳐 세계로 나아가는 작업이 연속되었다. 그런데 인물전설론에서 소설론으로 나아간 과정은 연속이 아닌 대응을 기본 원리로 삼았다. 서사 구조에서 전개되는 논란을 계속 문제 삼으면서, 새로운 관심사로 부각되는 소설의 이론을 마련하는 데 힘을 기울였다. 전설과 소설은 서사문학의 다른 갈래여서, 서사문학의 공통점을 상이하게 구현한다.

서사문학의 공통된 특징은 자아와 세계의 대결을 가치관의 논란을 갖추어 전개하는 것이다. 전설에서는 자아에 대한 세계의 우위가 전제되고, 소설에서는 자아와 세계가 상호우위의 관계를 가진다. 전설에서는 이야기를 하고 듣는 사람들이 벌이는 논란을 소설은 작품에서 구현한다. 인물전설을 이야기하고 듣는 사람들과의 상호관계에 대한 현장론적 구조분석을 소설론에서는 작품이 창작과 소비의 양면과 연관되어 있는 양상에 관한 문학사회학적 고찰로 확대했다. 인물전설을 조사·연구하면서 작은 범위에서 분명하게 파악하고 경험과 성과를 한 시대나 사회에 대한 포괄적인 이해에 전용해 대응이 되는 소설 이론을 마련할 수 있었다.

『소설의 사회사 비교론』을 보자. 인접한 다섯 마을에서 그 고장의 인물전설을 어떻게 이야기하는지 조사해 밝힌 성과를 최대한 확대해 세계 일주를 했다. 한국, 아시아 다른 나라, 유럽, 아랍, 아프리카, 라틴아메리카 등지에서 소설의 문제작을 광범위하게 찾았다. 고찰의 시각을 다양하게 잡아 소설의 전모를 입체적으로 파악하고자 했다.

인물전설 조사연구에서는 민촌·아전촌·반촌, 농업·어업·상업을 하는 민촌들끼리의 논란이 문제가 되었는데, 소설사에서는 고찰의 단위를 최대한 확대해 동아시아·유럽·제3세계의 대결을 파악해야 한다. 동아시아소설이 앞서다가 유럽소설이 추격하고, 제3세계소설이 선두에 나서는 과정을 거쳐 선진이 후진이 되고 후진이 선진이 되었다. 그것이 생극론의 전개이고, 선진과 후진의 구분이 생극론의 구현 여부로 판정된다.

소설은 생극론을 구현하면서 등장했다. 그런데 중간에 상생과 상극이 서로 어긋나는 사고가 생겼다. 상극만의 소설, 상극과는 이질적인 상생을 갖춘 소설이 나타난 것은 그리 심한 일탈이 아니다. 유럽에서 상극을 피해나가고자 하는 '작가소설', 상극을 내면심리 속에서만 추구하는 '내면심리소설', 상극을 무효로 만드는 '신소설'이 차례로 등장해 소설의 생극구조를 해체해 소설을 망치는 것이 문제이다. 그런 위기를 극복하는 대안은 '생극소설'을 되살리는 것이다.

제3세계에서 널리 시도하고 있는 생극소설 창조의 과업을 아프리카에서 특히 모범이 되게 수행해 아프리카소설이 세계사의 희망이게 한다. 세계의 경제사나 정치사에서는 아프리카가 희망일 수 없고 절망의 이유가 된다. 그러나 절망의 이면에는 희망이 있고, 절망이 바로 희망이다. 아프리카의 절망적 상황에서 인류 전체가 희망을 가지게 하는 위대한 소설이 자라나고 있다.

가장 처참하게 절망해야 할 곳에서 가장 희망에 찬 소설이 이룩되는 것이 당연한 이치이다. 유럽문명권 제1세계는 경제적인 번영과 정치적인 발전을 자랑하고 있어 소설이 망쳐진 것과 정반대의 상황이 그렇게 나타나고 있다. 인류 역사는 그처럼 극적인 대조를 거치면서 예상하지 못한 반전을 거듭해왔다.

철학과 문학의 관계

최제우의 득도를 두고 현지에서 전하는 이야기가 최제우가 지은 노래에서 말하고자 하는 내용과 말하는 방식이 하나를 이루었다. 말하고자 하는 내용이 사상이나 철학이라고 하면서 분리되어 나가지 않고, 말하는 방식은 문학이라는 이름을 내걸고 딴 집 살림을 차리지 않았다. 둘이 하나여서 철학이 문학이고 문학이 철학이므로 혁신을 이룩하고 감동을 줄 수 있었다. 그것이 바로 득도의 실상이다.

인류 역사를 널리 살피면 그런 시기는 많지 않았다. 득도를 해서 새로운 것을 말할 때에는 언제나 그랬지만 그 내용이 교리화하면서 문학의 자유로움을 배격했다. 철학과 문학이 나누어지는 불행한 시대가 시작되었다. 행복하던 시대의 마지막 소식을 최제우가 전한다. 종교의 창건자들이 모두 거쳤겠으나 사라지고 만 과거를 최제우가 생생하게 보여준다.

이런 생각을 오래 하고 있다가, 철학과 문학이 합치고 갈라진 양상을 통괄해서 고찰하는 작업이 필요하다고 판단해 많은 준비를 하고 『철학사와 문학사 둘인가 하나인가』(서울: 지식산업사, 2000)를 이룩했다. 최제우 연구에서 얻은 문제의식을 멀리까지 확장시켜 서로 무관한 것 같은 일을 했다. 최제우와 유사한 새로운 종교 창건자들의 사례가 여럿 있어 비교고찰을 할 수 있기를 바랐으나 만족할 만큼 찾아내지 못했다. 적절한 짝이 없어 최제우는 빼놓고, 철학과 문학의 관계를 널리 알려진 사례를 들어 논했다.

사례는 새삼스러운 것들이 아니지만 접근하는 시각이 새로워 크게 내세울 만한 업적을 이룩했다고 자부한다. 학문의 역사에서 하원갑의 괴질을 치유하고 상원갑의 大道를 열었다고 하면 지나친 말일지 모른다. 최제우의 득도와 현장에서 만나 내 나름대로 득도한 바 있어 전에 누구도 하지 않은 작업을 과감하게 시도했다.

율격 이론에서는 연속의 원리를, 서사 구조와 가치관 논란은 대응의 원리를 갖추었다고 했다. 이 경우는 그 둘과 달라 선행 작업을 전용했다고 할 수 있다. 선행 작업을 구체적인 내용은 가져오지 않고 기본 원리의 차원에서만 활용해, 다루는 대상에서는 상당한 차이가 있는 새로운 연구를 진행했다. 연속 · 대응 · 전용의 방법에 관한 일반론을 전개할 필요가 있다. 책 서두에서 철학과 문학은 합쳐지기도 하고 나누어지기도 하는 과정을 되풀이했다고 했다. 합쳐졌다가는 나누어지고, 나누어졌다가는 합쳐진다고 했다. 그 과정이 어떻게 전개되어왔는지 한문문명권 · 산스크리트문명권 · 아랍어문명권 · 라틴어문명권의 경우를 모두 들어 자세하게 고찰하고 오늘날의 상황을 문제 삼았다. 철학과 문학의 분리가 극도에 이르러 둘 다 생기를 잃은 잘못을 시정하기 위해 그 둘이 하나였던 시기를 되돌아보고 미래를 전망하기까지 했다.

이성이 다른 정신활동에서 분리되어 독점적 의의를 가지도록 하면서 오늘날의 철학은 문학에서 아주 멀어졌다. 이성에서 통찰로 나아가고, 철학과 문학을 함께 해서, 철학이라는 것이 따로 없었으며 사람이 살고 활동하는 모든 행위가 철학일 수 있게 해야 한다. 새로운 창조의 원천을 여러 문명권에서 고루 가져와서 인류의 지혜를 한데 합쳐야 한다.

간추림

지방문화 연구는 잘 알 수 있는 사례의 밀도 짙은 경험으로서 소중한 의의가 있다. 득도에 견줄 수 있는 각성의 기회를 제공한다. 전통문화를 생동하게 잇고 있는 최상의 명소 경상북도에서 태어나 학문을 하는 좋은 조건 덕분에 나의 연구가 크게 성장한 것을 감사하게 생각하고 널리 자랑한다.

지방문화는 현지에서 조사해 연구해야 한다. 과거와 현재를 연결시키고, 문헌과 구전이 보완작용을 하도록 하고, 체험과 논리를 함께 키워 그 어느 한쪽에 치우친 연구의 폐단을 시정해야 한다. 그래서 얻은 결과가 그 자체로 소중하다고 하는 데 그치지 말고, 작업의 범위를 넓혀 연구의 의의를 확대해야 한다.

전국적인 범위에서 인정되는 타당성을 확보하고, 외국과의 비교연구를 거쳐 세계화하는 이론을 창조해야 한다. 학문의 역사를 바꾸어놓을 만한 일반이론 창조를 위한 최상의 출발점이 자기 고장의 지방문화이다. 보편성을 새롭게 탐구하고 바람직하게 발전시키려면 남다른 능력인 특수성이 있어야 한다. 그것을 지방문화 연구에서 얻는 길이 가장 빠르고 확실하다.

지방문화 조사연구에서 시작한 작업을 확대해 이론을 발전시키는 방법에는 연속, 대응, 전용 등이 있다. 서사민요 연구에서 시작한 율격론은 연속의 사례이다. 이미 한 작업을 연속시키면서 원래의 성과를 줄곧 중심에다 두었다. 인물전설에서 소설로 넘어와 대응 이론을 마련했다. 서사 구조에서 전개되는 논란을 계속 문제 삼으면서, 새로운 관심사로 부각되는 소설의 이론을 마련하는 데 힘을 기울였다. 최제우의 득도를 고찰하다가 철학과 문학의 관계를 논한 것은 전용의 본보기이다. 선행 작업을 구체적인 내용은 가져오지 않고 기본 원리의 차원에서만 활용해, 다루는 대상에서는 상당한 차이가 있는 새로운 연구를 진행했다.

세 연구가 세 방법을 각기 보여주는 본보기이다. 미리 작정하지 않고 한 작업이 좋은 결과를 가져왔다. 세 방법에 대해 많은 검토를 해 풍부한 내용을 갖춘 일반론을 정립해야 하고, 다른 방법도 찾아야 한다. 연구 내용 못지않게 연구 방법이 소중하다. 연구 방법론 정립이 일반이론을 목표로 삼는 학문의 선결 과제이면서 또한 최종 성과이다. 수입학을 넘어서서 창조학을 하려면 방법과 이론의 관계를 새롭게 깨달아 명시한 학문원론을 갖추어야 한다.

지금까지의 논의는 다시 보니 엉성하고 미비하다. 상당한 차이가 있는 사례 셋을 든다고 여겼는데, 동질성이 두드러진다. 다른 영역에서 상이한 작업을 하면서 지방문화 연구를 세계화하는 이론 창조의 본보기를 보이는 사람들이 있기를 기대한다.

토론

❑ 문: '지역'이라고 하지 않고 '지방'이라고 한 이유는 무엇인가?

❑ 답: '지역'은 크기가 일정하지 않은 공간이다. 달서구도 지역이고, 동아시아도 지역이다. '지방'은 전통문화를 공유한 공동체이다. 달서구는 급조되어 지방이기에 결격 사유가 있고, 성주군은 오랜 내력이 있어

자격이 충분한 지방이다.

❑ 문: 서울과 지방을 구별하면서 지방을 차별하지 않는가?

❑ 답: 서울도 원래 지방이었는데 자격을 상실하고 있다. 자격 상실이 자랑일 수 없다.

❑ 문: 문학만 다루고서 왜 '지방문화'라고 했는가?

❑ 답: 문학에서 시작해 더 넓은 관심사로 나아간 궤적을 보여주려고 했다. 나는 아직 하지 못했지만 문학 이외의 여러 분야에서도 같은 작업이 얼마든지 가능하다는 것을 알리고 싶어 택한 말이기도 하다.

❑ 문: 체험적 이해의 현장이 사라진 오늘날에는 실현 가능하지 않은 이야기를 하고 있는 것이 아닌가?

❑ 답: 지방전통문화가 모두 사라지지 않고 남아 있다. 서울보다는 대구에, 대구보다는 군 단위 고을에, 읍내보다 시골 마을에 더 많이 남아 있다. 유학을 숭상한 班村이 대단하다고 하고 말지 않아야 한다. 갖가지 구비문학을 비롯한 民村의 여러 전통이 더욱 소중하다.

더 많이 남아 있는 유산을 어느 정도라도 지니고 자라고, 가까운 곳에서 찾을 수 있는 것은 커다란 행운이다. 학문을 하라는 사명을 띠고 태어났다. 지방학이라야 세계학일 수 있다고 하는 일견 기이한 주장에 놀라운 비결이 있다.

제주대학교에 가서 강의하면서 제주가 학문의 중심이 될 수 있는 이유를 설명했다. 경북 일대는 그 다음이라고 했다. "나는 경북 산골 사람인 덕분에 이 정도의 학문을 했지만, 여러분은 제주도에서 나고

자란 더 큰 행운을 누리니 더욱 앞선 학문을 하는 것이 마땅하다"고 했다.

❏ 문: 경북에서 발견된 고전소설 필사본의 筆寫記를 연구하고 있다. 필사 지역, 필사 시기, 필사자에 관해 알아내는 것이 소설을 어떤 사람들이 애독했는지 알아내는 것 이상으로 어떤 의의를 가질 수 있는가?

❏ 답: 소설 독자층은 규방가사를 짓고 읽은 사람들과 겹치는지 아닌지 알아내면 좋겠다. 문학작품에서 문학행위로 나아가면서 문학과 사회를 함께 연구하자는 말이다. 통상적인 연구 영역들 사이에 새로운 연구의 과제가 있다. 연구 영역을 확정하는 것이 근대학문이라면 연구 영역을 넘어서는 것이 근대를 넘어서는 다음 시대 학문이라고 할 수 있다. 이에 관해 제2권 전권에서 고찰했다.

'문학행위집단'이라는 개념을 마련하고, 선택한 몇 마을에 존재했던 문학행위집단들의 상호관계를 철저하게 조사하고 고찰해 비교하고 일반화하는 것이 바람직하다. 얻은 성과를 전국 규모로 확대하고, 세계적인 일반론을 이룩하는 데까지 나아가면 대단한 수준의 학문을 할 수 있다. 이렇게 하는 것이 일반이론 정립의 정석이다.

❏ 문: 고시가 자료를 조사해보니 시조도 아니고 가사도 아닌 작품이 상당수 발견된다. 이런 것들을 어떻게 처리해야 하는가?

❏ 답: 좋은 과제를 발견했다. 통상적인 연구 영역들 사이에 새로운 연구의 단서가 있음을 말해주는 대표적인 사례이다. 그런 것들은 민요와 시조·가사의 중간물이고, 민요가 시조·가사로 이행한 자취를 말해준다.

❑ 문: 실록에 흔히 보이는 "獻歌謠"와는 어떤 관련을 가지는가?

❑ 답: "獻歌謠"는 지방 수령이 국정 수행에 도움이 되는 민요를 찾아 한문 번역을 나라에 보고한 것이다. 조윤제 선생이 관심을 가지고 연구한 이래로 후속 작업이 없는 것을 유감으로 생각하고 나도 책임을 느낀다.

민요는 모든 노래의 원천이어서 여러 가지 방식으로 줄곧 상승해 상층의 노래를 이루었다. 상승의 과정 둘에 관해 지금 논의하고 있다. 둘을 각기 자세하게 연구하고, 서로 비교하고, 다른 과정을 더 찾아 다루어 일반론을 이룩하는 것은 좋은 연구 과제이다. 이 경우에도 세계적인 비교론이 필요하고 가능한 것은 물론이다.

❑ 문: 윤리 문제를 제기하겠다. 가족윤리와 사회윤리의 관계를 수직적인 가족윤리에서 수평적인 사회윤리로 이행했다는 요지로 이론화하려고 한다. 구체적인 작업을 어떻게 해야 하는가?

❑ 답: 쌍을 이루는 개념어를 두고 대조가 되는 성격을 규정하고, 상호관계의 도식을 만드는 정도로는 이론다운 이론을 만들지 못한다. 할 말을 다 한 것 같은데 아무 말도 하지 않았다. 아마추어 수준의 관념 유희이다. 이론은 추상화된 명제이면서 생동하는 의미를 최대한 포괄해야 한다.

가족윤리냐 사회윤리냐 하는 논란의 절실한 체험을 남들과 더불어 축적하는 것이 선행과제이다. 이 말을 하면서 나는 우리 집안이나 마을에서 일어난 수많은 논란을 되새긴다. 왜 핏대를 내고 흥분했던가? 해결책이 없었던가? 다시 생각해본다.

그 다음 순서로는 문제가 선명하게 표출되어 있는 예증을 찾아 검토해야 한다. 제2권 제10강에서 다룬 鄭澈의 <訓民歌>를 보자. 五倫을 윤리의 근본으로 삼던 시대에 "이고 진 저 늙은이 짐을 풀어 나를 주오. 나는 젊었거니 돌이라 무거울까. 늙기도 서럽다 하거늘 짐조차 지실까"라고 노래했다. 이것은 長幼有序도 朋友有信도 아니다. 가족윤리에서 사회윤리로 나아갔다.

이 비슷한 예증을 다른 데서 더 찾아 깊이 고찰해 얻은 바를 일반화하면, 사회윤리의 등장 시기, 과정, 이유 등을 설득력 있게 해명하는 이론을 마련할 수 있다. 더 나아가 다른 나라와의 비교를 거쳐 세계적인 일반론 정립으로 나아가는 것이 마땅하다. 필요한 작업을 한 단계씩 진행해야 창조학이 가능하다. 세계적인 일반론부터 탐내면 수입학에서 벗어나지 못한다.

❑ 문: 교육에 관해서도 심각한 문제가 있다. 오늘날 교권이 무너져 교육이 되지 않는다고 한다. 교권을 다시 세우는 방안을 지방전통문화 연구에서 마련할 수 있는가?

❑ 답: 교권은 가르치는 사람의 권위이다. 전통사회의 권위를 무너뜨린 것은 잘못이다. 이렇게 말하는 것은 잘못이다. 기존의 관습을 따르지 말고, 교육의 근본 이치를 따져보자. 근본 이치를 철저하게 따지는 것이 전통문화의 강점이었다.

교육은 말로 하므로 말이 말값을 해야 효과를 얻는다. 말이 말 값을 하려면 실행이 따라야 한다. 실행이 선행하면 말이 필요하지 않거나 길지 않아도 된다. 가르침이 이렇게 해서 이루어진 줄 모르고 상하관계의 질서에서 마련된 권위로 배우는 사람을 눌렀다고 오해하니 개탄할 일이다. 실행이 선행해 말이 말 값을 한 가르침에 대한 체험적 이해가 문제 해결의 출발점이 된다.

❑ 문: 선생님의 연구를 어떻게 하면 능가할 수 있는가?

❑ 답: 좋은 질문이다. 야구에 견주어 말하겠다. 조동일은 어째서 일루타를 쳤는가? 조동일은 어째서 일루타밖에 치지 못했는가? 이 두 가지 의문을 풀기 바란다. 일루타를 친 비결을 일러주고 있으니 터득하고, 내가 하고자 해도 하지 못한 연구, 미처 생각하지도 못한 연구를 과감하게 진행하면 이루타 이상 칠 것이다. 새로운 과제가 오늘의 토론에서 많이 발견되었다. 나는 더 연구하지 못한다. 누구든지 연구하는 사람이 임자이다.

제4강 일반이론 창조의 방법론

목표 설정

앞의 강의에서 지방문화 조사·연구를 출발점으로 삼아 세계학문으로 나아가는 것이 마땅하다고 했다. 쉽게 경험할 수 있는 사실이 일반이론 창조의 근거가 된다고 밝혀 논했다. 세계학문의 일반이론은 멀고 아득한 곳에 있다고 여기는 잘못을 시정하고 지금 이 곳에서 만들 수 있다고 했다.

그런데 가장 요긴한 대목이 빠져 있었다. 일반이론 창조의 가능성과 당위성을 말했을 따름이고 방법을 제시하지는 않았다. 생각이 아무리 간절해도 방법을 모르면 허사이다. 우리 주위에 남들이 하는 학문을 추종하지 말고 일반이론을 스스로 창조해야 한다고 주장하는 사람은 적지 않다.

말이 맞으면 그대로 되는 것은 아니다. 일반이론 정립을 목표로 창조학을 해야 한다고 아무리 강조해 말해도 허사이다. 방법이 있어야 한다. 여러 방법을 필요에 따라 쓰는 데 그치지 않고 방법론을 정립해야 한다. 방법론을 수입해야 한다는 말이 많은데, 그릇된 생각이다. 방법론을 수입해서 창조학을 할 수는 없다. 방법론은 창조하지 못하면서 이론을 창조할 수는 없다. 방법론은 이론에 이르는 길이면서 이론 자체이기도 하기 때문이다. 방법론 창조가 문제 해결의 핵심 과제이다.

일반이론 창조의 방법론이 무엇인가? 이 절실한 의문을 푸는 것이 오늘의 강의이다. 이치를 따지면서 연구의 경험을 살리는 두 가지 작업을 함께 하면서 의문을 풀어나간다. 당위론을 막연하게 펴기나 해서는 소용이 없다. 헛말을 하지 않는다는 것을 확고하게 입증하고, 효력이 분명한 비방을 제공하고자 한다.

2006년 11월 11일 한국어문학회의 학술회의에서 발표한 글을 가지고 논의를 진행한다. 한국어문학 연구가 이론 수입을 능사로 삼지 말고 독자적인 이론을 마련해야 한다는 생각에서 조직한 학술회의이다. 다른 참가자들은 전환의 필요성을 말하는 데 그쳤으나, 나는 해결 방안을 제시했다.

사실에서 이론으로

학문은 사실을 고찰한다. 사실에 대한 고찰이 사실을 대신할 수 있을지 의문이다. 모조품으로 진품을 대신할 수는 없다. 사실을 모두 고찰하는 것은 불가능하다. 언제나 편벽된 발언이나 하고 만다. 그 어느 쪽을 고려해도 학문은 할 만하다고 하기 어렵다.

헛된 희망을 버리고 학문을 그만두어야 하는 것은 아니다. 사실을 근거로 삼아 사실 이상의 것을 찾아내려고 학문을 한다. 사실 자체가 무엇이든지 말해주니 겪어보면 안다고 하면서 책임을 미루지 말고, 사실의 원리라고 할 것을 밝혀내야 한다. 사실을 늘 경험하는 사람이라도 듣고보니 과연 그렇구나 하면서 감탄하지 않을 수 없게 해야 한다. 정립되지 않은 인식을 정립된 인식으로 바꾸어 놓아야 한다. 그것이 원리의 발견이고 진술이다.

원리라는 말이 너무 막연해 이론이라고 고쳐 일컫기로 한다. 갖가지 원리 가운데 학문에서 검증해 타당성을 입증하는 것을 이론이라고 한다. 원리는 같은 말을 되풀이하고 서로 배타적일 수 있으나, 이론은 공동의 검증 과정을 거치면서 수정되고 발전된다. 학문이 사실 고찰에 그칠 수 없다는 것은 이론 정립에 이르러야 한다는 말이다.

이론이 무엇인지 대상이 되는 사실과의 관계를 들어 말해보자. 이론에는 (가) 특정 사실에서 추출된 이론, (나) 여러 사실에서 타당성을 가진다고 검증된 이론, (다) 모든 사실에 적용되는 포괄적인 이론이 있다. (가)는 일차이론이고 개별이론이다. (나)는 그 다음 단계의 이차이론이고, 개별이론과 일반이론 사이의 중간이론이다. (다)는 삼차이론이고 일반이론이다. 일차이론 또는 개별이론은 아직 이론이기에 부족하다. 이차이론 또는 중간이론은 이론이라고 할 수 있는 필요조건은 갖추었다. 삼차이론 또는 일반이론은 이론이라고 할 수 있는 충분조건까지 갖추었다. 일반이론 정립이 학문의 목표이다.

이론은 방법과 다르다. 이론은 얻은 결과이고, 방법은 결과를 얻기까지의 과정이고 수단이다. (가)나 (나)에 이르려면 그 나름대로의 방법이 필요하다. 편법이라고 할 것들이 동원되기도 한다. 그런 것들을 한꺼번에 다룰 수 없으며, 개별적인 연구를 진행하면서 필요할 때마다 거론하는 것이 마땅하다. 그러나 (다)의 일반이론을 어떻게 만드는가 하는 의문은 방법 자체에 대한 총괄적인 검토에서 해결할 수 있다. 그것은 개별 방법과 구별해 방법론이라고 일컫는다. 방법론은 일반이론과 구별되지 않고 그 일부를 이룬다.

우리 학문은 지금 전환점에 이르렀다. 남들이 만든 이론을 가져와서 쓰는 수입학을 넘어서서 이론을 우리 스스로 만들어내는 창조학을 해야 한다는 요구가 드세다. 학문을 새롭게 해야 하는 필요성이나 당위성을 강조한다고 해서 될 일이 아니다. 자기는 하지 않는 일을 다른 사람들에게 시키지 말아야 한다. 일반이론 창조의 방법론을 갖추고 실행하는 것이 핵심 과업이다.

모든 것을 한꺼번에 깨달아야 그럴 수 있는 것은 아니다. 학문은 득도와 다르다. 연구의 경험을 축적하면서 일반화하는 것 외에 다른 길은 없다. (가)에서 (나)로, (나)에서 (다)로 나아가면서 개별이론으로 일반이론을 만들고, 다양한 방법의 모색과 시험을 총괄해 방법론을 정립해야 한다.

이에 관한 논의를 자세하게 펴면 할 일을 하는 것은 아니다. (가)에서 (나)로, (나)에서 (다)로 나아가는 것이 논리적으로 타당해도 실제로 가능하다는 보장이 없다. 실제로 가능하다는 것은 실행을 근거로 입증해야 한다. 나는 그 과정을 어떻게 겪었는지 말하는 것이 마땅하다.

이론 정립의 출발점

(가)의 작업을 어떻게 하는가? 특정 사실을 다루어 발견한 결과를 논리적 진술을 갖추어 나타내면 일차이론이라고 할 것을 얻는다. 형식논리를 갖추면 논리적 진술이 되는 것은 아니다. 논리의 발견을 과제로 삼아야 한다. 공존하는 사항들 사이의 상반된 관계를 새롭게 말해야 하는 힘든 작업이 필요한 경우가 많다.

『홍길동전』을 읽고 얻은 바를 말해보자. 홍길동은 아버지나 국왕 쪽의 상대방과 이기기도 하고 지기도 하는 대결을 한다. 도술이 있어 얼마든지 이길 수 있지만 상대방의 권위를 인정해 물러난다. 상대방은 홍길동을 권위로 누르지만 힘이 모자라 제압하지는 못한다. 그래서 복잡하게 얽힌 사건이 홍길동이 국외로 가서 다른 나라의 왕이 되자 결말에 이른다.

홍길동과 상대방은 상호우위에 입각한 대결을 벌인다는 것을 발견했다. 이것이 (가)라고 한 일차이론이다. 이것이 다른 대상에 더 적용되어 (나)로 나아가지 않고 그 자체에 머무르면 이론의 기능을 수행하지는 않고 모형 노릇이나 한다. 소설을 이렇게 분석할 수 있다는 것을 모형으로 삼아 다른 작품 연구에 응용할 수 있다. 모형과 이론은 구별해야 한다. 모형은 간접적인 도움을 주고, 이론은 직접 적용할 수 있다.

다른 작품은 어떤가? 『춘향전』을 보자. 신분적 제약을 타고난 춘향이 자기보다 우월한 위치에 있는 이몽룡의 사랑을 획득하고, 변학도의 횡포를 물리친다. 약자가 강자이고 강자가 약자여서 역전이 일어난다. 기생 춘향과 기생 아닌 춘향의 갈등에서 기생 아닌 춘향이 승리한다.

강경애의 『인간문제』를 보자. 악덕 지주 때문에 아버지를 잃고 극도로 시달리던 가련한 시골 처녀가 도시로 나가 공장노동자가 되어 새로운 삶을 찾는다. 일본의 식민지 통치와 연관된 자본의 횡포와 맞서 싸운다. 약자이기 때문에 강해지지 않을 수 없는 주인공이 승리가 보장되지 않은 싸움에 자기를 내맡긴다.

세 작품에서 얻은 결과를 합쳐보자. 소설은 자아와 세계가 상호우위에 입각한 대결이라는 명제를 얻는다. 자아인 주인공과 맞서는 세력이 세계이다. 자아와 세계는 약자가 강자이고, 강자가 약자인 관계를 가져 상호우위에 입각한 대결을 벌인다. 이것이 (나)라고 할 수 있는 이차이론이다.

자아와 세계의 상호우위에 입각한 대결이라는 (나)의 명제가 모든 소설에서 타당성을 가지는가? 모든 소설을 분석하는 귀납적인 작업을 진행해 그렇다는 것을 입증할 수는 없다. (다)라고 한 삼차이론을 정립하는 작업을 별도로 진행해야 다음 단계로 나아간다. 그래서 얻은 결과를 연역적으로 적용해 귀납법의 약점을 보충해야 한다.

다루는 대상을 확대해 (나)를 검증하는 후속 작업을 해야 (다)로 나아가는 길이 열린다. 신화・전설・민담은 어떤지 (가)에서 시작하는 예증 분석의 작업을 거쳐 각기 그 나름대로의 (나)를 얻어야 한다. 자아와 세계가 신화에서는 동질성을 가지고, 전설에서는 세계의 우위에서, 민담에서는 자아의 우위에서, 소설에서는 상호우위를 가지고 대결한다는 것이 그래서 밝혀졌다.

신화・전설・민담・소설을 모두 포괄한 서사는 자아와 세계의 대결이다. 서사는 사실에서 벗어난 포괄적인 대상이다. 서사에 관한 이론을 희곡・서정・교술의 경우와 비교해 고찰하는 작업을 거쳐 문학갈래 일반을 대상으로 한 일반이론 (다)를 얻었다.

서사와 희곡은 자아와 세계의 대결이라는 점이 같다. 그러면서 작품외적 자아의 개입이 희곡에는 없으며, 서사에는 있다. 서정과 교술은 자아와 세계가 대결을 하지 않고 하나가 다른 것으로 전환되는 공통점이 있다. 그러면서 서정은 세계의 자아화이고, 교술은 자아의 세계화이다. 작품외적 세계의 개입이 서정에는 없고, 교술에는 있다.

이런 내용을 갖추어 『한국소설의 이론』(서울: 지식산업사, 1977) 서두의 갈래이론을 마련했다. 그 뒤를 이어 자아와 세계의 대결이 변천하다가 소설의 형성에 이른 과정을 사회사와 관련시켜 고찰했다. 다시 형성단계의 소설에 대한 구체적인 고찰을 진행해 이론의 타당성을 다시 입증하고 유용성을 들어 증거를 보탰다.

이것이 일반이론 창조의 한 본보기이다. 일반이론은 고도의 추상성을 지녀 포괄하는 범위가 아주 넓으면서, 다루는 대상을 좁혀 논의를 구체화하는 데 적용될 수 있다. 진술하는 명제에 변수가 포함되어 있어 구체적인 양상을 참신하게 다루는 길이 열려 있다. 도달점인 (다)를 출발점으로 삼아 (나)를 거쳐 (가)로 갈 수 있다.

형성과정을 되돌아보면 (가)에서 시작해 (나)를 거쳐 (다)에 이른 것만은 아니다. (다)를 그 자체로 생각해서 (나)로 구체화하는 과정을 거쳐 (가)에 적용한 것도 사실이다. 작은 것에서 큰 것으로 나아가고, 큰 것에서 작은 것으로 나아가는 작업을 번갈아가면서 하는 것이 마땅하다.

기존 이론과의 토론

왜 이론을 창조해야 하는가, 창조하지 않고 수입해다 쓰면 어떤가? 수입은 창조보다 쉽고, 수입품의 위세 덕분에 노력은 적게 하고 평가는 더 받을 수 있을 것 같다. 그러나 이론 수입은 쉽사리 이루어지지 않고, 연구 성과를 보장해주지 않는다.

남의 이론을 소개하고, 자기도 그렇게 한다고 표방하고, 원래의 작업에서 다루지 못한 사실을 추가해서 적용 범위를 확대하는 것까지는 할 수 있다. 거기까지는 이론 수입의 예비 작업이다. 이론을 수입하려면 자체 연구를 힘들여 진행하면서 스스로 판단한 필요성과 이유에 따라 원래의 것을 수정해 활용해야 한다. 그것은 수입의 범위를 넘어선 창조이다.

나는 한참 동안 구조주의와 관련을 가졌다. 실증주의의 잘못을 시정하고 민족사관에 머무르지 않기 위해 구조주의가 필요했다. 『한국소설의 이론』 전후의 여러 논저에서 구조주의를 받아들여 새롭게 만들고 넘어섰다. 구조의 형성과 변화에 대한 사회사의 고찰을 갖추고, 철학사의 논란을 함께 다루었다.

국내외의 기존 이론은 내 이론을 만드는 데 자극과 도움을 주기 때문에 필요하고, 내 이론의 타당성을 증명하기 위한 토론 상대라는 점에서 의의가 있다. 기존 이론과의 토론이 새로운 이론 창조의 필수적인 과정이다. 받아들일 것은 받아들이고 넘어설 것을 넘어서는 것이 토론의 요체이다. (가)에서 (나)로, (나)에서 (다)로 나아가는 창조 작업을 진행하고 있어야 그럴 수 있다.

소설의 이론을 자세하게 마련하는 것이 다음 목표인데, 기존의 소설이론은 너무 많아 토론의 상대를 구하기 어렵다. 구조주의는 일반이론이고 방법론이어서 한꺼번에 파악할 수 있는 커다란 흐름을 이루었으나, 소설의 이론은 개별이론이어서 다양하기만 하다. 너무 많아 난맥상을 보이는 정도가 아니고, 이론의 홍수를 이루고 있다. 이론의 설사라는 말을 쓰기까지 하는 판국이다. 어느 것을 수입한단 말인가? 홍망과 부침이 잦아 충성을 맹세하고 지점을 차릴 것을 찾기 어렵다. 수입은 혼란을 가중할 따름이다.

수입학과는 다른 창조학의 노선을 더욱 분명하게 해야 혼란이 일어나는 이유를 알 수 있고, 토론하고 비판할 것들을 찾아낼 수 있다. 소설에 관한 모든 기존 이론은 (나)의 수준에 머물러, 다루는 대상에 관한 부분적인 타당성이나 가지며 우리 소설 특히 고전소설에는 적용되지 않는다. 수입한 이론에 맞지 않는다고 우리 소설을 나무랄 수는 없다. (다)로 나아가야 동서고금의 소설에 두루 적용되는 이론을 마련할 것인데 그런 것이 없으므로 우리가 만들어야 한다.

문학갈래 일반에 관한 기존의 이론은 (다)의 요건을 갖추었다고 할 수 있다. 그러나 (다)이기만 하고 (나)를 근거로 삼지 않았다. (가)에 적용하기는 어렵다. (가)·(나)·(다)가 일관성을 가지도록 하는 작업은 전에 없어 새로 해야 한다. 유럽문명권의 근대학문은 차원 또는 영역이 다르면 별개의 분야로 삼는다. 소설론·문학일반론·미학이 각기 별개의 영역을 이루고 있다. 한국고전소설론은 소설론의 하위분야여야 하는데 상위의 것들에서 도움을 받지 못한다. 기존의 이론을 무리하게 적용하면 왜곡된 결과나 얻는다. 그런 폐단을 시정하려면 상하의 차원을 아우르고 영역이 다른 것들을 함께 다루는 일반이론을 다시 만들어야 한다.

그런 목표를 달성하기 위해 세계 소설에 관한 일반이론을 정립하는 작업을 『소설의 사회사 비교론』(서울: 지식산업사, 2000)에서 했다. 루카치(Lukacs)·바흐찐(Bakhtin)·골드만(Goldmann)의 소설론, 갖가지 문학사회학, 그리고 철학과 사학의 기존 이론과 광범위한 토론을 벌였다. 유럽문명권에서 이룩한 근대학문의 특히 중요한 성과와 대결해 근대를 넘어서서 다음 시대로 나아가는 학문을 열고자 했다. (이에 관해 제13강에서 상론한다.)

철학의 근거 갖추기

이론은 철학을 근거로 삼는다. 그렇지만 철학부터 공부하고 개별 학문의 이론을 만드는 것이 적절한 순서라고 할 것은 아니다. 철학 수입학의 풍조에 휘말리면 이론을 창조할 수 있는 잠재적인 능력을 마멸시킨다. 이치의 근본을 따지다보면 철학과 만난다. 그 때 잡음을 피하고 내심의 소리에 귀를 기울여야 한다.

문학갈래에 관한 헤겔(Hegel)의 이론과 나의 이론을 견주어 살피면서 철학에 관해 고찰해보자. 헤겔은 정ㆍ반ㆍ합의 변증법에 입각해, 서정은 주관적이고, 서사는 객관적이고, 희곡은 주객합일이라는 삼분법을 만들었다. 그것이 일세를 풍미하는 영향력을 가져 감히 시비하고 나서는 사람이 없었다.

삼분법을 택하면, 내가 교술이라고 하는 것들은 떠돌이가 된다. 헤겔의 전례에 따라 서사 집에 곁방살이를 시켜 해결할 문제가 아니다. 삼분법을 사분법으로 고치려면 철학의 근거가 분명해야 한다. 사실을 가지고 반론을 제기해서는 경기가 성립되지 않는다. 변증법보다 한 수 더 뜨는 철학이 있어야 한다. 그것이 바로 음양론이다. 조상 대대로 마음속에 지녀온 음양론에 입각해 사분법을 만들었다. 작업을 할 때에는 그런 줄 모르고 있다가 나중에 알아차리고 소스라치게 놀랐다.

음양론은 둘, 넷, 여덟 등으로 늘어나는 짝수들끼리의 관계를 다룬다. 그 가운데 넷의 관계를 다음과 같이 나타내는 것이 이치 구현에서 흔히 쓰인다. 문학갈래 사분법은 바로 이 모형을 따랐다.

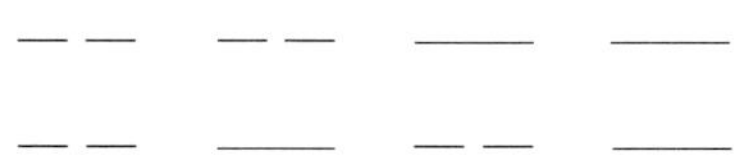

윗줄의 — —에서는 자아와 세계가 어느 한쪽으로 전환되고, ——에서는 자아와 세계가 대결한다. 아랫줄의 — —에서는 작품외적 자아나 세계의 개입이 없고, ——에서는 작품외적 자아나 세계의 개입이 있다.

서정	교술	희곡	서사
— —	— —	——	——
— —	——	— —	——

소설의 기본특징에 관한 이론의 근거를 이처럼 음양론에 근거를 둔 것은 의식하지 않은 선택이었다. 그러나 소설사의 전개를 논하는 데서는 음양론을 드러내 활용했다. 자아와 세계의 대결은 음양의 대결이어서 主氣論의 철학과 같은 사고형태의 표출이라고 했다. 음양의 대결이 그 자체로 전개된다는 일원론적 주기론과 理가 개입한다는 이원론적 주기론, 이 둘과 각기 합치되는 상이한 경향의 흥망으로 소설사를 이해했다.

여기까지가 『한국소설의 이론』에서 한 작업이다. 『소설의 사회사 비교론』에서는 소설의 이론을 더욱 발전시키기 위해 음양론의 차원을 높여 생극론으로 나아갔다. 음양은 상극의 관계를 가지기도 하고, 상생의 관계를 가지기도 한다. 상극이 상생이고 상생이 상극이기도 하다. 이것이 생극론의 기본명제이다. 승리가 패배이고, 패배가 승리이며, 선진이 후진이고, 후진이 선진이라는 것이 거기서 도출되는 명제이다.

음양론은 소설의 기본 특징을 말할 때 잠재적으로 작용하고, 소설사의 전개를 주기론의 양상과 관련시켜 논하는 논거를 제공하는 데 그쳤다. 생극론은 복잡한 구조와 다양한 변화를 이해할 수 있는 관점을 제공해 쓰임새가 훨씬 더 크다. 소설의 내부구조를 다시 고찰하고, 소설의 형성과 변천을 논하는 작업이 일관성을 가지고 전개되게 했다.

변증법의 소설이론에 대해 음양론의 소설이론보다 생극론의 소설이론은 더욱 진전된 반론을 제기했다. 이번에는 철학의 근거를 자각하고 정면으로 이용해 필요한 이론을 가다듬었다. 변증법의 소설이론을 비롯해 유럽문명권에서 산출한 여러 경향의 소설이론을 두루 거론하면서 비판의 대상으로 삼고 대안을 제시했다.

비교연구의 작업

이론 창조를 위해 철학의 근거를 갖추어야 하고, 또한 비교연구를 해야 한다. 그 둘이 필수적인 방법이다. 철학의 근거를 갖추어 내포를 다지고, 비교연구를 통해 외연을 늘여야 타당성이 확보된다.

『소설의 사회사 비교론』에서 비교연구를 본격적으로 전개했다. 한국·중국·일본의 동아시아소설, 동남아시아 및 인도의 소설, 아프리카소설, 라틴아메리카소설, 유럽소설의 많은 작품을 널리 고찰해 이미 생극론에 입각한 소설이론의 타당성을 검증하고 새로운 발전을 이룩했다. 책 서두에서 한 말을 조금 손질해 옮긴다.

지금 온 세계는 소설의 시대를 함께 겪고 있다. 세계 어느 곳의 소설이든 동질성을 뚜렷하게 나타내고 있다. 그러나 그 모두를 포괄한 세계소설의 일반이론은 아직 마련되지 않았다. 경제나 정치에서 세계경제, 세계정치를 논하는 데다 견줄 수 있는 세계소설론이라는 것은 없다. 소설론은 모두 어느 곳의 소설에 국한된 이론이다. 소설일반론으로 행세하는 것일수록 실제로 다룬 대상은 얼마 되지 않아 그런 한계를 더욱 뚜렷하게 지니고 있다.

세계소설론을 마련하려면 세계의 소설을 널리 거론해야 하는데, 세계의 소설은 작품이 너무 많아 한꺼번에 다룰 수 없다. 그렇다면 그만두고 물러나야 할 것인가? 아니다. 세계경제나 세계정치를 총괄해서 논하는 것이 가능하다면 세계소설에 관해서도 같은 범위의 작업을 할 수 있고, 해야 한다. 세계경제나 세계정치를 위시한 여러 기존 세계인식의 틀이 지닌 유럽문명권 중심의 편향된 시각을 시정하는 방안을 문학에서 제시하는 데 세계소설론이 앞장서야 한다. 차등의 세계상을 대등의 세계상으로 바꾸어 인류 공영의 새로운 시대를 여는 연구의 본보기를 보여야 한다.

세계소설 일반론은 소설의 형성과 변천을 최대한 확대된 범위에서 논의하는 세계소설사론이어야 한다. 소설의 시대가 어떤 공통된 특징을 가지고 어떻게 전개되어왔는가를 소설의 특성 변화와 함께 파악하는 작업을 세계적인 범위에서 전개하는 것이 최상의 방안이다. 거시적인 관점에서 추상적인 이론을 전개하는 것을 꺼리면 그런 일을 할 수 없다.

소설사의 이론을 정립하려고 오랫동안 준비한 성과가 이 작업의 출발점이다. 소설이 무엇이며 어떻게 생겼는가 하는 문제를 한국소설을 두고 해명해 『한국소설의 이론』을 낸 다음 동아시아소설, 세계소설로 나아가 세계소설사 일반론을 이룩하기 위해서 다각적인 탐색을 했다.

논의의 범위를 세계 전체로 확대하기 위한 방편으로 기존의 소설론을 최대한 이용하기로 했다. 기존의 소설론에서 소설의 일반론을 전개하고자 한 노력을 받아들여 서로 비교해 검토하면서 쟁점에 관한 논란을 해결하는 방법을 써서, 논의를 확대하고 심화하기로 했다. 작품을 많이 다루는 것이 바람직하지만 쉬운 일이 아니므로 제한을 두지 않을 수 없었다. 이론적인 시비를 결판 짓거나 깊이 있는 논의를 새롭게 개척하는 데 결정적인 예증이 되는 작품을 들어 논하는 것으로 만족하고자 했다.

세계문학사 이해를 새롭게 하는 기본 관점은 생극론이다. 생극론에 입각해서 인식의 원리와 방법을 바꾸어놓고 그릇된 세계상을 바로잡아온 작업을 여기서 더욱 확대하고 발전시켰다. 그 과정이 너무 복잡해 생극론이 무엇인지 이해하기 어렵다고 할 수 있다. 그래서 서두에서 생극론이 무엇인지 한 차례 정리하고 논의를 시작했다. 누구나 이해할 수 있게 하기 위해서 예를 들면서 되도록 쉽게 설명했다.

기존의 소설론을 최대한 모아 검토하는 것이 그 다음의 과업이었다. 그 일은 작업량이 아무리 많아도 회피할 수 없었다. 소설론을 처음 마련한 유럽에서 소설이 무엇이며 언제 어떻게 생겼는가를 두고 벌인 논란과, 거기에 대한 동아시아와 제3세계의 대응을 검토하면서, 내가 새롭게 해야 할 일을 확인하고, 갖가지 난제를 해결하는 대안을 찾아야 했다.

소설의 사회사는 소설가의 사회적 위치, 소설의 생산·유통·소비, 소설에서 다룬 사회문제가 서로 불가분의 관계를 가지고 복합되어 있는 역사이다. 그런 역사가 세계 전체의 범위에서 어떻게 전개되었는지 납득할 수 있게 밝혀 논하기 위해서는 사실에 대한 인식을 확대할 뿐만 아니라 사회사의 역사철학을 새롭게 정립하는 논리가 필요했다.

동아시아소설, 유럽소설, 동남아시아에서 아프리카까지의 제3세계의 소설이 어떤 관계를 가지면서 생겨나고 변화했는지 알아야 세계소설사를 논할 수 있었다.

변증법에 근거를 두든 그렇지 않든 유럽의 소설론은 그 가운데 유럽소설만을 거론하면서 유럽의 우위를 입증하려고 했다. 그러나 동아시아소설이 유럽소설보다 먼저 이루어졌으며, 유럽소설이 하강기에 들어서자 제3세계소설은 상승기에 들어섰다. 왜 이렇게 되었는지 해명하는 데 생극론이 적극 기여할 수 있었다. 소설에서 전개되는 자아와 세계의 대결이 갈등이라고 하는 것은 일방적인 주장이다. 상극이 상생이고 상생이 상극이기도 한 것을 알아야 한다. 그 양상을 예증으로 든 여러 작품에서 분석했다.

소설이 시민문학이라는 것도 잘못이다. 한편으로는 귀족과 시민, 또는 귀족·시민·민중, 다른 한편으로는 남성과 여성이 상극이 상생이고 상생이 상극이기도 한 관계를 가지고 소설을 이룩했다. 그 과정을 많은 자료를 들어 자세하게 고찰했다.

사회경제사의 발전을 소설사와 직접 연관시키는 것도 부당하다. 소설사는 선진이 후진이고, 후진이 선진인 원리를 구현하면서 전개되었다. 동아시아소설이 앞서다가 유럽소설이 추월하고, 이제 제3세계 특히 아프리카소설이 선두에 나섰다. 그 과정을 세계사의 전개와 관련시켜 이해하고 장래를 전망했다.

이룩한 성과

소설은 지역에 따라서는 고대나 중세에도 생겨났다고 할 수 있으나,

중세에서 근대로의 이행기에 이르러서 세계문학의 보편적 갈래로 등장했다. 세계 모든 곳은 중세에서 근대로의 이행기에 들어서서 그 시대의 모습을 공통된 방식으로 나타내는 소설을 이룩했다. 국지적인 차이점에 대한 미세한 논의보다 그 공통된 양상에 대한 거시적인 이해가 더욱 긴요하다.

중세사회의 위계질서가 흔들리고 신분과 계급, 남녀관계가 개편되는 중세에서 근대로의 이행기에, 귀족・시민・민중, 남성과 여성이 생극의 관계를 가지고 살아가는 양상을 그 모든 당사자들의 경쟁적 합작품으로 형상화한 서사문학이 소설이다. 자아와 세계의 대결이 상호우위에 입각해서 전개되는 데 작품외적 자아가 개입해서 만들어내는 복잡한 구조, 다층적 의미가 그렇게 해서 형성되었다. 상이한 집단들끼리의 경쟁적 합작품으로 이룩되어, 복잡한 구조와 다층적 의미를 지니는 것이 그 전의 어떤 문학갈래와도 변별되는 소설의 특징이다.

귀족・시민・민중이 함께 이룩한 소설을 '귀족-시민-민중소설'이라고 하자. 중세에서 근대로의 이행기 '귀족-시민-민중소설'이 세계 어디에서나 이루어져 소설이 세계문학의 보편적인 갈래이게 한다. '귀족-시민-민중소설'의 창조자 가운데 한둘이 빠진 '귀족-시민소설', '귀족-민중소설', '시민-민중소설', '시민소설' 등은 변이나 변천의 결과로 나타났다.

중세에서 근대로의 이행기가 끝나고 근대에 들어서면서 소설도 달라졌다. 생극관계를 가지고 살아가면서 소설을 함께 이룩한 귀족・시민・민중 가운데 시민이 계급사회의 지배자로 등장하면서 신분사회의 지배자 귀족은 퇴장한 것이 근대를 이룩한 사회사의 변화이다. 그런 변화를 받아들여 중세에서 근대로의 이행기소설이 근대소설로 바뀌었다.

근대소설에서 귀족은 등장하더라도 비판의 대상일 따름이고 작품 창작의 경쟁적 합작 당사자의 위치는 상실하고 있다. 귀족과의 합작을 그만둔 근대소설은 이제 누구의 소설인가 하는 문제를 두 가지 방향에서 서로 다르게 해결했다. 귀족을 밀어낸 시민이 민중의 참여는 배제하고 자기네의 삶만 일방적으로 그린 소설도 있다. 그것이 '시민소설'이다. 시민과 민중이 경쟁적 합작의 당사자가 되어 시민의 지배에 대한 민중의 항거를 다룬 소설도 있다. 그것이 '시민-민중소설'이다. 소설은 상이한 집단들끼리의 경쟁적 합작품이라는 기본성격이 '시민소설'에서는 퇴색되고 '시민-민중소설'에서는 새로운 방식으로 이어졌다.

'시민-민중소설'에서는 소설이 상이한 집단들끼리의 경쟁적 합작품으로 이룩되어, 복잡한 구조와 다층적 의미를 지니는 특징이 새로운 긴장을 띠고 지속되었다. 귀족에 대한 시민의 공격보다 시민에 대한 민중의 공격이 더욱 거세게 전개되었다. 선수가 교체되면서 경기의 내용은 한층 단순해지고 그 양상은 더욱 치열해졌다.

'시민-민중소설'에서는 남녀관계도 사회적 갈등과 관련시켜 다룬다. 여성에 대한 남성의 우위가 시민의 경우와 민중의 경우에 각기 다르게 나타나 문제가 복잡해지는 것을 사회적 처지가 상이한 남성과 여성이 서로 다른 시각에서 이해하면서 논쟁을 일으킨다. '시민소설'에서는 같은 처지에 있는 시민의 남녀가 성생활의 만족을 두고 서로 다투는 양상을 중심에 두고 남녀관계를 다루어 문제를 단순화했다.

'시민소설'은 상이한 집단끼리의 경쟁적 합작품이 아니다. 집단과 집단의 관계 대신 개인과 개인의 관계를 문제 삼았다. 개인과 개인의 관계를 예사 시민과 예술가의 관계로 바꾸어놓다가, 예술가 내부에서 나타나는 자아분열을 그리는 데 이르렀다. 복잡한 구조와 다층적 의미를 내면심리에서 갖춘다고 하면서 사회적인 의의는 제거하다가, 자아와 세계의 대결을 해체하는 데 이르렀다. 그래서 소설의 위기를 초래했다.

'시민소설'이 '작가소설' 또는 '예술가소설'이 되고, 다시 '내면의식소설'이 된 것은 내부분열이다. '작가소설'은 시민의식을 상실한 시민의 소설이다. '내면의식소설'은 사회적 행위의 주체로서 자각을 가지지 않고 자기 내부로 도피한 작가의 소설이다. 다른 집단과 함께 경쟁적 합작품을 이룩하려고 하지 않고 시민이 차지한 소설이 독점의 폐단을 자아내 그런 내부분열을 일으킨 것은 당연한 변화이다.

귀족에게 승리하면서 시민은 타락했다. 승리가 지나치면 반드시 타락해 승리를 가능하게 한 의식을 상실해, 패퇴되지 않을 수 없는 운명을 스스로 마련하게 마련이다. 그래서 선진이 후진이고 후진이 선진이 된다고 생극론이 일러주면서, 역사에 이미 등장한 그 비슷한 수많은 사례와의 비교연구가 필요하다고 한다.

중세에서 근대로의 이행기소설을 이룩할 때는 동아시아가 앞서고 유럽이 그 뒤를 따랐다. 그 밖의 다른 문명권에서도 그 대열에 들어선 곳이 있으나 축적한 성과가 크지 못해, 유럽문명권의 도전과 침략을 받고 중세에서 근대로의 이행기의 사회변화를 겪는 경험을 새삼스럽게 소설화해야 했다. 근대화한 유럽의 지배를 받고 유럽의 근대소설을 받아들인다고 해서 근대소설을 만들어낸 것은 아니다. 근대화한 유럽의 지배는 중세에서 근대로의 이행기사회에 들어서도록 하는 변화를 가져왔으며, 근대소설을 받아들여 중세에서 근대로의 이행기소설부터 이룩해야 했다.

근대사회를 이룩하고 근대소설을 만들어내는 데서는 유럽이 동아시아보다 앞섰다. 유럽 가운데서 서유럽이 앞섰다. 앞섰다는 것은 자랑스러운 일이지만, 그 때문에 잃은 것도 있다. '내면의식소설'에까지 이른 '시민소설'은 가장 발전된 소설이라고 하지만, 소설이 해체되는 위기를 보여주고 있다. 소설의 위기에 대한 우려가 거기서 시작되어 널리 세계에 퍼졌다.

동유럽은 시민사회가 정착되지 않고 사회모순이 심각해 서유럽과 다른 길로 나아갔다. '귀족-시민-민중소설'에서 '시민소설'로 나아가지는 않고, '시민-민중소설'을 근대소설로 삼았다. 상이한 집단끼리의 경쟁을 새롭게 구현해 소설이 다시 긴장되게 하다가, 러시아혁명과 더불어 사정이 달라졌다. 혁명과정을 그린 '시민-민중소설'을 줄곧 정형화된 형태로 재현하도록 요구해 창작 당시의 현실과는 유리되게 만들었다. 새로운 모순을 다루어 지배관료에 대한 민중의 항거를 문제 삼지 못하도록 막고 소설이 제 구실을 할 수 없게 했다.

동아시아 여러 나라는 중세에서 근대로의 이행기소설을 이룩하는 과업을 함께 수행하다가 근대소설에서는 서로 다른 노선을 택했다. 서유럽에서 이루어진 '시민소설'의 발전된 성과를 받아들여야 한다고 하는 쪽도 있다. 일본은 그 길로 나아간다. 중국과 월남, 그리고 북한에서는 러시아에서처럼 시민에 대한 민중의 항거를 그린 '시민-민중소설'을 가지고 사회주의 체제를 옹호한다. 한국은 그 어느 쪽도 아니어서 독자적인 작업을 한다. '시민-민중소설'을 계속 창작하면서 현실의 문제를 바로 다루는 제3세계문학을 하고 있다.

제3세계소설은 '시민-민중소설'로 나아가고 있어, 자아와 세계의 대결이 해체되는 위기를 겪지 않는다. 유럽문명권 '시민소설'이 막다른 길에 들어선 사태가 세계소설의 위기는 아니다. 역사의 종말이라는 것은 거짓이다. 앞서가던 쪽이 이미 이룬 바를 지키기에 급급하다가 역사의식이 고갈되어 물러나면, 뒤따르던 쪽이 앞으로 나서면서 새로운 창조력을 보여준다. 제3세계소설은 지구 전체의 시민과 민중의 대립을 고찰하면서, 문명의 충돌을 철저하게 문제 삼아 문명의 화합으로 전환시켜야 하는 과제를 안고 고민하고 있다. (이에 관해 제14강에서 다시 고찰한다.)

다른 본보기

모든 일반이론이 위에서 든 소설의 이론과 같지는 않다. 일반이론의 여러 유형 가운데 하나를 들었을 따름이다. 다른 유형을 더 들어야 논의의 폭이 넓어지고, 일반이론 창조의 이론을 일반이론으로 정립하는 데 기여할 수 있다.

율격의 이론을 든다. 『서사민요연구』(대구: 계명대학교출판부, 1970)에서 시작해 『한국민요의 전통과 시가율격』(서울: 지식산업사, 1996)을 거쳐 『하나이면서 여럿인 동아시아문학』(서울: 지식산업사, 1999)의 <민족어시의 대응방식>에까지 나아간 작업을 간추려 소개한다. 이 경우에도 (가)·(나)·(다)라고 일컬을 수 있는 단계적인 확대가 있었다. (가)는 한국문학이고, (나)는 동아시아문학이고, (다)는 세계문학이다.

(가) 한국시가의 율격은 음절수가 가변적인 토막 둘(넷) 또는 셋씩이 한 줄을 이루는 민요에서 유래했다. 기록문학의 시형을 만들 때에는 마지막 줄 처음 두 토막의 음절수가 특이하게 변형되게 했다.

(나) 기록문학의 시형을 한시의 충격을 받고 만들어내는 작업을 동아시아 여러 민족이 함께 하면서 구체적인 방법은 달랐다. 월남처럼 민족어가 고립어이고 단음절어인 곳들에서는 음절수와 정보량이 둘 다 한시와 대등한 율격을 만들었다. 교착어인 한국어와 일본어에서는 그렇게 할 수 없어 음절수와 정보량 가운데 하나를 택해야 했다. 한국은 정보량을, 일본은 음절수를 택했다. 음절수가 가변적인 민요의 율격을 정비해 쓴 것과 음절수를 고정시키는 율격을 만든 차이가 그렇게 해서 나타났다.

(다) 공동문어시의 율격에 상응하는 민족어시의 율격을 만들고자 한 것은 다른 문명권에서도 일제히 있었던 일이다. 그 결과가 민족어의 특성에 따라 다르게 나타난 것을 음절수와 정보량의 관계를 들어 분석할 수 있다. 이에 관한 비교연구를 본격적으로 해서 이론을 완성할 필요가 있다.

교술시의 시대적 성격에 관한 이론도 한 본보기로 삼는다. 『한국문학의 갈래 이론』(서울: 집문당, 1992)에서 개요를, 『한국문학통사』(서울: 지식산업사, 1982-1988, 제4판 2005)에서 실상을 들어 논한 견해를 『문명권의 동질성과 이질성』(서울: 지식산업사, 1999)의 <교술시>에서 일반이론으로 정립했다. (가)는 사실 해명에 머무르고, (나)는 이론을 마련하지 못하고 있다가 (다)에서 이룩한 성과가 분명해 앞 단계의 의문을 풀어주었다.

(가) 서정시인 향가만 있다가 서정시인 시조와 교술시인 가사가 공존하면서 중세전기가 끝나고 중세후기가 시작되었다. 새 시대 문학담당층 사대부는 세계(사물)와 자아(심성)를 둘 다 소중하게 여기고 세계의 자아화와 자아의 세계화를 함께 요구했다.

(나) 유사한 현상이 중국과 일본에서는 발견되지 않아 고민했다. (다) 여러 문명권의 경우를 두루 살펴 일반이론을 얻었다. 문명권의 중심부에서는 중국이 그렇듯이 일찍부터 교술시를 갖추고, 주변부에는 일본에서 볼 수 있는 바와 같이 교술시가 없을 수 있었다. 중간부에서는 민족어 교술시를 중세후기 문학의 소중한 갈래로 삼아 인생과 사회를 논하는 작업을 일제히 했다.

문학사 시대구분 이론을 추가한다. 『한국문학통사』에서 시작한 작업이 『동아시아문학사비교론』(서울: 서울대학교 출판부, 1993)과 『공동문어문학과 민족어문학』(서울: 지식산업사, 1999)을 거쳐 『세계문학사의 전개』(서울: 지식산업사, 2002)에 이르러서 일단 완결되었다. (가)·(나)·(다)로 구분하지 않고, 특히 중요한 내용만 제시한다.

고대는 공동문어 이전에 각기 다른 어문생활을 한 시대이고, 중세는 공동문어와 민족어를 함께 써서 양층언어를 이룬 시대이고, 근대는 공동문어를 버리고 일제히 민족어를 공용어로 삼은 시대이다. 고대에는 자기중심주의, 중세에는 보편주의, 근대에는 민족주의가 지배적인 이념으로 등장한 것이 그런 변화와 표리를 이룬다. 고대의 자기중심주의는 서사시, 중세의 보편주의는 서정시, 근대의 민족주의는 소설을 특히 중요한 표현 방식으로 삼았다. 문학담당층의 교체가 유사한 방식으로 일제히 진행되어 그런 변화가 일어났다. (이에 관해 제11강에서 상론한다.)

취급하는 사항이 단순한가 복잡한가에 따라 나누면, 율격론은 소형, 소설론과 교술시론은 중형, 시대구분론은 대형 이론이다. 다른 학문과의 관련을 들어 말하면, 율격론은 언어학과 공유한 이론, 교술시론과 소설론은 철학과 공유한 이론, 시대구분론은 역사학과 공유한 이론이다. 이밖에 다른 것들이 많이 있겠으나 다루지 못한다.

창조학으로 나아가는 길

『인문학문의 사명』(서울: 서울대학교출판부, 1997)에서 학문하는 방향을 넷으로 나누었다. 외국 학문에 의존하는 수입학, 한국학을 그 자체로 하는 자립학, 남들이 한 작업을 따지기나 하는 시비학, 일반화된 논의를 스스로 전개하는 창조학이 그 넷이다. 각자 어느 학문을 하고 있는지 되돌아보고 올바른 길을 찾아야 한다.

창조학은 한국학을 세계화하는 학문이다. 자립학으로 수입학을 막아내자는 것은 어리석은 생각이다. 가능하지 않은 일로 노력을 낭비하고, 자립학을 더욱 위축시킨다. 세계적인 범위의 일반이론 창조에서 수입학과 적극적으로 경쟁해서 앞서 나가야 한다. 인류의 지혜를 더 보태는 것을 목표로 학문을 해야 한다. 자료학에 머무르는 자립학을 이론학으로 전환시키고, 시비학에서 막연하게 주장하는 바를 대안으로 제시해 구체화해야 그럴 수 있다.

창조학을 하기 위해서 다른 세 가지 학문은 배격해야 하는 것이 아니다. 다른 세 가지 학문에서 할 수 있는 일을 가져와서 한 데 합쳐야 창조학이 제대로 이루어지고 구체적인 내용을 갖출 수 있다. 수입학에서 바깥의 학문에 대한 정보를 얻고, 시비학의 훈련을 거쳐 거짓된 이론에 휘말리지 않고 정신을 차릴 수 있어야 한다. 자립학은 더 큰 기여를 한다. 자립학에서 시작하지 않고 창조학을 하려고 하면 의욕이 아무리 커도 창조의 결실을 얻을 수 없다.

창조학을 해서 일반이론을 창조하는 이유는 학문을 더 잘 하려고 하기 때문이다. 최상의 일반이론을 만드는 것을 학자라면 누구나 목표로 삼아야 한다. 쉬운 일이 아님은 물론이다. 시도하다가 실패해도 손해는 없다. 노력해보지도 않고 포기하려면 학자 노릇을 그만두는 것이 마땅하다. 우리 학계의 수준이 낮다든가 여건이 미비하다든가 하는 따위의 핑계를 들어 게으름을 합리화하지 말고, 조용히 물러나 소중한 자리를 후진에게 넘겨주어야 한다.

토론

❏ 문: 일반이론의 범위는 무엇인가? 소설일반이론, 문학일반이론, 예술일반이론, 문화일반이론 가운데 어느 것을 말하는가?

❏ 답: 모두 일반이론이다. 범위를 좁게 잡든 넓게 잡든 그 범위 안에 들어가는 사례의 일반적인 특징을 말하는 것은 모두 일반이론이다. 소설일반이론 하위에 단편소설일반이론, 역사소설일반이론 등도 있다. 선택한 범위가 최대한 확대된 생극론도 일반이론이다. 이런 것을 영어로는 'meta-theory'라고 하는데, 총체일반이론이라고 말을 옮겨 개별일반이론과 구별해 논하는 데 쓸 수 있다. 총체일반이론이 개별일반이론보다 더 낫다고 할 수 없다. 둘은 상보적인 관계를 가진다. 총체일반이론은 개별일반이론의 근거를 제공하고, 개별일반이론의 발전에 힘입어 더욱 풍부하고 생동하는 내용을 갖춘다.

❏ 문: 일반이론 창조를 위해 어떤 능력이 특히 소중한가? 논리, 체험, 감수성, 상상력 등을 들어 말할 수 있는가?

❏ 답: 그 모든 능력이 다 필요하다. 우열은 없지만 순서는 있다. 감수성에 의한 체험을 출발점으로 하고 상상력으로 사고의 범위를

넓히다가 논리로 마무리를 한다고 할 수 있다.

❑ 문: 연구 대상은 무한히 많고 제각기 다른데 어떻게 한꺼번에 규정할 수 있는가?

❑ 답: 모두에게 공통된 특징이 구체화되어 있는 양상의 음양 또는 생극을 크게도 말하고 작게도 말하면 천태만상 파악이 가능하다.

❑ 문: 음양 또는 생극이라고 두 말을 하는 것은 무슨 까닭인가?

❑ 답: 음양론은 정태적인 관계를, 생극론은 동태적인 관계를 더욱 중요시해 다른 점이 있기 때문이다.

❑ 문: 전에는 음양론을, 요즈음은 생극론을 내세우는데, 변화의 이유가 무엇인가?

❑ 답: 동태적인 관계가 더욱 중요시되는 쪽으로 연구가 진행되고 이치 자체에 대한 탐구가 진전을 이룬 두 가지 이유가 겹쳤기 때문이다.

❑ 문: 음양론과 생극론의 관계를 본격적으로 고찰하지 않는 것은 무슨 까닭인가?

❑ 답: 난해하기나 하고 절실하게 생각되지 않는 철학을 서투르게 논술하는 것이 바람직하지 않기 때문이다. 소설이론을 마련하는 실제 작업을 하면서 생극론을 가다듬고 풍부하게 하게 하는 것이 내가 할 수 있는 보람 있는 일이다. 총체일반이론이 개별일반이론보다 더 낫다고 할 수 없다는 말을 다시 하겠다.

❑ 문: 한국고전소설을 강의하면서 전반적인 특질을 말하기 어렵다.

해결책이 무엇인가?

❑ 답: 중국 및 일본과의 비교를 해야 한다. 소설은 생산·유통·소비 과정에서 남녀가 경쟁하면서 합작하는 문학이라는 일반적 원리가 동아시아 세 나라에서 각기 다르게 구현되었다. 중국소설은 생산이 의의를 가지는 작가소설이고, 일본소설은 유통이 큰 힘을 가지는 출판인소설이라면, 한국소설은 소비자가 중요시되는 독자소설이다. 일본소설은 남성소설이고, 중국소설은 남성소설이면서 여성도 고려한 소설이라면, 한국소설은 여성소설이다. 이런 것이 앞에서 한 말의 좋은 본보기이다. 『소설의 사회사 비교론』에서 마련한 이러한 이론을 구체화해 유익하고 흥미로운 강의를 할 수 있다. 강의를 하면서 이와는 다른 이론을 개발하면 더 좋다. 내 이론은 기존이론과의 토론 대상에 포함하고, 자기가 새로운 경지를 개척해야 학자나 교수 노릇을 제대로 한다.

❑ 문: 기존이론과의 토론을 잘 하려면 어떻게 해야 하는가?

❑ 답: 자기가 하고자 하는 작업이 분명해야 하고 또한 연구 동향에 정통해 최상의 토론 대상을 찾아내야 한다. 양쪽이 다 되지 않아 이론 창조가 이루어지지 않는다. 세상에 흔히 있는 국학과 양학이라는 말을 사용해 사태를 진단해보자. 국학에서는 하고자 하는 작업이 있어도 바깥의 연구 동향에 어두운 탓에 기존이론과의 토론을 제대로 하지 못해 작은 집을 짓고 만다. 양학을 하는 사람들은 먼 곳에서 진행되는 연구의 동향을 아는 것을 자랑으로 삼지만 토론이 아닌 숭앙의 대상으로 삼으며, 자기가 하고자 하는 일은 없다.

❑ 문: 국학이 시야를 넓혀야 한다는 처방은 쉽게 내놓을 수 있는데, 양학의 잘못은 시정하기 더 어려운 것 같다.

❑ 답: 그릇된 관습에 매이지 않고, 자기 나름대로의 문제의식을 가지고 창조적인 작업을 하려고 노력해야 한다. 외국에 유학해서 공부하면 아는 것은 나아지지만 창조와는 거리가 멀어지므로 각성이 더욱 절실하게 필요할 수 있다. 이에 관해 두 가지 사례를 들고자 한다.

어느 철학 교수가 말했다. 독일에 가서 철학을 공부할 때 자기는 유식을 자랑하는데 독일 학생들은 무식해서 놀랐다고 했다. 그런데 유식과 무식이 역전되었다고 했다. 이하의 말은 내 용어로 옮겨 전한다. 독일 학생들은 어떤 철학서라도 겁을 내지 않고 따지면서 읽기를 하고 쓰면서 읽기도 해서 자기 철학을 키우는데, 한국에서 간 유학생은 철학서는 무엇이든지 존경스럽다고 여기고 빠지면서 읽기만 하니 창조와는 거리가 멀다고 했다.

노소의 차이가 있는 두 화가에게서 각기 들은 같은 말도 옮긴다. 프랑스 미술학교에서 공부하면서 인체 소묘를 할 때 솜씨를 뽐내면서 프랑스 학생들은 엉터리라고 얕보았다고 했다. 그런데 뜻밖에도 교수가 부르더니 아무래도 안 될 것 같으니 돌아가라고 했다. "네 그림에는 대상만 있고 너는 없다"고 하는 것이 축출 판정의 이유였다. 대상을 통해 자기를 그려야 그림이 된다는 것을 소스라치게 놀라 깨달았다고 했다.

제5강 문명권의 구조와 변천

전환의 필연성

거대이론의 시대는 끝났다고 한다. 거대이론이란 과거를 이해하고 미래를 예견하는 통찰력이다. 이런 능력을 가지는 것은 이제 불가능하게 되었다는 말인가? 인류의 지혜가 날로 향상된다고 하다가 암흑기에 들어섰다니 무슨 소리인가? 도무지 납득할 수 없는 말을 왜 하는가?

거대이론의 시대는 끝났다는 말이 어디서 나왔는가? 유럽문명권 학자들이 하는 말을 수입해 떠든다. 무엇이든 다 한다고 자부하던 유럽문명권 학자들이 이제 역부족임을 인정해 기권하고 물러나는 것이 아닌가? 이것이 사태의 진상이다. 인류 역사가 시작된 이래로 되풀이되어온 선진과 후진의 교체가 다시 일어나고 있다.

유럽문명권의 세계 제패를 대신할 새로운 정치세력이 등장하지 않으니 역사는 종말에 이르렀다고 한다. 이제 미래는 없으니 거대이론의 시대는 끝났다고 한다. 인류 문명사의 전개를 거시적으로 고찰하면서 현재를 진단하고 미래를 예견하는 작업은 필요하지도 않고 가능하지도 않다고 한다. 이렇게 말하는 것은 거대한 전환이 가까웠다는 증거이다.

유럽문명권 학계의 동향을 보면 세계사 이해의 거대이론이 사라지고 있다. 자기네가 세계를 지배하는 것이 당연하다고 하지는 못하면서 그 대안이 되는 새로운 세계상을 제시할 수 없기 때문이다. 서산에서 해가 지고 있다고 할 만한 사태이다. 해가 다시 떠오르지 않을 것이라고 하는 것은 잘못이다. 서산으로 지는 해는 동산에서 떠오른다.

해가 다시 떠올라 시대가 달라지려면 서로 얽혀 있는 관계가 새롭게 마련되어야 한다. 주도권을 다원화하고, 차등의 관계를 대등의 관계로 바꾸는 것이 다음 시대의 지표이다. 경쟁관계를 일방적으로 유리하게 하는 계책을 제공하려고 하는 민족국가 역사학에서 벗어나 세계사의 움직임을 거시적으로 구조적으로 파악하는 지혜를 인류 전체가 발휘해야 한다.

빗나간 논의

유럽문명권 학계의 동향을 대강 훑어보는 데 그치지 않고 구석구석 살피면, 인류 역사에 대한 거시적 고찰이 아주 없는 것은 아니다. 강대국의 세계 제패로 문명이 이루어졌다고 하고 그 내력을 개관하려는 시도는 있다. 정치와 문화를 함께 고려하고자 하는 점에서는 다소의 진전을 보여주지만, 멀리까지 내다보면서 사태의 전모를 파악할 능력은 없다. (Adda B. Bozeman, *Politics and Culture in International History*, Princeton: Princeton University Press, 1960)

기독교 문명과 이슬람 문명에 관해서는 종교에서 마련한 질서를 구조적으로 파악하려고 한 것도 있다. 그러나 세계 전체의 변화는 정치사에서 이해해야 한다는 관점에서 벗어나지 못하고 있다. 유교문명권 이해는 중국의 지배에 대한 서술로 대치하고, 힌두교문명권에 관해서는 알지 못했다. 자기중심의 근시안적 사고방식으로 세계문명사를 논단한다. (Adam Watson, *The Evolution of International Society*, London: Routledge, 1992)

새로운 역사학을 이룩한다고 표방한 프랑스 아날학파의 주역 브로델(Fernand Braudel)은 정치사에 치우친 잘못을 시정하고, 여러 국면의 총체적인 역사가 오랜 기간 지속되는 양상을 파악해야 한다고 했다. 유럽사의 갖가지 면모를 다루다가 『문명의 문법』(*Grammaire des civilizations*, Paris: Flammarion, 1987)에서는 여러 문명을 총괄하는 작업을 했다. 그런데 결과가 기대에 미치지 못한다. 문명에 대한 일반적인 논의는 상식 수준에 머무르고, 유럽문명권이 아닌 다른 문명권에 관해서는 피상적인 이해에서 벗어나지 못했다. 문명권이 형성되고 구분된 시기가 중세라는 데 대해서 깊이 유의하지 않았다. 공동의 문명과 개별 민족문화의 관련양상에 대한 일반이론을 마련하려고 하지도 않았다.

호지슨의 『세계사를 다시 생각한다』는 특별히 거론할 만하다.(Marshall G. S. Hodsonn, *Rethingking World History, Essays on Europe, Islam and world History*, Edited, with an Introduction and Conclusion, by Edmund Burke III, (Cambridge: Cambridge University Press, 1993, 이은정 역, 『마셜 호지슨의 세계사론, 유럽, 이슬람, 세계사 다시 보기』, 서울: 사계절, 2006) 유럽문명권중심주의를 넘어서서 세계사의 전개를 대등의 원리에서 다시 이해하려고 했기 때문이다. 아랍세계의 역사가 세계사에서 차지하는 위치와 의의에 대해서 적극적으로 평가했다. 아랍세계의 역사를 총괄해서 다루는 작업을 별도로 해서 보완책으로 삼았다.

(*The Venture of Islam: Conscience and History in a World Civilization 3 vols*, Chicago: University of Chicago Press, 1974)

그러나 역사를 살피는 데 그치고 역사철학을 갖추지 못했다. 아랍세계에서 제기하는 반론에 철학의 무게를 싣는 데까지 나아가지는 않았다. 아랍학문의 최고봉을 이룩한 가잘리(al-Ghazali)나 이븐 칼둔(Ibn Khaldun)의 계승자 노릇을 하지 못하면서 유럽문명권 중심주의에 대한 아랍세계의 항변을 맡아 나선 것은 분에 넘치는 일이다. 역사학은 철학과 별개의 학문이라고 여기고, 유럽문명권 학자의 협소한 안목에 사로잡힌 두 가지 한계 탓에 모처럼의 시도가 거대이론이라 할 것을 만들어내는 데까지 이르지 못하고 말았다.

월러스틴의 『근대세계체계』(Immanuel Wallerstein, *The Modern World System I, II, III,* New York: Academic Press, 1974, 1980, 1989)는 한 걸음 더 나아간 것 같다. 사회과학을 따로 하고, 그것을 다시 여러 분과학문으로 나누어서 하는 낡은 관습을 청산하고 이제 총괄적인 학문을 해야 한다고 하면서 세계사 이해의 거대한 틀을 제시한 것을 주목하고 평가할 만하다. 거대이론의 시대는 끝났다는 말을 무색하게 한다.

(국내의 연구가 나종일, <월러스틴의 자본주의 세계체계론>, 『세계사를 보는 시각과 방법』, 서울: 창작과비평사, 1992; 이수훈, 『세계체계론』, 서울: 나남, 1993; 한국서양사학회 편, 『근대 세계체계이론의 역사적 이해』, 서울: 까치, 1996에서 이루어졌다.)

월러스틴은 자본주의에 의해서 만들어진 세계의 모습을 총체적으로, 그 지속적인 현상에서 파악했다. 자본주의는 그 중심부의 선진국을 변화시킬 뿐만 아니라, 그 반주변부, 주변부의 후진지역까지도 단일 경제체제에 편입시켜 세계체계를 완성하기에 이르렀다고 했다. 자본주의 시장경제가 빚어낸 세계적인 범위의 불평등한 관계에서 단일한 세계체계가 이루어졌다고 한 것은 평가할 만하다. 그러나 자본주의를 비판하면서도 그 위세에 눌려 볼 것을 보지 못하고 있다.

자본주의가 만들어낸 단일한 세계체계만 세계체계라고 할 것은 아니다. 세계체계라고 할 것이 인류 역사와 더불어 있어왔다. 중세에 문명권 단위로 만들어진 세계체계에는 주목할 만한 공통점이 있다. 지금의 세계체계가 역사의 종말일 수는 없다. 제3세계의 반론을 무력화시키는 것을 용납하지 못한다.

중심부·반주변부·주변부의 관계에 관한 견해에도 잘못이 있다. '반주변부'(semiperiphery)라고 한 것은 '중간부'라고 고쳐 일컬어야 한다. 중심부와 주변부의 중간이라는 말이다. 중심부의 작용을 중간부나 주변부에서는 수동적으로 받아들이기만 하지 않고, 중간부나 주변부도 그 나름대로 주체성을 가지기 때문에 역사가 변한다. 주변부가 중심부가 되면서 대변동이 일어난다. 그 점을 이해하지 못하는 것은 월러스틴이 몰락하고 있는 중심부에 있기 때문이다.

월러스틴을 비판하면서 세계체계를 재론한 업적도 있다. (Frederick Buell, *National Culture and the New Global System*, Baltimore: Johns Hopkins University Press, 1994) 진보적이라고 자처하는 제1세계의 논자들이 검증되지 않은 주장을 내놓아 제3세계가 문화적으로 미국화하는 데 월러스틴도 한 몫을 한다고 했다. 제3세계의 독자성을 무시하고, 세계체계의 중심부와 주변부의 관계가 역전될 가능성을 말하지 않은 것이 잘못이라고 했다. 그러나 제기된 문제에 관한 여러 사람의 견해를 열거하고 논평하면서 구체성과 설득력이 부족한 막연한 논의를 펴는 데 그쳤다.

근대만 대단하게 여기는 풍조를 떠나 중세연구에서 큰 성과가 나타나고 있는 것이 주목할 만한 동향이다. (Jacques Le Goff, *Pour un autre moyen age*, Paris: Gallimard, 1977이 좋은 본보기이다.) 유럽의 중세문명에 대한 총체적인 이해가 이루어져 근대의 편견을 시정하고 있다. 그러나 유럽 아닌 다른 문명권의 중세에 관한 관심은 없다. 같은 연구를 일제히 해서 세계사의 중세에 대한 일반론을 이룩하는 작업은 다른 곳에서 해야 한다.

시야의 확대를 위한 노력도 있다. 유럽문명권중심주의와 근대주의에서 벗어나 13세기의 세계체계를 실상대로 파악하려는 시도가 있다. (Janet L. Abu-Lughod, *Before European Hegemony, the World System A. D. 1250-1350*, New York: Oxford University Press, 1989) 그러나 세계가 교역을 통해서 얽히는 양상을 살피는 데 치중해 자본주의 이전의 시대를 자본주의론의 방식을 따라 고찰했다고 하겠으며, 문명권 상호간의 관계를 다각적으로 고찰하는 거시적인 안목을 갖추지는 못했다.

세계사 이해의 거대이론에 관한 관심이 없어지지 않고 있다. 논문 모음을 하나 보자. (Philip Pomper and Others ed., *World Historians and their Critics, History and Theory Theme Issue 34*, Middletown: Wesleyan University Press, 1995) 많은 사람이 갖가지 논의를 펴고 있어 대단하다는 느낌을 준다. 그러나 아무도 자기 이론을 적극적으로 제시하지는 않았다.

다시 하는 작업

유럽문명권 근대사학의 패권주의에 맞서기 위해서 다른 곳에서는 다원주의를 내세우는 것이 적절한 대응책일 수 없다. 고대니 중세니 하는 시대구분은 편의상 하는 것이 아니다. 민족사마다 그 나름대로의 특성을 가진 시대구분을 하면 된다고 안이하게 생각하지 말아야 한다. 여러 문명권의 역사를 비교해서 시대마다의 공통점을 확인하면 세계사 전체의 시대구분이 도출된다는 사실을 계속 외면하는 것은 어리석다.

역사이해의 다원주의는 유럽문명권 근대사학의 패권주의 횡포를 제어하는 자기 방어의 수단으로서 강구되어 그 나름대로 의의를 가진다고 하겠지만, 방어 목적마저 달성하지 못하는 무력한 주장이다. 유럽문명권의 패권주의가 세계사에서 일제히 일어난 일원적인 사건임을 무시하고, 각자 자기 나름대로의 다원적인 발언만 하는 것은 부적절하다. 잡다한 논의는 논리적인 설득력이 없다. 경기장에 들어서지 못하고 장외경기를 하거나, 잡음에 가까운 동네방송을 하고 있다.

역사이해의 일원주의에 대해서 다원주의로 대처하는 이유는 일원주의의 횡포에서 벗어나서 가치 평가를 다양하게 하고, 각자의 민족문화를 보존하고 특수성의 의의를 주장하자는 데 있다. 그런 목적을 민족단위로 달성하려는 것은 잘못된 작전이다. 고립된 성을 지키고 있다가 아사하는 어리석음을 되풀이하지 말아야 한다. 최상의 방어는 공격인 줄 알아, 적극적인 방책을 찾아야 한다. 밖으로 나가 동지를 찾고 공동전선을 구축해야 한다.

반론을 문명권의 차원에서, 세계 전체에서 이룩하기 위해서 새로운 역사학이 필요하다. 민족단위로 고립되지 말고, 공동의 적에 대해서 포위공격을 함께 해야 한다. 다원적 발전의 공통된 전개를 파악하는 이론을 마련해서 일원주의와 다원주의를 합쳐서 넘어서야 일원주의의 횡포를 제어할 수 있다.

인류는 한 배를 타고 있다. 과거에도 그랬지만 지금은 모두 더욱 가까이 있다. 한 배를 함께 저어간다. 미래의 역사를 민족국가마다 각기 다르게 창조할 수 있다고 생각하는 것은 잘못이다. 어느 한쪽이 횡포를 부리도록 내버려두지 않고 공동의 행로를 바르게 개척하기 위해 혼신의 노력을 함께 해야 한다. 민족주의가 아니면 패권주의에 봉사해온 학문을 혁신해 진정한 세계주의를 위한 사고와 행동의 지침을 마련해야 한다.

지금까지 해오던 국사학이나 국문학은 학문의 보편성을 제대로 갖추지 못한 약점이 있어, 국가경영을 위해 필요한 지식 제공에서도 효력을 많이 상실했다. 그렇다고 해서 유럽문명권 강자의 학문을 따르는 것이 세계화의 길이라고 착각하지 말아야 한다. 국사학에서 비교사학으로, 국문학에서 비교문학으로 나아가 세계 전체의 보편적인 원리를 연구 대상으로 삼고, 실천의 지침으로 활용해야 한다.

근대 다음의 시대가 있는가, 그 시대가 언제 어떻게 시작될 것인가 하는 질문에 대한 대답이 나라에 따라서 다르다고 할 수는 없다. 강자든 약자든, 부유한 나라든 가난한 나라든 서로 얽혀 있어 머무르면 함께 머무르고 나아가면 함께 나아간다. 어느 누구도 혼자 나아가지는 못한다.

유럽문명권 근대학문의 실패를 시정하는 대전환을 시도해야 한다. 핵심 사항은 셋이다. 세계사의 전개를 정치사를 넘어서서 문명사의 관점에서 이해하는 거시적인 작업을 한다. 중심과 변방, 선진과 후진을 가르지 않고 모든 문명권을 대등하게 다루어야 한다. 여러 문명의 구조와 변천에서 공통점을 발견해 세계문명사의 내용으로 삼아야 한다.

이것이 가능한가? 내가 해온 작업에서 가능성을 입증하고 성과를 얻었다. 경과를 말하면서 논의를 진전시키기로 한다. 문명권의 구조와 변천을 밝히는 나의 작업은 여러 저서에서 전개되었다. 번거롭지만 목록을 든다. 『한국문학통사』 1-5 (서울: 지식산업사, 제1판 1982-1988, 제2판 1989, 제3판 1994, 제4판 2005); 『동아시아문학사비교론』(서울: 서울대학교출판부, 1993); 『동아시아 구비서사시의 양상과 변천』(서울: 문학과지성사, 1997); 『하나이면서 여럿인 동아시아문학』(서울: 지식산업사, 1999); 『공동문어문학과 민족어문학』(서울: 지식산업사, 1999); 『문명권의 동질성과 이질성』(서울: 지식산업사, 1999); 『세계문학사의 전개』(서울: 지식산업사, 2002) 등이 대표적인 업적이다. 경과를 소상하게 설명할 수는 없으므로 간추려 말하기로 한다.

유럽문명권 학자들과는 다른 방향을 택해 대전환을 이루었다. 한국에서 동아시아로, 동아시아에서 세계로 나아갔다. 한국을 연구해 얻은 성과를 이웃 나라들과 비교해 동아시아문명의 구조와 변천을 알아냈다. 동아시아를 다른 문명권과 비교해 세계적인 범위의 일반론을 이룩했다. 유럽문명권의 기존작업은 마지막 단계에서 활용하고 극복했다.

작업의 순서도 고쳤다. 언어사용에 대한 고찰에서 시작해 문학사를 새롭게 이해하고, 문학사에서 마련한 근거를 확대해 총체역사로 나아갔다. 문명권은 공동문어 사용에서 구분된다고 했다. 문학갈래의 역사를 문학담당층과 관련시켜 이해하면서 문학사를 다른 역사와 함께 고찰하는 길을 열었다. 사회경제사를 앞세우지 않고 총체역사로 나아가는 과정에서 논의했다.

논의의 핵심이 되는 시대를 바꾸었다. 근대에 관한 논의를 앞세우는 관습을 탈피하고 중세로 관심을 돌렸다. 문명권이 이루어지고 구분된 것은 중세에 있었던 일임을 명확하게 하고 그 내역을 밝히는 데 힘썼다. 중세의 유산이 남아 있기 때문에 근대문명도 서로 다르다. 세계를 단일화하고자 하는 책동을 제어하고, 근대를 넘어서서 다음 시대를 이룩할 수 있는 발판을 제공한다.

문명의 특징을 외형을 들어 설명하지 않고 구조를 찾았다. 여러 민족이 공유하는 문명과 민족마다의 문화가 어떤 관계를 가지는가? 이 질문에 대한 해답이 문명권의 중심부・중간부・주변부에서 각기 다르다. 그 양상이 여러 문명권에서 기본적으로 동일하다. 구조뿐만 아니라 변천까지도 다르지 않다. 이것이 발견한 성과의 핵심이다.

문명의 전반적 양상

한문을 받아들인 것이 우리에게 재앙인가 축복인가? 이 의문을 품고 공동의 문명과 개별 민족문화의 관계를 줄곧 생각해왔다. 이에 대한 해답은 재앙이 아니고 축복이라고 입증되었다. 한문을 공동문어로 사용해 지구상의 다른 많은 민족과 함께 중세문명을 이룩한 것이 크게 평가할 일이다. 공동문어를 거부하고 고대에 머물렀더라면 국가를 이룩하지 못하고 민족을 지킬 수 없었을 것이다.

공동문어를 단죄하는 근대주의자들의 지론은 근거 없는 것으로 판명되었다. 공동문어를 받아들이지 않고서, 민족어 글쓰기를 이룩하고, 민족어를 근대의 국어가 될 수 있게 발전시킨 사례는 지구상에 하나도 없다. 공동문어 때문에 민족어가 받은 타격은 生克의 원리에 의해 극복되어, 민족어 발전을 위해 유익한 작용을 했다. 민족어가 공동문어로 대치된 곳도 있으나, 그 경우에는 다시 공동문어가 구어화되어 민족어가 생겨났다.

공동문어와 민족어가 양층언어의 관계를 가지고 함께 쓰이면서 상호작용하는 과정을 지구상 대부분의 지역에서 함께 겪었다. 그것은 세계사의 한 단계였다고 일반화해서 말할 수 있다. 그러면서 그 구체적인 양상은 문명권에서 차지하는 위치에 따라서, 시대에 따라서 서로 달랐다. 차이점 또는 변화에 대한 이해도 긴요한 과제이다.

공동문어를 함께 사용하는 문명권은 중세에 생겼다. 고대에는 특정 지역 몇몇 곳에서만 문자를 사용하고 기록문학을 일으켰는데, 중세에는 문자사용이 확대되고 기록문학이 널리 퍼졌다. 고대에 이미 기록되던 언어가 공동문어로 정착되고, 보편종교의 경전어로 사용되면서 문명권 전체의 동질성을 보장해주는 구실을 했다. 중세문명이 먼저 이루어진 곳과 나중에 전해진 곳의 차이가 있어 중심부·중간부·주변부가 달라졌다.

중심부·중간부·주변부의 구분은 고정된 것은 아니고 유동적이었다. 중심부 가운데서 중간부, 중간부 가운데서 주변부, 주변부 가운데도 중간부가 있다고 할 수 있다. 어느 나라가 중심부·중간부·주변부 가운데 어느 쪽, 그 셋을 다시 나눈 것들 가운데 어디에 해당하는지는 상대적이었다. 어느 측면을 중요시하는가에 따라서 소속이 달라지고, 이중적인 성격이 있게 마련이었다.

그러나 중심부·중간부·주변부의 특징이라고 할 수 있는 것은 어느 문명권에서나 일정하다고 할 수 있다. 개별적인 민족 또는 국가의 위치보다, 중심부·중간부·주변부의 특징이 더욱 긴요한 관심사이다. 여러 문명권의 사례를 고찰해 일반론을 마련하는 것이 가능하고 필요하다. 이에 힘쓴 것이 내 연구의 긴요한 성과이다.

문명권의 중심부일수록 공동문어문학이 오래 지속되고, 주변부일수록 민족어문학이 일찍 생겨났다. 공동문어문학은 중심부에서 생겨나 주변부로 전해졌으므로, 기록문학의 역사가 중심부에서 먼저 시작되었음은 물론이다. 주변부에서 민족어문학이 일찍 생겨났다는 것은 중세화 과정에서 공동문어문학을 받아들이면서도 공동문어문학에 경도되지 않고, 공동문어문학에서 문자와 글쓰기 방식을 배워 민족어문학을 일으키는 데 힘썼다는 말이다. 주변부에는 구비문학이 풍부하게 전승되고 있어서 민족어기록문학의 직접적인 원천이 되었다.

중국에서 근대문학을 이룩할 때 비로소 민족어를 사용하는 白話문학을 일으킨 것과 아이슬란드에서 중세문학이 시작되자 바로 민족어문학을 풍부하게 마련한 것이 최대한 벌어진 극과 극의 차이를 보여주었다. 여러 문명권 내부의 상황을 보면, 중국과 일본, 인도중원지방 힌디어권과 자바, 아랍세계 중심부와 스와힐리, 이탈리아와 영국 및 아이슬란드, 비잔틴제국과 그루지아가 각기 중심부와 주변부의 특징을 잘 나타내고 있다.

중심부의 공동문어문학은 문명권 전체의 보편성을 중요시하고, 역사서술에서도 문명사를 서술했다. 司馬遷의 『史記』는 문명사의 서두를 장식하고, 유럽에서는 종교사의 관점에서 문명사를 서술했으며, 아랍문명권 이븐 칼둔의 『세계사서설』은 문명사가 특히 성숙된 모습을 보여주었다. 그밖에도 여러 형태의 문명사가 있었다. 문명사는 어느 것이나 공동문어 글쓰기의 좋은 전범을 보여주었다.

문명권의 주변부에서는 자기 민족의 역사를 민족어로 서술하는 데 힘썼다. 아이슬란드, 영국, 그루지아 등지에서 그런 성과를 보여주었으며, 일본의 경우도 이에 해당한다고 볼 수 있다. 아이슬란드에서는 자기네 역사를 사실의 차원에서 중요시하면서 역사서를 흥밋거리로 삼았고, 에티오피아에서는 자기 나라가 신성한 나라임을 거듭 주장해서 자부심을 가지는 근거로 삼았다. 그 점에서 에티오피아의 『왕들의 영광』은 일본의 『神皇正統記』와 상통하는 성격을 지니면서 더 큰 구속력을 가졌다.

문명권의 중간부에서는 그 양극단의 중간이 되는 노선을 택했다. 민족어가 아닌 공동문어를 사용해서 문명사와는 구별되는 자국사를 썼다. 문명권 전체의 공통된 이념을 자기 나라에서 훌륭하게 구현했다고 하는 논리로 보편주의와 민족주의를 함께 구현했다. 『三國史記』 이래의 한국 역사서와 월남의 『大越史記』가 그 좋은 예이다. 일본은 주변부이지만 중간부의 성향도 지녀 그런 사서를 쓰는 데 참가했다. 유럽에서는 중간부의 헝가리, 주변부이면서 중간부에 가까운 영국과 덴마크에서 공동문어를 사용해 자국사를 서술했다.(이에 관해 제6권 제8강에서 상론했다.)

중심부 · 중간부 · 주변부의 상관관계

어느 민족이 문명권의 중심부 · 중간부 · 주변부 가운데 어디에 자리 잡았는가는 주어진 조건이면서 스스로 한 일이다. 지리적인 위치는 주어진 조건이다. 문명을 이룩하고, 받아들이고, 발전시키는 것은 스스로 한 일이다. 그 둘이 어떻게 복합되었던가는 계속 연구해야 할 과제이다. 지금까지 밝혀낸 성과는 빈약하다.

문명권의 중심부 · 중간부 · 주변부 가운데 어느 쪽에 속하는 것은 불행이고 어느 쪽에 속하는 것은 행운인가 일률적으로 말할 수는 없다. 그 점은 역사의 시기에 따라서 다르고, 문화 창조의 국면에 따라 다르다. 한 시대의 행운이 다음 시대의 불운이고, 다음 시대의 불운이 그 다음 시대에는 행운이다. 자기가 속한 곳이 창조적인 사명을 다하고 침체기에 들어섰을 때에는 개인이 크게 분발해서 비상한 노력을 한다고 해도 성취하는 바가 그리 크지 못하다. 그런 불운은 어떻게 할 수 없다.

자기가 문명의 유산을 새롭게 활성화하는 커다란 창조를 이룩해야 하는 단계에 이르렀는데도 그런 줄 모르고 후진 타령이나 하고 있는 것은 어리석다. 후진이 선진이 되는 것은 이치로 보아 당연하지만, 인식과 실천을 갖추어야 실현이 보장된다. 후진이 선진으로 전환되는 필연적인 이치를 깨닫고, 자기가 그 주체가 될 조건을 갖추었음을 판단하고, 합당한 노력을 과감하게 해야 실제로 그렇게 된다.

문명권 중심부의 문학만 살피면 한 문명권의 문학을 이해할 수 있다고 생각하는 것은 잘못이다. 중국・인도・아랍문학사는 문명권 전체의 문학사가 아닌 그 중심부의 문학사에 지나지 않으므로, 중간부나 주변부의 상황에 관한 자료는 제공하지 못한다. 그런 이유에서 그 문명권의 문학을 줄곧 대표할 자격을 지니지 않았다. 그 문명권에서 공동문어문학이 성립된 중세전기의 상황을 알기 위해서는 중심부를 우선적으로 고찰해야 한다. 그러나 그 뒤의 변화는 중간부나 주변부의 문학에서 더 잘 나타나 있다. 중간부의 문학이나 주변부의 문학은 문학사 전개의 어느 단계의 변화를 가장 잘 나타내주는 점에서는 그 문명권문학을 대표한다고 할 수 있다.

중심부의 문학만 살펴서는 고대가 끝나고 중세가 시작된 경계선을 알기 어렵다. 중심부에서 이루어진 공동문어문학을 중간부에서 받아들일 때 비로소 문명권 전체의 중세가 시작되었다. 중세에서 근대로의 이행기의 시작은 주변부에서 더 잘 알 수 있다. 민족어문학이 대중화되는 변화가 주변부에서 더 잘 나타나기 때문이다. 그러나 중세에서 근대로의 이행기문학이 언제 근대문학으로 바뀌었는지 판단하는 데는 주변부보다 중간부의 문학이 더욱 긴요하다. 주변부의 문학에서는 공동문어문학이 차지하는 위치가 그리 크지 않기 때문에, 공동문어문학을 청산하고 민족어문학만 하게 된 전환을 확인하기 어려울 수 있기 때문이다.

중세전기에 이루어진 공동문어문학의 규범은 중국에서, 중세후기에 공동문어문학과 민족어문학 양쪽에서 문제 삼은 삶의 진실은 한국과 월남에서, 중세에서 근대로의 이행기에 민족어문학이 대중 취향의 상품으로 성장한 양상은 일본에서 찾아내야 동아시아문학사에서 일어난 뚜렷한 변화를 선명하게 확인할 수 있다. 그러나 문학사의 전개를 통괄해서 이해하는 시각을 마련하고, 시대구분의 기준을 찾기 위해서 중간부의 사정을 우선적으로 고려해야 하고, 어느 면에서는 주변부를 특히 중요시할 필요도 있다.

그런 여러 가지 이유에서, 문학사의 전개를 일반화해서 말할 수 있는 기준점은 중간부이다. 한국이 중간부의 나라여서 중간부의 유리한 점을 합리화하자는 것이 아니다. 양쪽을 다 이해하면서 세계문학사를 논하는 데 필요한 통찰력을 얻기에 중간부가 유리하다는 점을 지적하자는 것이다. 중국과 일본 사이의 한국에서 양쪽을 다 살펴 동아시아를 이해한 성과와, 그것을 다른 여러 문명권에 널리 적용할 수 있는 능력이 오늘날의 학문을 위해 유용하게 쓰인다.

중간부에서는 문명권의 동질성과 이질성을 한꺼번에 파악할 수 있다. 중심부에서는 동질성을, 주변부에서는 이질성을 더욱 중요시하는 편향성을 중간부에서 시정하고, 동질성과 이질성의 상관관계에 관한 총괄적인 이해를 하는 것이 가능하다. 중심부에서는 공동문어문학을 동질성의 관점에서만, 주변부에서는 민족어문학을 이질성의 관점에서만 이해하려고 하는 경향이 있게 마련이다. 공동문어문학의 동질성 속에 이질성이 있고, 민족어문학의 이질성 속에 동질성이 있는 양면의 표리관계를 실상대로 살피는 데 중간부가 상대적으로 유리하다.

라틴어문명권의 독일, 아랍어문명권의 페르시아, 한문문명권의 한국과 월남, 그리고 산스크리트문명권의 타밀은 어려운 조건에서 민족 주체성을 지켜나가면서, 공동문어문학을 통해서 민족의식을 키운 공통점이 있다. 공동문어문학으로 구현되는 보편주의가 자기 나라를 지키는 민족주의와 상치되지 않고 합치된다고 판단했으므로 그럴 수 있었다. 문명권 전체의 보편주의를 자기 것으로 만들고, 자기 민족이 이룩한 창조적인 성과가 문명권 전체에 널리 통용될 수 있는 의의를 가지게 하는 것이 민족사 발전의 길임을 밝히는 문학을 했다.

문명권의 중심부에서는 보편주의를 내세우기만 하고 보편주의와 민족주의의 일치에 관해서 말할 필요가 없었다. 문명권의 주변부에서는 보편주의를 거부하는 민족주의를 택하고, 공동문어문학을 조금 경험하고서 바로 민족어문학을 발전시키는 데 힘썼다. 문명권의 중간부에서는 보편주의가 민족주의이고, 민족주의가 보편주의라고 하면서 그 둘을 아우르려고 해서, 중세에는 중심부보다 뒤떨어지고, 근대에는 주변부보다 뒤떨어졌다고 할 수 있지만, 근대에서 이룩한 발전의 성과를 중세의 지혜를 이어받아 재조절하는 과업 수행에서 앞설 수 있었다. 그렇게 해서 근대를 극복하고 다음 시대로 나아가는 지표를 마련할 수 있었다.

중간부에 속하는 나라는 여럿이며 그 특징이 서로 같으면서 다르다.

산스크리트문명권의 타밀, 아랍어문명권의 페르시아도 중간부이다. 유럽의 독일도 중간부라고 했다. 타밀, 페르시아, 그리고 독일은 문명권 전 영역을 위한 철학의 보편적인 논리를 새롭게 발전시킨 성과를 이룩했다. 한국도 그 점에서는 자기 구실을 했다. 그 가운데 독일은 근대민족어 철학을 이룩하는 데 앞서는 성과를 보여주었다. 그런데 월남이나 헝가리의 철학은 그리 두드러진 편이 아니다.

그 이유는 무엇인가? 민족성이 아닌 문화적인 위치에 의문을 해결하는 단서가 있다. 문명권 중심부의 철학과 가까운 위치에서 밀접한 관련을 가지고 토론하고 투쟁하는 경우에는 중간부의 철학이 크게 일어날 수 있다. 페르시아·타밀·한국의 경우가 그렇다고 할 수 있으면서, 중심부와 더욱 가깝고 먼 차이가 있다.

중심부와 가까우면 보편주의를, 멀면 민족주의를 더욱 두드러지게 나타냈다. 독일은 이탈리아와 프랑스에서 중세 동안에 라틴어로 전개한 철학을 두고, 중세에서 근대로의 이행기에는 라틴어로 재론하다가 근대에 이르러서 독일어로 반론을 제기했다. 헝가리는 중심부에서 너무 멀어 철학의 논쟁에 적극 참여하기 어려웠으며, 자국어 글쓰기를 통해서 철학을 하고자 할 때 독일철학이 밀려들었다.

문명의 중심부·중간부·주변부는 바뀐다. 고대에서 중세로 넘어오면서 커다란 변동이 있었다. 고대에는 중심부에서만 일방적으로 문명이 발달했으며, 그 혜택을 입지 못한 탓에 중간부는 흐릿하고, 주변부는 어두워 격차가 컸다. 그런데 중심부의 고대문명 가운데 중세문명으로 이어지지 못하고 사멸한 것이 적지 않다. 고대의 주변부였던 아라비아에서 새로운 중심부의 사상 이슬람교를 창건했다. 중세에서 근대로 넘어오면서 어느 문명권에서든지 중심부·중간부·주변부가 거의 같은 양상으로 형성되었다.

문명의 구조에 관한 보편적인 이해가 가능한 것은 중세부터이다. 중세에 이루어진 중심부 · 중간부 · 주변부의 관계는 오래 지속되면서, 역사 창조의 활력이 점차 중심부에서 중간부로, 중간부에서 주변부로 이동했다. 중세전기에 중심부가, 중세후기에는 중간부가, 중세에서 근대로의 이행기에는 주변부가 창조적인 재능을 더욱 적극적으로 발휘했다. 그래서 선진이 후진이고 후진이 선진임을 거듭 입증했다.

중세전기는 중세보편주의를 중간부나 주변부에서도 중심부와 대등하게 구현하고자 하는 시대였다. 그 희망은 달성되지 않아, 중심부의 위세가 더 높았다. 그런데 중세후기는 중세보편주의를 중간부나 주변부에서 독자적으로 구현하는 시대였다. 중간부나 주변부가 다 그렇게 하는 데 성공했으면서 강조점이 서로 달랐다. 중간부에서는 중세보편주의를 구현한다는 점이 강조되고, 주변부에서는 그것을 독자적으로 구현한다는 점이 강조되었다. 그러다가 중세에서 근대로의 이행기에 이르면, 중세보편주의를 근대민족주의로 대치하려고 하는 움직임이 광범위하게 일어났다. 그렇게 하는 데 중간부보다 주변부가 앞서는 것이 당연한 일이었다.

중심부에서 이룩한 공동문어문학은 중세 동안에 대단한 권위를 자랑했다. 중심부의 사람들은 위세가 당당하고 중간부나 주변부에서는 주눅이 들어 있었다. 중심부에 가서 견문을 넓히고 문장 수련을 하고 인정을 받기까지 하는 것이 다른 쪽 문인들의 한결같은 희망이었다. 주변부는 중심부와의 격차가 워낙 커서 그런 소원을 이루기 어려운 줄 알았지만, 중간부에서는 조금만 노력하면 성공할 수 있다고 믿고 단념하지 않았다. 주변부에서는 그 대신에 민족어문학을 존중하는 독자노선을 선포했으나, 중간부에서는 그렇게 하는 것을 계속 보류해두었다.

공동문어문학에 힘쓰지 않고 민족어문학을 광범위하게 이용하는 것은 중세보편주의의 가치기준에서 보면 공부를 계속하지 않고 중퇴한 것과 같은 일탈행위였다. 정도를 벗어나서 쉬운 길을 택하니 나무라고 멸시해야 마땅했다. 조선통신사가 일본에 갔을 때 일본인은 한문학에 능하지 못해 일본어문학으로 그 대용품을 삼는 것을 보고 한심스럽게 여긴 것이 그 나름대로 당연한 일이었다. 중세이념에 입각해서 그렇게 판단한 것은 나무랄 일이 아니다.

그러나 중세보편주의를 버리고 근대민족주의를 새로운 시대의 이념으로 삼자, 공동문어문학은 버려야 할 유산 또는 부끄러운 실수라고 매도되고, 민족어문학만 일방적으로 평가하게 되었다. 중세 동안에도 공동문어문학보다 민족어문학에 더욱 힘쓴 것이 자랑스러운 일이라고 평가되었다. 가치 기준을 그렇게 바꾸자, 중세의 열등생이 근대의 우등생이 되었다. 중세 동안에 열등생 노릇을 한 과거의 성과가 민족어문학을 발전시키는 근대의 과업 수행을 선도할 수 있는 밑천으로 직접 활용되었다.

자기 문명권 안에서 주변부의 민족어문학이 각광을 받은 것만은 아니다. 동방기독교문명권에서는 공동문어의 경전을 민족어로 번역해서 사용한 것이 민족문학 성립을 촉진시킨 쾌거라고 평가했다. 산스크리트불경을 자기 말로 번역해서 사용한 티베트에 관해서도 같은 평가를 할 수 있다. 그렇다면 다른 곳에서는 보편종교의 경전을 원문 그대로 사용한 것이 불행한 일이었다. 한국에서는 불경은 번역하다 말고, 유교경전은 번역을 해놓고서도 원문의 이해에 필요한 보조자료로 삼기나 한 것이 잘못이라고 할 수 있다.

그러나 보편종교의 경전을 번역해서 사용한 경우에는 공동문어를 제대로 익히지 못해 공동문어를 통해 창조된 보편종교의 경전 이외의 문화유산을 광범위하게 이해할 길이 막혔다. 신앙이 편협해지고 극단화하는 폐단을 보이고, 철학의 빈곤이 생겨났다. 보편종교의 경전은 원문 그대로 사용했지만, 다른 영역에서 민족어를 일찍부터 광범위하게 사용한 곳도 중세보편주의를 섭취한 정도가 낮아 철학이 자라나지 못했다. 일본철학사가 없다는 것이 바로 그 때문이다.

지금은 민족어문학을 근대문학으로 삼고, 국어교육에서 민족어 사용을 가르치는 일이 일반화되었다. 민족어 자체가 생성되지 못한 곳은 계속 진통을 겪지만, 공동문어 때문에 민족어가 억압되고 있다고 하는 곳은 없다. 공동문어의 횡포는 끝났다. 그러므로 공동문어를 비난하고 배격해야 민족어를 육성할 수 있다고 하는 것은 시대착오의 사고방식이 되었다. 민족어를 사용하는가 하는 것이 문제가 아니고 민족어 글쓰기에서 무엇을 나타내야 하는지 고민해야 할 때가 되었다. 한글을 사랑한다는 것은 우스운 일이다. 한글글쓰기가 한문글쓰기보다 내용에서 앞서야 한다.

사상의 빈곤은 불행이다. 민족어 사랑만 내세우고 공동문어로 이룩한 문화유산을 배격하며, 공동문어를 사용한 것 자체가 민족주체성을 저버린 잘못된 일이라고 하는 주장은 사상의 빈곤을 가져온다. 사상의 근본을 문제 삼는 철학은 문명권 단위로 공동문어를 통해서 창조·개발해왔다. 문학에서는 공동문어와 민족어가 함께 사용되거나 민족어 쪽이 더욱 중요한 구실을 할 때에도 철학은 공동문어의 영역이었다. 공동문어보다 민족어를 더 많이 사용한 것이 문학을 위해서는 다행일 수 있었어도,

철학을 위해서는 불행이었다.

중세전기, 중세후기, 중세에서 근대로의 이행기

중세문학에서는 시가가 산문보다 우세했다. 중세문학사는 시가갈래 변천의 역사이다. 서정시, 서사시, 교술시 등으로 나눌 수 있는 시가갈래가 공동문어문학과 민족어문학을 넘나들면서 어떤 관계를 가지고, 그 관계의 양상이 어떻게 변천했는지 살피면 문학사의 전개에 관한 이해를 구체화할 수 있다. 시가갈래 교체의 역사를 밝히면 그 주변영역의 산문에 관해서도 많은 것을 알아낼 수 있다.

서정시는 공동문어문학의 정수를 이루었다. 공동문어문학을 확립한 중심부에서 널리 받아들여지는 서정시의 규범을 내놓으면서 중세문학이 본격적으로 출현하고, 문명권 전체가 하나의 문학권을 형성하게 되었다. 그 과업을 비슷한 시기에 여러 문명권에서 일제히 이룩했으며, 서정시의 규범을 이루는 내용도 상통했다.

산스크리트문명권에서는 5세기 굽타제국 한창 시절에 칼리다사(Kalidasa)가 주동이 되어, '카비야'(kavya)라고 일컬어지는 문학창작의 이상을 구현하는 시 창작의 전범을 마련해서 널리 영향을 끼쳤다. 한문문명권에서는 8세기에 李白과 杜甫를 으뜸으로 삼는 당나라 시인들이 '근체시'라고 일컬어지는 시를 마련해서 중세문학 확립의 과업을 완수했다. 아랍어문명권에서는 '아다브'(adab)라고 일컬어지는 문학예술을 구현하는 전범을 제대로 갖춘 시 '바디'(badi)를 확립하는 과업을 또한 8세기인 압바시드제국 시절에 아부 누와스(Abu Nuwas)가 선도하고 여러 시인이 그 뒤를 이었다.

카비야와 아다브는 말을 잘 다듬어 써서 아름다움을 창조하는 문학 예술을 의미한다. 공동문어를 사용해서 글을 쓰는 것이 능사가 아니고, 그런 경지에 이른 창작품이라야 가치가 있다고 하는 것이 공통된 생각이었다. 근체시와 바디는 그런 경지에 이른 시를 특별히 지칭한 용어이다. 까다로운 형식을 갖추어 언어구사가 뛰어난 작품을 쓰면서 자연스러운 느낌을 주는 개성적인 표현을 갖추어야 제대로 된 근체시이고 바디이다.

지체가 높고 학식이 많다고 해서 그런 시를 쓸 수 있는 것은 아니다. 대단한 수련을 했으면서도 천분이 저절로 발현되는 것처럼 보여야 한다. 기교를 넘어서서 얻어낸 깨달음이 있어야 한다. 최소한의 언사로 최대의 표현 효과를 지니는 시를 지어, 시간과 공간, 자연과 인간, 이상과 현실, 문명권과 국가, 통치자와 피통치자, 타인과 자기, 관념과 사물이 生克의 관계를 가지는 양상을 훌륭하게 나타내서 중세인은 자랑스러웠다.

그런데 라틴어문명권에서는 카비야 · 바디 · 근체시에 해당하는 중세시의 규범을 내놓지 않았다. 고대로마 시대에 라틴어시를 쓰던 규범을 쇄신하지 않고 그대로 이어받았다. 완벽한 규범을 갖추었다고 생각해 그랬다고도 할 수 있다. 개성이 가장 뚜렷했다고 하는 프루덴티우스(Prudentius)마저도 기독교 성직자이고, 일반문인이 시인으로 활동하지 않은 것이 더욱 중요한 이유일 수 있다. 그렇지만 기독교 찬미가를 서정시로 지으려고 하고, 서정시를 통해서 중세문명의 포괄적인 관심을 집약해서 나타내려고 한 점에서 다른 여러 문명권과 같았다.

그러나 그리스어문명권으로 가면 사정이 달라진다. 그곳에서는 기독교 찬미가에서 공식적인 내용을 근엄하게 전달하는 데 치중하고,

서정시가 별도로 성장하기 어렵게 했다. 공동문어문학을 경험하지 않고 자기네 언어를 기독교의 경전어로 삼은 러시아에서는 주변부의 특징을 나타내 서정시 부재가 더욱 분명해졌다. 한편 팔리어문명권에서는 '밤사'(vamsa)라고 하는 공동문어 역사시로 문명권의 역사와 자국의 역사를 연속시켜 노래하는 것을 가장 긴요한 문학활동으로 삼아, 서정시가 별도로 자라나지 않았다.

중세에 이르러서 서정시가 커다란 구실을 하는 전환이 중심부에서 일어나 점차 확대되면서, 고대문학에서 주역 노릇을 하던 서사시는 심각한 타격을 받았다. 공동문어의 서정시를 상층의 문학으로 하는 데 맞서서 하층에서는 구비서사시를 이어야 서사시가 몰락하지 않고 새로운 구실을 하게 할 수 있었다. 그런데 그 일도 문명권의 중심부에서는 제대로 이루어지지 않았다.

서정시가 중세문학의 주역 노릇을 한 문명권의 중심부에서는 구비서사시가 일찍 마멸되었다. 구비서사시를 기록서사시로 만든 곳도 있고, 그렇게 하지 않은 곳도 있어 서로 다르지만, 구비서사시가 없어진 것은 마찬가지이다. 라틴어 · 아랍어 · 한문문명권의 경우에 모두 중심부에서는 구비서사시의 흔적을 찾기 어려우며, 서사시 창작에 열의를 보이지 않았다. 그런데 주변부에서는 구비서사시를 잘 보존하고 있다가 문자사용이 시작될 때 기록하고 서사시를 새롭게 창작하는 데 활용했다.

산스크리트문명권은 특이한 점이 있다. 고대서사시 『라마야나』(*Ramayana*)와 『마하바라타』(*Mahabharata*)가 중세서사시로 이어지고 공동문어문학의 고전으로 받아들여져 중심부에서는 서사시가 없어지는, 다른 문명권에서 볼 수 있는 현상이 나타나지는 않았다. 그러나 중심부에서는 서사시의 구전이 고갈되고, 서사시 창작이 새롭게 이루어지지 않았으나, 중간부의 타밀에서는 구전서사시를 풍부하게 전승하고, 그 두 고전서사시에 대한 반론이 되는 새로운 서사시를 계속 창작했다. 그렇게 해서 서사시를 중세화한 모범 사례를 보여주었다.

라틴어문명권에서는 그리스의 『일리아스』(*Ilias*), 로마의 『에이드』(*Aeneid*) 같은 고전서사시가 중세문학으로 이어지지 않았다. 기록에 오르지 못한 고대서사시를 전승하면서 재창작하는 것 외에 다른 서사시가 없었다. 그 일을 주변부나 중간부에서는 하고, 중심부에서는 하지 못했다. 가장 중심부인 이탈리아는 공동문어문학의 본고장 노릇으로서 영광을 누리는 대신에 서사시는 가장 빈약했다. 구전되던 서사시가 없었고 단테가 서사적 교술시라고 해야 할 『신곡』(*La divina commedia*)을 내놓아 그 대용품을 마련했다. 그 점은 주변부에서는 서사시가 풍성한 것과 좋은 대조를 이루었다.

중심부 가운데서 중간부인 프랑스에서도 오래 두고 구전하던 서사시는 없었고, 중세에 들어와서 기독교서사시 『롤랑의 노래』(*La Chanson de Rolland*)를 창작했다. 그런데 , 아이슬란드의 『에다』(*Edda*), 독일의 『니벨룽겐노래』(*Nibelungenlied*), 영국의 『베오울프』(*Beowulf*)는 영웅서사시의 오랜 전승을 정착시킨 작품이다. 『에다』는 창세서사시와 영웅서사시를 함께 갖추고 있어 원시서사시와 고대서사시의 두 층위를 모두 이었다. 『베오울프』와 『니벨룽겐노래』는 영웅서사시만이어서 고대 이래의 전승이라고 할 수 있다.

그 여러 나라의 서사시가 문명권의 중심부 가운데서도 중심부인 곳부터 주변부 가운데서도 주변부인 곳까지의 차이를 단계적으로 보여준다. 그러면서 다만 한 가지는 뒤바뀐 것 같다. 『니벨룽겐노래』는 고대서사시의 모습을 그대로 간직했으나, 『베오울프』는 고대영웅서사시를 기독교의 세계관에 따라 개작한 중세서사시여서, 그 점에서는 독일이 주변부이고, 영국이 중간부인 것 같다. 그러나 독일에서는 기독교의 관점에서 영웅서사시를 다시 창작한 라틴어문학의 작품 『발타리우스』(*Waltharius*)를 창작했다. 『니벨룽겐노래』와 『발타리우스』가 양립하고 있어 독일이 문명권의 중간부이다.

라틴어문명권에서 보이는 그런 편차가 아랍어문명권의 경우에서도 확인된다. 아랍어문명권은 일반적으로 라틴어문명권보다 서사시에 대한 관심이 적은 편이다. 그러면서 문명권의 중심부에는 없는 서사시를 주변부로 가면 갖추고 있는 단계적인 차이는 라틴어문명권에서와 마찬가지이다. 아랍어문명권의 중심부에는 창작된 서사시가 없다. 중심부 가운데 중간부라고 할 수 있는 이집트에는 『힐라리』(*Hilali*) 서사시 같은 것이 구전되고 있으나, 서사시로 인식되고 평가되지 않는다.

그런데 문명권의 중간부인 페르시아에서는 자기네 서사시의 전통을 이어 『왕들의 책』(*Sha-nama*)을 창작했다. 중간부 가운데서 변방이라고 할 수 있는 터키민족군은 『알파미슈』(*Alphamysh*), 『코르구트』(*Quorqut*) 등의 서사시를 다양하고 풍부하게 전승하고 창작했다. 먼 주변부 스와힐리어 사용지역에서도 구비서사시의 오랜 전통을 이슬람문명의 소재와 결합시켜 『리옹고』(*Liongo*), 『헤라클리오스』(*Heraklios*) 등의 영웅서사시를 위시해서 여러 형태의 서사시를 풍부하게 창작했다.

한문문명권의 서사시도 같은 양상으로 분포되어 있다. 중심부인 중국의 사정을 들어 말하면 한문문명권에는 서사시가 없는 것 같다. 일본의 경우를 살펴도 그렇게 말하는 데 동의해야 할 것 같다. 그러나 가장 먼 주변부에서 중세화 이전 단계에 머무른 아이누민족은 창세서사시와 영웅서사시를 풍부하게 전승하고 있다. 중국의 운남지방 여러 민족들, 한국의 제주도민은 한문문명권에 편입되어 중세화되었으면서도 영웅서사시를 버리지 않고 창세서사시까지도 간직하고 있다.

그 둘 사이 중간부에서 한국인은 구비서사시의 저층을 의식하지 않은 가운데 활용해서 공동문어서사시와 민족어서사시를 둘 다 창작했다. 서사시를 두고 보면, 일본이 중간부 같고, 한국이 주변부 같다. 그러나 한국의 <東明王篇>은 독일의 『발타리우스』처럼 공동문어로 창작한 민족서사시이다. 그렇게 한 것은 중간부끼리의 공통점이다. 일본인은 아이누민족을 정벌하고 통치하는 과정에서 서사시는 상실했지만, 역사 서술에서는 서사시와 관련된 고대의 전승을 한국보다 더 많이 간직하고 있다. (서사시 비교론을 제6권 제4강에서 전개했다.)

서사시와 역사서술을 연결시켜 이해하면, 한문문명권의 내부의 변이를 더욱 면밀하게 파악할 수 있다. 한국에서는 정통사서 『三國史記』를 보완하는 구실을 하는 『三國遺事』에서 뒤늦게 건국서사시의 전승을 일부 기록했으며, 월남의 경우도 『大越史記』와 『嶺南摭怪』가 그런 관계를 가진다. 그런데 일본에서는 『日本書紀』보다 먼저 『古事記』를 쓰면서 창세서사시와 영웅서사시 양쪽의 흔적이라고 할 수 있는 신화전승을 적극 수용했다.

유구에서는 국사서를 거듭 쓰면서 그 서두에서 건국신화를 길게 들었을 뿐만 아니라, 고대의 영웅서사시의 전승을 자기네 언어로 정리해 중세왕조의 궁중무가집 『오모로사우시』를 엮었다. 유구는 주변부 가운데서도 주변부여서 그럴 수 있었다. 『오모로사우시』는 창세서사시 부분이 대폭 축소되고. 작품 길이가 전반적으로 단형화된 차이점이 있지만, 기본성격에서 아이슬란드의 『에다』와 상통한다.

공동문어를 사용해서 민족사를 서술하는 것은 동아시아 여러 나라 한국·월남·일본·유구에서 일제히 한 일이다. 라틴어문명권의 영국·헝가리·덴마크에서도 그렇게 했다. 영국과 덴마크는 주변부 가운데서 중간부이므로 그 대열에 들어설 수 있었다. 영국은 자국의 역사를 공동문어로 쓰는 일과 자국어로 쓰는 일을 병행했으며, 아이슬란드는 '사가'(saga)라는 이름의 자국어 역사서를 흥미 본위의 읽을거리로 발전시켰다.

문명권의 주변부에서는 다른 곳에서도 민족어를 사용해서 역사를 서술하는 일을 일찍부터 했다. 공동문어 대신에 민족어를 경전문어로 사용한 동방기독교문명권의 아르메니아, 에티오피아, 러시아 등지에서는 민족문어 국사서를 일찍 마련해서 자기 나라 역사를 신비화하고 절대화했다. 산스크리트문명권의 티베트도 그런 경우이다. 자국어로 역사를 서술하는 일을 한문문명권에서는 일본이 일부 시도했다.

공동문어 서정시에 상응하는 민족어 서정시를 창작해서 기록문학으로 육성하고자 하는 노력도 광범위하게 일어났다. 그렇게 하는 데 문명권의 중심부는 뒤떨어지고, 주변부는 앞서 중세전기에 이미 그 일을 해내는 경우가 많았다. 일본의 『萬葉集』이나 영국의 <케드몬의 찬미가>(Caedmon's Hymn)가 그렇게 해서 이루어졌다. 문명권의 중간부에서는 중세후기에 이르렀을 때 그 과업을 본격적으로 수행했다.

공동문어를 사용하는 아랍어시가 인습을 되풀이할 때 페르시아에서 민족어시는 대단한 창의력을 보이면서 풍부하게 창조되어 문학사의 방향을 돌려놓는 데 특히 적극성을 보였다. 월남에서는 민족어시의 발달이 늦었으나, 阮廌가 민족어시 國音詩를 한시와 대등한 위치에 올려놓는 일을 일거에 수행했다. 중세후기의 민족어시는 중세보편주의사상의 풍부한 내용을 민중도 이해할 수 있는 언어로 재창조하면서, 내면적 진실성을 묻고, 사물의 이치를 캐는 일을 광범위하게 수행했다. 선승이나 士林, 박티, 수피 등으로 지칭되는 사상혁신자 성자-시인들이 그렇게 하는 데 주동자 노릇을 했다.

중심부에서 중세후기에 새로운 창조력을 보이는 것은 공동문어문학 대신에 민족어문학을 개척할 때 가능한 일이었다. 단테(Dante)와 카비르(Kabir)가 그런 본보기를 보여준다. 문명권의 중심부에서 공동문어가 아닌 속어를 사용한 작품을 창작해서 보편적 가치를 재정립한 점에서, 그 두 사람은 같은 구실을 했다. 그러나 단테는 카비르와 같은 성자-시인이 아니고, 지식인-이야기꾼이었다. 내면적 각성의 새로운 길을 여는 대신에 광범위한 지식을 모아들여 흥미롭게 재구성하는 방법을 택했다.

중세후기 민족어시에서 나타난 또 한 가지 주목할 만한 변화는 서정시와 교술시가 공존하는 것이었다. 한국에서 서정시인 시조와 교술시인 가사가 상보적이고 경쟁적인 관계를 가진 것과 같은 일이 타밀, 페르시아, 프랑스 등지에서도 확인된다. 공동문어문학에는 어디서든지 서정시도 있고 교술시도 있어서 교술시가 새삼스러운 것이 아니었다. 동방기독교문명권의 그리스어문학이나 교회슬라브어문학에서는 시는 거의 다 교술시이고 서정시라고 할 것은 찾기 어려웠다. 공동문어문학에서는 중세전기에 마련된 교술시가 중세후기로 이어지면서 생기를 잃었다.

그런데 민족어문학에서는 중세후기에 교술시가 새삼스럽게 창조되어, 시대정신을 나타내는 새로운 구실을 했다. 중세보편주의 문명을 독자적으로 구현해서 중심부에 대항하는 중간부의 반론이 민족어교술시를 통해서 나타났다. 그렇게 해서 이루어진 장편교술시의 좋은 본보기인 페르시아의 『새들의 회합』(*Manteq al-Tair*)이나 프랑스의 『장미이야기』(*Roman de la rose*)는 한 시대를 좌우하는 영향력을 가져 서정시에 대한 교술시의 우위가 중세후기문학의 특징임을 입증하는 데 이르렀다. (이에 관해 제12강에서 상론한다.)

아타르(Attar)가 『새들의 회합』이라고 하는 장편교술시를 여행기 형식으로 써서 자기네 문명의 정신적 유산을 집성하는 백과사전을 편찬한 것과 같은 일을 단테는 『신곡』에서 했다. 『신곡』의 여행기는 서술자 자신이 여러 곳을 찾아가는 방식으로 전개되어 서사시라고 할 수 있는 요건을 갖추었다. 그러나 말하고자 하는 내용을 보면 서사시가 아니고 교술시이다. 자기네 문명의 정신적 유산을 시인 자신이 서술자가 되어 총정리해 보인 서사적 교술시이다.

중세에서 근대로의 이행기에 이르면 서사시가 서정시나 교술시보다 더욱 적극적인 구실을 하는 변화가 일어난다. 서사시가 영웅서사시에서 범인서사시 또는 생활서사시로 바뀌면서 남녀관계의 실제상황을 진지하게 다루고, 실생활에서 얻은 경험을 비판적으로 다루는 것이 중세에서 근대로의 이행기문학의 새로운 동향이다. 하층에서 이어오던 구비서사시를 기록문학의 영역에서 받아들여 수용자가 늘어나고, 산문체를 사용하는 소설로 바뀌기도 했다.

아랍어문명권에서는 '데스탄'(destan), '다스탄'(dastan), '키사'(qissa), '히카야트'(hikayat) 등으로 지칭되는 갈래의 작품군이 구비문학이면서 기록문학이고, 서사시와 소설인 다면적인 성격을 가지면서 풍부하게 창조되어 중세에서 근대로의 이행기문학을 풍요롭게 했다. 한국의 판소리도 바로 그런 것이어서, 서사시이면서 소설이다. 타이나 월남의 율문소설도 그런 것들과 공통된 특징을 가지고 있다. 그러나 타이의 율문소설은 귀족적인 성향을 가진 독서물이고, 월남의 율문소설은 구전을 통해서 전달되기도 해서 민중과 가까운 관계를 가진 점이 서로 달랐다.

비잔틴의 『디게니스 아크리타스』(*Digenis Akritas*), 영국의 『캔터베리이야기』(*The Canterbery Tales*) 같은 것도 그런 범주에 속한다고 할 수 있다. 그런데 중세후기에 이미 나타나고 후속작품이 없어 고립되었다. 그 이유는 구전의 뿌리가 빈약하기 때문이다. 구비서사시가 고갈되어 자연스러운 변형을 하지 못하는 곳에서는 서사시를 소설로 발전시키지 못하고, 기록문학의 산문소설을 별도로 마련해야 했다.

오늘날의 과제

문명의 중심부 · 중간부 · 주변부를 구분하는 견해는 근대에 이르러서 효력을 상실한 것 같다. 유럽문명권이 세계를 제패해 다른 여러 문명권을 유린해 모두 피해자로 만들었으므로 자기 문명권 안에서의 중심부 · 중간부 · 주변부는 무의미해졌다고 할 수 있다. 유럽문명권을 중심부로 하는 근대의 세계질서가 마련되어 과거의 역사를 설명하던 이론은 폐기해야 할 듯하다.

그러나 과거와 현재는 연속된다. 중심부 · 중간부 · 주변부 구분론은 폐기할 것이 아니고 새로운 상황 이해에 적용할 수 있게 개조해야 한다. 오늘날의 세계질서는 역사의 종말이 아니고 전환 과정이다. 근대문명이 지구 전체에 확산되고 말 수는 없으며 새로운 변화가 일어나게 마련이다. 미래를 예견하고 실현하는 데 지금까지 전개한 이론이 적극 기여해 유용성이 확대된다.

근대문명은 중세문명의 주변부에서 먼저 마련하고 확산을 선도했다. 중세는 고대의 주변부에서 고대문명의 성과를 탈취해 자기 방식대로 재창조하자 시작된 것과 같다. 아라비아에서 이슬람이 일어나 이집트와 메소포타미아의 선진 고대문명을 넘어뜨린 것이 좋은 예이다. 유럽의 중세는 게르만민족이 만들었다. 동아시아의 중세 또한 주변민족이 중국 안팎에서 일어나 만들어냈다. 北魏와 고구려가 그 주역이었다.

유럽이 근대화를 할 때 주변부 영국이 앞서고, 중간부 프랑스가 그 뒤를 잇고, 중심부 이탈리아는 뒤떨어졌다. 후진이 선진이 되고 선진이 후진이 되는 변화가 되풀이되었다. 유럽문명권의 근대화를 받아들이는 순서도 동일하다. 동아시아 한문문명권 주변부인 일본이 앞서고, 중간부인 한국이 그 다음이고, 중심부인 중국이 뒤떨어지고 있다. 이러한 변화가 다른 문명권에서도 일제히 나타나게 되어 있었으나, 식민지 지배가 일찍 시작된 곳은 독자적인 변화의 여지가 없어졌다. 그 때문에 왜곡된 역사가 바르게 진행되도록 하려면 비상한 노력이 필요하다. 선결과제인 사실 인식을 위해 광범위한 비교연구에 힘써야 한다.

오늘날에는 중심부・중간부・주변부가 세계적인 범위에서 다시 형성되었다. 유럽 문명권이 중심부이고, 다른 여러 문명권은 중간부이고, 중세문명을 이룩하지 못했던 곳들은 주변부이다. 중간부에 해당하는 다른 여러 문명권, 한문・산스크리트・아랍어문명의 유산을 이은 데서는 근대문명을 수용해 자기 것으로 다시 만들 능력이 있다. 중세문명을 이룩하지 못했던 사하라 사막 이남 아프리카의 대부분, 태평양 도서, 북극 주변의 원주민들은 근대문명을 따르기 어려워 주변부의 처지를 벗어나지 못하지만, 원시나 고대의 창조물을 간직하고 있어 자랑스럽다.

근대를 넘어서서 다음 시대로 나아가려면 역사 진행을 역행하는 것 같은 과정을 거치는 것이 마땅하다. 발전이 순환이고 순환이 발전인 것이 또한 생극론의 이치이다. 중세에서 근대로의 이행기에 이룩했다가 근대에는 버린 지혜를 되살리는 것을 출발점으로 삼아, 중세의 부정의 부정을 다각도로 진행해야 한다. 이렇게 할 수 있는 조건은 중간부가 잘 갖추고 있다. 거기서 더 나아가 고대 또는 원시 단계에서 이룩한 창조물까지 널리 받아들여 활용해야 근대 질병의 근본 치유가 가능하다. 이에 관해서는 주변부가 결정적인 기여를 할 수 있다.

동아시아문명권의 중간부였던 한국은 오늘날의 세계질서에서도 중간부 노릇을 충실하게 하고 있다. 근대문명을 이해하고 재창조하는 작업에서 중심부였던 중국보다 앞서면서, 한문문명의 전통을 주변부였던 일본보다 깊이 있게 계승한다. 오늘날 세계문명의 주변부가 된 곳들과 원시 또는 고대의 창조물을 공유하고 있는 것이 또한 주목하고 평가해야 할 사실이다.

중세 및 근대의 문자문명이 고도로 발달했으면서 굿 하고, 풍물 치고, 탈춤 추면서 하는 신명풀이를 생동하게 잇고 있는 곳이 한국이다. 양면이 생극의 관계를 가지면서 창조력을 증폭한다. 세계문명사 전개의 보편적인 과정을 꿰뚫어볼 수 있게 하는 특이한 증거가 여기 있어 분발하게 한다. 깨달음이 주어지는 대로 담아내려고 부지런히 움직였으나 아직 많이 모자란다.

자아도취에 빠지는 것은 잘못이다. 유리한 처지에서 혜택을 누리는 것만큼 남들을 위해 봉사해야 하는 의무가 크다. 한국학에서 세계학으로 나아가야 한다. 한국의 위치와 기여를 근거로 삼아 얻은 각성을 유사한 조건을 가진 다른 곳들과 비교해서 세계적인 일반론을 만들기 위해 계속 노력해야 한다.

중세문명을 수준 높게 이룩한 중간부이면서 중세 이전 창조물의 유산을 풍부하게 지니고 있는 곳들은 어디인가? 월남, 타밀, 페르시아, 터키민족의 여러 갈래, 아일랜드, 헝가리 등을 후보로 들 수 있다. 구체적인 사정을 자세하게 알고 면밀하게 비교해 근대를 넘어서서 다음 시대를 이룩하는 전환의 단서와 지혜의 원천이 어디 있는지 알아내야 한다.

토론

❑ 문: 문명은 고대에 이루어진 것으로 알고 있다. 고대문명과 중세문명은 어떤 관계인가?

❑ 답: 고대에는 문명이 이루어진 곳이 한정되어 있고 다른 곳들은 공유하지 못해 문명권이라고 할 것이 없었다. 특정 지역의 사유재산에 지나지 않던 고대문명을 광범위한 지역의 공유재산으로 개조하는 작업을 고대문명 창조자와는 다른 신참자들이 진행해 중세문명권이 생겨났다. 그 때 만들어진 문명권이 오늘날까지 이어진다.

게르만민족이 로마제국을 멸망시키고 중세유럽을 만든 것과 같은 일이 다른 문명권에서도 일제히 있었다. 미개했던 아랍인이 메소포타미아, 이집트 등 주위의 선진 고대문명을 누르고 필요한 요소를 섭취해 새 시대를 창조한 것도 잘 알려져 있다. 동아시아의 경우에는 여러 북방민족이 나서서, 동아시아의 로마라고 할 수 있는 漢나라까지 이어져온 고대문명을 개조해 중세를 만들었으며, 北魏와 고구려가 선두에 섰다. 북위의 雲崗石佛, 고구려의 광개토대왕릉비, 고분벽화 같은 것들이 쉽게 확인할 수 있는 증거이다.

고대문명을 중세문명으로 개조하는 원리를 기독교, 이슬람, 불교 등의 보편종교에서 마련해 고대와 중세의 수준 경쟁에서 중세가 앞설 수 있었다. 기독교는 로마제국이, 불교는 漢나라가 이미 받아들였으나, 지난 시기의 위세에 미련을 가진 곳에서는 성장할 수 없었다. 로마제국이 무너지고 중국에서도 분열이 나타나자, 기독교나 불교가 비로소 이상적인 차원에서 정신의 제국을 건설하는 원리로 인정되고 널리 공감을 얻었다.

로마제국 정복지의 먼 변방인 북아프리카 원주민 아우구스티누스(Augustinus)가 전환을 선도한 것을 주목하자. 로마제국이 망한 것은 당연한 일이니 한탄하거나 미련을 가지지 말고 神國에 기대를 걸자고 한 지론이 유럽 전역 중세기독교의 지침이 되었다. 태어난 곳 신라에서 일생을 보낸 元曉가 불교의 근본이치를 다시 밝힌 저작이 중국과 일본에 전해져 크게 숭앙되고 깊은 영향을 끼친 것이 이와 상통하는 일이다. 이슬람 사상의 새로운 시대를 열었다고 평가되는 가잘리(al-Ghazali)는 아랍인의 지배를 받던 페르시아인이었다.

세 사람 모두 자기 모국어가 아닌 라틴어 · 한문 · 아랍어를 습득해 저작의 언어로 사용하면서 문명권 전체 중세사상의 수준을 최대한 높였다. 문명권 중심부에서 축적한 학식을 충실하게 이어받아 그랬던 것은 아니다. 변방의 특징인 반발 섞인 활력을 혁신의 동력으로 삼아 후진이 선진이 되는 전환을 이룩했다.

❏ 문: 방송의 역사극에서 보여주는 고구려 역사와는 많이 다른 것을 말했다. 무엇이 문제인지 다시 말하고 시비를 가리기 바란다.

❏ 답: 역사극에서 보여주는 것과 같은 국사 교육을 하고 있어 함께 검토해야 한다. 외국과의 싸움에서 이겨 나라를 지킨 것을 자랑스럽게 여기라고 한다. 광개토대왕이 많은 땅을 빼앗은 사실이 우리 역사에서 으뜸가는 쾌거라고 칭송하도록 한다. 그러나 광개토대왕릉비를 다시 보자. 백성을 사랑해 평화를 가져온 것을 최대의 위업이라고 공동문어인 한문으로 비문을 써서 말했다. 내용과 표현 양면에서 동아시아의 중세를 이룩한 공적을 나타냈다. 중국에서 이룩한 고대문명을 가져와 동아시아 공유의 중세문명으로 개조하는 과업을 선도하고, 관리와 이용에서 우선권을 가졌다.

남의 땅을 차지해 우리 땅을 삼은 공적은 사라지고 없지만, 고대문명을 가져와 중세문명을 이룩한 공적은 천여 년이 지난 오늘날까지 이어지는 덕분에 내가 보편적인 이치를 찾는 학문을 하니 깊이 감사해야 한다. 땅을 차지한 것은 자랑하고 문명을 가져온 것은 창피스럽게 여기는 것은 아주 잘못되었다. 동아시아 공유재산이고 우리가 관리와 이용에서 우선권을 가진 한문문명을 중국의 사유재산이라고 여겨 돌려주어야 한다는 것은 망발이다.

아테네의 인물이기만 한 플라톤이 그리스 전체의 철학자로 확대되고, 유럽의 공유재산이 되었다가, 마침내 세계인의 유산이 된 것이 당연하다고 여긴다. 같은 과정이 동아시아에서도 있었고 계속되어야 한다는 데 대한 인식은 많이 모자란다. 그래서 유럽문명권중심주의에서 벗어나지 못하고 동아시아가 할 일을 버려두고 있다.

牽牛·織女가 고구려 고분벽화에 수용되어 동아시아 공유물이 되고 관리와 이용에서 우리가 우선권을 가지게 되었다. 누구나 알고 있는 가장 친근한 이야기가 되었다. 견우・직녀라고 하지 말고 이름을 중국 음으로 읽고 두 사람을 중국으로 돌려보내야 한다는 사람이 있다면 정신 나갔다고 할 것이다.

그런데 孔子의 경우에는 정신 나간 말을 예사로 한다. 중국 山東大學에서 강의할 때 창밖에 서 있는 공자의 석상을 보고 한 말을 전에도 소개했다. "저기 있는 공자는 원래 魯나라 사람이었는데, 5백년이 지나 중국인이 되고, 다시 5백년이 지나자 동아시아인이 되었다. 한국에는 공자는 죽어야 한다는 사람도 있고, 이름을 중국 음으로 읽고 중국으로 되돌아가게 해야 한다는 사람도 있다. 무얼 모르고 하는 말이다.

이제는 동아시아인인 공자가 세계인이 되게 해야 한다. 이를 위해 중국과 한국이 힘을 합치고 동아시아 다른 나라의 동참을 구하자. 유럽인이라야 세계인이라고 하는 것은 잘못이다. 대등한 기준으로 판정해 동아시아를 비롯한 다른 문명권에서도 웬만한 사람이면 세계인이게 해야 한다. 예선을 너무 엄격하게 진행해 후보자를 없애는 것은 잘못이다."

❑ 문: 한국인은 세계인일 수 없다는 말인가?

❑ 답: 한국인도 일본인도 월남인도 세계인일 수 있어야 한다. 자격이 있는 인물을 가려내 세계인이 되게 해야 한다. 그러나 기준을 다시 생각하자. 한국인 노릇을 잘 하면 세계인일 수 있는 것은 아니다. 한국인에 그치지 않고 동아시아문명을 발전시키는 데 기여한 공적이 있어 동아시아 범위의 보편적 의의가 입증되어야 더 나아가 세계인으로 평가될 수 있다. 오늘날 하는 학문도 이와 같다. 한국학이 동아시아학이

어야 세계학일 수 있다.

민족을 수호하겠다고 방어선을 치고 민족 고유의 가치나 한국의 특수성을 일방적으로 옹호하려고 하는 학문은 설득력을 갖추지 못해 무력하다. 이렇게 규정될 수 있는 이념적 한계를 안에다 감추어 침해되지 않도록 하고, 한정된 범위 안의 실증사학으로 평가를 얻고 밥벌이를 삼고자 하는 국사학은 국내외의 도전을 이겨내지 못한다. 중국의 패권주의나 일본의 침략주의를 넘어서서 시정하는 이론을 마련하지 못하고 같은 방식으로 맞서서 패배를 자초한다.

새로운 도전이 심각해 위기를 조성한다. 제국주의의 세계 제패를 더욱 확대하기 위해 피해자들의 무장해제를 획책하면서 민족이라는 것은 허상에 지나지 않으니 국사는 그만두라고 한다. 이런 주장이 깊숙이 들어와 혼란을 일으켜도 새로운 논리를 갖추어 반론을 제기하지 못한다. 한국학이 동아시아학이고 세계학이어야 국내외의 도전을 넘어서는 진정한 학문을 할 수 있다. 위기가 기회로 주어져 있다.

❑ 문: 기독교가 한국에서 위세를 떨치는 것을 어떻게 생각하는가?

❑ 답: 기독교를 받아들이는 데 그쳐 휘둘리기나 하면 상실과 혼란을 겪는다고 염려할 단계를 지나, 동아시아문명이나 민족문화의 창조적인 전통에 입각해 재창조하면 바람직한 방향으로 나아갈 수 있다고 기대할 수 있다. 그러나 방향을 어떻게 잡는지 문제이다. 유교의 폐단일 수 있는 배타적 근본주의에다 신들림이 지나친 무속의 열기를 보태 극단으로 나아가는 것을 염려하지 않을 수 없다. 상반된 것들을 포용하고 융합하는 방식으로 불교나 유교를 다시 이룩한 전례를 이어받아, 종교 다원주의 사회 기독교의 좋은 본보기를 보이는 사명을 수행해야 한다.

기독교의 문제가 따로 제기된다고 할 것은 아니다. 유럽문명권 근대문명을 받아들여 수준 높게 재창조하면서 근대를 넘어선 다음 시대로 나아가는 지침을 마련하는 전반적인 과제에 기독교가 포함된다. 내가 유럽문명권의 전례와 계속 토론하면서 생극론의 문학사론을 개척하는 것과 상통하고, 서로 도움을 줄 수 있는 종교학을 하면서 기독교신학의 새로운 정립을 그 속에서 시도하는 것이 기대된다.

❑ 문: 외국어 숭상과 외래어의 범람에 대해서 어떻게 생각하는가?

❑ 답: 외국어는 많이 익혀 널리 활용해야 한다. 숭상하지 말고 이용해야 한다. 외국어에서 받아들인 것들은 우리말로 나타내야 우리 것이 된다. 외국어로 글을 쓸 때에는 우리말을 넣지 말아야 하듯이, 우리말 글쓰기에서는 외국어는 물론 외래어도 최대한 배제해야 생각이 제대로 전개된다.

❑ 문: 방속극의 문제점에 대해서 더 말해 달라.

❑ 답: 남성용 역사극과 여성용 가정극이 아주 분리된 것이 잘못이다. 역사극도 거창한 싸움만 하지 말고 삶의 실상을 다채롭게 보여주어야 한다. 『삼국사기』 열전을 보면 옛 사람들도 오늘날과 그리 다르지 않게 고민하고 사랑했다. 가정극에도 사회문제가 제기되고 노동하고 생산하는 인간관계가 있어야 한다.

제6강 책봉체제의 세계사

문제 제기

중국과 한국은 장기간에 걸쳐 책봉관계를 가졌다. 이러한 사실이 두 나라의 우열을 입증한다고 이해되어 중국인은 우월감을, 한국인은 열등감을 가진다. 이에 대해서 국사학이 침묵을 지키는 것은 직무유기이다. 소극적인 대응을 하면서 질책을 면하려고 하는 것도 잘못이다. 정면 돌파를 감행해 시비를 가려야 한다.

무엇이 문제인지 제대로 밝히려면 두 가지 사실을 먼저 알아야 한다. 책봉관계는 중국과 한국에만 국한되지 않고 동아시아 전역, 더 나아가서 문명세계 전체의 공통된 제도였으므로 광범위한 비교연구를 해야 한다. 책봉체제는 고대에는 없었고 근대에는 청산된 중세의 제도였으므로 중세에 대한 이해를 새롭게 하면서 고찰해야 한다. 중세문명 비교연구의 결여가 책봉체제 연구 부진의 이유임을 알고 타개책을 마련해야 한다.

중국과 한국의 책봉관계 같은 것은 민족감정에 관한 문제라고 오해하지 말아야 한다. 감정이 아닌 사실의 문제이다. 사실을 사실대로 이해하려면 감정을 버리자고 하면 되는 것은 아니다. 사실들의 총체를 인식하고 정리하는 방법이 있어야 한다. 이러한 방법은 이론을 구성한다. 거대 규모의 일반이론 정립이 해결책이다.

지금까지의 국사학은 거대한 규모의 일반이론 정립은 생각하지도 못한 탓에 책봉 체제에 대해서 할 말이 없다. 민족감정 부추기기가 학문이 할 일이 아니라는 정도는 알아 신중한 자세를 가지고, 모르면 침묵하는 것이 실수를 줄이는 방법인 줄 아는 정도를 평가할 수 없다. 부여된 임무를 무지의 탓으로 저버리는 직무유기는 범죄이다. 범죄를 고발하고 시정을 요구하기 위해 해결책이 있다는 것을 알린다.

아직은 성글고 미흡한 시도이다. 내가 모든 일을 다 하니 보기만 하라는 것은 아니다. 우선 동참자를 구하고, 장차 임자를 만나 넘겨주기 위해 우선 필요한 예비적인 작업을 하고자 한다. 설익은 발상이나마 공개하면서 자극을 주고 토론을 하고자 한다.

책봉과 책봉체제

동아시아의 중세는 중국에 있던 천자가 한국, 일본, 월남, 유구 등 여러 나라의 國王을 冊封하던 시기였다. 이에 대해 한 차례 고찰한 바 있다. 여러 문명권의 책봉체제를 비교해 고찰하고 공통점을 찾았다. (『문명권의 동질성과 이질성』, 서울: 지식산업사, 1999의 <책봉체제>) 그 내용을 간추리면서 새롭게 정리한 문제를 해결한다. 동아시아 유교 문명권의 책봉체제가 다른 곳들과 다른 점에 관한 논의는 여기서 새롭게 한다.

'冊封'이란 "내려주는 문서"라는 뜻의 '冊'과 "지위를 부여한다"는 뜻의 '封'이 복합된 말이다. 상위자가 하위자에게 문서를 내려 지위를 부여하는 행위가 '冊封'이다. 그렇게 할 수 있는 권한을 가진 사람은 제왕으로 한정된다. 천자이든 국왕이든 하위자를 책봉할 수 있다. 천자는 국왕을 책봉하고, 국왕은 그 하위자를 책봉하는 권한을 가진다. 여기서 말하는 책봉은 그 모두를 포함하지 않고 '국가간의 책봉'의 준말이다. 천자가 국왕을 책봉하는 것만 지칭한다. 국가간의 책봉 관계는 다면적인 구조와 작용을 갖춘 사회체제였으므로 책봉체제라는 말을 쓸 수 있다.

책봉은 국서를 교환하고, 천자가 국왕에게 金印 玉璽를 주는 것으로 구체화되었으며, '朝貢'이라는 이름의 선물을 보내고 답례품을 받는 물물교환의 무역을 수반했다. 책봉과 조공이 짝을 이루어, '冊封朝貢체제'라는 말을 쓸 수 있다. 국서는 정신적 일체감을 문장으로 표현하고, 금인은 권력의 정당성을 보장해주고, 조공무역은 물질생활이 서로 연결되게 해서, 문명권의 동질성을 여러 겹 다졌다.

책봉체제에 지속적으로 포함되는 국가들이 공동의 문명을 이루어 동아시아가 하나였는데, 근대가 되자 책봉체제가 무너지고 동아시아가 여럿으로 나누어졌다. 책봉체제는 중세인이 이중의 소속관계를 가져 동아시아인이면서 자국인이게 했다. 근대로 들어서자 동아시아인이라는 공동의 영역은 없어지고 각국인만 남았다. 근대인은 책봉체제가 동아시아문명의 공유 영역이 아니고 불평등한 국제관계였다고 이해한다. 자국의 관점에서 상이하게 평가하면서 우열을 다툰다.

중국은 책봉체제에 포함된 전 영역을 자기네가 지배했다고 여긴다. 오늘날 중국의 판도 안에 있었던 책봉국은 모두 중국의 지방정권이었다고 한다. 일본은 책봉체제에서 벗어난 것이 자랑스럽다고 한다. 동아시아문명에서 독립해 별도의 문명을 이루었다고 하기도 한다. 한국에서는 중국과 책봉관계를 가진 것은 사대주의 때문이라고 하고 부끄럽게 여긴다. 정치적인 예속과 경제적인 수탈을 함께 겪은 과거를 청산하고 문화에서도 민족의 주체성을 되찾아야 한다고 주장한다.

이런 시비를 가리려면 몇 가지 문제를 해결해야 한다. 책봉을 받으면 정치적 독립을 잃고 예속되었던가? 책봉관계에는 경제적인 수탈이 수반되었는가? 책봉체제에서 벗어나 문화에서도 주체성을 찾고 별도의 문명을 이룩하는 것이 바람직했던가?

유교문명권의 책봉체제

15 · 16세기 중국의 明, 한국의 朝鮮王朝, 일본의 室町幕府, 월남의 黎朝, 유구의 中山王朝가 공존하던 시기를 되돌아보자. 다섯 나라 모두 안정을 얻고 대등한 수준의 문명을 누렸다. 전쟁은 물론 분쟁도 없이 오랫동안 평화가 계속되었다. 책봉체제가 그럴 수 있게 했다. 그 시대 책봉체제의 실상을 말해주는 세 가지 자료를 들고 검토하기로 한다.

(1) 공동문어인 한문으로 일정한 격식을 사용해 쓰는 국서를 주고받는 것이 책봉체제 유지의 필수 요건이었다. 본보기를 들어보자. 명나라가 조선에 보낸 국서에서 "六合이 어울려서 한 집을 만들어 天道가 仁을 동일하게 행하고, 萬方을 일체로 삼아 땅에는 멀고 가까운 곳이 없다"(混六合爲一家 天道同仁 視萬方爲一體 所以地無遐邇)고 했다. 일본이 명나라에 보낸 국서에서 "큰 성인은 밝고 또 밝아 은혜가 하늘과 물에 고루 미치고, 모든 방위에서 교화하고 이끌어서 四海가 어진 길로 나아가게 한다"(大聖人 明並曜英 恩均天澤 萬方嚮化 四海歸仁)고 했다.

명나라가 일본에 보낸 국서에서 "천지 가운데 華와 夷가 일체를 이루고, 제왕의 道는 멀고 가까운 곳에서 다 같이 仁을 행한다"(天地之中 華夷一體 帝王之道 遠邇同仁)고 했다.

(2) 『明史』를 보자. '外國'이라고 든 곳이 아주 많고 프랑스, 네덜란드 등 유럽 여러 나라까지 포함되어 있다. '외국' 가운데 일부는 다른 조항에서 '蕃國'이라고 해서 책봉관계를 가지는 나라임을 밝혔다. 책봉 사신이 '번국'에 가서 국왕의 인장과 예물을 전하는 절차를 설명했다.

(3) '외국' 가운데 어느 나라가 '번국'인가에 관해서는 『太祖實錄』에서 규정해 모두 17개국이라고 했다. 명나라에서 17개국에 사신을 보낸 횟수를, 빈도수의 순번에 따라 들어보자. 한자 표기만 가지고 알기 어려운 나라 이름에는 오늘날의 명칭을 괄호 안에 적는다. 1 琉球 171회, 2 安南 89회, 3 烏斯藏(티베트) 78회, 4 哈密(하미) 76회, 5 占城(참파) 74회, 6 暹羅(샴) 73회, 7 土魯番(투르판) 41회, 8 爪哇(자바) 37회, 9 撒馬兒罕(사마르칸트) 36회, 10 朝鮮 30회, 11 瓦剌(오이라트) 23회, 12 滿剌加(말라카) 23회, 13 日本 19회, 14 蘇門答剌(수마트라) 16회, 15 眞臘(캄보디아) 14회, 16 浡泥(부루나이) 8회, 17 三佛齊(팔렘방) 6회. (村井章介, 『アジアのなかの中世日本』, 東京: 敎倉書房, 1988, 87면의 자료를 이용한다.)

(1)은 책봉체제가 유교문명의 이상 실현을 공동의 목표로 삼았다고 알려준다. '天道', '道', '仁' 등으로 일컬은 가치의 규범이 '萬方', '四海' 등이라고 지칭한 모든 곳에 일제히 대등하게 실현되기를 바란다고 했다. 종교를 정치의 상위에 두고, 정치에서 있을 수 있는 대립을 종교에서 해결하고자 했다.

(2)에서는 책봉받는 나라가 중국의 일부가 아니고 '外國'임을 명시했

다. 독자적인 주권을 가진 나라이니 '외국'이다. 외국을 '蕃國'인가 아닌가에 따라서 둘로 나누었다. '번국'은 책봉받는 나라이다. '藩'은 주위를 둘러싸고 있다는 뜻이다. 중국에서 책봉받는 나라는 중국을 둘러싸고 있다고 여겨 '번국'이라는 말을 사용했다.

(3)에서 든 17개국은 다시 둘로 나눌 수 있다. 1 琉球, 2 安南, 10 朝鮮, 13 日本의 4개국과 다른 13개국이 구분된다. 4개국은 동아시아 한문문명권에 속하면서 중국과 책봉관계를 지속적으로 가졌다. 13개국은 한문이 아닌 산스크리트나 아랍어를 공동문어로 삼고 있어 다른 문명권에 속하면서 중국과 책봉관계를 가졌다. 4개국은 정회원이라면, 13개국은 임시회원이다. 임시회원은 시대에 따라 달랐다.

1 琉球가 첫째 순위인 것을 주목할 필요가 있다. 유구는 통일국가를 이룩한 中山왕조 시절에 책봉체제에 들어가 동아시아 공동체의 일원이 되었다. 중국과 유구의 이해관계가 합치되어 조공 무역에서 특별한 위치를 차지했다. 중국의 물산을 동남아 각국에, 동남아 각국의 물산을 중국에 공급하는 구실을 맡아 막대한 이익을 남긴 덕분에 국가의 번영을 구가했다. 그 때가 유구 역사의 전성기였다. 17세기 이후 유구는 주권을 상실하고 일본의 附庸國이 되어 몰락의 길에 들어섰다. 일본은 중국과 유구의 책봉관계를 폐지하지 않고 그대로 두면서 조공무역의 이익을 앗아갔다.

2 安南의 월남은 명나라의 침공을 물리치고 주권을 회복하고 책봉관계를 되찾았다. 명나라는 월남을 침공해 외국임을 인정하지 않고 중국의 일부로 삼았다. 黎利를 지도자로 삼고 월남인은 영웅적인 투쟁을 해서 명나라 군대를 완전히 패배시키고 새로운 왕조를 창건했다. "북쪽에서 온 명나라 도적을 무찔렀다"는 뜻의 "北擊明寇" 덕분에 "封帝爲安

南王"의 전례를 쟁취했다. 이 말은 "월남의 황제를 안남왕으로 봉했다"는 것이다. 생략되어 있는 주어는 "중국의 天子"이다. 월남의 통치자는 나라 안에서 '황제'이지만, '천자'의 책봉을 받아 대외적으로는 '안남국왕'이다. (제6권 제7강에서 이에 관해 자세한 고찰을 했다.)

10 朝鮮과 13 日本은 차이가 크지 않다. 일본은 책봉체제에 소극적으로 가담했거나 거리를 두었다고 하는 것은 타당한 견해가 아니다. 거리가 멀어서 사신 왕래가 잦을 수 없었던 사정을 일본은 독자적인 노선을 택한 증거로 삼을 수 없다. 일본의 통치자는 나라 안에서 '將軍'인데 책봉을 받아 '日本國王'이 되었다. 일본의 통치자에게 장군의 직함을 준 것은 '天皇'이 한 일이다. 군사를 이끌고 아이누를 정벌하라고 해서 부여한 명칭이다. 그러나 천황은 정치적으로 무력해지고 장군이 통치자가 되었다. 그 전에는 천황이 국가의 지배자여서 책봉받다가 일본국왕의 지위를 장군에게 인계했다.

조선국왕과 유구국왕은 나라 안에서도 '왕'이고, 안남국왕은 나라 안에서 '황제'이고, 일본국왕은 나라 안에서 '장군'이었지만 대외적인 명칭과 위치가 동일해 서로 대등한 관계를 가졌다. 국내 호칭의 차이는 문제되지 않았다. 한국의 통치자도 고려 시대에는 월남처럼 황제라고 한 적이 있으나 그 때문에 대외적인 지위가 달라졌던 것은 아니다. 일본에서 천황이 황제 위치의 통치자로 등장하고, 조선국왕이 황제임을 선포하고, 월남의 황제가 대외적으로 황제라고 한 것은 책봉체제를 청산하고 근대를 이룩할 때 일제히 일어난 변화이다.

일본이 책봉받다가 그만두었던 일이 두 번 있었다. 천황이 국왕일 때에 당나라와의 책봉관계를 중단한 적이 있다. 17세기 이후 德川幕府의 장군이 통치자 노릇을 한 시기에도 책봉관계가 끊어졌다. 그 두 가지 사건에 대해서 오늘날의 일본인들은 흔히 일본의 자주성을 드높이고자 했기 때문이라고 한다. 책봉받는 것은 자주성을 손상시키는 굴욕적인 처사라고 전제하고 그런 판단을 내린다.

일본이 당나라와의 책봉관계를 중단한 것은 교통의 불편으로 사신왕래가 어려웠기 때문이다. 한문문명을 계속 받아들여 일본의 고유문화가 손상되지 않게 하자는 것이 더 큰 이유였다는 견해가 있으나 동의할 수 없다. 고유문화를 온전하게 하는 데서는 아이누인이 일본인보다 앞섰다. 그런데도 일본인과 아이누인의 오랜 투쟁이 일본인의 승리로 돌아간 것은 한문문명에서 얻은 역량 덕분이다.

책봉체제에서 일시적으로 이탈해서 고유문화를 일방적으로 존중하는 고립노선으로 가던 폐단을 鎌倉幕府 이후의 무신정권에서 시정해서, 일본이 책봉국가의 대열에 다시 들어섰기 때문에 동아시아문명의 새로운 발전에 동참할 수 있었다. 닫았던 문을 다시 열어 동아시아의 중세전기문명을 받아들여 공유할 수 있었다. 새 시대의 새로운 사상 禪佛教와 新儒學이 일본에 전해져 정신생활의 차원을 높인 성과를 오늘날에 이르기까지 활용하고 있다.

德川幕府의 통치자가 다시 한 번 책봉체제에서 벗어난 것은 스스로 선택해서 한 일이 아니다. 중국의 청나라로부터 책봉을 얻지 못했기 때문이다. 豊臣秀吉이 책봉을 받아들이지 않고 침략전쟁을 일으킨 잘못을 중국에서 용서하지 않아, 일본은 동아시아의 국제질서에서 '不整合'한 위치를 감수하지 않을 수 없었다. (中村榮孝, 『日鮮關係史の硏究』 下, 東京: 吉川弘文館, 1979, 465면 이하의 <外交史上の德川幕府－大君外交體制の成立とその終末>에서 이에 관해 고찰하면서 '不整合'이라는 용어를 썼다.)

역대의 장군이 모두 일본국왕이라고 하던 관례를 이어받지 못하고 편법을 써야 했던 것이 '부정합'의 실상이다. 德川幕府의 장군은 '日本國大君'이라는 이름으로 국서를 발부하고 외교를 했다. 책봉을 받지 않았으면서 일본국왕이라고 하는 것은 참칭이라 용납될 수 없었다. 이것은 일본의 통치자가 마땅히 지녀야 할 자격에 결격사유가 있다고 인정한 것이고, 책봉체제 이탈을 의미하지는 않았다. 만약 책봉체제를 부정했다면 책봉 여부와는 관계없이 일본의 통치자가 일본국왕이라고 칭해야 했는데 그렇게 하지 않았다.

책봉체제는 동아시아의 문명공동체의 정치적 상징이었으므로 이탈이 자랑스러울 수 없다. 공동의 문명을 누리면서 필요한 요소를 섭취해 민족문화를 발전시키는 것이 당연한 과정이었다. 이렇게 말하면 책봉하는 쪽은 중국이고, 책봉받는 쪽은 그 주변의 여러 나라였으니 평등하지 않았다고 하는 점을 들어 반론을 제기한다.

'中國'이란 모호한 말이고, 오늘날의 국가와 혼동될 염려가 있으므로, "동아시아 대륙의 중심부 중원을 지배하는 왕조가 중국이다"는 정의를 내릴 필요가 있다. 그 왕조의 지배민족은 漢族만이 아니고 다른 여러 민족일 수 있다. 鮮卑, 거란, 女眞, 몽골 등 여러 민족이 천자의 제국을 세웠다. 그렇지만 천자의 제국은 반드시 중원에 자리를 잡아야 했다. 대륙의 중원을 지배하는 왕조라야 책봉하는 쪽의 권한을 이어받는 제국일 수 있었다.

책봉은 문명권 전체의 공동문어를 사용하면서 이루어진 국제관계였다. 대륙의 중원을 지배하는 쪽이 동아시아의 공동문어인 한문을 잘 구사해야 그럴 수 있는 자격이 있다고 인정되었다. 漢족이 아닌 다른 민족의 통치자가 책봉의 주체 노릇을 하기 위해서는 자기 언어와 거리가 먼 한문을 사용하는 불편과 고통을 감수해야 했다. 중원을 통치하기 위해서는 한문을 익히는 데 그치지 않고 중국어구어를 사용하기까지 해야 했다. 그 때문에 자기 민족어가 위축되고, 마침내 민족 소멸의 위기까지 초래했다.

鮮卑族 北魏의 통치자들은 漢化 정책을 쓰다가 자기네 민족이 없어지는 비극을 자초했다. 遼나라를 세운 거란족의 운명도 그 경우와 그리 다르지 않다. 淸나라의 만주족 천자들은 자기 언어와 중국어를 병행해서 사용하려고 애썼으나 뜻을 이루지 못했다. 언어와 함께 민족이 소멸되는 것을 막지 못했다. 제국의 건설과 방위를 위해 소수의 만주족을 고토에서 빼내 멀리까지 이동시킨 탓에 민족이 거의 소멸되는 지경에 이르렀다. 漢족이 아닌 다른 민족이 중원의 천자 자리를 차지해서 책봉하는 주체가 되는 것은 민족의 기개를 드높이는 영광스러운 일이 아니고 민족의 소멸을 자초하는 불행한 일이었다.

책봉체제가 무력의 강약에 의해서 이루어지고 강자가 약자를 지배하는 형태가 아님을 입증하는 가장 설득력 있는 사례를 중국과 북방민족의 관계에서 찾을 수 있다. 북방유목민족국가에 대한 중국의 책봉은 힘의 강약과 일치하지 않는다. 현실적 관계에서는 열세에 있던 중국이 명분상의 관계에서 우위를 유지해 자기보다 강자를 책봉하는 일이 이따금 있었다.

위굴 민족의 왕이 아들을 보내 安史의 난을 진압하고 당나라가 다시 일어나게 한 다음 아들과 함께 당나라의 책봉을 받은 것이 그 좋은 예이다. 당나라는 책봉을 받은 쪽에서 의례적으로 가져오는 소량의 조공품을 받고 그것과 비교되지 않을 정도의 많은 하사품을 주어야 하므로 커다란 부담을 짊어졌다. 당나라에서는 화친의 부담이 너무 커서 전쟁을 택해야 했지만, 전쟁에서는 이길 수 없었다. (김호동, <고대유목국가의 구조>, 『강좌중국사』 2, 서울: 지식산업사, 1989에서 이에 관해 고찰했다.)

16세기의 시인 林悌는 임종시에 천자의 나라가 되어 보지 못한 곳에서 태어나 죽어 서러워 할 것 없으니 곡하지 말라고 했다고 전한다. 우리 민족도 중원을 차지해 천자의 나라 주인 노릇을 하지 못한 것을 아쉬워하는 말을 자주 듣는다. 그렇게 되었으면 무력을 키우고 유지하기 위해 수많은 사람을 희생시키고 마침내 민족이 소멸되는 데 이르렀다고 보는 것이 정상이다.

한국은 책봉체제의 수혜자이다. 동아시아문명을 중심부와 가까운 곳에서 받아들여 수준을 더 높이면서 민족문화 발전에 적극 활용한 것이 행운이다. 월남은 힘든 싸움을 해서 가까스로 얻은 이득을 평화를 누리면서 확보한 것을 감사하게 여겨야 한다.

힌두 · 불교문명권의 책봉체제

중세 동안에 산스크리트를 공동문어로 사용한 남아시아 및 동남아시아는 힌두교와 불교 두 종교를 보편종교로 삼았다. 그 두 가지 종교는 서로 연결되어 있으면서 또한 경쟁하는 관계였다. 천자와 국왕을 구분하는 정치철학은 힌두교에서 마련하고, 불교에서도 받아들였다.

3세기에 이루어진 정치이론서 『아르타사스트라』(*Arthasastra*)를 보면 천자와 국왕을 지칭하는 용어가 여럿 있었다. 그 가운데 '차크라바르틴'(chakravartin)과 '라자'(raja)가 널리 쓰여 대표적인 용어로 삼을 수 있다. 차크라바르틴은 "바퀴를 돌리는 사람"이라는 뜻이며, "최고의 이상을 실현하는 통치자, 우주의 지배자"를 지칭하는 말이다. 그 영역은 히말라야에서 대양 사이의 수만리 땅이라고 했다.

불교에서 그런 생각을 받아들여 차크라바르틴은 참된 도리를 실현하는 통치자라고 했다. 불경을 한문으로 번역할 때 차크라바르틴을 '轉輪聖王'이라고 했다. 전륜성왕은 부처의 대리자라고 이해된다. 정치적인 역량으로 인간세상을 다스리면서, 신앙세계에서 부처가 하는 것 같은 임무를 수행하는 위대한 통치자이고 스승이다.

인도역사에 등장한 실제의 군주 가운데 차크라바르틴의 모습을 가장 잘 구현했다고 인정되는 인물은 기원전 3세기의 아쇼카(Asoka)이다. 아쇼카는 방대한 제국을 통치하는 황제일 뿐만 아니라, 백성에게 올바른 가르침을 베푸는 스승이기도 하다고 자부했다. 제국을 건설하는 전쟁에서 비참하게 희생된 사람들을 크게 동정해서 전쟁을 부인하고, 사람뿐만 아니라 동물까지 생명을 존중하고 질병을 치료하기 위해서 애썼다고 한다. 대제국 통치 자체가 불교 또는 힌두교 진리를 이 세상에 펴는 행위라고 했다.

그런 생각을 나타낸 칙령금석문을 인도 도처에 세웠다. 서로 다른 언어를 사용하는 여러 지역의 백성들이 알아볼 수 있게 하기 위해서 각 지역의 언어를 사용했다. 바위에 새겨놓은 열세 개의 칙령이 흔히 제국의 판도에 대해서 말해주는 것으로 간주되었으나 사실이 그렇지 않다. 그 모든 곳의 백성들이 모두 실제로 아쇼카에게 종속되지는 않았다. 아쇼카는 야심 많은 왕 노릇은 그만두고, 교황의 구실을 선택했다.(I. W. Mabbett, *Truth, Myth and Politics in Ancient India,* New Delhi: Thomson, 1972, 66면)

아쇼카의 제국이 실제로 어떻게 구성되어 있었던지 알 수 있는 자료도 칙령금석문이다. 지방관원을 중앙에서 파견하기도 했지만, '쿠마라'(kumara) 또는 '아야푸타'(ayaputa)라고 하는 통치자는 반독립적이거나 독립적인 위치에서 민족구성이 각기 다르고 독자적인 언어를 사용하는 자기 백성을 다스렸다. (D. R. Bhandarkar, *Asoka*, Calcutta: University of Calcutta, 1955, 24-68면) 천자인 아쇼카가 그런 통치자들을 각기 그 나라의 왕으로 책봉했다. 그러나 그 책봉의 조건이나 절차에 관해서는 알 수 없다. 아쇼카의 칙령금석문 외에 다른 자료가 없고, 개별 왕국의 역사는 밝히지 못하기 때문이다.

아쇼카는 고대제국을 다스리면서 중세의 이상을 제시하는 이중의 기능을 수행했다고 보아 마땅하다. 중세제국은 5세기 굽타(Gupta)제국에서 시작되었다. 그 시기에 이르러서 산스크리트가 공동문어로 확립되었으며, 힌두교와 불교의 보편종교사상을 나타내는 산스크리트문학의 규범이 확립되고, 남아시아 및 동남아시아로 전해져, 산스크리트문명권이 이룩되었다.

굽타제국의 두 번째 통치자 사무드라굽타(Samudragupta)는 4세기 중엽에 여러 차례 군사적인 원정을 했다. 그러나 통일국가를 만든 것은 아니다. 제국의 구조에 관해서 알려주는 가장 중요한 자료인 알라하바드(Allahabad)의 비문에는 아홉 국왕의 이름이 열거되어 있다. 확인 가능한 것만 들면 파드마반티(Padmavati), 비디사(Vidisa), 마투라(Mathura), 아히차트라(Ahicchatra), 벵갈(Bengal) 등의 나라가 있다. 그 가운데는 정복된 곳도 있으나, 정복되었어도 나라가 없어진 것은 아니며, 독자성을 유지하고 있었다.

정복한 나라를 병합하고, 그곳을 다스리는 사람들을 해임하지 않았다. 정복된 나라를 관대하게 다루고, 통치자 또는 그 친척이 왕권을 다시 장악하게 하는 것이 참다운 도리를 실행하는 마땅한 방도라고 여겼다. 조공은 요구되었지만, 책봉국이 자주성을 상실하는 경우는 없는 것으로 확인된다.

차크라바르틴은 천자이므로 신들과 바로 통하는 절대적인 권위를 가지고, 진리를 구현하는 통치를 한다고 자부했다. 그렇기 때문에 라자라고 통칭된 한 지역의 통치자 위에 군림한다고 했다. 라자는 한 나라를 다스리는 반독립적인 위치의 지방통치자이기도 했다. 어느 정도의 독립성을 가지는가는 정치정세에 따라서 달라졌다. 차크라바르틴이기 위해서는 신들의 언어 산스크리트를 사용해야 하지만, 라자는 그럴 필요가 없어 민족마다 서로 다른 구어를 사용해도 무방했다.

굽타제국이나 그 뒤를 이은 여러 제국의 통치자가 차크라바르틴의 구실을 실제로 수행해서 진리를 펴는 통치를 했다는 것은 아니다. 실제로는 제국의 힘이 미치는 곳만 다스렸다. 정치적으로 제국의 통치 밖에 있는 국왕이 문명권 전체의 천자에게 책봉받는 일이 힌두·불교문명권에서는 있지 않았던 것 같다. 차크라바르틴은 다른 문명권의 천자보다 종교적으로 더욱 이상화되었기 때문에 권한을 실제로 행사하는 범위가 상대적으로 좁았다.

인도에는 통일제국이 들어선 시기보다 사라진 시기가 더 많았다. 그럴 때면 차크라바르틴의 이상만 남았다. 차크라바르틴으로 자처하는 천자가 인도아대륙 안에서만 나타날 수 있었던 것도 아니다. 인도아대륙이 아닌 다른 곳의 통치자라도 천자의 나라 제국을 건설하면 차크라바르틴으로 자처할 수 있었다. 유교문명권에서는 중국대륙의 중원에다 제국을 건설하는 황제만 천자일 수 있는 것과 같은 조건이 마련되어 있지 않았다. 힌두·불교문명권은 이상이 너무 높고 제도는 미비한 것을 특징으로 하는 느슨한 형태의 책봉체제를 지녔다.

이슬람문명권의 책봉체제

이슬람문명권은 정치의 규범이 교리에 의해서 잘 정비된 것을 특징으로 삼는다. 또한 규범이 운용되어온 경과가 잘 알려져 있다. 규범에서 책봉체제가 핵심을 이룬다. 이슬람문명권의 책봉체제를 책봉체제 이해의 표준 또는 모범으로 삼을 수 있다.

핵심을 간추려보자. 예언자 무함마드의 대리인인 문명권 전체의 유일한 '칼리파'(khalifa)가 천자 노릇을 해왔다. '술탄'(sultan)이라고 일컬어지는 개별 국가의 통치자가 이슬람교도임을 인정해 옷과 증서를 수여하는 절차를 거쳐 책봉을 해야 권력이 종교적으로든 정치적으로든 정당하다고 입증되었다. 책봉을 받지 않은 통치자는 이교도이거나 찬탈자이므로 무슬림인 백성이 따르지 않는 것이 당연하다고 했다.

유럽문명권 학자들이 이슬람문명권의 역사를 서술한 저작에서는 이러한 사실이 나타나 있지 않다. 그 이유는 종교적 명분에 입각한 통일은 고려하지 않고 정치적인 분열의 실상을 사실 그대로 고증하는 데 치중해서 이슬람세계의 역사를 서술했기 때문이다. 이슬람문명권의 학자들이 칼리파의 책봉체제를 잘 이해하고 명확하게 서술할 수 있는 것은 오랜 전통에 힘입고 있기 때문이다. 책봉이 실시되고 있던 시대부터 시작해서 역대의 학자들이 자기네 문명의 구조를 총괄적으로 고찰한 업적을 풍부하게 남긴 가운데 책봉체제에 관한 논의가 잘 갖추어져 있다. (손주영, 『이슬람 칼리파制史』, 서울: 민음사, 1997에 알아야 할 사항이 잘 정리되어 있다.)

칼리파가 오랫동안 지니고 있던 정치적인 실권을 잃고 종교적인 지도자 노릇만 하게 되는 변화가 일어나 사태가 심각해진 것이 11세기의 일이다. 제국의 수도를 차지한 셀죽터키의 술탄이 정치적인 지배자가 되고, 칼리파는 종교의 수장 노릇만 하게 되었다. 13세기에는 몽골군의 침공으로 칼리파가 살해되고, 제국이 무너졌다. 이집트의 술탄이 새로운 칼리파를 옹립하고 자기 나라 수도 카이로에 머무르도록 했다. 그런 수난의 기간 동안에도 칼리파는 술탄을 책봉하는 임무를 전과 같이 수행했다.

그 뒤에 나타난 14세기 학자 이븐 칼둔(Ibn Khaldun)은 이슬람제국이 무너지고 명목상의 칼리파가 카이로에 있을 시기에 『세계사서설』이라는 이름의 이슬람문명사를 저술했다. 이슬람문명권의 기본구조를 해명하는 긴요한 작업의 하나로 책봉체제를 명확하게 정리해서 논했다. 이븐 칼둔의 책에 나타난 내용을 정리해 소개하면서, 문제가 되는 대목에 대해서는 다른 책을 이용해 보충하기로 한다.

칼리파라는 말은 '대리자'라는 뜻이다. 예언자 무함마드를 대리하므로 그렇게 일컬었다. 예언자이고 법률제정자인 무함마드가 떠난 뒤에 임무를 이어서 맡은 사람이 칼리파이다. 칼리파가 세속의 통치자 노릇을 겸해서 했던가는 시대에 따라서 변했다고 하면서, 삼단계의 변화를 밝혀 논했다. 처음에는 칼리파가 종교권만 가졌다. 그 단계에 왕권 소유자가 따로 있었던 것은 아니다. 그 다음에는 칼리파가 종교권과 통치권을 함께 가졌다. 나중에는 칼리파가 왕권은 버리고 종교권만 가졌다. 종교권과 통치권이 분리되었다. 통치권을 지닌 왕이 따로 있게 된 점이 첫 단계와 다르다.

칼리파가 통치권을 상실한 단계에도 "무슬림의 왕권은 칼리파보다 하위에 있고, 칼리파의 부수물"이며, 무슬림이 아닌 다른 종교를 믿는 나라의 왕권이라야 칼리파로부터 독립될 수 있었다는 원리는 변함없이 견지되었다. (Ibn Khaldun, tr. by Franz Rosenthal, *The Muquaddimah, an Introduction to History*, London: Routledge and Kegan Paul, 1958, 449면) 권력을 장악한 통치자 술탄은 칼리파를 없애지 않았으며, 자기 스스로 칼리파가 되려고 하지도 않고, 칼리파의 책봉을 받아 왕권을 행사했다. 술탄은 칼리파에게 충성을 맹세하고, 충성의 맹세에 따르는 의무사항을 지켜야 한다고 선언했다. 그것이 책봉 절차의 핵심을 이루었다.

이븐 칼둔은 이슬람문명권의 책봉체제를 그 자체로 서술하는 데 그치지 않고 기독교문명권과 비교하기까지 했다. (같은 책, 478-481면) "기독교 공동체의 우두머리이며 기독교종교조직의 책임자는 총대주교라고 일컬어진다"고 하고, "그 사람이 종교지도자이고 메시아의 대리자이다"라고 한 데서 두 문명권의 공통점을 밝혔다. '대리자'는 '칼리파'와 같은 말이다. 그러면서 이슬람의 칼리파는 여러 술탄을 책봉하지만, 기독교의 교황은 문명권 전체의 통치자인 황제 한 사람의 머리에 관을 씌워주는 점이 다르다는 것도 들었다.

이슬람문명권의 책봉체제에 대한 후대의 논의는 이븐 칼둔이 이미 말한 바를 발전시켰다. 그 가운데 주목할 만한 것이 주르지 자야단(Jurji Zayadan)의 『이슬람문명』이다. (Jurji Zayadan, translated by D. S. Margoliouth, *History of Islamic Civilization, Umayyads and Abbasids*, New Delhi: Kitab Bhavan, 1981) 칼리파의 책봉이 이루어진 이유에 관한 설명을 보자.

어느 나라를 정복했거나 자기 스스로 한 왕조를 세운 군주가

> 자기 나라를 독립국으로 만드려면, 바그다드의 칼리파에게 존경을 표시하는 편지를 보내 자기가 그 나라의 통치자라고 인증하거나 확인하는 증서를 수여하고, 또한 예복과 존칭을 내려달라고 요청했다. 칼리파가 거절하는 것은 모욕하는 행위라고 간주해서, 전쟁을 일으켜 자기 요구를 받아들이도록 강요하는 군주들이 이따금 있었다.(257면)

멀리 떨어진 곳에서 정치적인 지배권을 확고하게 지니고 있는 술탄들이라도 칼리파의 이름으로 예배를 거행하고, 칼리파에게 해마다 고정된 액수의 조공을 바쳤다. 칼리파를 두고 보면 이슬람세계는 여전히 통일성을 지니고 있는 하나의 영역이고, 여러 술탄의 실질적인 지배영역을 보면 각기 독립된 나라가 있었을 따름이다.

셀죽터키의 지배자 술탄이 바그다드를 점령해 칼리파의 생사를 좌우할 수 있는 권력을 장악했을 때에도 칼리파의 책봉을 받고, 칼리파를 영광스럽게 하는 것이 자기네 임무라고 하고, 칼리파를 지고의 존재로 받들었다. 만약 술탄이 칼리파를 박해한다면 칼리파가 바그다드를 떠날 것이고, 그렇게 되면 반란이 일어나 종교적으로 불신 받는 술탄은 권력에서 축출될 것이라는 점을 칼리파와 술탄 양쪽이 다 잘 알고 있었다.

술탄은 여럿이어도 칼리파는 하나여야 한다는 원리가 전혀 위협받지 않은 것은 아니었다. 이집트에서 일어난 왕조가 얼마 동안 바그다드의 칼리파와 관계를 단절하고 카이로에다 별도로 옹립한 자기네 칼리파의 책봉을 받은 일이 있었으나, 그런 비정상은 오래 가지 않았다. 1229년에 그 왕조를 무너뜨리고 왕조교체를 하자, 새로운 통치자가 제일 먼저 한 일은 카이로의 모스크에서 바그다드의 칼리파를 향해, 책봉을 하고, 예복을 보내달라고 요청하는 것이었다. 그때 바그다드의 칼리파는 형세가 아주 기울었고, 이집트의 새로운 통치자는 책봉을 요구하는 사절을 실제로 보낼 겨를이 없었다. 사정이 그렇더라도, 정당한 칼리파의 책봉을 받지 않은 통치자는 백성이 불신한다는 것을 새로운 통치자가 잘 알았다.

주르지 자야단의 『이슬람문명』은 여기까지의 경과만 서술했으므로, 그 다음에 일어난 일은 다른 여러 책을 참고해서 알 수 있다. 이집트에서 맘룩(Mamluk)왕조를 창건한 술탄도 바그다드의 칼리파에게 충성을 맹세하고, 술탄의 지위를 공인하는 예복을 받았다. 1258년에 몽골이 바그다드를 침공해 압바시드제국을 멸망시키고 칼리파를 살해하자, 맘룩왕조의 술탄은 칼리파의 후예를 모셔 1261년에 카이로의 칼리파로 즉위하게 하고, 자기 왕권이 유지될 수 있게 하는 책봉을 요청했다.

카이로의 칼리파는 가짜이므로 인정할 수 없다는 반론이 있었으나, 맘룩왕조의 통치가가 부인했으며, 다른 여러 곳 이슬람왕조의 술탄들도 칼리파에게 책봉받는 오랜 전통을 이었다. 15세기의 학자 자히리(az-Zahiri)는 맘룩왕조의 국가조직에 관한 책에서 "지구상의 알라의 칼리파, 알라의 사자, 예언자로부터 칼리파제를 상속받은 자, 전지전능하신 알라신께서 이슬람세계의 지배자로 만드신 분, 동서의 어느 왕일지라도 그에 대한 충성의 서약 없이는 술탄의 칭호를 가질 수 없다"고 했다.(손주영, 위의 책, 228면)

그 원리는 이슬람세계 전체에 일제히 통용되었다. 몽골이 이슬람세계의 많은 부분을 점령해서, 왕래하기 아주 어려운 시기였지만, "멀리

인도 또는 다른 지역의 통치자들이 맘룩 술탄을 경유해서 카이로 칼리파에게 정기적으로 조공을 하고, 책봉의 증서를 받아갔다."(같은 책, 260면) 칼리파가 정치적인 실권은 완전히 잃어 황제는 아니고 천자이기만 한 시기에도, 자리를 잡고 있는 곳이 바뀌었어도, 각국의 국왕을 책봉하는 권능은 전과 다름없이 유지했다.

오스만터키가 이슬람세계의 지배자가 되어 1517년에 이집트를 침공하고 카이로의 칼리파를 없앴으며, 자기네 술탄이 칼리파라고 선언했다. 술탄이 칼리파이니 술탄이 칼리파에게서 책봉받는 절차가 오스만터키에서는 없어졌다. 칼리파-술탄은 동일인이지만, 칼리파의 관할구역과 술탄의 관할영역은 서로 달랐다. 술탄은 주권이 직접 미치는 자기 나라의 국왕이고, 칼리파는 이슬람 세계 전체의 천자였다.

이스탄불의 칼리파가 이슬람세계 여러 술탄을 책봉한 것을 두고 오스만터키가 군사력으로 위협해 복종을 강요한 듯이 생각하는 것은 잘못이다. 이스탄불의 칼리파-술탄은 정치적인 실권자이고 군사력의 주체여서 그런 오해를 낳을 수 있으나, 칼리파의 직분과 기능이 그 때문에 달라진 것은 아니다. 칼리파는 오스만터키의 군사력이 미치지 않은 먼 곳의 술탄도 책봉했다. 이슬람세계의 군주라면 누구나 칼리파의 책봉을 받아야 한다는 전통이 전과 다름없이 이어졌다. 책봉을 받으면 주권이 약화되거나 부정된 것이 아니고, 책봉을 받아야 주권이 공인된 것이다. 그것은 마치 오늘날 유엔에 가입해야 독립국으로 인정되는 것과 같다.

술탄은 자기 지배영역을 싸워서 확장했지만, 칼리파는 그럴 필요가 전혀 없었다. 이스탄불의 칼리파가 바그다드의 칼리파나 카이로의 칼리파와 마찬가지로 여러 나라의 술탄을 책봉하는 권한을 행사하고,

이슬람세계 전체의 정신적 지도자로 숭앙되었다. 실제로는 독립국인 이집트, 알제리, 튀니지 등의 여러 나라가 오스만터키제국의 일부라고 하는 근거가 칼리파가 이슬람문명권 전체를 단일체이게 한 데 있었다.

1924년에 터키가 공화국이 되면서 칼리파-술탄이 폐위되고, 이슬람세계 전체에서 칼리파가 없어지고, 책봉체제가 종식되었다. 칼리파가 없어지면서 이슬람세계에서 중세가 끝나고 근대가 시작되었다. 근대는 책봉체제가 없어져서 모든 주권국가가 완전하고 배타적인 주권을 행사하는 시대이다.

그런데 그런 변화가 바람직한 것이었던가에 관해서는 의견이 엇갈린다. 터키로서는 왕정을 폐지하고 공화제를 택하는 근대화가 바람직했다. 그것은 근대화를 추구하는 터키민족주의의 당연한 요청이었지만, 이슬람문명 전체의 결속에 대한 배신이었다. 터키에서 칼리파가 폐위된 데 대해서 이슬람세계 여러 곳에서 커다란 불만을 가지고 항의하는 일이 일어났다. 민족주의 운동의 주도권을 두고 힌두교와 경쟁하고 있던 인도의 이슬람교도들은 칼리파의 폐위를 큰 재앙으로 받아들이고 원상회복을 위해서 투쟁했다.

인도의 이슬람 지도자 한 사람은 "무슬림의 가슴은 오늘 찢어졌다"고 했다. 런던에서 이슬람 성직자 노릇을 하던 사람은 역사상 최악의 순간이 왔다 하고, "오늘 우리는 과거의 영광을 무너뜨리고 또 잃었다"고 했다. 다른 여러 나라에서도 칼리파제 철폐에 대한 반대운동이 일어났다. 1926년에는 칼리파제 부활을 논의하는 전체 이슬람국가들의 회의가 카이로에서 열렸으나, 뜻을 이루지 못했다.(손주영, 위의 책, 533 · 555면)

동 · 서 기독교문명권의 책봉체제

기독교문명권의 책봉체제의 경우에는 여러 측면의 부분적인 사실에 관해서 유럽문명권 학자들이 잘 정리해서 논했으므로 그 결과를 쉽사리 이용할 수 있다. 유럽문명권 학자들이 이슬람문명에 관해서 고찰할 때에는 헛된 관념을 부정하고 실제로 있었던 사실만 인정하는 근대학문의 방법을 견지하느라고 책봉체제는 거들떠보지 않는 것과 달리, 유럽의 중세문명에 관해 논의할 때 책봉을 빼놓는 일은 없다.

그러나 이슬람문명권에서 14세기의 이븐 칼둔이 이미 보여준 두 문명권의 비교를 위한 균형 잡힌 관점을 유럽문명권의 학자들은 오늘날까지도 갖추지 못하고 있다. 기독교문명권은 동방과 서방으로 나누어져 있다. 그 가운데 서방의 학문이 우세하고 밖으로 많이 알려져 있다. 서방의 학자들은 오랫동안 동방을 경원시하면서, 서방기독교문명에 대해서만 자세하게 고찰하는 편향성도 보이고 있다.

이슬람교에서는 예언자 무함마드의 대리인 칼리파가 종교의 수장이듯이, 기독교에서는 하느님의 아들 예수의 대리자로 인정되는 총대주교(patriarch)가 최고의 종교지도자이다. 총대주교는 지역에 따라서 나누어져서 원래 다섯이었다. 예루살렘, 안티오크, 알렉산드리아, 콘스탄티노플, 로마에 각기 있는 총대주교가 서로 대등했다. 그런데 앞의 세 곳은 이슬람교의 세력권으로 들어가서 총대주교가 없어졌다. 뒤의 두 곳의 총대주교만 남아서, 각기 동방기독교와 서방기독교의 수장이 되었다.

동로마제국을 이은 비잔틴제국의 수도 콘스탄티노플, 일명 비잔틴의 동방기독교 총대주교와, 이미 망하고 없는 서로마제국의 수도였던 로마의 서방기독교 총대주교가 기독교세계를 양분해서 다스렸다. 동방기독교는 그리스어를, 서방기독교는 라틴어를 경전어로 사용하면서 교리를 각기 독자적으로 해석하고, 정통성 경쟁을 하면서 논쟁하고 대립했다. 서방기독교 쪽에서 일으킨 십자군이 이슬람교도와 싸우는데 그치지 않고 비잔틴을 점령해서 약탈한 일도 있어서, 양쪽이 적대관계를 가지기까지 했다. 그래서 원래는 하나였던 기독교문명권이 둘로 갈라졌다.

총대주교가 천자 노릇을 해서 책봉을 하고, 황제가 책봉받는 것은 동·서기독교문명의 공통점이었다. 책봉이 그렇게 이루어지는 원리는 두 가지 점에서 다른 문명권과 달랐다. 총대주교가 황제와 대면한 자리에서 책봉하는 점이 우선 특이했다. 총대주교는 종교의 수장이기만 하고 자기 자신이 황제는 아닌 점에서 칼리파·차크라바르틴·天子와 달랐다. 총대주교의 책봉받는 쪽이 여러 곳을 다스리는 왕들이 아니고, 문명권 전체에 하나만 있는 황제인 점도 다른 문명권과 달랐다.

총대주교는 神政 담당자이기 때문에 책봉의 권한을 행사하는 것은 양쪽이 동일하다. 神政의 원리는 (가) 모든 권력은 신에게서 나온다, (나) 신이 단일하듯이 권력 또한 단일해야 한다, (다) 단일한 권력을 종교와 정치 양면으로 나누어 집행해야 한다는 것이다. (Marcel Pacaut, *Les structures politiques de l'occident médiéval*, Paris: Armand Colin, 1969, 171-172면) (다)의 조항 때문에 종교의 수장인 총대주교와 정치의 수장인 황제가 분리되고, (나)의 조항 때문에 총대주교가 신에게서 부여받은 권능을 행사해서 황제를 책봉했다.

그러면서 황제가 다시 책봉권을 행사하는가 하는 점에서는 동·서기독교문명권이 서로 다르다. 동방기독교문명권에서는 황제가 총대주교의 책봉을 받으면서 천자의 권능을 부여받아 다시 여러 나라의 왕을 책봉했다. 서방기독교문명권에서는 총대주교가 황제를 책봉하기만 하고, 황제가 각국의 왕들을 책봉한 것은 아니다. 각국의 왕들은 총대주교 하위의 각국 대주교들이 책봉했다.

그런 차이가 생긴 이유가 동방기독교문명권에서는 황제가 사제자를 겸한다고 인정된 데 있다.(Gilbert Dagron, *Empereur et prêtre, étude sur le 'césarpapisme' byzantin*, Paris: Gallimard, 1996에서 이에 관해 자세한 논의를 폈다.) 그곳의 황제는 신이 내린 능력을 가져 자기 자신이 다시 책봉을 할 수 있었지만, 서방기독교문명권에서는 황제는 지상의 통치자이기만 하고 신의 권능을 부여받은 사제자는 아니었던 탓에 책봉을 할 수 없었다. 책봉이란 신의 권능을 부여받은 사제자만 할 수 있는 일이다. 그 점은 모든 문명권의 책봉에서 일제히 인정되는 공통된 원리이다.

그런 차이점이 있는 동·서기독교문명권의 책봉체제 가운데 다른 문명권과 공통점을 더 많이 가진 쪽은 동방기독교문명권이다. 동방기독교문명권의 책봉체제는 총대주교가 황제를 책봉하는 첫째의 절차만 특이할 따름이고, 황제가 왕들을 책봉하는 점에서는 다른 여러 문명권의 경우와 같다. 그러므로 그 둘 가운데 동방기독교문명권의 경우를 먼저 고찰하는 것이 공통점에 대한 인식을 확대하는 데 더욱 유리하다.

동방기독교문명권에서는 총대주교가 황제를 책봉해야 황제일 수 있었다. 황제의 아들이 황태자가 되기 위해서는 총대주교의 입회하에 황제가 왕관을 씌워주어야 했다. 황태자가 황제로 즉위할 때에는 총대주교가 직접 황제의 관을 씌워주어야 했다. 총대주교가 거행하는 종교적 절차를 거쳐 하늘의 뜻이 황제에게 전해졌다. 황제는 하나님에게서 통치권을 받았다고 자처했다.

그런 방식으로 구현되는 총대주교와 황제의 화합이 기독교문명의 평화와 제국의 번영을 보장한다고 믿었다. 총대주교는 정신세계의 안녕을, 황제는 물질세계의 만족을 맡고 있어서, 그 둘이 협력하지 않으면 인간은 병든다고 생각했다. 황제는 총대주교가 매개해야 하늘과 연결되었다. 그러면서 총대주교는 현실적으로 무력하기 때문에 황제의 보호를 받아야 하고, 황제의 뜻을 거역하지 못했다.

황제는 총대주교에게서 종교적 권능을 받고 정치를 장악하고, 총대주교는 황제에게서 정치적 보호를 받고 종교를 지배하는 것이 현실론에서 설명하면 타협의 산물이라고 하겠지만, 이상론의 차원에서는 절대적인 가치를 가진다고 미화되었다. 황제와 총대주교가 그런 방식으로 함께 통치하는 것이 신의 뜻을 지상에 펴는 유일한 방법이므로 비잔틴제국은 영원히 번영하리라고 믿었다. 만일 비잔틴제국이 흔들린다면 그것은 바로 인류역사의 종말이리라고 했다.

총대주교는 황제와 가까운 친척인 경우가 많고, 왕자도 있었다. 총대주교를 선임할 때 황제가 커다란 영향력을 행사했다. 황제의 뜻을 어긴 총대주교는 자리에서 축출되어, 살해되기도 했다. 종교적인 서열에서는 총대주교가 황제보다 우위에 있다는 명분이 흔들리지 않았지만, 정치적인 실권에서는 황제가 총대주교를 사실상 지배했다.

동방기독교문명권의 중심국가 비잔틴제국은 로마제국의 통치기구를 물려받고, 기독교의 통일성으로 단일성을 유지했다. 그리스인이 주도 세력이 되고 그리스어를 경전어이자 공동문어로 사용해 질서의 근간을 마련한 데 문화적 전통이 서로 다른 다양한 민족이 동참해 문명권의 범위가 확대되고 성격이 복잡해졌다. 지리적인 조건에서도 통합보다는 분립의 가능성이 더 컸다. 그런 복합성을 하나로 결집시키는 구심점이 한편에서는 황제이고 다른 한편에서는 교회였다. 황제와 교회가 연합해서 제국 통합의 두 구심체 노릇을 했다.

비잔틴 황제의 권위는 그 주변의 동맹 또는 적대 관계에 있는 다른 통치자들에게도 널리 인정되었다. 주권자(soverain), 왕공(prince) 또는 통치자(gouverneur)라고 할 외국의 국정담당자들은 비잔틴 황제를 아버지로 삼은 아들이라고 인정되거나, 관계가 소원한 경우에라도 친구, 친척 또는 형제라고 인정되어야 했다. 비잔틴황제를 정점으로 한 그런 가상적인 가족관계에 소속되는 것은 황제가 내리는 칙서를 받아야 실현되었다. 비잔틴황제가 '로마와 기독교의 평화'를 실현하는 '문명 세계의 수장'임을 기독교 밖의 영역에서도 인정했다.

비잔틴의 황제가 자기 제국 밖의 지배자들 위에 군림할 수 있었던 것은 책봉의 권한을 행사했기 때문이다. 서방기독교의 황제는 교황의 책봉을 받아 특별한 위치에 있었지만, 자기가 왕들을 책봉할 수는 없어서 왕들에 대한 우위를 입증하는 데 결격 사유가 있었으나, 동방기독교의 황제는 책봉의 대상이 되는 왕들 위에서 군림하는 정치적인 지배력을 종교로 정당화하고, 정치적인 우위가 실제로 인정되지 않는 경우에도 종교적인 권능을 앞세워 크게 행세할 수 있었다.

"비잔틴의 관점에서는, 정식으로 말한다면, 지상의 정치권력은 하느님의 권력을 나누어 가지는 것 이외의 다른 무엇일 수 없으므로 어떤 외국이라도 전적으로 독립되어 있을 수는 없었다"고 한 말이 적절하다.(Alain Ducellier, *Les Byzantins*, Paris : Seuil, 1988, 114면) 비잔틴황제의 책봉에 의해서만 통치자의 권력이 인정되고, 국가가 국가일 수 있다고 생각한 것이다. 비잔틴황제가 책봉한 대상은 황제와의 친소관계에 따라서 다음 셋으로 나눌 수 있다.

첫째는 정치적으로도 종속된 동방기독교 신도 집단이다. 그 경우에 해당하는 불가리아인이나 세르비아인의 지배자는 정치적인 지배와 책봉을 함께 받았으므로, 정치적인 지배에서 벗어나기 위해서 싸우면서도 책봉체제에서 벗어나려고 하지는 않았다. 책봉은 통치자가 동방기독교의 신도여서 같은 신도인 백성들을 다스리는 것이 종교적으로 정당하다고 공인하는 의의를 지니고 있으므로, 비잔틴제국의 간섭에서 벗어나 독립을 해도 계속 견지해야 했다.

둘째는 정치적으로는 독립되어 있는 동방기독교 신도 집단이다. 러시아나 그루지아의 경우가 이에 해당한다. 이 경우에는 책봉받은 쪽에서 비잔틴의 정치적인 지배나 간섭에서 벗어나기 위해 투쟁해야 할 이유는 없고, 비잔틴의 종교적인 우위를 자진해서 기꺼이 인정하고, 비잔틴의 종교문화를 받아들여 자기 것으로 하기 위해서 줄곧 힘썼다.

셋째는 동방기독교가 아닌 다른 종교를 믿는 집단이다. 서방기독교를 믿는 여러 집단은 물론 이슬람교를 믿는 터키인, 카자크인, 아랍인도 더러 책봉 대상이 되었다. 그쪽에서 어떤 현실적인 필요성이 있어서 비잔틴제국과 외교관계를 맺을 때 비잔틴제국에서 책봉의 방식을 택했다. 동방기독교를 믿지 않으면 책봉의 종교적 의의를 인정할 수 없어, 양자의 관계는 지속될 필요가 없는 일시적인 방편에 지나지 않았다.

이들 "야만스러운" 나라는 비잔틴의 권위에 종속되겠다고 고백하는 경우에만 비잔틴과 국교를 맺을 수 있었다. 비잔틴이 실제로는 상대방의 국가와 대등한 관계를 받아들이고, 심지어는 열등한 위치에 있음을 시인하는 경우에도 그런 원칙에는 변함이 없었다. 페르시아제국과의 관계에서, 아랍·불가리아·터키인과의 관계에서 어떤 좌절을 겪어도, 그런 상대를 무시하고, 제국은 하나뿐이라고 하는 원칙을 바꾸지 않았다."(같은 책, 115면) 종교의 교리에 의해 보장되는 절대적인 원칙은 지상의 형편에 따라서 변할 수 없는 것이다.

그것은 일방적인 착각이 아니었다. 다른 종교를 믿는 나라는 인정하지 않는다는 원리를 동방기독교의 세계에서는 의심하지 않았다. 비잔틴제국이 망하는 단계에 이르렀어도 러시아는 하느님이 명한 지상의 유일의 황제가 비잔틴제국에 있다는 것을 변함없이 인정했다. 제국의 지배를 거부하는 것은 하느님을 거부하는 행위라고 생각했다.

외국의 통치자들에게 하사품을 주고, 관작을 내리는 방식으로 책봉을 했다. 페르시아, 아랍, 슬라브, 카자크, 헝가리, 터키, 노르만, 아르메니아인 등의 통치자들이 그 범위에 포함되었다. 외국인 통치자에게 관작을 내리는 것은 명예를 주는 것 이상의 의미가 있었다. 궁정에서 직분을 수행하는 자리를 구체적으로 지정해서, 구태여 말하지 않아도 황제의 신하가 되도록 했으며, 어떤 적대적인 행위라도 반역임이 명확해지도록 했다.

서방기독교문명권에는 비잔틴제국 같은 중심제국이 없었다. 게르만민족의 침공으로 서로마제국이 멸망한 다음 서유럽은 수많은 나라로 분열되었다. 로마에 자리 잡은 총대주교는 서방기독교 전체의 수장이기는 해도 자기가 직접 다스리는 곳은 작은 국가일 따름이었다. 서방기독교세계에는 오랫동안 제국도 황제도 없다가, 프랑크족의 카롤린거(Carolingian)왕국이 판도를 크게 넓혀 제국으로 등장하고, 그 통치자 샤를마뉴(Charlmagne, Carlus Magnus)가 황제로 인정되어 로마의 총대주교인 교황의 책봉을 받았다.

샤를마뉴는 '프랑크왕'(rex Francorum)이면서 '로마황제'(imperator Caesar)인 이중의 성격을 지녔다. 프랑크의 왕이기 위해서는 교황이 거행하는 대관식을 거칠 필요가 없었고, 로마제국의 황제이기 위해서는 그렇게 해야 했다. 샤를마뉴가 왕으로 즉위한 장소는 자기 나라였다. 지금 독일 땅인 아헨(Aachen, 프랑스어로는 Ax-la-Chapelle)이 그곳이다. 그러나 황제가 되기 위해서는 로마까지 가서 교황이 집전하는 대관식을 거행해야 했다. 샤를마뉴는 800년 12월 25일에 로마 聖베드로사원에서 교황이 거행하는 책봉의 절차를 거쳐 황제가 되었다. 샤를마뉴가 교황에 의해 황제로 인정되는 대관식을 거행하자, 동방기독교세계의 비잔틴황제와 대등한 서방기독교세계의 황제가 출현했다.

샤를마뉴가 황제로 책봉되는 대관식의 절차는 콘스탄티노플의 총대주교가 비잔틴황제의 대관식을 거행한 방식을 그대로 본뜬 것이었다.(Louis Halpen, *Charlemagne and the Carolingian Empire*, Amsterdam: North-holland, 1977, 92면) 그런데 오늘날까지 여러 논저에서 특별히 거론하는 것은 동방기독교문명권에서는 항시 있던 일이 서방기독교문명권에서는 처음으로 이루어졌기 때문이다. 황제 책봉이 같은 방식으로 이루어져 서방기독교문명권이 동방기독교문명권과 대등한 위치에 서게 된 것이 크게 축하할 일이었다.

샤를마뉴가 황제가 되자, 서유럽을 하나로 통합하는 로마제국이 다시 나타났다. 그러나 새로운 로마제국은 과거의 로마제국과는 다르게, "그 본질에서 근본적으로 기독교적인, 보편적인 제국"이었다. 샤를마뉴는 기독교세계의 백성을 지도하면서 섬겨야 할 의무를 지녔다. 샤를마뉴 자신은 무식한 사람이었지만, 샤를마뉴를 보좌하는 사제자이면서 당대 제일의 라틴어학문의 학자인 알퀸(Alcuin)이 기독교세계의 황제가 무슨 일을 어떻게 해야 하는가 명확하게 밝힌 이론을 정립해서 제국의 헌법이 되게 했다.

샤를마뉴가 황제가 된 절차와 방식은 다른 황제들에게로 이어졌다. 황제가 되는 자격은 자기가 얻어야 했다. 여러 곳을 정복해서 많은 왕을 거느리는 위치에 올라야 했다. 그러나 자기 스스로 황제라고 선언할 수는 없었으며, 교황이 책봉을 해야 황제가 되었다. 책봉을 받기 위해서는 로마까지 가야 했다. 예수를 대리하는 교황이 하늘에서 내리는 관을 머리에 씌워주어야 황제가 될 수 있었다.

황제는 교황을 지킬 뿐만 아니라 전체 기독교세계의 수호자 노릇을 할 의무를 지녔다. 그러나 황제가 그런 힘을 가진 시기는 그리 많지 않았다. 황제는 있다가 없다가 했다. 샤를마뉴의 제국은 곧 해체되고, 875년에, 다시 962년에 주인이 바뀌어 재건되었다. 그렇게 해서 생긴 나라가 신성로마제국이다. 그 뒤에 계속해서 독일인의 왕이 신성로마제국의 황제가 되는 관례가 이어졌는데, 황제가 실질적인 통치권을 장악하지는 못했다. 명목상으로는 황제이지만 실제로는 한 나라의 왕이었다. 신성로마제국은 가상적인 제국이었다.

그렇지만 교황의 황제 책봉이 계속 이루어지면서 서방기독교문명권에서도 신의 섭리와 사람의 통치를 연결하는 통로가 마련되어 문명권 전체의 질서가 이루어졌다. 그런데 서방기독교문명권의 책봉체제는 다른 문명권에 비해서 상당히 불안하거나 미비한 점이 많았다. 교황과 황제가 분리되어 서로 힘겨루기를 할 수 있었다. 교황은 종교적인 권위로 황제를 책봉하지만, 정치적인 위치에서는 작은 나라의 통치자에 지나지 않았다. 황제가 정치적인 지배력을 확대하면 교황의 권력도 위협받아야 했다.

교황은 로마제국의 옛 도읍지인 로마에 자리 잡고 있고, 황제는 알프스 이북의 게르만세계를 다스려서, 유럽문명의 두 가지 원천을 각기 관장했다. 책봉을 받을 때에만 황제가 로마로 갔을 따름으로, 평소에는 각기 다른 곳에서 상이한 전통을 이었다. 게르만세계의 무식한 군인에 지나지 않는 인물이 황제 노릇을 하기 위해서는 자기는 말하지도 듣지도 못하는 라틴어를 사용해서 통치를 해야 했다. 신성로마제국의 황제 오토(Otto) 3세가 로마에 수도를 두고자 한 유일한 황제인데, 그 시도는 실패로 돌아갔다. 로마인들이나 교황이 환영하지 않고, 자기 나라 사람인 독일인들이 로마를 수도로 인정하지 않으려고 했기 때문이다.

교황은 황제를 문명권 전체의 지배자로 책봉했다. 그러나 황제의 실권은 그리 크지 않았다. 자기가 직접 통치하는 영역과 간접적으로 통치하는 영역을 합쳐도 서방기독교문명권의 일부에 지나지 않고, 그 밖의 영역에서는 상징적인 의미에서 황제일 따름이고 아무런 실제적인 영향력은 없었다. 황제도 사실은 왕의 하나이고, 왕 가운데 세력이 큰 왕에 지나지 않았다.

왕이 황제가 되면 실질적인 이득은 없어도 명예를 높일 수 있었다. 중세인에게는 명예가 실리보다 앞섰다. 그러나 교황이 책봉을 하지 않으면 황제가 될 수 없었고, 황제의 자리는 하나로 고정되어 있어서 교황이라도 임의로 늘일 수 있는 권한이 없었다. 황제는 문명권 전체에 하나만 있어야 신이 부여한 통치권을 행사해서 문명권을 정신적으로 통일시키는 구실을 할 수 있기 때문이다.

세력이 큰 왕이 자기 스스로 황제라고 선언할 수는 없으니, 교황을 설득해서 책봉을 변경하게 할 수밖에 없고, 교황이 말을 듣지 않으면, 교황을 따로 내세우는 변칙적인 방법을 써야 했다. 한때 프랑스왕이 자기 나라 아비뇽(Avignon)에도 교황을 두고 정통이라고 주장했으나,

문명권 전체의 동의를 얻지 못했다. 영국왕은 자기네 교회를 분리시켜 스스로 교회의 수장을 겸하는 또 하나의 변칙적인 방법을 썼다. 그렇다고 해서 교황이나 황제와 맞설 수 있는 위치를 차지한 것은 아니고, 부분적인 예외를 만들었을 따름이다.

이상에서 고찰한 사실은 서방기독교문명권의 책봉체제에 관해서 유럽중세사에 관한 저술에서 다룬 내용이다. 그런 내용만 옮겨놓고 여기서 논의를 멈추면, 서방기독교문명권에서는 문명권 전체의 황제만 책봉을 받고, 각국의 왕은 책봉에서 제외된 점이 다른 문명권과 크게 다르다고 해야 한다. 그러나 유럽중세사를 정치사로 다룬 책과는 상이한 시각을 갖춘 기독교교회사에서 미비사항을 보충하는 데 필요한 자료를 얻을 수 있다. 정치사와 교회사 양쪽에서 각기 별도로 취급하는 사실을 하나로 합쳐야 서방기독교문명권 책봉체제의 전모를 파악할 수 있다.

기독교교회에서는 총대주교가 대주교 또는 주교를 책봉하는 교회내의 행사를 거행한다. 총대주교가 상대방을 직접 대면할 수 없으면 사신을 보내서 왕관, 반지, 허리띠 등을 징표로 주어 대주교 또는 주교가 그 직위를 맡게 한다. 그것은 상위자가 하위자에게 지위를 부여하는 권한을 일방적으로 행사하니 책봉이 아니고 임명이라고 해야 할 것이나, 그렇지 않다. 총대주교 또는 대주교의 선임은 그 나라 국왕이 깊이 관여해서 이루어지고 총대주교가 임의로 할 수 있는 사항이 아니다. 사실상 정해놓은 인물을 공인하는 절차를 밟으므로 책봉의 요건을 갖추고 있다.

국왕은 정복, 찬탈, 계승 등의 방식으로 스스로 권력을 장악했다. 국왕이 임명되는 경우는 없다. 임명되는 자는 국왕이 아니다. 국왕은 스스로 국왕이 되어 책봉받을 수 있는 자격을 획득한다. 책봉은 임명이 아니다. 그 점은 모든 문명권에서도 동일하다. 서방기독교문명권의 국왕이 국왕으로 책봉되는 절차는 황제의 경우와 기본적으로 동일하다. 총대주교가 황제를 책봉하듯이, 대주교가 국왕을, 주교가 그 이하의 통치자를 책봉했다. 예복을 입히고 관을 씌워주는 것이 책봉의 절차인데, 그 절차를 황제의 경우에는 총대주교가, 국왕의 경우에는 대주교가, 그 이하 통치자의 경우에는 주교가 담당하게 했다. 장소는 총대주교·대주교·주교가 각기 사제로 복무하고 있는 교회였다.

총대주교가 대주교나 주교를 책봉하는 교회 내의 책봉을 근간으로 삼고 세속의 군주를 책봉하는 그런 곁가지가 마련되어, 서방기독교문명권의 책봉체제는 그 나름대로 완벽한 체계를 갖추었다. 하늘의 뜻을 땅에 펴는 데 아무런 차질이 없게 했다. 그래서 다른 여러 문명권의 책봉체제와 기본적인 동질성을 갖추었다.

그러나 교회 내의 책봉이 일관되게 이루어진 반면에, 세속의 통치자들은 책봉관계를 가지지 않아 상호간의 관계가 모호했다. 황제는 자기대로 책봉을 받고, 국왕은 국왕대로 책봉을 받을 따름이고, 황제가 국왕을 책봉하지는 않아 황제와 국왕의 관계가 모호했다. 또한 국왕 이하의 통치자인 제후도 자기 나름대로 자리를 얻고 자기 나름대로 책봉받는 독립적인 존재이다.

그래서는 정치의 질서가 수립되지 않아서 곤란하고, 종교의 질서가 곧 정치의 질서는 아니므로, 정치적인 상하관계를 마련하는 보조수단이 필요했다. 그것이 계약관계란 것이다. 황제와 국왕, 국왕과 제후는 서로 권리와 의무를 가지는 계약에 의해서 상하관계를 맺었다. 종교가 개입하지 않는 세속의 관계이니 책봉일 수 없고, 하늘의 뜻이 전달되지 않으니 계약에 의한 상호관계일 수밖에 없었다. 서방기독교문명권의 통치자들은 기독교 교회 내의 책봉을 통해서 각기 그 등급에 맞는 책봉을 받아 일관되게 이어지고 상하관계가 명백한 일면이 있으면서 다른 일면에서는 각기 독립되어 있는 대등한 존재여서 세속인들이 거래하는 관습에 따라 서로 권리와 의무를 명시한 계약관계를 가졌다.

책봉관계와 계약관계의 양면 가운데 중세인은 책봉관계를 더욱 중요시했으나, 근대의 역사가는 계약관계만 인정하고서 중세유럽사회의 핵심이 거기 있다고 한다. 그 때문에 기독교문명권을 다른 문명권과 함께 다룰 수 있는 연결의 고리가 끊어져 세계사로 나아갈 수 없게 되고, 기독교문명권 자체에 대한 이해도 편협하게 된다. 계약관계의 측면만 보면 유럽은 중세시기에 이미 근대가 된 것 같은 착각을 하게 된다. 그러나 교회 내의 책봉관계는 오늘날까지 이어지고, 가톨릭교를 받아들인 전 세계 모든 곳으로 확장되어, 중세를 지속시키고 있다.

총괄론

지금까지 유교문명권, 힌두・불교문명권, 이슬람교문명권, 동・서 기독교문명권의 책봉체제에 관해서 고찰했다. 지금까지 누구도 하지 않던 일을 처음 했다. 다룬 내용을 종합해 다음과 같은 공통점을 추출할 수 있다.

(가) 책봉은 통치자가 이미 스스로 얻은 지위를 공인하는 행위이고, 없던 지위를 만들어 부여하는 임명은 아니다. 그런 책봉이 나라와 나라 사이에서 실행되어 국제관계의 근간을 형성하는 체제를 책봉체제라 한다. 책봉하는 쪽과 책봉받는 쪽뿐만 아니라, 책봉받는 쪽의 여러

나라도 공동의 신앙과 가치관을 지니고 우호적인 친화관계를 가진다. 책봉을 받으면 주권이 약화되거나 부인되었다고 하는 것은 전혀 부당하다. 책봉을 받아야 주권국가로서 공인되었다.

(나) 책봉은 보편종교의 권역인 문명권 단위로 이루어졌다. 문명권마다 보편종교의 수장인 단일한 최고통치자가 문명권 전체의 질서를 부여해야 한다는 믿음을 책봉체제를 통해서 구현했다. 책봉하는 쪽과 별개의 문명권에 속하고 종교 또한 다르면서 특별한 사정이 있어 일시적으로 책봉받는 경우는 정상적인 개념의 책봉으로 인정하지 않는다.

(다) 책봉은 보편종교에 따라서 문명권이 나누어진 중세시기에 있었던 일이다. 보편종교가 없던 고대에는 책봉체제도 없었다. 중세가 끝나고 근대가 시작되면서 문명권의 결속이 해체되고, 근대민족국가의 배타적 주권의식이 형성되자 책봉체제는 사라졌다. 근대인은 책봉을 받은 것이 몰주체적이고 반민족적인 행위라고 비난할 권리가 있으나, 중세문명이 성립된 곳에는 반드시 책봉체제가 있었다. 책봉체제에 들어가기를 거부하고 고대에 머무른 것이 마땅했다고 주장할 수는 없다. 책봉하는 쪽은 중세문명의 중심에, 책봉받는 쪽은 중세문명의 주변에 자리를 잡아, 책봉을 통해서 중세문명을 전해주었다. 중세문명을 배경으로 하지 않은 점령이나 간섭 때문에 생기는 국가간의 주종관계는 책봉체제라고 하지 않는다.

(라) 책봉은 신의 섭리를 책봉하는 쪽이 책봉받는 쪽에게 전해주는 종교행사이며, 종교와 정치를 접맥하는 방식이었다. 책봉하는 쪽은 문명권마다 반드시 하나여야 하고, 책봉받는 쪽은 복수인 것이 상례이다. '天子', '차크라바르틴', '칼리파', '총대주교' 등으로 지칭된 책봉하는 쪽의 공통된 특징은 그 문명권 종교의 수장이라는 점이며, 제국의

통치자인 것은 어느 경우에나 해당되는 필수적인 요건은 아니다.

책봉하는 쪽을 통칭하는 말은 천자가 적합하다. 하늘의 뜻을 땅에 전하는 사람이라는 뜻이 그 명칭에 들어 있기 때문이다. 책봉받는 쪽은 국왕, 통치자, 지배자 등을 나타내는 각국의 말로 지칭되어 이름이 갖가지였으나, '국왕'이라고 통칭할 수 있다. "책봉은 한 문명권 전체의 종교적 수장인 천자가 이미 권력을 장악하고 있는 국왕의 통치가 종교적으로 정당하다고 입증하는 행위이다"라고 정리해서 말할 수 있다.

(마) 책봉은 문서, 의관, 인장 등의 징표를 전해주는, 관습적으로 고정된 방식으로 이루어졌다. 그런 것들이 책봉에 의해 공인된 지위를 상징하고, 지위에 따르는 힘의 원천 노릇을 한다고 여겼다.

(바) 책봉의 절차에서 문서를 작성할 때에는 공동문어를 사용했다. 공동문어가 국제적으로 통용되는 언어여서 그랬던 것만은 아니다. 신과 통하는 말인 보편종교의 경전어를 사용해서 문서를 작성해야 책봉의 종교적 효능이 보장되었던 것이 더욱 중요한 이유이다.

(사) 책봉하는 쪽과 책봉받는 쪽은 종교적 서열에서 우열관계에 있고, 정치적 실권의 우열관계에 있지 않았다. 책봉받는 쪽은 문명권의 동질성을 그 국가 나름대로 독자적으로 구체화한 중세적인 개념의 주권국가이다. 중세인은 책봉하는 쪽의 상징적 지배와 책봉받는 쪽의 실질적 지배에 이중으로 소속되는 이중국적 소유자였다. 이중국적이 단일국적으로 바뀌면서 근대가 시작되었다.

(아) 책봉은 책봉하는 쪽의 위신을 높이기 위해서 필요한 것이라기보다 책봉받는 쪽의 정치적인 목적 달성을 더욱 중요한 이유로 삼아 존속되었다. 책봉하는 쪽을 군사적으로 위협해서라도 책봉을 받아내야 했던 것이 그 때문이다. 책봉을 받지 않으면 보편종교를 믿지 않은

불신자이거나 정당하지 못하게 권력을 장악한 찬탈자이므로 백성이 따르지 않아 정권을 유지하기 힘들었다. 백성에 대한 도덕적 교화를 하기 위해서 통치자가 책봉을 받고 종교적 질서 구현에 가담해야 했다.

(자) 책봉에는 교역관계가 수반되었다. 책봉받는 쪽이 朝貢을 하면 책봉하는 쪽이 답례를 한다는 형식은 불평등했으나, 교역의 내용은 원칙적으로 대등했다. 책봉하는 쪽과 책봉받는 쪽 가운데 어느 한쪽이 교역관계에서 일방적으로 손해 또는 이익을 보는 제도가 마련된 것은 아니다.

이러한 공통점이 문명권마다 다르게 구체화되어 생긴 차이점 가운데 두드러진 것을 들면 다음과 같다.

(라)의 조항에서 서방기독교문명은 특이하다. 유교문명권, 힌두교-불교문명권, 이슬람문명권에서는 책봉하는 쪽이 종교의 수장이면서 정치의 수장이기도 한데, 기독교문명권에서는 책봉하는 쪽이 종교의 수장이기만 했다. 서방기독교문명권에는 총대주교가 '천자'이고 황제는 그렇지 않지만, 동방기독교문명권에서는 천자인 총대주교의 책봉을 받은 황제가 또한 그런 권능을 가져 다른 국왕을 책봉했다. 천자가 황제 한 사람만 책봉하는 것이 서방기독교문명권의 특이한 점이고, 천자가 둘인 것은 동방기독교문명권에서만 볼 수 있는 일이다.

그렇다고 해서 그 둘은 다른 문명권과 아주 다른 예외인 것은 아니다. 서방기독교문명에서도 총대주교 천자가 자기를 대신하는 주교를 통해서 각국의 국왕을 책봉했다. 동방기독교문명권의 두 천자는 총대주교가 종교적인 명분의 천자이고, 황제는 정치적인 실질의 천자여서 양립할 수 있었다. 책봉은 종교행사라고 하는 원칙을 고수한다면, 서방기독교문명권의 책봉체제가 가장 잘 정비되어 있다고 할 수 있다. 종교와 정치는 명분과 실제의 관계를 가지고 양립하는 것이 마땅하다고 하면, 동방기독교문명권의 책봉체제가 가장 모범이라고 할 수 있다.

(마)의 조항에서는 힌두·불교문명권이 특이하다. 그 쪽의 천자 차크라바르틴이 라자 등으로 일컬어지는 왕들을 책봉하는 절차가 고정되어 있지는 않았다. 차크라바르틴은 실제로 존재하는 책봉자라기보다 이상적으로 상정된 책봉자의 성격을 더 많이 지니고 있다. 다른 문명권에서는 책봉하는 쪽의 자격이나 기능을 이상화해놓은 것이 실제 인물과 맞지 않는다. 한 사람이 천자이면서 황제이지만, 그 둘이 따로 놀았다는 말이다. 그런데 힌두교·불교문명권의 천자인 차크라바르틴은 실제가 없는 이상인 경우가 많았다. 그러므로 자기가 천자라고 자처할 수 있었다.

(사)의 조항에서 유교문명권은 다소 예외이다. 책봉하는 쪽인 중국이 작은 나라로 되어 세력이 약화되거나 천자가 권력을 잃어 종교적인 수장이기만 한 시기가 없었다. 그 점은 다른 문명권에서 볼 수 없는 예외적인 일이어서, 책봉체제 일반에 대한 오해를 자아낸다. 책봉체제는 강대국이 약소국을 지배하기 위한 체제라고 하는 견해가 오직 유교문명권에만 남아 있어, 세계사 이해를 그릇되게 한다.

그렇게 된 이유의 하나는 동아시아의 지형적인 특성이다. 중국의 중원지방이 줄곧 동아시아 유교문명권의 중심지였던 것이 지형적인 조건 때문에 불가피했다. 그곳을 점령해야 황제국가일 수 있었다. 민족은 교체해도 장소는 바뀌지 않았다. 중국이라는 거대제국이 해체되지 않고 지속되어 중국이 주변의 나라를 지배하기 위해서 다른 데는 없는 책봉체제를 만들어냈다고 오해할 수 있게 한다.

또 하나의 이유는 유교가 지닌 현실주의적 성격이다. 정치철학을 넘어선 초월적 영역의 교리가 분명하지 않아 종교의 수장이 제국의 통치자에서 분리될 수 없었다. 북방민족이 중국을 침공해서 종교의 수장인 천자는 그대로 두고 정치적인 지배력만 장악하는, 이슬람문명권에서는 볼 수 있는 일이 유교문명권에서는 일어나지 않은 것은 유교의 교리나 교단이 정치권력을 떠나서 별도로 마련되지 않았기 때문이다. 또한 그 때문에 유교문명권의 책봉체제가 가장 오랜 기간 동안 흔들리지 않고 유지되었다.

(다)에서 말한 책봉체제의 성립을 비교해보자. 그 이상적인 모형은 힌두교·불교문명권에서 가장 먼저 등장했다. 제도가 확립된 것은 동방기독교문명권에서 가장 먼저 있었던 일이고, 이슬람문명권이 그 다음이다. 유교문명권에서는 한나라에서 시작해서 당나라 때 정해지고, 명나라 때 완성되었다. 유교에서 제공하는 그 이론은 명나라 때 완비되었다. 서방기독교문명권의 책봉체제가 가장 나중에 등장했다. 그것이 중세화의 속도이다.

중세전기에 책봉체제가 정비된 곳은 동방기독교문명권과 이슬람문명권이다. 그 두 곳의 제도가 모범이고 표준이라고 할 수 있다. 그 두 문명권은 중세문화 건설에서 누가 선진이냐를 놓고 치열하게 경쟁하고 투쟁했다. 이슬람문명권의 책봉체제는 중세후기에 커다란 변화를 보였다. 칼리파가 종교의 수장이기만 한 시기가 시작되었다. 유교문명권에서 책봉체제를 통해 문명의 동질성을 이룩하는 성과가 뚜렷했던 시기는 중세전기의 당나라 때였다. 그런데 책봉체제의 이념이 완비된 것은 중세후기의 명나라 시기여서 서로 맞지 않는다.

책봉체제의 성립과 더불어, 높은 수준의 중세문명이 널리 확대된 성과는 중세전기의 힌두·불교문명권, 이슬람문명권, 유교문명권에서 특히 두드러졌다. 그것이 인류 역사에서 크게 평가해야 할 전환점이었다. 그런데 종교이념과 정치체제의 상호관계를 들어서 말한다면, 중세전기에는 동방기독교문명권과 이슬람문명권, 중세후기에는 이슬람문명권과 유교문명권에서 책봉체제의 전형적인 모습을 보여주었다.

중세에서 근대로의 이행기에 이르러서도 책봉체제가 지속되거나 재정비된 곳은 유교문명권과 이슬람문명권이다. 청나라와 오스만터키가 그 중심점이다. 그 때문에 문명권의 동질성이 지속되어 오늘날 재평가해야 할 유산을 더 만든 반면에, 근대화가 지연되어 유럽문명권의 세계제패 때문에 시련을 겪지 않을 수 없게 했다.

후대의 상황

책봉체제 철폐 과정에는 공통점보다 차이점이 두드러진다. 유교문명권에서는 각국의 국왕이 황제가 되고, 중국의 황제는 중국이 공화국이 되자 폐위되었다. 힌두교·불교문명권에서는 이슬람교의 황제가 등장하고, 그 자리를 다시 영국인이 빼앗아갔다. 이슬람문명권에서는 터키가 공화국이 되어 황제가 폐위된 점이 중국과 같다. 동방기독교문명권에서는 비잔틴제국이 망해서 책봉체제가 끝났다. 러시아황제가 그 자리를 이었다고 하면서 황제로 행세하다가 혁명으로 물러났다. 서방기독교문명권에서는 나폴레옹이 황제의 자리를 찬탈해서 혼란이 일어났으며, 제1차 세계대전과 더불어 신성로마제국을 이은 정통황제가 없어졌다. 그러나 서방기독교 교회내의 책봉체제는 오늘날까지 지속되고, 종교의 전파와 더불어 다른 여러 지역으로 확장되었다. 가톨릭교회에서 마지막 남은 중세책봉체제를 볼 수 있다.

이슬람문명권의 세력이 비잔틴제국을 무너뜨리고, 인도로 들어가서 그 두 곳의 책봉체제를 종식시켰다. 그래서 중세의 청산을 앞당겼다. 이슬람문명권의 침공을 받지 않은 문명권에서는 중세책봉체제가 오랫동안 지속되면서 많은 문제를 일으키다가 마침내 혁명을 거쳐 청산되었다. 유럽문명권의 충격이 그런 변화를 촉진하는 구실을 했다. 책봉체제가 철폐될 때 매도의 대상은 유교문명권 황제이고, 숭앙의 대상은 이슬람문명권의 황제였다. 청나라와 오스만터키는 비슷했지만, 중심부에서 다른 민족을 다스렸는가 아니면 자기 민족을 다스렸는가 하는 점이 서로 달랐다. 보편종교가 불신받기만 했는가, 새 시대 투쟁의 이념이었던가 하는 점도 달랐다.

유교문명권과 이슬람문명권의 책봉체제는 청산기에 특히 주목할 만한 공통점과 차이점이 있다. 오스만터키는 청나라와 상통하는 외래민족의 찬탈자가 세운 제국이다. 오스만터키의 술탄이 칼리파라는 것은 청나라의 황제가 천자라는 것과 마찬가지로 다소 무리가 있는 주장이었다. 터키와 중국에서 왕정을 버리고 공화국을 만드는 혁명이 일어난 것도 동일한 사건이었다. 그런데 청나라의 천자가 폐위될 때에는 없었던 반대운동이 오스만터키의 칼리파가 폐위될 때에는 일어난 것이 크게 다르다.

그 이유는 세 가지로 생각할 수 있다. 칼리파제의 근거가 되는 이슬람교는 천자의 유교보다 교리가 분명하고 종교로서의 기능이 한층 활성화되어 있다. 오스만터키 칼리파의 책봉에는 정치적인 영향력 행사는 거의 배제되고 종교적인 결속이 중요시되었는데, 청나라 천자는 황제의 권능도 행사했다. 칼리파가 폐위될 때 이슬람세계 전체가 기독교문명권의 침략에 시달리고 있어서 상호간의 결속을 다지면서 공동의

문명을 이어나가야 할 필요성이 절실했는데, 유교문명권에서는 내부의 분란이 심각해졌다. 일본이 한국을 침략하는 데 청나라가 경쟁자로 등장해서 책봉체제의 오랜 이상을 스스로 유린했으므로, 청나라 천자가 폐위되는 데 대해서 그 전에 이미 황제국임을 선포한 한국에서 일말의 동정도 가지지 않았다.

그러나 책봉체제가 철폐될 때의 상황이 이처럼 서로 다르다고 해서, 책봉체제의 성격마다 판이했다고 하는 것은 잘못이다. 책봉체제는 보편종교, 공동문어와 함께 중세문명권을 하나로 만드는 데 반드시 필요한 또 한 가지의 공동영역이었다. 그러므로 구체적인 사정의 차이점을 넘어선 보편성을 가졌다. 지금에 와서는 책봉체제를 재현하는 것은 불가능하고 무의미하다. 보편종교・공동문어・책봉체제 가운데 책봉체제가 가장 철저하게 청산되면서 근대가 시작된 것을 되돌릴 수 없다.

그러나 오늘날 문명권 전체의 유대를 공고하게 하는 과업을 문화나 경제에서뿐만 아니라 정치에서도 이룩하고자 할 때 책봉체제 속에서의 상호관계를 재평가하지 않을 수 없다. 책봉하는 나라와 책봉받는 나라의 구분은 있을 수 없지만, 책봉받는 나라들끼리의 대등한 관계는 근대의 배타적인 주권을 넘어서서 새로운 국제관계를 마련하고자 할 때 소중한 지침이 된다. 범아랍민족주의가 그 길을 찾고 있는 것은 이미 오래된 일이다. 유럽통합은 더 늦게 시작되었으나 더욱 두드러진 성과를 보여주고 있다. 동아시아만 책봉체제를 역사의 과오라고 규탄하는 근대주의 노선에 계속 머무르고 있을 것은 아니다.

이 연구는 후진이 선진이고, 고난이 발전임을 입증하는 생극론적 의의가 있다. 한국이 중국의 책봉을 받은 과거를 두고 고민해온 것을 출발점으로 삼아 세계적인 범위에서 타당성을 가진 일반이론을 마련하는 데 이르렀다. 유교문명권의 책봉체제에 관한 포괄적인 이해가 아쉬워 다각도로 노력하다가 다른 문명권의 책봉체제와의 전면적인 비교를 통해 세계사의 책봉체제를 총괄해 해명하는 창조학의 성과를 얻었다. 뒤떨어진 것을 비약의 발판으로 삼아, 각기 자기네 나라가 책봉체제에서 차지한 위치나 되돌아보거나 자기네 문명권의 책봉체제나 고찰해온 지난 시기의 편협한 학풍을 청산하고 인류 전체가 함께 새 시대를 향해 나아가는 길을 열었다.

토론

❏ 문: 책봉체제에 관한 기존의 연구에서 얼마나 더 나아갔는가?

❏ 답: 국내 학계에서 책봉체제에 대한 연구를 하지 않고 있는 것이 이미 말한 바와 같다. 일본에서는 동아시아 책봉체제에서 일본이 다소 특이했던 점을 우월하다는 증거로 삼으려고 하는 작업을 열심히 해서 그 나름대로 성과가 있다. 다른 문명권 학자들은 자기네 문명권의 책봉체제에 대한 고찰만 일방적으로 하고 비교연구의 시야를 갖추지 않았다. 14세기 이슬람 학자 이븐 칼둔이 자기네 책봉체제를 기독교문명권의 경우와 비교한 것과 같은 작업이 다시 이루어지지 않았다. 나는 개별적인 연구를 더하지는 못하고 모두 모아 세계적인 범위의 일반론을 이룩하는 시도를 처음 했다.

❏ 문: 책봉체제에 대한 북한의 연구는 어떤가?

❏ 답: 구체적으로 확인해보지 않았으나, 적극적으로 연구할 생각을 드러내 말하지 않는 점이 남쪽 학계와 그리 다르지 않은 것 같다. 그러면

서 중국과 싸워 이긴 내력을 남쪽에서보다 더욱 강조해 말하면서 애국심을 키우려고 한다. 외국과의 비교연구에 힘쓰지 않는 폐단이 남쪽보다 북쪽에서 더 심하다. 학문이 국내용이기만 하면 그럴 수 있지만, 국제적인 설득력을 가지려면 방향을 바꾸어야 한다.

❑ 문: 일본학문과의 거리를 새삼스럽게 생각하게 한다. 일본학문과 어떤 관계를 가지고 우리 학문의 진로를 선택해야 하는가?

❑ 답: 일반이론을 이룩하는 거대한 작업을 잘 할 수 있는 우리 장기를 살리면서 일본에서 잘 만드는 정밀부품을 이용해 완성도를 높여야 한다는 점을 다시 강조해 말하고자 한다. 장기가 달라야 서로 필요로 하는 관계를 가진다.

❑ 문: 책봉체제에는 공통점보다 차이점이 더 많은 듯한데, 공통점을 더 많이 다루고 결론에서 강조한 것이 타당한 연구인가?

❑ 답: 공통점과 차이점은 하나를 말하려면 다른 것을 들어야 하므로 반드시 함께 거론해야 한다. 공통점이 큰지 아니면 차이점이 큰지 사실의 차원에서 판별하는 것은 연구 대상이 추상적인 성격을 가지는 만큼 더 어려워진다. 책봉체제 또한 이런 경우이다. 인식의 대상으로서 어느 쪽이 더 중요한지는 말할 수 있고, 연구의 단계와 목표에 따라 달라진다. 책봉체제 각론을 모아 총론을 구성하는 것이 지금 하는 작업이므로 차이점보다 공통점이 더욱 중요하다.

❑ 문: 명나라에서 사신을 보낸 횟수에서 한문문명권이 아닌 나라가 3위부터 9위까지를 차지하는 이유가 무엇인가?

❑ 답: 명나라와 무역을 통해 경제적으로 긴밀한 관계를 가졌기 때문이다. 어느 나라든지 명나라와 무역을 하려면 책봉체제에 들어가야 했다.

❑ 문: 일본에서는 책봉이 천자와 일본국왕, 天皇과 將軍 사이에서 이중으로 이루어진 것이 아닌가?

❑ 답: 일본 천황이 실권을 가진 시기에 천자의 책봉을 받아 일본국왕 노릇을 하면서 장군을 임명한 것은 책봉이 아니다. 천황이 실권을 잃은 시기에는 장군이 천자의 책봉을 받아 일본국왕이 되었다. 천황은 장군을 일본국왕으로 책봉하지 않았으며, 그럴 권한이 없었다. 德川幕府의 장군이 책봉을 받지 못해 국왕이지 못하고 大君으로 행세해야 하는 비정상을 천황이 해결해주는 것은 생각할 수도 없었다. 일본국왕 책봉은 천자가 독점한 권한임을 책봉을 받지 못했어도 전과 다름없이 인정했다.

❑ 문: 책봉을 받아야 독립국으로 공인되었던가?

❑ 답: 그렇다.

❑ 문: 실제로 독립국이면 그만이지 책봉이 왜 필요했던가?

❑ 답: 오늘날 실제로 독립국이라도 국제연합에 가입해야 독립이 공인되는 것과 같다. 대만은 실제로 독립국이지만 국제연합에 가입하지 못하고 있다. 다른 조건은 다 구비했는데 외교상 결격이 있어 어려움을 겪는다. 德川幕府 시대의 일본이 지금의 대만과 상통하는 처지였다.

❑ 문: 문명권에 따라 천자가 황제를 겸한 곳도 있고, 겸하지 않은 곳도 있다. 차이가 생긴 이유가 무엇인가? 종교의 성격이 달라서인가?

❑ 답: 한문문명권에서는 항상 천자가 황제를 겸했다. 산스크리트문명권의 차크라바르틴은 천자이면서 황제였으나 천자의 의미가 더 컸다. 아랍어문명권에서는 압바시드제국 전반기까지 천자를 뜻하는 칼리파가 황제 노릇을 했다. 기독교문명권에서는 천자가 황제를 겸하지 않았다. 양쪽의 차이를 종교로 설명하기는 어렵다. 천자가 황제인 것이 모든 종교의 이상인데, 제국을 다스리는 실권을 가질 때에만 실현되었다고 할 수 있다.

❑ 문: 유럽의 책봉체제에서 영국은 특이했다고 하는데 무엇을 두고 하는 말인가?

❑ 답: 유럽 대륙에서는 교황이나 황제를 이 나라 저 나라 사람들이 돌려가며 할 수 있었으나 영국은 동참의 기회가 없었다. 서유럽에 하나뿐인 황제 자리를 바다 건너에서 가져가는 것은 가능하지 않았다. 영국교회가 가톨릭에서 분리되었어도 황제 자리를 따로 만들어낼 수는 없었다. 영국의 통치자는 언제나 국왕이기만 했다. 동아시아식으로 말하면 영국은 稱帝建元한 적이 없는 나라이다.

그러다가 인도를 통치할 때 기회가 생겼다. 무굴제국 황제 자리를 빼앗아 빅토리아여왕이 영국국왕인 채로 인도황제로 등극했다. 산스크리트문명권의 중원을 침공해 다스리는 무굴제국의 황제 자리는 칭기스칸에서 유래하고 티무르를 거쳐 전해졌다고 자부했으며 유럽과는 무관했다. 대영제국이 통치 영역뿐만 아니라 통치 형태에서도 제국이라는 것은 영국 런던에 자리 잡은 사이비 인도황제가 다스리는 나라라는 말이어서 적지 않게 웃긴 것을 잊고 있다.

❏ 문: 지금 동아시아 각국은 서양의 방식으로 근대화를 하기 바쁘고 동아시아문명의 공동유산에 미련이 없다. 없어지는 것을 붙잡고 과거로 돌아가자는 주장을 해서 무얼 하는가?

❏ 답: 동아시아문명의 공동유산은 없어지지 않고 건재하다. 미국에 이민한 동아시아 사람들을 검증의 대상으로 삼아보자. 동아시아계 미국인은 출신 국가를 가리지 않고 향학열이 높고 범죄율이 낮은 것이 공통적인 특징이다. 이것이 바로 동아시아의 미래를 낙관할 수 있게 하는 최상의 증거이다. 유럽문명권 선진국 추종을 목표로 삼는 수준을 넘어서서 대등하게 경쟁해 앞서는 창조 작업을 하려면 동아시아문명의 전통을 힘써 잇고 적극 활용해야 한다.

영어만 잘 하면 세계화에 성공할 수 있다는 것은 추종기의 사고방식이다. 자기 기반과 능력을 확대해야 경쟁력이 생긴다. 동아시아 여러 나라에서 공부하고 각국의 언어를 함께 구사하는 동아시아 사람이 되기 위해 노력하는 것이 창조기의 과업이다. 여러 나라 대학이 협력해 공동의 교육을 하는 것이 마땅하다.

제7강 동아시아 근대의 기원

연기설화

오늘의 강의 원고는 2006년 9월 5일 안동대학교 인문과학연구소(소장 천혜숙 교수)에 초청되어 발표한 원고의 수정본이다. 동아시아의 근대를 공동연구의 주제로 삼고 여러 학과 교수들이 계속 발표를 하기로 했으니 서론격인 말을 해달라는 부탁을 받고 응낙했다. 많은 토론자가 갖가지 논란거리를 드러내 문답이 길게 이어진 것을 자랑스럽게 생각하고, 요지를 정리해 수록한다.

특정 문제에 대한 새로운 견해를 제시하지 않고 여러 분야에 걸친 논의를 해야 했으므로 이미 써서 발표한 내용을 거듭 말한 것이 많다. 중복을 나무라지 말고 총괄론에 관심을 가지기 바란다. 오늘날 우리 학문에서 진행되는 심각한 논란에 대해 검토를 한다.

<동아시아소설과 유럽소설>이라는 항목이 하나 더 있었다. 중세에서 근대로의 이행기에 동아시아가 유럽보다 앞선 면이 있었다는 사실을 입증하는 데 소설이 긴요한 구실을 한다. 그러나 제14강과 겹치는 내용이므로 생략하기로 한다. 소설사에 관한 토론도 아쉽지만 수록하

지 않는다.

동아시아 재발견의 의의

우리 민족이 한문을 받아들여 한문문명권에 참여한 것이 불행인지 행운인지, 저주인지 축복인지를 두고 주장이 엇갈린다. 그러나 오늘날의 생각으로 과거를 논단하지 말고, 우리의 경우만 따로 시비하지 말아야 한다. 한국에서 출발해 동아시아로 나아가고, 다시 세계 전체로 관심을 확대해 이 문제에 대한 역사적인 연구를 한 결과는 명백하다. 많은 논저 가운데 『공동문어문학과 민족어문학』(서울: 지식산업사, 1999)이 특히 긴요하다.

한문 같은 공동문어를 거부하고 고유문화를 지키면서 주체성을 선양해야 민족사를 빛낼 수 있었다는 주장은 세계 어디서도 타당하지 않다. 중세문명에 동참하지 않고서는 국가를 만들지 못하고, 국어라고 할 것도 없으며, 선진의 역량을 가지고 닥쳐오는 외침을 막는 것이 불가능했다. 중국과 월남 안의 여러 소수민족, 일본의 아이누민족, 필리핀의 여러 민족이 이런 처지이다.

우리는 일본이나 월남과 함께 중국과의 오랜 관계에서 중세문명의 유익함을 취하면서 국가를 발전시켜왔다. 근대 일본의 침략에 맞서서, 대의명분이 분명한 저항을 했다. 식민지 통치에서 해방된 제3세계 나라들 가운데 특히 앞서서 경제의 발전이나 사회의 민주화를 이룩하고 있다. 그 역량이 민족문화에만 있는 것은 아니다. 동아시아문명의 가장 소중한 유산인 학구열과 도덕심을 깊이 간직한 것이 또 하나의 중요한 이유이다. 상극일 수 있는 민족어문화와 공동문어문명이 상생의 관계를 가지게 했다.

중세는 보편주의의 시대였다. 고대의 자기중심주의를 넘어서서 사람은 다 같은 사람이라는 사실을 문명권 단위로 확인하게 된 것이 커다란 발전이었다. 공동문어와 보편종교가 문명권 전체의 보편적인 가치관을 보장해주었다. 그러다가 근대로 들어서면서 보편주의를 민족주의로 바꾸어놓는 변화가 일어났다. 공동문어를 버리고 민족어를 국어 또는 공용어로 삼았다. 종교에서도 다원화가 이루어졌다. 근대화를 향해 나아가면서 한문문명권의 공동유산이 퇴색되고 동아시아의 유대가 사라졌다.

이제 근대민족주의 노선으로 국가를 만들고 사회를 조직하고 문화를 이룩하는 과업이 어느 정도 완성되면서 다음 단계로 나아가기 위한 모색이 요청된다. 근대의 민족주의가 중세의 보편주의를 부정하고 고대의 자기중심주의를 긍정하고자 하는 것과 같은 사태가 재현되고 있다. 근대의 민족주의를 부정하고, 중세의 보편주의를 긍정하면서 다음 시대로 나아가고자 한다. 동아시아문명의 유산을 계승해야 가능한 일이다.

근대 형성을 선도해 그 역량으로 세계를 제패하던 유럽문명권이 다음 시대로의 전환에서도 앞서려고 한다. 민족국가의 경계를 허물고 유럽통합을 추진하는 거대한 행보를 보여 다른 문명권을 긴장하게 한다. 근대화에 뒤떨어진 것은 어쩔 수 없는 일이었다고 해도 다음 시대로의 전환에서 다시 낙후하는 것은 감수하기 어렵다. 지난날을 되돌아보면 중세 보편주의를 이루는 사고 수준에서는 유럽이 상대적으로 뒤떨어져 있었기에 근대로의 전환을 먼저 했다. 중세문명의 자랑스러운 유산을 간직하고 있으면서 근대 동안에 수난을 겪은 다른 문명권이 새 출발에서 앞서는 것이 마땅하므로 분발해야 한다.

동아시아 사람들은 아직 근대가 제일 좋은 시대인 줄 알면서 머뭇거리고 있는데, 유럽문명권에서는 동아시아가 하나 되어 다시 일어나는가 하고 경계한다. 어렵고 복잡한 논의가 있어서 그러는 것은 아니다. 자기네 이익을 해치는 경쟁자가 될까 염려하기 때문이다. 동아시아에 대한 최근의 논란이 그 때문에 활기를 띤다.

동아시아는 공통된 문명을 잃고 지금은 여럿으로 흩어져 불행을 겪고 있다. 나라의 크기, 과거사의 쟁점 시비, 경제 체제와 수준의 차이 때문에 불화가 계속된다. 독자적인 문명의 동질성 상실은 유럽문명권의 도전 때문에 생긴 세계사의 수난이다. 일본은 그 추세에 편승해 脫亞를 표방하는 이탈자가 되고 이웃 나라들을 침략하면서 문명의 공동유산을 모독해 불신하도록 하고, 민족의 저항이 최상의 진보노선으로 등장하게 만들었다.

침략을 당해 고통을 겪은 것뿐만 아니라 배타적인 민족주의가 사고를 지배하게 된 것이 또한 불행이다. 앞의 불행은 피해자만의 것이고, 뒤의 불행은 가해자에게 더욱 심각하게 남아 있어 범위가 더 넓다. 앞의 것은 불행인 줄 알고 있는 불행이어서 회복 가능하다. 뒤의 것은 불행인 줄 모르고 있는 불행이어서 오래 가고 피해가 더 크다.

동아시아 문명의 동질성을 파괴하고 이웃 나라들을 침략하는 반칙을 저지른 일본이 아직도 자기 위치를 제대로 정립하지 못하고 있다. 일본은 동아시아를 떠나서 별도의 문명을 이루고 있다고 한다. 伊東俊太郎, 『比較文明』(東京: 東京大學出版會, 1985) 같은 문명론 개설서, 문제의 저서인 헌팅턴, 『문명의 충돌』(Samuel P. Huntington, *The Clash of Civilizations and the Remaking of World Order*, New York: Simon and

Schuster, 1996)에서도 일본은 동아시아와는 다른 독자적인 문명권이라고 했다. 그러면서 미국과 유럽은 같은 문명권임을 강조해서 말했다. 그것은 적은 분열시키고 동지는 단결하도록 하는 상투적인 작전이다.

일본은 가해자 노릇을 멈추지 않고 갈등을 키운다. 영토 확장을 꾀하고 역사 교과서를 왜곡해 침략을 합리화하면서 패권주의에 대한 미련과 환상을 달랜다. 그 점에서 독일과 아주 다르다고 거듭 지적된다. 독일은 유럽 다른 나라에 피해를 끼친 과거를 진정으로 반성하고 미해결의 문제를 남기지 않아 유럽통합이 가능하게 했다. 일본의 새로운 가해에 대해서 한국과 중국이 자위권을 행사하지 않을 수 없어 동아시아 전체의 유대는 더욱 불분명해지고 있다.

먼 곳에서 동아시아를 잘못 본다고 나무랄 체면이 없다. 동아시아의 모습을 남들이 하는 말을 얻어듣고 겨우 알아볼 수 있다. 동아시아가 하나라는 생각을 안에서는 하지 못하고 있다. 그런 잘못을 바로잡지 않고서는 동아시아가 평화롭지 못하고, 각국의 안정도 기대할 수 없다. 실리적인 계산을 떠나 자기 자신을 그릇되게 알고 있는 것 자체가 크나큰 불행이다.

지금은 국가의 경계를 넘어서 지역 통합을 추구하는 것이 대세이다. 그것이 근대를 넘어서서 다음 시대를 바람직하게 이룩하는 방안이다. 그런데 동아시아는 청산해야 할 낡은 이념에 사로잡혀 고통을 겪고 있다. 통합된 유럽에 상응하는 동아시아 공동체가 생겨날 수 있을지 의문이 아닐 수 없다. 그 때문에 뒤떨어지고 있다는 사실을 바로 알고 깊이 염려해야 한다. 동아시아의 경제적 통합이 이루어지고 있다고 유럽에서 경계하는 것은 지나친 염려이다.

미국까지 합친 유럽문명권의 거대한 덩어리에 일본이나 중국 또는 동아시아의 다른 나라가 단독으로 맞서서 경쟁하겠다는 것은 잘못이다. 승산이 없는 싸움일 뿐만 아니라, 세계사의 바람직한 진행에 어긋난다. 근대 동안의 분열과 갈등을 넘어서서 인류가 다시 화합하는 전환은 중세 동안에 이룩한 문명권 단위의 통합을 재현하는 과정을 거쳐 이루어진다.

동아시아는 중세의 영광에 도취되어 근대를 만들 때 유럽을 따르지 못했다. 그러나 중세문명의 수준이 높고 혜택이 널리 끼치는 데서는 동아시아가 앞섰다. 유럽이 근대를 먼저 이룩한 것은 후진이 선진이 되는 당연한 전환이었다. 그런데 근대를 벗어나 다음 시대를 만들 때에는 근대에 뒤떨어진 쪽이 앞서야 하는 것이 당연하다.

갈등이 증폭되고 있는 영역은 정치이다. 민족의식에 더 깊은 이유가 있다고 하지만, 정치가 들어서 민족의식을 지나치게 격화시킨다. 민족의식을 배타적인 민족감정이라고 하는 것은 부당한 견해이다. 다른 민족을 이해하고 서로 화합하고자 하는 성향도 민족의식이다. 민족의식은 문명권의 동질성, 인류 전체의 보편성과 표리관계를 가지고 바람직한 가치관을 추구하는 선의의 경쟁을 벌여야 한다.

이제 각국의 국사를 넘어서서 동아시아사에 대해 이해하고 연구하는 것이 긴요한 과제로 등장한다. 동아시아사를 국력 우열을 다투는 자리로 여기지 말고 공통된 전개를 문명사의 관점에서 고찰해야 한다. 문명의 공동유산 또는 공유재산의 내력을 살피는 데 그치지 않고, 근대를 스스로 이룩하려고 모색한 과정에 대한 해명을 더욱 긴요한 과제로 삼고 공동의 노력을 하는 것이 마땅하다. 불가피하게 등장하는 유럽문명권과의 비교를 더 잘 하기 위해서도 힘을 합쳐야 한다.

동아시아 각국이 근대를 모색하면서 이룩한 업적은 거의 다 망각되고 폐기되었다. 다시 찾아내 평가하면서 세 가지 긴요한 목표 달성을 위해 활용해야 한다. 동아시아가 여럿이면서 하나이고 하나이면서 여럿인 사실이 역사의 전 과정에서 타당성을 가졌음을 입증하는 것이 첫째 목표이다. 유럽에서 이식한 근대화의 폐해를 시정하는 것이 둘째 목표이다. 근대를 넘어서서 다음 시대로 나아가는 바람직한 방향을 찾는 것이 셋째 목표이다.

중세에서 근대로의 이행기 인식

17세기부터 19세기까지 동아시아도 유럽도 커다란 변화를 겪으면서 근대의 기원을 마련했다. 그런데 변화의 양상을 명명하는 시대구분 용어에서 심한 불균형을 보여 시정이 요망된다. 유럽은 14세기의 문예부흥에서 근대로 들어섰다고도 하고, 17세기에 영국에서 시민혁명이 일어난 다음에 근대사회로 들어섰으나, 동아시아를 비롯한 다른 곳은 20세기에도 전근대사회에서 벗어나지 못했다고 한다. 그런 차등발전론이 아직 커다란 영향력을 행사하고 있어 세계사 이해를 그릇되게 한다.

문예부흥은 중세후기에 일어나서 중세에서 근대로의 이행기가 시작되게 했을 따름이다. 이탈리아는 문예부흥을 겪고 침체기에 들어섰으며, 그 성과를 받아들인 스페인, 프랑스, 영국 등의 다른 나라가 17세기부터 전면에 나서서 근대로의 이행기의 시대변화를 주도했다. 유럽이 문예부흥기를 거쳐 중세에서 근대로의 이행기에 들어선 변화는 동아시아에 비해서 결코 빠르지도 않고 철저하지도 않았다.

문예부흥기의 성격에 관해서는 오랜 논란이 있다가 어느 정도 해결을 보았다. 문예부흥이 근대의 시작이라고 하는 견해가 유행하다가 그 반발로 중세의 연장일 따름이라는 주장이 대두하더니, "문예부흥은 이행기였다"는 견해가 타당하다고 하는 데 이르렀다. 그러면서 문예부흥기의 위치를 단독으로 판별할 수 없고 시대구분을 어떻게 해야 할 것인가 하는 커다란 문제를 해결해야 한다고 했다. 문예부흥에 대한 지나친 평가에 근거를 두고, 유럽은 이미 16 · 17세기에 획기적인 전환을 이룩해 다른 문명권보다 앞서기 시작했다는 주장은 타당하지 않다고 입증되었다.

유럽에서 17세기 이후에 근대가 시작되었다고 하는 견해는 멀리서도 받아들이고 있지만 잘못되었다. 그 시기에 일어난 영국혁명의 성격을 두고 논란이 거듭되다가, 그것이 근대사회를 만든 혁명이 아니고 중세에서 근대로 이행하는 한 과정이었다는 데 대해서는 의견의 일치를 보았다. 1640년의 영국혁명은 시민이 원하지도 않았고, 주도하지도 않았으며, 시민이 주도하는 사회를 만드는 결과에 이른 것도 아니므로 시민혁명이 아니라고 하는 견해가 설득력을 얻고 있다.

그런 연구에서는 영국이 특별히 앞서서 사회변화를 선도했다고 보지 않고, 같은 양상의 위기가 다른 나라에서도 일제히 조성되었는데, 영국은 왕권이 미약해서 감당하지 못한 것이 특수한 사정이었다고 한다. 국왕의 세금 확대에 반대하는 귀족과 불만에 찬 하층민이 연합해서 반란을 일으켰다고 한다. 절대왕정이 미약해서 통제력을 상실한 탓에 상하층의 불만을 누르지 못하고 있을 때 종교적인 극단주의가 편승해서 폭발적인 사태가 벌어졌다.

영국, 프랑스 등의 유럽 선진국에서는 시민혁명과 산업혁명이 일어나서 19세기 중엽에 귀족을 대신해 시민이 주도하는 근대사회가 되었다. 1848년에 일어난 프랑스의 2월혁명이 경계선이라고 할 수 있다. 그러나 동유럽 각국에서는 그런 변화가 지연되어, 1914년까지 경제적 우위, 정치적 주도권, 문화적 우월성을 유지하던 귀족이 근대화를 이룩하는 과업을 시민에게 내주지 않고 스스로 맡아 나섰다.

유럽에서는 중세가 끝나자 바로 근대에 들어섰다고 하는 것은 잘못이다. 유럽의 최선진국에서 일어난 변화를 따르지 못한 곳은 모두 예외로 처리해야 한다는 것은 억지이다. 시대구분에서 나타나는 유럽문명권중심주의를 극복하고, 세계사의 전개를 총괄해서 파악하는 새로운 관점을 확보하는 데 동아시아가 적극 기여해야 한다.

전근대와 근대, 중세와 근대 두 시대만 있다고 하면, 그 둘의 경계를 긋는 것이 문제이다. 근대가 시작된 시기부터 근대라고 할 수도 있고, 중세가 끝난 시기부터 근대라고 할 수도 있는 두 가지 기준이 생긴다. 유럽의 경우에는 근대가 시작된 시기가 근대라고 하는 관점을 택해 14세기부터 근대라고 하고, 다른 곳에서는 전근대 또는 중세가 끝난 시기가 근대라고 하는 다른 관점을 택해 20세기도 아직 근대가 아니어서 근대화에 힘써야 한다고 한다.

같은 시대의 중국과 유럽을 비교하면서 "late imperial China and early modern Europe"이라고 하는 말을 쓰는 것을 흔히 볼 수 있다. 그렇게 해서 중국에서는 왕조의 시대가 끝나갈 때 유럽에서는 근대가 시작되었다고 하면서, 둘 사이에 상당한 격차가 있었던 것처럼 보이게 하는 것은 잘못이다. 중국은 중세와 더불어 운명을 같이 하고, 유럽은 근대로 나아가는 새 길을 연 점이 서로 다르다고 한다. 그러나 왕조시대가 끝나가는 것도 근대가 시작되는 것도 유럽이나 중국에서 함께 일어난 일이다. 발전이 빠르고 더딘 것은 같은 시대 안에서 생긴 격차이지, 시대가 서로 달랐다고 할 증거는 아니다.

17·18세기의 유럽뿐만 아니라 아시아 또한 'early modern'의 시기에 들어섰다고 하면서, 그 둘을 대등한 위치에서 비교한 업적이 있어 새로운 시각을 보여준다. 그 시기에 양쪽 다 국가통치가 위기에 이르고 변란이나 혁명이 빈번하게 일어난 공통점이 있었다고 한 것은 주목할 만한 일이다. 그러나 동아시아 역사의 한 시기를 같은 이름으로 지칭하는 데는 상당한 난점이 있다.

'early modern'이라는 말은 번역해 사용하자면 '전기근대'라고 해야 하는데, 그 말은 생소하다. 동아시아도 17세기에는 '전기근대'에 들어섰다고 하는 견해를 펴면 동아시아 각국에서 쉽사리 받아들이지 않으면서, 유럽의 전례를 무리하게 이식하지 말라고 할 수 있다. 또한 '전기근대'라는 말을 일반화해서 사용하면 그 시대가 근대로 이어진 측면에만 일방적인 의의를 부여하고 중세의 연속된 면은 도외시해 형평을 어길 염려가 있다.

일본에는 중세에서 근대로의 이행기를 '近世'라고 일컫는 용어가 정착되어 있다. 그 용어를 널리 사용하면 '중세에서 근대로의 이행기'라고 길게 말하는 번거로움을 피할 수 있다. 그러나 '近世'는 일본사의 특수성을 유럽사와의 비교를 통해 부각시키는 데 사용되는 용어이다. 유럽은 17세기 이후에 이미 화폐경제 시대인 '近代'에 들어섰지만, 동시대 다른 곳은 아직 '中世'였으며, 일본만은 중세의 지배체제와 근대의 화폐경제가 공존하는 특수성이 있어 '近世'라고 따로 명명해야 한다고 한다.

일본에서 말하는 '近世'를 영어로 옮기면 'early modern'이라고 할 수밖에 없다. 일본사에 관한 영문서적에서 그 말을 흔히 내세운다. 일본사에 관한 영어 저술에서는 일본만 유럽과 함께 'early modern'의 시대에 들어섰다고 한다. 일본의 용어 '近世'나 일본사에 적용된 영어 용어 'early modern'은 유럽사가 세계사의 척도라고 하는 유럽문명권중심주의를 합리화하는 데 쓰이고 있어 널리 받아들일 수 없다.

'전기근대'나 '近世'는 각기 그런 문제점이 있으므로, 그 대신에 '중세에서 근대로의 이행기'라는 용어를 일반화해서 사용하고자 한다. 이 말이 무엇을 말하는가는 오해의 여지없이 전달된다. 말이 너무 길어진 결점이 있어도 뜻이 명확한 이점이 앞선다. 17・18세기 전후의 시기가 중세에서 근대, 또는 봉건주의에서 자본주의로 이행한 시기라는 것은 유럽학계에서도 널리 통용되고 있는 견해이다.

경제사의 관점에서 규정하면, 중세에서 근대로의 이행기는 상업자본주의의 시대이다. 상업자본주의는 그 뒤에 오는 산업자본주의처럼 지배적인 산업일 수 없었으며 자본주의화하지 않은 농업과 공존했다. 자본주의의 주역인 시민이 대두해서 상당한 활동을 했지만, 자본주의화하지 않은 농업의 지배자인 귀족의 우위를 부정하지 못했다.

그런 사실을 더욱 복합적으로 파악하려면 경제사에서 한 단계 더 나아간 사회경제사가 필요하다. 귀족 지배의 신분사회였던 중세가 시민 우위의 계급사회로 바뀌어 근대가 되는 중간과정이 중세에서 근대로의 이행기이다. 신분사회와 계급사회, 귀족의 지배와 시민의 우위가 복잡한 양상을 가지고 얽힌 시대이다.

유럽과 동아시아가 같은 시기에 중세에서 근대로의 이행기였다는 사실을 명확하게 하고 비교논의를 진행해야, 공통점과 차이점이 실상대로 파악된다. 중세에서 근대로의 이행기가 세계사의 보편적인 시기였다고 해야, 유럽문명권중심주의의 그릇된 역사관을 시정할 수 있다. 중세에서 근대로의 이행기는 근대가 시작될 때부터 중세가 끝날 때까지의 시기이다. 근대가 시작되었다고 해서 중세가 끝난 것은 아니다. 사회의 어느 한 면에서 시작된 근대가 전면적으로 확대되어 중세를 청산할 때까지 여러 세기가 걸렸다. 그 점에서 유럽도, 동아시아도, 그 밖의 다른 문명권도 동일하다.

중세에서 근대로의 이행기는 빠른 곳에서는 14세기에, 대개는 17세기에, 늦은 곳에서는 19세기 또는 20세기에 시작되었으며, 빠른 곳에서는 19세기에, 대개는 20세기에 끝나고, 늦은 곳에서는 아직 끝나지 않았다고 일반화해서 말할 수 있다. 중세에서 근대로의 이행기는 세계사의 공통된 시대이다.

중세에서 근대로의 이행기를 이해해야 동아시아의 근대가 스스로 준비되고 있었음을 알 수 있다. 유럽문명권의 도전과 충격이 닥쳐와 근대화의 방향이 준비된 것과 달라졌다. 지금은 근대화의 방향을 시정하면서 다음 시대로 나아가야 할 때이다. 폐기된 설계를 찾아내 참고로 삼으면서 필요한 것은 되살려야 한다.

근대화는 서양화여야 한다는 것은 잘못이다. 이 말은 누구나 한다. 그러나 서양의 근대화를 받아들여 동아시아에 맞게 수정하거나 동아시아 전통에 입각한 변형을 할 필요가 있다는 정도의 논의가 그 뒤를 잇는다. 그래보았자 마땅한 해결책이 생기지 않는다고 여기는 쪽에서는 극단적인 자위책을 택하고자 한다. 근대화를 추구하는 것 자체가 결국 서양 추종이므로 그만두어야 한다고 한다. 근대화를 가치의 척도로 삼고 우리 역사를 연구하는 허상 추구는 그만두어야 한다고 하기도 한다.

모르면 미혹에 빠지므로 알 것을 알고 말을 해야 한다. 동아시아는 언제나 중세에 머무르고 있지 않았다. 서양은 중세에서 바로 근대로 들어서지 않았다. 서양이라고 일컬어지는 유럽문명권과 함께 동아시아문명권 또한 유사한 시기에 중세에서 근대로의 이행기에 들어서서 필요한 노력을 각기 진행했다는 사실을 알아야 한다. 유럽문명권의 침공 때문에 좌절된 독자적 발전의 길을 되살려야 근대화를 바람직하게 이룩하고 한 걸음 더 나아갈 수 있다. 그래야 근대를 넘어서서 다음 시대로 나아가는 지혜를 얻을 수 있다.

근대의 장점을 살리고 폐해를 줄이는 것이 근대화를 바람직하게 이룩하는 길이다. 동아시아 각국에는 정신적 가치를 근거로 삼는 협동정신이 살아 있어 사태가 낙관적이다. 거기다 보태 중세 부정의 부정을 시도해야 한다. 중세 동안에는 이상적인 수준에서 추구하던 보편주의의 가치관을 현실에서 구현하면서 근대를 넘어서서 다음 시대로 나아가는 것이 마땅하다.

신분사회에서 평등사회로

신분과 계급은 역사 이해에서 핵심적인 의의를 가진다. 신분이 생겨났다가 없어지고, 신분 대신에 계급이 등장한 것이 어느 곳의 역사에서든지 공통되게 나타난 현상이다. 유럽의 경우에는 이에 관해 많은 논의가 있었으나 동아시아는 그렇지 못하다. 반성하고 분발하지 않을 수 없다.

그러나 유럽에서 한 작업을 따르면 동아시아 연구의 과제가 해결되는 것은 아니다. 유럽에서도 개별적인 연구를 총괄하는 작업은 제대로 이루어지지 않았다. 여러 문명권의 경우와 비교해 논하면서 세계적인 범위의 일반이론을 만들어내는 작업은 유럽에서는 하지 않고 있어 동아시아가 나서야 한다. 동아시아의 경우를 통괄해서 고찰하고 국가끼리 비교도 해서 세계사를 다시 이해하는 출발점을 마련해야 한다.

중세는 신분사회이고, 근대는 계급사회이다. 그 중간의 중세에서 근대로의 이행기는 신분사회가 계급사회로 바뀌면서 그 둘이 겹쳤다. 이처럼 명백한 사실이 지금까지 제대로 인식되지 못했다. 신분과 계급 가운데 어느 하나를 택하고 다른 것은 버리는 편향성을 가지고 논란을 벌여 그 둘의 관계를 밝히는 이론이 이루어지지 못했다. 중세와 근대를 각기 연구해 이행기를 제대로 알 수 없었다. 이런 잘못을 시정하는 작업을 『소설의 사회사 비교론』 2(서울: 지식산업사, 2001)에서 시도한 바 있어 가져와 논하기로 한다.

신분사회에서 계급사회로 넘어온 것은 세계사의 보편적인 과정이다. 유럽에서는 일어난 일이 동아시아에서는 일어나지 않았다고 하는 오해를 불식해야 한다. 아시아는 일찍이 위대한 역사를 이룩했다가 활력을 잃고 쇠퇴했으며 발전은 오직 유럽에서만 있었다는 편견을 바로잡기 위해 아시아를 변호하는 것이 능사가 아니다. 여러 문명권을 함께 다루어 일반이론을 마련해야 한다. 유럽문명권중심주의에 사로잡힌 근대학문의 잘못을 시정하는 대안 제시가 주도권 교체가 시작된 증거이다.

사람을 '士・民' 또는 '官・民'으로 구분해 '士' 또는 '官'이라고 하는 귀족이 '民'이라는 평민을 지배하는 관계는 어디서든지 중세에 마련한 신분제의 핵심을 이루었다. 그러면서 문명권에 따른 차이가 있었다. 동아시아의 '士'는 '官'이 아닐 수도 있는 점이 특이했다. 신분적인 특권을 가지기는 하지만 '민'의 옹호자 노릇을 하는 경우가 적지 않았다. 피지배층을 '農·工·商'으로 나누어 '士·農·工·商'을 '四民'이라고 하면서 중세의 범위 안에서 가능한 평등을 확보하는 데 다른 어느 곳보다 더 나아갔다.

그런데 상업, 수공업, 금융업 등의 영역에서 시장경제가 성장하면서 귀족의 지배가 위태롭게 되는 변화가 일제히 나타났다. 신분제 속의 '工·商'인이 하던 일을, 주어진 규범에서 벗어나 자유를 누리기 시작한 '市民'이 한층 적극적으로 수행하면서 중세에서 근대로의 이행기에 들어섰다. 유럽에서 쓴 'bourgeois' 또는 'Bürger' 즉 '城內 사람'이라는 말보다 '市場 사람'을 뜻한 동아시아의 용어 市民이 지역적인 한계를 넘어선 일반론을 전개하는 데 더 유리하다.

귀족은 士·民으로 구분된 신분사회를, 시민은 貧·富에 따라 나누어진 계급사회를 지배하는 위치에 있다. 시민의 경제력이 귀족의 정치력을 위협하면서 귀족이 수세에 몰리는 데 그치지 않고, 신분사회를 계급사회로 바꾸어놓는 과정에 들어선 시기가 중세에서 근대로의 이행기이다. 그 과정에서 귀족과 시민은 대립하면서 공존하고, 귀족의 시민화와 시민의 귀족화가 함께 이루어지면서, 구체적인 양상은 각기 달랐다. 유럽과 동아시아가 기본적인 공통점을 가지면서 문명권에 따른 차이, 나라마다의 차이가 있었다.

영국에서는 왕권과 맞서온 귀족이 귀족의 신분을 지닌 채 스스로 시민의 생업에 참여했다. 귀족과 시민이 자본주의 발전을 함께 도모했다. 그래서 귀족이 시민문학의 발전에 참여하고, 시민문학이 귀족에 항거하는 혁명성은 가지지 않았다. 프랑스에서는 부유한 시민은 국가 시책에 따라서 귀족의 신분을 획득하도록 했다. 귀족화된 시민이 한 시기 문학을 주도했다. 신분상승에서 제외되어 불만을 가진 시민이 민중 폭동에 편승해 혁명을 일으켜 신분제를 폐지하고 계급사회를 만들었다.

독일에서는 귀족이 강하고 시민은 약해 시민이 귀족을 추종했다. 귀족이 주도해 위로부터 개혁해 근대사회를 이룩했다. 신분제는 폐지했으나 권위주의가 온존한다. 그 때문에 독일의 시민은 귀족과의 화합을 염원했다. 러시아에서는 일부 빈곤해진 귀족이 기존의 체제에 불만을 가지고 시민을 대신해서 사회개혁을 주장하다가 무산계급 혁명의 동조자가 되었다. 러시아에서는 시민혁명은 좌절되고 무산계급혁명이 일어나 신분제를 철폐했다. 사회 비판의식을 가진 귀족이 농민이나 노동자를 위해 봉사하겠다고 나서서 무산계급혁명을 도왔다.

동아시아에서는 시민의 도전을 받아들여 신분제를 개편하는 방안을 더욱 적극적으로 모색했다. 중국과 일본에서 중세에서 근대로의 이행기에 접어들 때 새로운 지배자가 등장해 시대 변화를 받아들이면서 고정시키는 방안을 내놓아 그럴 수 있었다. 중국에서는 신분제를 최상위에서만 유지해, 자기 당대에 과거에 급제한 '紳士'만 지배신분의 혜택을 누리게 했다. 과거 급제에 실패하는 지식인은 불만을 토로하면서 생업을 찾았다. 일본에서는 '町人'이라고 일컫는 시민을 한 신분으로 인정해서, 신분제가 흔들리지 않게 하고, 시민의 경제활동을 보장했다. 일본의 시민은 독자적인 문화 활동을 적극 벌이면서 무엇이든 상품화하는 데 앞장섰다.

월남과 한국의 통치자들은 그런 획기적인 대책을 내놓지 못하고 사태변화를 그대로 방치했다. 월남에서는 신분제를 타파하고 시민의 활동을 자유롭게 하자고 하는 주장이 변란을 통해 구현되다가 취소되었다. 한국에서는 시민의 능력을 가지고 귀족의 신분을 부당하게 취득하는 풍조가 확대되어 신분제가 무력하게 되었다. 두 나라에서는 귀족의 신분을 가졌으면서 그 특권은 누리지 못하는 지식인이 시민의 관심사나 농민의 요구를 받아들였다.

근대에 이르는 사회 전체의 변화는 신분제 내부의 모순을 해결하는 상이한 방향에 따라 구체화되었다. 중국에서는 과거제를 폐지하자 모든 사람이 평민인 평등사회가 되고, 한국에서는 누구나 귀족이 되는 상향평등이 이루어진 것이 다르다. 중세문명의 유산이 중국에서는 극력 폄하되고, 한국에서는 더욱 평가되는 반대의 현상이 그 때문에 더욱 촉진되었다.

일본에서는 신분제의 유산을 그대로 지닌 채 체제 변혁을 염원하던 귀족이 새 시대를 맞이해 자본주의 발전을 이룩하는 데 시민보다 오히려 적극적으로 기여했다. 월남은 민족해방투쟁을 전개하는 과정에서 귀족 출신의 지식인이 민중과 동화되면서 민중을 이끌었다. 일본은 유럽의 근대를 받아들여 그대로 재현하기를 바라고, 월남은 식민지 통치자가 요구한 유럽 추종을 거부하고 다방면에 걸친 민족항쟁을 일으켰다.

신분제를 폐지하고 평등사회를 이룩하는 전환이 유럽에서만 이루어진 것은 아니다. 신분제에 묶여 있어 뒤떨어진 동아시아를 발전시키기 위해서는 유럽의 전례를 따르는 것 외에 다른 길은 없다는 주장은 잘못되었다. 양쪽이 같이 출발했다가 처지가 달라진 내력을 알고, 중단된 노력을 되찾아 이어야 한다.

철학에서 시도한 혁신

중세에서 근대로의 이행기 동안에 동아시아에서는 사상을 혁신하는 철학을 다채롭게 창조했다. 17세기에 시작해 19세기까지, 어느 한 곳에 치우치지 않고 여러 나라에서 그런 일이 일제히 일어났다. 그 내역을 동시대 유럽의 계몽철학과 비교해 평가할 필요가 있다. 이에 관해서 『철학사와 문학사 둘인가 하나인가』(서울: 지식산업사, 2000)에서 고찰한 성과를 가져와 활용한다. (이와 관련된 논의를 제6권 제12강에서도 했다.)

그 내력을 보자. 중국에서는 王夫之(1619-1692)와 戴震(1724-1777), 한국에서는 任聖周(1711-1788), 洪大容(1731-1783), 朴趾源(1737-1805), 崔漢綺(1803-1877)가 氣일원론을 기본 내용으로 한 새 시대의 사상을 이룩했다. 유구의 蔡溫(1682 -1761), 일본의 安藤昌益(1703-1762), 월남의 黎貴惇(1726-1783) 또한 그렇게 하는 데 동참해 긴요한 기여를 했다.

동아시아는 유럽에 비해 교통이 불편한 곳이어서 국경 넘어서까지 교류하지는 못했으면서도, 동아시아 다섯 나라의 이들 사상가들은 시대정신 구현의 공동과업을 수행했다. 朱熹의 理氣이원론과는 다른 氣일원론을 전개해, 관념에서 현실로 관심을 돌리면서, 지배질서를 옹호하는 윤리적 규범 대신에 민중이 살 수 있게 하는 대책을 찾고자 하는 일을 함께 했다.

중세에서 근대로의 이행기 유럽과 동아시아의 혁신사상가들은 같은 길로 나갔다. 어느 한쪽만 대단하게 여겨 다른 쪽은 무시하지 말고, 양쪽을 함께 살펴 공동노선을 확인해야 한다. 유럽에서는 계몽사상을, 동아시아에서는 氣철학을 일으킨 점이 서로 달랐다고 하는 것은 피상적인 이해이다. 유럽의 계몽사상도 氣철학을 體로 삼고, 동아시아의

氣철학도 계몽사상을 用으로 삼았는데, 한쪽은 用을 다른 쪽은 體를 일컬어 서로 다른 것처럼 보일 따름이다.

계몽사상의 근거는 氣철학에 있고, 氣철학의 효용은 계몽사상이라는 사실을 바르게 이해하는 데 氣철학에 대한 무지가 커다란 장애가 된다. 氣철학을 유물론이라고 하는 것은 적절하지 못하다. 유럽의 계몽사상가들은 유물론으로 나아가는 과정에 있었다고 하는 견해를 동아시아 氣철학자들에게까지 적용하고, 氣철학을 미숙한 유물론이라고 규정해 혼란을 일으키고 있다.

氣철학의 '氣'와 유물론의 '물질'은 "氣 > 물질"의 관계에 있다. '氣'는 물질은 물론 생명이나 정신까지 포괄하고 있어서, "삶을 누리는 것이 善이다"라고 하는 것이 당연한데, 유물론에서는 그렇게 말할 수 없다. 氣철학은 이성을 넘어선 통찰의 영역까지 나아가는데, 유물론은 이성을 넘어선 영역은 비과학적이라고 배격한다. 유물론은 근대사상의 한 갈래이지만, 氣철학은 근대를 넘어서서 다음 시대를 만들어낼 수 있다.

0·1·2·∞가 서로 다른 것이 아님을 알아서 함께 파악하는 것이 氣철학의 출발점이다. 0을 인정하고, 0이 1 이하의 것들이라고 해야 1 이하의 것들을 만들어낸 창조자가 따로 있다고 하지 않게 된다. 0과 1, 1과 2 사이에 간격이 있어 한쪽은 理이고 다른 쪽은 氣라고 하는 이원론을 부정하고, 양쪽 모두 氣이면서 그 양상에 차이가 있을 따름이라고 한다.

0·1·2·∞를 함께 파악하면서 0보다는 1을, 1보다는 2를, 2보다는 ∞를 더욱 중요시한다. 0이나 1에 이르러 모든 것을 한꺼번에 이해하는 것을 인식의 목표로 삼지 않고, ∞로 펼쳐져 있는 다양한 사물의 구체적

인 양상을 있는 그대로 파악해 실제적인 의의를 발견하고 발현하려고 한다. 그래서 다양한 문제에 대한 구체적인 해결책을 갖춘 계몽사상을 마련했다.

∞의 개별적인 양상을 하나하나 파악하는 것을 능사로 삼지 않고, 개별적이고 구체적인 것들의 성격을 총괄해서 파악하기 위해서 0·1·2·∞로 나아간 과정을 역행한다. ∞를 ∞로 이해하고 마는 수렁에서 벗어나 ∞를 2로 파악하는 것이 차원 높은 인식이다. ∞가 2인 양상은 어느 하나로 정해져 있지 않으므로, 天地, 人物, 貴賤, 男女, 華夷, 詩歌 등을 두루 문제 삼았다. ∞로 존재하는 2 가운데 특히 긴요한 것을 선택해서 논하는 것이 ∞에 대한 인식을 2로 집약하는 방법이다.

天地, 人物, 貴賤, 男女, 華夷, 詩歌 등은 上下의 구분을 공통적으로 지니고 있다. 위에 있어 존귀하다는 쪽과 아래에 있어 비속하다는 쪽이 서로 구분되어 2를 이룬다. 2를 이루는 관계가 上下인 것은 바람직하지 않으므로 시정해야 한다. 下 쪽에서 분발해 上을 공격하는 투쟁을 감행해야 한다. 그 결과 양쪽이 서로 구분되면서 대등하고, 차이가 있기 때문에 서로 필요로 한다는 관계를 확보해야 한다. 上下가 '內外'임을 알아야 한다. 누구나 자기 쪽은 內라 하고, 다른 쪽은 外라고 할 수 있다. 다른 쪽에서는 內外의 구분을 자기와는 반대가 되게 한다는 것을 인정해야 한다. 그렇게 되면 上下가 '互性'이 된다. 차이가 있기 때문에 서로 필요로 하는 관계가 互性이다.

양쪽이 上下여서 벌어지는 싸움과 互性이어서 이룩되는 평화는 양자택일의 관계에 있지 않다. 싸워야 평화를 이룩할 수 있고, 평화는 싸움의 다른 측면이다. 이런 관계를 生克이라고 하는 것이 적절한 명명이다. 평화로운 관계에서 이루어진 생성인 生과 투쟁해서 승패를 나누는

克이 불가분의 관계를 가지고, 서로 원인과 결과가 되는 生克을 경험하면서 인식하고, 이론으로 정립하면서 실천하는 것이 가장 긴요한 과제이다.

0 · 1 · 2 · ∞ 가운데 ∞의 개별적 양상을 있는 그대로 파악하는 것은 이성의 소관이고 과학의 과제이지만, ∞에서 2로, 2에서 1이나 0으로 나아가 모든 것을 총괄하고 일반화하려면 상승의 방법이 필요하다. 그 방법이 무엇이며 어떻게 얻을 수 있는가 하는 문제에 대해서 동서의 사상가들은 서로 다른 접근을 보여주었다. 동아시아의 사상가들은 통찰이 구현되는 양상을 陰陽, 內外, 互性 등으로 일컬었다. 유럽에서는 볼테르가 통찰로 나아가기 위해서는 경험적 인식을 축적하는 것 이상의 질적 향상이 있어야 한다는 점을 강조해서 말했다.

유럽의 계몽사상이 이성을 최대한 존중하고, 이성에 입각해서 사리를 판단한 성과라고 하는 것은 일면적 타당성만 가진 말이다. 이성 이상의 통찰을 가져야 이성이 자기 기능을 제대로 수행할 수 있다. 이성 이상의 통찰을 신앙의 영역으로 내맡겨두지 않고, 이성 이상의 통찰을 부정하는 일차원적인 경험주의나 속류의 유물론에 빠지지 않으면서, 이성을 그 하위 개념으로 하는 통찰을 찾는 것이 긴요한 과제였음을 볼테르의 경우를 들어 입증할 수 있다.

동아시아에서는 이성에 대한 인식이 없어 계몽사상을 이룩하지 못했다고 하는 것은 더욱 부당한 견해이다. 理氣의 理가 이성이라고 하자는 것은 아니다. 理를 따로 구하지 않고 氣 자체에서 찾아내는 格物致知의 능력이 유럽철학에서 말하는 이성이다. 초월이냐 이성이냐, 감성이냐 이성이냐 하는 두 가지 대립항에서 이성이 문제된다. 초월이냐 이성이냐는 理氣가 둘인가 하나인가 하는 시비이다. 理氣가 둘이면 理는

氣에서 벗어나 있으므로 초월의 영역이다. 理氣가 하나이면 理는 氣 자체의 원리이므로 이성으로 파악된다. 理氣가 하나라고 한 氣일원론은 이성을 신뢰하고 과학을 요구했다. 합리적인 인식과 실천적 활동으로 사회를 바로잡고자 노력했다.

동서의 계몽철학에서는 이성을 그 자체로 문제 삼지 않고, 현실 문제를 인식하고 해결하는 구체적인 사명을 이성의 힘으로 수행했다. 그렇게 해서 이성이 공허한 개념에 머무르지 않고 실질적인 기능을 수행하게 했다. 이성의 능력을 더욱 고양시켜 그 이상의 영역으로 나아가고자 했다. 이성은 인식의 능력이고 대상이 아니므로, 이성이 무엇인가 하는 문제를 특별히 제기하지 않았다. 이성 자체를 검증의 대상으로 삼은 것은 인식의 발전인 것 같지만 후퇴이다. 이성의 능력을 고양시켜 통찰에 이르는 절차와 방법을 해명하는 것이 가능하고 필요하다. 任聖周가 '氣一分殊'를 말하고, 崔漢綺가 '一元'과 '萬物'의 관계를 '運化學'의 관점에서 파악하는 길을 제시하고자 한 것이 그런 노력이다.

통찰로 나아가는 길은 대상이 아닌 주체인 통찰이 무엇을 얻었는지 실제로 보여주어야 제시할 수 있다. 동서의 계몽주의자들은 그렇게 해서, 방법론이 존재론이고, 인식론이 실천론이게 했다. 그 때문에 철학을 제대로 하지 않았다고 비난하는 것은 잘못이다. 철학을 한다고 특별히 내세우지 않아 철학이 죽지 않고 살아 있게 했다. 內外니 互性이니 하는 총괄개념은 실질적인 내용을 되도록 넓게 집약하기 위한 방편에 지나지 않으므로, 실상을 파악하기 위한 안내자로 사용해야 한다.

홍대용과 박지원은 '人'과 '物'의 구분을 문제 삼아 사람과 동물 사이의 차등이 도덕 유무에서 유래한다는 주장을 부정하고, 사람이든 동물이든 "삶을 누리는 것이 善"이라는 점에서 서로 다를 바 없으며,

삶을 누리는 방식은 상대적인 의의를 가진다고 했다. 문명권의 중심부는 위대하고 주변부는 저열하다고 하는 華夷의 구분을 상대화해서 누구나 자기는 華이고 다른 쪽은 夷라고 하는 것이 당연하다고 했다. 그 둘이 內外論의 가장 중요한 내용을 이룬다.

安藤昌益은 貴賤과 男女 가운데 어느 한쪽은 존귀하고 다른 쪽은 저열하다고 하는 차등론을 비판하고, 지위나 성별이 다른 쌍방은 서로를 필요로 하고, 서로 돕는 관계여야 한다고 했다. 양자가 그런 관계를 가지는 것이 互性이다. 內外와 互性은 같은 현상을 다른 측면에서 거론한 말임을 내용을 보고 판단할 수 있다. 쌍방이 각기 자기를 주체로 하고 상대방을 대상으로 할 수 있으니 內外이고, 쌍방이 서로 필요로 하고 있으니 互性이다.

"삶을 누리는 것이 善"이라는 주장은 유럽에서도 라블래(Rabelais)가 먼저 펴고, 볼테르(Voltaire)와 디드로(Diderot)가 뒤를 이었다. 그것은 유럽의 氣철학이어서 동아시아의 경우와 기본발상이 다르지 않았다. 삶을 긍정해야 하는 이유를 밝히는 데서는 동아시아가 한 걸음 더 나아갔으나, 그렇게 해서 기존 종교의 편견을 시정하는 충격은 유럽 쪽이 더 컸다.

유럽의 氣철학은 기독교가 유럽인의 우월성을 보장해준다는 생각을 배격하는 근거가 되었다. 볼테르는 자기 종교를 일방적으로 존중하고 다른 종교는 배격하는 편협성, 유럽인의 우월의식을 가지고 다른 문명권 사람들을 멸시하는 태도를 버려야 한다고 했다. 디드로는 그릇된 사회를 개조하기 위해서 싸워야 한다고 했다. 이것이 또한 內外論이고, 互性論이다. 유럽의 계몽주의자들은 주장하는 바를 총괄하는 작업은 스스로 하지 않고 오늘날의 연구자에게 넘겨주었으므로, 이런 논의를 첨부할 수 있다.

氣철학에서 善이란 지향해야 할 목표가 아니고 삶을 누리는 행위 자체라고 한 것은 가치관의 대전환이고, 기존질서를 뒤집어놓을 만한 논리를 갖추었다. 삶을 유린하는 것이 악이라고 규정하고 악의 실상을 파헤칠 수 있었다. 신분적 특권과 관념적 사고를 내세워 권력자가 백성의 삶을 유린하는 것을 고발할 수 있었다. 거기까지 나아가는 작업은 많은 제약이 있어 미완으로 남겨두었으므로 힘써 이어받아야 마땅하다.

그런데 다음 시기에 유럽의 근대철학을 받아들여 단절과 혼란이 일어났다. 동아시아에서 하던 철학은 망각하고 배격해 미완의 과제를 수행하지 못하게 되었다. 그뿐만 아니라, 크게 발전된 학문이라고 하는 근대철학이 그 자체로 심각한 결함을 지녔다. 계몽철학의 문제 제기를 대폭 취소하는 대가로 공인된 학문으로 자리 잡고, 관할 범위를 이성의 능력 자체 점검으로 축소했다. 널리 관심을 가질 만한 논란거리는 철학의 소관사가 아니라고 해서, 계속 생겨나는 다른 여러 학문에서 되도록 세분화해 나누어 가졌다.

고유한 영역과 방법을 분명하게 하는 것이 철학에서 할 일이라고 하면서, 생소한 개념과 난삽한 논리로 아성을 쌓고 장벽을 높여 접근을 막는다. 그런 작업을 각기 다른 말로 하는 새로운 경향이 계속 나타나 걷잡을 수 없다. 그럴듯한 주장을 내세우는 비판철학이 없는 것은 아니지만 이식하려고 애쓰다가 자생적인 논란을 잠재우게 된다. 어느 한 구석이라도 제대로 이해하려고 대단한 노력을 바치다가 뜻을 이루지 못하고 극도의 근시가 되어 전후좌우를 판단할 능력을 상실하는 것을 흔히 볼 수 있다.

이제 우리는 수입학을 넘어서서 창조학을 해야 한다. 근대를 극복하고 다음 시대로 나아가는 철학을 하는 것이 최대의 창조학이다. 중세철학의 체계에서 제시한 生의 원리와 중세에서 근대로의 이행기철학에서 내놓은 克의 반론을 합쳐서, 生克의 양면을 온전하게 하는 것이 그 기본과업이다. 그렇게 하기 위해서 이성의 권능을 되찾아야 하는 것은 아니다. 이성에서 통찰로 나아가고, 철학과 문학을 함께 해서, 철학이라는 것이 따로 없어 사람이 살고 활동하는 모든 행위가 철학일 수 있게 해야 한다.

근대를 극복하고 다음 시대로 나아가고자 하는 지금의 노력으로 다음 시대를 바로 이룩할 수 없다. 그렇게 하기에는 시기상조이고 역부족이다. 실제로 가능한 작업은 근대에서 다음 시대로의 이행기를 시작하게 하는 것일 따름이다. 근대에서 다음 시대로의 이행기에 들어서기 위해서는, 근대를 부정하고 그 전 시대인 중세에서 근대로의 이행기를 긍정하고 계승해야 한다.

중세를 극복하고 근대를 이룩하기 위해 고대를 계승한 것처럼, 근대를 넘어서는 다음 시대에는 중세를 계승하는 것이 당연한 일이다. 그러나 그런 비약을 한꺼번에 이룩할 수 없다. 중세를 계승하기 전에 중세에서 근대로의 이행기부터 계승해서 근대로 들어온 길을 되돌아나가면서 근대에서 벗어나야 한다. 중세에서 근대로의 이행기에 제시한 미래상 가운데 근대에 와서 실현되지 않고 버린 것을 근대를 넘어서서 다음 시대로 나아가는 지침으로 삼을 수 있다.

과거는 현재의 잘못을 시정하고 바람직한 미래를 창조하는 지침일 수 있다. 이렇게 보는 것은 순환사관이면서 발전사관이다. 순환이 발전이면서 발전이 순환인 진실을 명확하게 하는 것이 정당한 사관이다. 고대, 중세, 중세에서 근대로의 이행기, 근대, 근대에서 다음 시대로의 이행기, 다음 시대로 역사가 진행된다는 것은 발전사관이다. 그러면서 근대는 고대를, 근대에서 다음 시대로의 이행기는 중세에서 근대로의 이행기를, 다음 시대는 중세를 재현한다고 하는 것은 순환사관이다. 재현한다는 것은 발전을 이룩하기 위한 재창조이다. 그래서 순환이 발전이고 발전이 순환이라고 하는 것이 生克論에 포함된 기본명제의 하나이다.

과거는 미래일 수 있다. 중세에서 근대로의 이행기가 근대를 넘어서서 다음 시대로 나아가는 출발점을 설정하기 위해 긴요한 구실을 한다. 중세에서 근대로의 이행기를 이룩한 선각자들의 노력을 오늘에 되살려 근대를 넘어서는 다음 시대를 만들어야 한다.

동아시아학문을 위하여

유럽의 학자들은 자기 학문을 하면서, 자기 나라의 학문을 하고, 또한 유럽의 학문을 한다. 유럽 통합이 이루어지면서 자기 학문을 새롭게 해서 유럽의 학문으로서 더 큰 의의를 가지도록 하는 쪽으로 노력을 기울인다. 동아시아 학자들은 자기 나라의 학문을 해야 하는 임무를 너무 크게 여겨 자기 자신의 독자적인 학문을 창출하지 못하고 동아시아학문을 이룩하려고 하지 않는다. 이제 생각을 고쳐 동아시아학문을 새롭게 이룩하는 작업에 역량을 발휘해야 한다.

동아시아 각국은 학풍이 너무 달라 보조를 맞추어 공동의 노력을 하기 어려울 것 같다. 그러나 바로 이 점이 커다란 희망을 가질 수 있는 이유이다. 상극이 상생이게 해야 창조력이 커진다. 동아시아 각국이 각기 지닌 특징을 살려 동아시아학문을 바람직하게 이룩하는 설계를 제1권 제12강에서 제시한 것을 간추려 옮긴다.

일본 학계는 정밀한 고증을 장기로 삼고 있어 한국은 도저히 따르지 못한다고 절망할 것은 아니다. 과감한 구상과 시도는 일본에서 하지 못하고 한국에서는 한다. 내가 정립하는 이론도 그 가운데 하나이다. 그러면서 한국 학자들이 하는 작업은 논증이 엉성하고 마무리를 제대로 하지 못한다. 한국 특유의 장단점을 일본과 밀접한 관계를 가지고 제공하면서 보완하는 공동 작업을 하는 것이 마땅하다.

한·일 학계가 합작해도 결격사유가 남아 있어, 중국과 월남의 참여가 반드시 요망된다. 중국이 할 수 있는 가장 큰 기여는 여러 민족이 공존하고 문화 교류를 큰 폭으로 해서 얻은 다양한 문화체험을 제공하는 것이다. 월남이 세계 최강자들을 격퇴한 놀라운 승리에서 동아시아인의 자부심을 확인하고 학문의 영역에서도 실현하기 위해 함께 노력하는 것이 마땅하다.

정밀한 고증, 과감한 구상, 다양한 문화체험, 놀라운 승리는 서로 아주 다르다. 학문을 하는 방법이나 원천 가운데 이만큼 이질적인 것들을 더 생각해내기 어려워 각기 소중한 가치를 가진다. 서로 전해주고 받아들여 자극으로 삼고 발전의 동력이 되게 하는 교류를 대등하게 할 수 있다. 상극이 상생이게 해서 커다란 창조력이 발현되는 감격을 함께 누릴 수 있다. 그 결과로 이룩되는 동아시아학문은 널리 모범이 되고 세계학문을 바람직하게 이끌 자격을 갖춘다.

학문의 목표는 유럽학문도 동아시아학문도 아니고 세계학문이다. 유럽학문은 곧 세계학문이므로 다루는 범위를 확대해 타당성을 검증하는 절차가 필요하지 않다고 여기는 것은 잘못이다. 유럽문명권중심주의의 편견에서 벗어나지 못해 세계학문일 수 없다. 우리가 바라는 동아시아학문은 유럽학문과의 논쟁을 거치고 상극인 학풍이 상생이게 해야 이룩되므로 편협한 사고에 사로잡힐 가능성이 적다.

동아시아학문은 세계학문으로 나아가야 한다. 연구의 범위를 동남아시아나 남아시아까지 확대하고, 더 넓은 세계에 대해서도 적극적인 관심을 가지고 명실상부한 세계학문을 이룩하기 위해 노력해야 한다. 역사는 종말에 이르렀다는 허위진술을 배격하고, 인류의 미래를 바람직하게 설계하는 지혜를 제공해야 한다.

논란거리

안동대학교에서 이 글을 발표할 때 지정토론자 네 교수, 일반토론자 몇 분이 많은 것을 지적하고 내가 응답했다. 토론은 저녁 식사를 하는 자리에서도 계속되었다. 특히 중요한 사항에 관한 문답을 정리한다. 순서를 재조절하고 말을 가다듬으면서 허점을 보완한다.

문: 동아시아문명의 동질성이 무엇으로 이루어져 있는가?

답: 공동체의 결속, 의리의 윤리관, 학문 존중이 한문문명을 이루는 내용 가운데 특히 소중하다. 그 근저에 생활방식의 동질성이 있다. 메주 간장으로 간을 맞추어 쌀밥을 먹으면서 젓가락을 사용하는 곳이 동아시아이다. 동아시아 사람들은 식성에서 촌수가 가까운 것을 멀리 다른 문명권에 가서 겪어보면 절감하게 된다. 그 위에 가치관이나 사고방식의 동질성이 있다.

문: 동아시아문명의 동질성이 우리에게 무슨 소용이 있는가? 민족문화 발전을 저해하지 않았는가?

답: 우리 한국이 그 정수를 잘 이었다. 공동체의 결속, 의리의 윤리관 계승도 남다르게 잘 하고 있지만, 학문 존중을 열심히 이어받아 오늘에 이른 것이 자랑스럽다. 김홍도의 풍속도에 돗자리를 짜는 부모 곁에서 아이가 글공부를 하는 장면이 있다. 힘들게 살아가면서도 자식을 가르치고, 자식이 부모의 뜻을 잘 따랐다는 것을 알려준다. 그런 기풍이 오늘날까지 이어진다. 귀천이나 빈부의 차이를 넘어서서 글을 숭상하고 누구나 최상의 공부를 하려고 하는 것이 우리의 능력이고 희망이다. 동아시아문명의 공동 유산을 민족문화의 역동적인 기풍으로 재창조해 적극 활용하는 것이 마땅하다.

문: 동아시아를 지나치게 미화하는 것이 아닌가?

답: 학자가 심판이나 해설가라면 시비를 객관적으로 가리고, 장단점 비교론을 근거 있게 전개해야 한다. 학자가 선수라면 자기 능력을 향상할 밑천을 최대한 찾아내 효용을 극대화해야 한다. 신중한 심판이나 박식한 해설가만 있고 용감하게 나서는 선수는 없는 우리 학계를 그대로 두고 볼 수 없다. 내가 먼저 선수로 나서서 선수가 더 있어야 국제경기에 출전할 수 있다고 외친다.

문: 유럽에서 한 것을 동아시아도 해야 하고, 동아시아가 더 잘해야 한다고 한 것은 이중으로 잘못되지 않았는가?

답: 배타적인 주권을 가진 근대민족국가를 만들고, 국가를 넘어서서 문명권의 통합을 이루는 두 가지 전환을 유럽에서 먼저 하고 동아시아가 뒤따른다는 것은 실제의 사실이고 내가 지어낸 말이 아니다. 첫째 전환을 동아시아에서도 하고 있었는데 유럽이 앞서서 유럽의 선례를

받아들여야 했다. 둘째 전환에서도 뒤떨어지는 것은 너무 억울하므로 정신을 차려야 하고, 이번에는 앞서서 근대 다음의 시대를 바람직하게 만들어야 한다는 것이 나의 주장이다.

문: 둘째 전환에서 앞설 가능성이 있는가? 정치적 분열과 대립이 심각한 동아시아가 통합될 수 있는 가능성이 있는가?

답: 정치는 화합하자고 하면서 분열을 확대한다. 경제는 경쟁력을 키우기 위해 통합의 방법을 쓴다. 동아시아 경제의 통합을 주목하고 검토하는 연구를 유럽 쪽에서 열심히 하고 있다. 학문이나 문화는 정치 싸움에 동원되어 고유한 가치를 상실하지 말고 동아시아가 하나이게 하는 데 적극 기여해야 한다. 나는 이 일의 일부를 맡아 동아시아문명의 과거를 이해하고 미래를 설계하는 이론의 틀을 만들려고 분투한다.

문: 그것을 중국이나 일본에서 받아들이겠는가?

답: 국가에서 받아들여야 한다고 생각하는 것은 잘못이다. 이해하고 동조하면서 자기 나름대로의 작업을 해서 토론에 회부하는 학자들이 늘어나기를 바란다. 우선 함께 노력하는 국내의 학자들이 많이 있어야 한다. 각자 전공에 따라 동아시아문명사의 어느 국면을 이룩하는 창조 작업을 열심히 하기 바란다.

문: 중세보편주의, 근대민족주의 같은 개념을 너무 쉽게 사용한다. 시기나 나라에 따라 갖가지로 달라져온 논란을 소상하게 알고 면밀하게 살펴야 한다. 민족주의라고 하는 것이 nationalism인지, 국민주의인지, 국가주의인지, 아니면 다른 무엇인지 밝혀 논해야 한다.

답: 사학자는 구체적인 사실을 자초지종 말해야 하므로 발언을 길게 한다. 나는 간략하게 대답하겠다. 수많은 학설이 있어 혼선을 빚으므로 어느 것을 따를 수 없고 내 학설을 등록해 시비를 가리고 논의의 진전을 기대한다. 근대민족주의는 중세보편주의와 짝을 이룬다. 중세보편주의는 문명권 전체의 보편적인 이상을 함께 받드는 사람은 누구나 대등하다고 하면서 신분의 차이가 있는 것이 또한 당연하다는 사고형태였다. 근대민족주의는 보편적인 이상의 존재 영역을 문명에서 민족으로 바꾸어 민족의 구성원은 누구나 대등하다는 주장을 신분을 철폐하고 평등을 지향하는 사회에서 이룩하고자 하는 사고형태이다.

문: 17세기부터 19세기까지 이른바 자본주의의 맹아가 있었다는 견해가 한 때 관심을 끌었으나 이제 와서는 허구로 판명되었다. 그런데도 중세에서 근대로의 이행기를 말할 수 있는가?

답: 시대변화를 경제사의 관점에서 파악하면서 자본주의의 성장을 결정적인 사항으로 보는 견해는 서부유럽이 앞선 이유를 밝히고 다른 곳들과의 차이를 강조하는 데 쓰였다. 자본주의의 성장보다 신분제가 해체되고 평등사회가 형성된 것이 더욱 긴요하다고 여겨 기본 관점을 바꾸어야 유럽에서도 동부유럽까지 함께 다룰 수 있다. 동아시아 · 남아시아 · 아랍세계까지 포함하는 세계사의 변화를 이해하려면 기본 관점 전환이 더욱 긴요하다. 신분제 해체에서 평등사회 형성까지는 명백하게 확인될 수 있는 사실이고 세계사의 보편적인 변화이다.

문: 최근의 연구 결과 17세기부터 19세기까지 기득권을 지닌 양반이 귀족화되어 횡포가 심해진 것으로 나타났다. 양반 신분을 획득한 사람

들이 대폭 늘어났다고 하는 것과 반대가 되는 현상이다. 이런 사실을 무시하고 중세에서 근대로의 이행기를 말할 수 있는가?

답: 양반 신분을 가진 사람은 소수여야 한다는 원칙이 무너지면서 신분제가 해체되었다. 일부 양반의 횡포가 심해진 것은 신분질서를 어기고 나타난 계급투쟁으로 이해해야 한다. 신분과 섞여 있어 구별하기 힘들지만 신분과 상이한 계급이 나타난 것이 중세에서 근대로의 이행기의 기본특징이다.

문: 역사에는 예정된 방향이 있다고 보는가? 예정은 필연적으로 실현되니 애쓸 필요가 있는가?

답: 중세가 근대로 바뀌고, 근대 다음에 다른 시대가 시작되는 것은 예정된 방향이다. 그러나 예정을 구체화해서 실현하는 작업을 빨리 하고 잘 하는 것은 사람의 노력에 달려 있다. 노력을 잘 하면 수혜자가 되고, 잘못 하면 피해자가 된다. 실현 가능한 것을 두고 경쟁해 승패를 가르고, 가해자와 피해자가 나누어진다. 실현 불가능한 것은 경쟁 대상일 수 없다. 어떤 것이 실현 가능한가, 어떻게 하면 남들보다 앞서 실현하는가, 실현하는 내용을 어떻게 하는 것이 바람직한가, 연구하고 노력해야 한다.

문: 근대 다음의 시대는 어떤 시대일 것인가? 계급관계를 들어 말해 보라.

답: 계급은 없어지지 않지만 격차가 줄어들고 대립이 완화될 것이다. 공동의 삶이 더욱 존중되고, 사회복지에 많은 힘을 쓸 것이다.

문: 희망 사항이 아닌가?

답: 필연적인 추세임을 널리 인정하고 있다. 필연적인 추세라고 해서 그대로 두지 말고, 시기를 앞당기고 바람직하게 실현하기 위해 노력해야 한다.

보충논의

앞에서 전개한 논란이 충분하지 못해 보충논의를 한다. 위의 글에서 말한 바가 여러 선행 연구에 자세하게 갖추어졌지만, 주목되지 못하고 알려지지 않아 효력이 크지 못하다. 내 저작을 읽지 않고 잘못 상상해 빗나간 비판을 하면서 시선을 끌려고 하는 풍조마저 있다.

들려오는 말이 있다. 한국사에서 유럽문명권의 근대와 같은 것을 찾는 헛수고를 하지 말아야 한다고 한다. 근대를 향한 내재적인 발전이 있었다고 보는 것도 잘못이라고 한다. 내가 해온 연구가 이런 잘못을 저지르는 대표적인 사례인 듯이 단죄하는 폭언까지 있다. 인기나 끌려고 하는 수작이라고 일소에 부칠 것은 아니고 검토하고 논의해야 한다.

앞의 주장에서 근대화를 향한 독자적인 변화가 있었으리라는 것은 인정하는 듯이 하고서, 뒤의 주장에서 부정한다. 정체성과 타율성이 한국사의 특징이라고 하는 오랜 편견을 재확인하면서, 일제 식민지통치 시대로 되돌아가려고 한다. 자학을 하는 것이 성실하고 정직한 태도라고 자부하기까지 한다. 큰 문제는 접어두고 인간으로 돌아가는 것이 새로운 접근이라는 그럴듯한 말로 위장술을 써서 반론을 막으려고 하기도 한다.

지금까지 내가 해온 연구에 그런 견해나 태도에 대한 반론이 소상하게 갖추어져 있다. 그 일단을 간추려 말한 위의 글에서, 한국뿐만 아니라 동아시아 다른 나라들에서도 근대로 나아가는 독자적인 변화가 있었음을 신분제 청산과 철학의 혁신을 들어 논했다. 그 양상은 각기 다르면서 또한 공통점이 있다. 유럽의 경우와도 상이하면서 유사하다. 유럽의 근대라야 근대라고 여기는 잘못을 시정하고 내재적 발전에 대한 새로운 탐구를 했다. 중세에서 근대로의 이행기 비교론을 통해 세계사 이해를 새롭게 하는 길을 열었다.

근대화에 관한 일반이론을 다시 정립해야 한다. 자본주의가 발전해야 근대가 된다는 것은 일방적인 주장이며, 평등사회의 실현이 또한 소중하다. 평등한가 하는 데서 객관적인 처지보다 주관적인 의식이 선행 작용을 한다. 자본주의가 발전하면 평등사회가 되는 것은 아니다. 그 이전과 이후 신구의 불평등을 그대로 받아들일 수 있다. 자본주의의 발전과 평등사회의 실현은 상호관계를 가지면서 독자적인 작용을 한다. 평등사회를 위한 의식 각성을 주목하고 평가해야 한다. 『세계문학사의 전개』(서울: 지식산업사, 2002)에서 사회 변화 선행의 근대화와 의식 각성 선행의 근대화가 있다고 하고, 양쪽의 근대문학을 비교해 고찰했다.

위의 글에서 한국과 일본은 중세에서 근대로의 이행기의 변화를 함께 겪었다고 했다. 그러면서 주목할 만한 차이점도 있어 근대화 과정이 상이하다. 일본은 자본주의 발달이 유럽문명권이 아닌 곳에서는 가장 앞섰지만 평등사회 실현은 더디다. 한국은 자본주의 발달이 더디고 평등사회 실현에서 특히 앞섰다. 일본은 위에 천황이 있고 아래에 천민이 있어 신분사회의 유산을 이으며, 정치인의 지위를 세습하는 경향이 많고 정권교체가 일어나지 않는다. 한국은 동아시아나 세계 어느 나라보다도 의식에서의 평등을 철저하게 이루고, 평등사회의 활력을 보여준다. 정치에서도 대역전이 속출한다.

두드러지게 나타나는 현상을 더 들어보자. 班常뿐만 아니라 良賤의 구분도 아주 없어져 출신을 가리는 것이 무의미해졌다. 새롭게 형성된 계급의 차이에도 구애되지 않고 대등한 권리와 발언권을 가지고자 한다. 택시 운전사가 대통령보다 똑똑한 나라는 한국밖에 없다고 하는 말이 틀리지 않다. 서로 다르다는 것을 인정하지 않고 누구나 명문대학에 입학하려고 극성스럽게 경쟁하는 풍조도 이와 관련된다.

이렇게 된 이유를 외부의 영향에서 찾아 유럽문명권의 근대화를 본바닥과 다르게 잘못 수용했기 때문이라고 할 것은 아니다. 전인구의 대부분이 양반이 된 내재적인 변화의 결과라고 보아 마땅하다. 일본에서는 町人의 지위를 인정해 신분제를 재편성한 조처가 오늘날까지 이어지는 것과 많이 다르다. 그 과정에 관한 비교연구를 하면서 특수성과 보편성의 관계를 해명해야 한다. 또한 오늘날 한국사회의 평등이 어떤 의의와 문제점을 지니는지 다각적인 연구를 해야 한다.

이렇게 하려고 나는 계속 노력해왔다. 얻은 성과가 아직 충분하지 못하고 미완의 과업이 적지 않지만, 내용을 알지 못하고 일거에 부정하는 폭행은 당하지 않아야 한다. 문제를 공유하면서 더욱 진전된 해결책을 두고 논란을 하는 성실한 연구를 다수 만나기를 바란다. 우리의 경우를 연구의 출발점으로 삼아 세계적인 범위의 일반이론을 다시 이룩하고자 하는 목표를 공유하자는 것은 더 큰 소망이다.

토론

❏ 문: 동아시아문명권의 동질성을 회복하자는 주장에 일본이나 중

국 학계에서 동의하는가?

❑ 답: 동의하는 사람들이 국내에도 아직은 드문 형편인데, 이웃나라에도 있기를 바라는 것은 성급하다고 할 수 있다. 일본은 脫亞入歐의 착각에서 벗어나지 못하고 있다. 중국은 대국주의의 허상에 사로잡혀 동아시아문명의 공유재산을 사유재산이라고 강변한다. 그러나 이러한 사실은 장애이면서 또한 기회이다. 두 나라의 반칙을 바로잡는 가장 설득력 있는 이론을 내가 전개하고 있다. 만나서 발표하고 토론해보면 반론을 제기하지 못하고 타당성을 인정한다. 무언가 잘못되었다고 느끼던 것의 핵심을 내가 지적해 말한다고 한다. 그러면서도 일본에서는 오랜 관습 때문에, 중국에서는 국가 시책 때문에 생각을 바꾸지 못하고 있다.

국내 학계의 거부반응은 일본이나 중국의 경우만큼 뚜렷한 이유가 없다. 수입학에 관심이 쏠려 창조학은 거들떠보지 않거나, 큰일이 가까운 곳에서 진행되는 것은 인정하지 않으려고 하거나, 나무라기 만만치 않아 건드리지 않거나 하는 정도이다. 이런 것은 모두 기성학자들의 반응이다. 진지한 자세로 학문다운 학문을 하려고 하는 다음 세대는 적극적인 관심을 가지고 동참하라고 기대한다. 『한국문학통사』가 5만 질 가까이 팔려 입증된 호응이 지금 하고 있는 작업에까지 미치리라고 기대한다. 더욱 중요한 것은 내 작업과 토론하면서 자기 이론을 전개하는 창조자의 등장이다.

동아시아학문을 새롭게 이룩해 세계학문 혁신을 선도하자. 근대학문의 장점을 살리고 결함을 극복해 다음 시대 학문으로 나아가는 길을 열자. 막연한 구호를 외치는 데 그치지 않고 구체적인 방안을 상당한 정도 마련했으니 토론의 대상으로 삼자. 이에 대해 국내는 물론 일본이나 중국 학계에서도 원칙적인 반대가 있을 수 없다. 절실하게 필요한 제안을 하고, 생산적인 의의가 큰 토론거리를 제공했다.

❏ 문: 아랍문명권의 동질성은 어느 정도인가?

❏ 답: 보편종교 이슬람, 공동문어 아랍어가 아직 살아 있다. 정치적 통합은 이루어지지 않았지만 문명의 동질성은 건재하다.

❏ 문: 유럽과 비교하면 어떤가?

❏ 답: 유럽은 정치적・경제적 통합은 이루어지고 있으나 기독교가 약화되고 라틴어는 죽었다. 문명의 동질성에서는 아랍어문명권보다 뒤진다고 할 수 있다.

❏ 문: 동아시아는 무엇을 갖추고 있는가?

❏ 답: 유럽처럼 정치적・경제적 통합도 추구하지 않고, 아랍세계 수준의 문화적 동질성도 없어 사태가 절망적인 것 같다. 그렇지만 한문문명의 공유재산은 훼손된 기간이 길지 않고, 공식적으로 불신되었어도 잠재적으로 계승되고 있다. 유교는 기독교처럼 강성 종교가 아니고 학식이고 교양으로 이해되며 학구열과 도덕성의 근거가 된다. 이 두 가지 조건이 유럽보다 유리하다. 유교문명은 중세의 권위를 그대로 지키지 않고 氣철학으로 전환되는 혁신을 거쳐 현실 인식에서 대등의 관점을 갖추고 탄력성이나 포용성 등을 갖춘 점에서 이슬람보다 앞선다.

기독교나 이슬람에서는 기대하기 어려운 새로운 학문의 지침을 기철학이 제공한다. 동아시아 학문공동체를 다시 마련하고 영향을 확대하는 것이 바람직한 순서이다. 安藤昌益의 '互性', 洪大容의 '內外' 또는 '人物均' 등의 이론은 동시대 유럽의 계몽철학을 넘어섰으며 근대 극복의 새로운 학문을 위한 길을 여는 의의가 있다.

❑ 문: '人物均'은 무슨 말인가?

❑ 답: 사람이든 동물이든 자기를 內로 하고 상대방을 外로 하는 점에서 균등하다는 말이다. 균등을 대등이라고 해도 좋다. 차등과 맞서는 말은 대등이다.

❑ 문: 균등과 평등은 같은가? 다르다면 어느 쪽이 타당한가?

❑ 답: 다른 점을 부정하고 같아야 한다는 것이 평등이라면, 다른 점을 인정하고 존중해야 한다는 것이 균등이다. 평등은 상극을 만들어내고, 균등은 상생을 이룬다. 남녀는 평등하다고 하지 않고 균등하다고 해야 한다.

오늘날의 가장 큰 문제인 종교에 관한 이해와 논의에서 평등과 균등의 차이가 심각하게 나타난다. 유럽문명에서는 모든 인류가 함께 기독교를 믿어야 평등이 실현된다고 하면서 차등을 키우고 갈등을 만든다. 모든 종교는 각기 그것대로의 타당성이 있어 균등 또는 대등의 관계를 가진다고 해야 상생의 평화가 이루어진다. 경제학이 치부술을 넘어서서 학문이 되면서 근대학문이 시작되었듯이, 종교학이 포교술을 넘어서서 학문이 되어야 근대를 극복하는 다음 시대 학문이 시작된다. 이 작업을 '人物均'의 전통을 지니고 다종교 체험을 폭넓게 하는 우리 한국에서 선도해 동아시아의 동참을 구하고 세계로 나아가는 것이 바람직하다.

❑ 문: 동아시아 각국 소수민족에 대한 연구를 하는 의의는 무엇인가?

❑ 답: 셋으로 정리해 대답할 수 있다. (가) 삶의 실상을 다양하게

연구한다. (나) 인류문명사의 소중한 자료를 얻는다. (다) 동아시아 통합으로 나아가 국가의 절대권이 약화되면서 더욱 중요한 기능을 수행할 자치공동체에 대한 이해를 얻는다.

(가)는 정치사에서 생활사로 관점을 바꾸는 것을 의미한다. (나)는 『동아시아 구비서사시의 양상과 변천』(1997)에서 충분히 입증된 사실이다. (다)에 관해서는 유럽의 전례가 주목된다. 유럽연합이 이루어지면서 카탈로니아, 브르타뉴, 웨일즈 등의 독자적인 위치가 더욱 중요시되고 있다.

❏ 문: 생극론에 대한 생각을 연구의 초창기에도 하고 있었는가?

❏ 답: 『한국소설의 이론』(1977)에서부터 음양론을 갖추다가 『한국문학통사』를 1982년부터 1988년까지 쓰는 동안에 한 걸음 더 나아가 더욱 역동적인 생각을 하게 되었다. 새로운 생각이 생극론임을 알아차리게 된 것은 『우리 학문의 길』(1993)』에서부터였다. 그 뒤에 옛 사람들이 남긴 유산을 문학사 연구의 경험과 합치는 고금학문 합동작전으로 생극론을 가다듬고 풍부하게 하면서 오늘에 이르렀다.

제8강 단일문화에서 다원문화로

무엇을 하려는가

문학사를 어떻게 써야 하는가? 이 물음을 단일문화와 다원문화의 관계에다 중점을 두고 다루는 것이 여기서 하려는 일이다. 문학사는 문화 이념의 표상으로서 소중한 의의가 있어 증거력이 뚜렷한 검증 대상이다.

근대국가는 단일문화를 이룩하기 위해 다원문화를 배제하는 방향으로 나아가 많은 무리를 빚어냈다. 그 양상이 문학사에 잘 나타나 있어 시비와 비판의 대상이 된다. 이제 단일문화에서 다원문화로 나아가는 문학사를 써서 방향 전환을 할 때가 되었다.

이에 관한 논의를 유럽과 아시아에서 각기 한 나라, 프랑스와 중국의 경우를 들어 전개하고자 한다. 먼 곳의 프랑스가 변화를 선도하고, 가까이 있는 중국은 다원문화의 유산이 특히 풍부해 예증으로 삼기에 적합하다. 검토 과정에서 차이점보다 공통점이 더욱 커져 널리 적용될 수 있는 일반이론이 마련된다.

멀리서 시작된 논의

프랑스는 근대 민족국가 형성에서 앞서고 그 이념 정립을 선도했으므로 먼저 살필 필요가 있다. 19세기말에 나타난 다음 두 논저가 결정적인 증거를 제공한다. 그 때 이루어진 변화가 절대적 권위를 갖추고 널리 영향을 끼쳐 불변의 진실이라고 생각되게 한다. 다른 여러 곳에서도 반세기 이내에 같은 작업을 시작했으나 너무 뒤떨어졌다고 개탄하고 기존의 모범을 그대로 따라야 한다고 한다.

르낭(Ernest Renan)은 <국민이란 무엇인가?>(Qu'est-ce qu'une nation?, 1882)에서, 국민이 정신적인 동질성을 갖추어야 하는 시대적 요청에 부응하려면 상이한 구성원들이 각자의 유래를 망각하거나 오해해야 한다고 했다. 랑송(Gustave Lanson)은 『프랑스문학사』(*Histoire de la littérature française*, 1894)에서, 문명사나 사상사가 아닌 문학사만, '랑그 도크'(langue d'oc)나 라틴어가 아닌 프랑스어를 사용한 문학만 취급하겠다고 했다.

르낭은 브르타뉴(Bretagne) 사람이다. 브르타뉴 사람은 프랑스 사람과 혈통과 언어가 다르다. 르낭은 한때 자기 고장의 구비문학에서 독자적인 유래를 찾다가 프랑스 국민으로 자처하기로 작정하고 그 대변자가 되었다. 브르타뉴 사람 같은 이질집단은 프랑스 사람이 아니라는 사실을 망각하거나 부인하고 프랑스의 단일성을 옹호하고 확대하는데 적극 기여하는 것이 마땅하다고 했다.

랑송이 '랑그 도크'라고 한 것은 프랑스 남부의 언어이다. '예'(可, yes)라는 말을 북부에서 'oïl', 남부에서는 'oc'라고 해서 '랑그 도일'(langue d'oïl)과 '랑그 도크'가 구별되었다. 중세에는 '랑그 도크'가 우세하다가, 정치적 통일을 북부에서 주도하면서 '랑그 도일'이 국가 공용의 프랑스어가 되었다. (R. Anthony Lodge, *French from Dialect to Standard*, London: Routledge, 1993) 그 과정에서 프랑스 국민이 이루어졌다. (Colette Beane, *Naissance de la nation France*, Paris: Gallimard, 1985)

프랑스의 문학은 프랑스어문학만이 아니었다. '랑그 도크'의 문학뿐만 아니라 공동문어 라틴어를 사용하는 문학도 『프랑스문학사』를 쓸 당시까지 창작이 계속되었으나, 랑송은 돌보지 않았다. 프랑스어문학만 취급하는 문학사를 써서 프랑스 국민이 단일체라고 주장하고 독자성을 강조했다. 여러 언어의 문학을 함께 다루는 문학사는 아무도 쓰지 않았다.

르낭이 내세운 'nation'을 위에서 '국민'이라고 번역했다. 국가의 근간을 이루는 정치적 통일체가 'nation'이고 '국민'이다. 'nation'과 구별되는 혈통의 공동체를 르낭은 'race'또는 'tribu'라고 했는데, 'ethnie'라고 하는 것이 예사이다. (Anthony D. Smith, *National Identity*, Reno: University of Nevada Press, 1991) 이런 말들은 '국민'과 구별해 '민족'이라고 번역하는 것이 마땅하다. 프랑스 사람도 'ethnie'라고 일컫는 민족의 하나인데 국가의 주역이 되고 다른 여러 민족을 흡수하고 동화시켜 'nation'이라고 하는 국민이 되었다.

('nation'이라는 말이 일관되게 사용되지는 않는다. Daniel Baggioni, *Langues et Nations en Europe*, Paris: Payot & Rivages, 1997 같은 데서는 자기 언어를 지닌 집단을 모두 'nation'이라고 해서 이 말이 '민족'을 뜻한다. 'ethnie'라는 용어는 사용하지 않았다.)

프랑스 국민의 구성원이 확대되자 기존의 여러 민족은 없어진 것은 아니다. 문화적으로도 단일한 국가를 건설하는 방침이 천명되고 소수

언어에 대한 탄압이 자행되어 견디기 어려운 시련을 겪었지만, 억압에 맞서서 독자적인 삶을 지키려고 애쓰고 자기네 언어로 문학을 창작하는 데 힘썼다. 프랑스문학은 랑송이 보여준 것 같은 단일한 국민문학이 아니다. 여러 민족의 문학이 공존하고 있는 다원체임을 숨기고 있어 단일체로 보일 따름이다. 사태의 진상이 감추어져 있어 파악하려면 특별한 노력을 할 필요가 있다.

프랑스는 학문 발달을 자랑하는 나라이지만, 프랑스문학의 다원적인 양상을 총괄하는 작업은 하지 않는다. 르낭이 말한 망각과 오해를 재론하지 않고 증거 인멸을 그대로 두는 것이 유익하다고 여긴다. 국내외의 모든 문학을 총괄하는 방대한 저작을 마련할 때에도 기존의 관례를 고수할 수는 없어, 맨 마지막 대목 프랑스문학의 "부속문학들"(littératures connexes)에서 프랑스 안 여러 언어의 문학을 대강 살폈다.(Raymond Queneau dir, *Histoires des littératures I-III*, Paris: Gallimard, 1977-1978) 그 내역을 재정리하면서 미비점을 보완한다. 표준 프랑스어와 가까운 것들을 먼저, 먼 것들을 나중에 든다.

(가) '랑그 도일'에서 유래한 언어가 표준 프랑스어만은 아니고, 여럿 있다. 포와투(Poitou), 노르망디(Normandie), 부르곤느(Bourgogne), 로렌느(Lorraine), 피카르디(Picardie), 그리고 벨기에의 리에즈(Liège, 일명 Wallonie) 등이 뚜렷한 특징을 보여주고 있다. 이들 방언을 사용한 문학이 16세기부터 18세기까지 성장하다가 19세기 이후에 쇠퇴 과정에 들어섰지만 오늘날에도 남아 있다.

(나) '랑그 도크'를 이은 언어는 표준화되지 않아 여럿이 공존해왔다. 남서쪽의 언어는 옥시탄(occitan)이라고 한다. 남동쪽의 프로방스어(provençalo, provençal)를 사용한 문학 창작이 특히 활발하다. 이탈리아

와 가까운 쪽의 니스어(niçois)도 사라지지 않았다.

(다) '랑그 도일'이나 '랑그 도크'와 함께 상위분류 로만스어에 속하는 다른 언어에 코르스(corse, 코르시카어), 카탈란(catalan, 카타로니아어) 등이 있다. 독자적인 언어를 사용하는 코르시카 섬 사람들은 독립국이었던 시기로 되돌아가고자 한다. 카타로니아어는 스페인에서 더 많은 사람들이 사용해 넓은 지역에 분포되어 있고 문학의 유산이 풍부하다. 독립운동이 스페인 쪽에서 더욱 활발하게 일어난다.

(라) 알사스어(alsacien)는 게르만어의 하나이다. 브르타뉴어(breton)는 셀틱어(celtique, celt)에 속하며, 영국의 웨일스, 스코틀랜드, 그리고 아일랜드의 말과 상통한다. 브르타뉴는 브레이즈(Breiz)라는 국호로 독립하자고 한다. 바스크어(basque, Bask)는 계통을 알 수 없다. 스페인 쪽에서 더 많이 사용하고, 독립운동을 더욱 치열하게 전개한다.

프로방스어 사용자들은 자기네 언어를 되살려 문학창작에서 활용하는 것을 긴요한 과제로 삼았다. (Louis Bayle et Michel Courty, *Histoire abrégée de la littérature provençale*, Berre L'Etang: L'Astrado, 1995) 선구자인 루마니으(Roumanille)는 1854년에 프로방스어 시인들의 모임을 결성했다. 미스트랄(Mistral)은 프로방스어 시가 국제적인 평가를 얻어 1904년에 노벨문학상을 받았다.

카탈란은 사용자의 수나 사용지역을 보면 한 나라의 국어가 될 수 있는 언어이다. 스페인이 아랍의 통치를 받을 때 카탈로니아는 기독교 문명을 발전시키면서 프랑스나 이탈리아에 비해 손색이 없는 문학을 이룩했다. 그런데 대부분은 스페인에 들어가고 일부는 프랑스가 되어 주권을 상실하고 언어문화마저 위축된 것이 커다란 불행이었다. 시인 아리바우(Aribau)가 선도한 민족문화 부흥운동이 오늘날까지 계속되면서 시나 연극은 물론 소설에서도 주목할 만한 작품을 계속 내놓았다.

알사스 사람들은 자기 언어만 사용하지 못하고, 독일의 일부가 된 시기에는 독일어를, 프랑스가 된 뒤에는 프랑스어를 공용어로 했다. 알사스문학은 알사스어 · 독일어 · 프랑스어문학으로 이루어져 있다. (Andrien Finck ed., *Littérature alsacienne XXe siècle* (Strasbourg: Salde, 1990; Andrien Finck et Raymond Matzen ed., *La littérature dialectale alsacienne, une anthologie 1-5*, Paris: Prat, 1993-1999) 알사스어문학을 지키기 위한 노력을 다각도로 전개했으며 연극운동을 특히 주목할 만하다. 스토스코프(Gustav Stoskopf)나 라인볼드(Claus Rainbold)의 희곡이 대단한 인기를 얻었다.

브르타뉴 사람들은 프랑스 통치를 받으면서 독자적인 언어와 문화를 지키기 위한 힘든 투쟁을 계속했다. 억압에 대한 저항이 문학을 통해 계속되어, 사라져가는 언어를 살려냈다. 그 내력을 소상하게 다룬 방대한 저작이 있어 크게 도움이 된다. (Yves Gallo et Yves Le Gallo dir., *Histoire littéraire et culturelle de la Bretagne*, Paris-Spezed: Champion -Coop Breizh, 1997)

빌마르케(La Villemarqué)가 1838년에 낸 민요집이 선두에 서서 일으킨 민족문화 부흥운동이 19세기말에 크게 고조되고 20세기까지 이어지면서, 시는 물론이고 연극이나 소설에서도 많은 작품이 창작되었다. 시인 칼로크(Calloc'h)는 프랑스의 지배에 반대하다가 1917년에 피살되었다. 사후에 출판된 시집에서 조상 전래의 소박한 삶을 이어받는 것이 간절한 소망이라고 했다.

바스크어는 계통이 확실하지 않고 주변의 언어와 아주 다르다. 문학의 유산은 구비문학으로 이어져왔다. 민족문화를 지키고자 하는 운동이 19세기말에 일어나, 구비문학을 기록문학으로 발전시키려는 시인들이 활약하고, 연극 공연이 활발해졌다. 1930년대에 아이트졸(Aitzol)이 이끈 문학운동에서 서정시를 높은 수준으로 끌어올렸다. 근래에 바스크민족 해방운동이 더욱 고조되면서 문학창작이 더욱 활발해졌다. 아트사가(Bernardo Atxaga)의 소설이 바스크문학의 위상을 크게 높였다. (Ur Apalategui, *La naissance de l'écrivain basque, l'évolution de la problématique littéraire de Bernardo Atxaga*, Paris: L'Harmattan, 2000)

가까이서 다시 제기된 문제

'nation'이라는 용어를 다른 곳들에도 적용하면서 유럽에서 하던 논의를 다시 하는 영어 논저가 많이 있다. 아시아의 경우도 자주 문제가 된다. (Timothy Brook and Andre Schmid ed., *Nation Work, Asian Elites and National Identities*, Ann Arbor: The University of Michigan Press, 2000에서는 아시아 여러 나라를 거론했다. Craig J. Reynolds ed., *National Identity and Its Defenders: Thailand Today, Chiang Mai*, Silkworm Books, 2002는 개별국가에 관한 논의의 예이다.) 유럽과 같고 다른 점, 개념의 적합성 여부 등이 계속 문제가 되어 실상 파악이 선명하게 이루어지지 않는다.

다른 용어도 모두 그렇듯이 'nation' 또한 번역해야 자기 것이 된다. 이에 관해서 일본이 먼저 고민하면서 '민족'이라고도 하고 '국민'이라고도 했다. 'nation'이 '민족'이라고 하는 쪽에서는 '민족'은 근대 유럽의 산물이라고 한다. 'nation'이 '국민'이라는 쪽에서는 근대 이전부터 있었던 '민족'과의 혼동을 경계한다. '국민'이 군국주의의 애용어가 되자

사용을 기피하고, 'nationalism'을 'ナショナリズム'이라고 해서 원래의 뜻에 충실하고자 한다.

중국에서 근대국가를 이룩하고자 한 孫文은 '민족'과 '국민'을 둘 다 내세웠다. 삼민주의의 첫째가 '民族主義'이다. 정당 이름은 '國民黨'이라고 했다. '민족'은 滿洲族의 지배를 물리치고 나라의 주인이 된 漢族으로 이해되었으나 열강의 침략에 맞서는 자주의 주체라고 했다. 여러 민족이 단합하는 '國民'의 나라를 國民黨이 세우겠다고 했다. 공산당 지도하의 새로운 중국에서는 국민이라는 말을 쓰지 않고 국가의 구성원을 '人民'이라고 한다. 중국 국적을 가진 사람은 '公民'이라고 한다. 인민 또는 공민은 여러 '民族'으로 이루어졌다는 사실을 인정한다. 모두 56개 민족이 중국에 있다고 한다. 漢族은 다수민족이고, 나머지 55개는 소수민족이다.

중국의 민족 문제는 논의가 복잡하다. 관점과 용어가 달라 혼선이 빚어진다. 밖에서는 중국 'nationalism'의 총체적 성격 이해를 앞세우고 'minority nationalities'에 대한 관심은 부차적인 것으로 돌린다. (Lowell Dittmer and Samuel S. Kim ed., *China's Quest for National Identity*, Ithaca: Cornell University Press, 1993; C. X. George Wei and Xiaoyuan Liu ed., *Chinese Nationalism in Perspective, Historical and Recent Cases*, Westport: Greenwood Press, 2001) 내부에서 말하는 '民族' 문제는 소수민족에 관한 것이다. (趙政男, 『中國의 民族問題』, 서울: 敎養社, 1988; 王鍾翰 主編, 『中國民族史』, 北京: 社會科學院出版社, 1994; 石之瑜, 『中國的民族問題』, 臺北: 五南圖書, 1999; 楊聖敏 主編, 『中國民族志』, 北京: 中央民族大學出版社, 2003)

영어로 논의할 때에는 그 둘이 뒤섞여 무엇을 말하는지 알기 어렵다.

그러나 중국에서 사용하는 용어는 명확하다. '民族' 개념이 논란의 여지가 없이 선명하며, 몇 가지 획기적인 의의가 있다. 다수민족은 국민이고 소수민족은 민족이라고 차별하지 않는다. 다수민족은 국가의 지배자가 되면서 국민으로 성장해 다른 민족과 상이하다는 지론은 소수민족 탄압의 논리이고 유럽 역사의 특수성을 부당하게 일반화하므로 배격해야 마땅하다. 발전 단계가 낮거나 인구가 적은 민족은 민족일 수 없어 종족이나 부족이라고 일컬어야 한다는 주장도 배격하고 큰 민족이든 작은 민족이든 모두 민족이라고 한다. 차등의 논리를 버리고 대등의 논리를 택하는 것이 마땅하다고 분명하게 했다.

민족의 역사에 관한 논의가 혼란 없이 진행될 수 있게 한 것을 평가할 만하다. 민족은 역사와 더불어 줄곧 있어왔다고 하고, 시대마다의 특징을 갈라 논하는 과제를 제기하는 것이 더 큰 의의를 가진다. 유럽 역사의 특수성을 일반화해서 민족은 근대에 국민이 형성될 때 비로소 나타났다든가, 국민이 아닌 민족은 민족이 아니라든가, 민족은 근대와 더불어 사라진다든가 하는 등의 여러 잡설에서 벗어나 세계사 일반론을 바람직하게 이룩하도록 하는 기초를 제공한다.

민족 구분을 무리 없이 했다. 언어를 일차적인 기준으로 하고, 回族이나 滿族은 독자적인 언어를 잃고 한어를 사용해도 별개의 민족이라고 하는 것이 타당하다. 그러나 漢族이 한 민족이라고 하는 것은 재론이 필요하다. 언어는 민족을 구분하는 가장 큰 징표이다. 서로 이해할 수 없는 언어를 사용하는 사람들은 다른 민족이다. 漢族이 사용하는 漢語는 단일 언어가 아니고 서로 이해할 수 없는 것들이 여럿 있다.

세계의 언어를 사용자 수에 따라 순위를 적은 자료를 보자. 30위 안에 드는 것에 중국에서 사용하는 다음과 같은 언어가 있다. 뒤의 숫자는 백만 명 단위로 나타낸 사용자이다. (http:www.sil.org/ethnologue/top199.html) 언어 이름은 여럿을 병기한다.

1위　Mandarin 官話(北京語, 普通話) 885

10위　Wu 吳(上海話) 77

16위　Yue 粵(廣東話) 66

21위　Min Nan 閩(福建話) 49

22위　Jinyu 晋(山西話) 45

28위　Xiang 湘(湖南話) 36

30위　Hakka 客家 34

이들 언어는 프랑스에 관해 논의할 때 사용한 구분을 적용하면 (나)라고 한 방언이 아니고 (다)라고 한 개별언어이다. 프랑스어, 이탈리아어, 스페인어, 포르투갈어, 카탈로니아어, 프로방스어 등보다 사용자 수가 더 많고, 차이가 한층 커서 서로 이해되지 않는다. 각기 독립된 언어이고, 사용자들이 독립된 민족이라고 하는 것이 마땅하다. 독립언어와 방언의 구분에 관한 세계적인 일반론에서 중국은 예외라고 하는 것은 무리이다.

55개 소수민족은 한족과 계통이 다르다. 프랑스에 관해 논하면서 (라)라고 분류한 알사스어, 브르타뉴어, 바스크어 등과 상통한다. 소수민족을 소개하고 소수문학에 관해 고찰한 총괄적인 저작이 많이 나와 있는 점에서는 중국이 프랑스보다 앞선다.

소수민족의 언어 사용에 관해서는 자세한 보고가 이루어져 있다. (中國社會科學院民族硏究所·國家民族事務委員會文化宣傳司 主編, 『

中國少數民族言語使用情況』, 北京: 中國藏學出版社, 1994) 소수민족문학 총괄론도 몇 가지 나왔다. (毛星 主編, 『中國少數民族文學』 1-3, 長沙: 湖南人民出版社, 1983; 楊亮才 外 共著, 『中國少數民族文學』, 北京: 人民出版社, 1985; 馬學良 外 主編, 『中國少數民族文學』1-2, 北京: 中央民族學院出版社, 1992 등을 쉽게 찾을 수 있다.) 개별 소수민족문학에 대한 연구도 활발하게 이루어졌다. (索特那木, 謝再善 譯, 『蒙古文學發展史』, 北京: 文化生活出版社, 1954; 貴州省民間文學工作組, 『苗族文學史』, 貴陽: 貴州人民出版社, 1981; 張文勛 主編, 『白族文學史』, 昆明: 雲南人民出版社, 1983; 張公瑾, 『傣族文化』, 長春: 吉林教育出版社, 1986; 侗族文學史編寫組, 『侗族文學史』, 貴陽: 貴州民族出版社, 1988; 黃書光 外 共編著, 『瑤族文學史』, 南寧: 廣西人民出版社, 1988; 周興渤, 『景頗族文化』, 長春: 吉林教育出版社, 1991; 和鍾華 主編, 『納西族文學史』, 成都: 四川民族出版社, 1992; 畢樳, 『哈薩克民間文學槪論』, 北京: 中央民族學院出版社, 1992; 蘇維光 外 共著, 『京族文學史』, 南寧: 廣西教育出版社, 1993; 龍殿寶 外 共著, 『仫佬族文學史』, 南寧: 廣西教育出版社, 1993; 李力 主編, 『彝族文學史』, 成都: 四川民族出版社, 1994; 李明 主編, 『羌族文學史』(成都: 四川民族出版社, 1994 등을 보았다.)

소수민족문학사가 바람직하게 서술되었다고 할 수 있는 것은 아니다. 민족어의 내력, 수난과 투쟁에 관해서 말하지 않은 점이 프랑스의 소수민족문학사와 다르다. 작가나 작품을 논할 때 민족어를 사용했는지 한어를 사용했는지 밝혀 논하지 않았다. 민족어구비문학, 한문학, 민족어기록문학, 漢語기록문학이 어떤 상관관계를 가지는지 문제 삼지 않았다. 대체로 보아 자료 열거라고 할 수 있으면서도 작품을 풍부하게 제시하지는 않았다.

중국문학사는 쓰려는 시도가 거듭되다가 鄭振鐸의 『中國文學史』(1932)나 劉大杰의 『中國文學發達史』(上 1941, 下 1949)에 이르러서 랑송의 『프랑스문학사』에 상응하는 성과를 이룩했다. 랑송은 공동문어문학과 소수민족문학을 제외하고 프랑스어문학만 다루었는데, 이들 저작은 앞의 방침에는 반대하고 뒤의 방침에는 동의했다. 공동문어문학인 한문학에 이어서 표준 중국어문학의 역사를 서술했다.

라틴어문학은 어느 나라 사람이 창작했든 문명권 전체의 공유재산으로 여기는 것이 유럽에서는 당연한 일이다. 그러나 중국에서는 한문학을 공동문어문학으로 보지 않는다. 오늘날 중국 강역 안에서 이루어진 한문학은 중국문학이라고 하고 한족이 창작했다고 한다. 주요 작가의 민족 소속을 사실과 다르게 말하는 것이 예사이다. 鮮卑族인 元積, 元吉, 元好問, 위굴족인 貫云石, 몽골족인 薩都刺, 蒲松齡, 回族인 李贄, 滿洲族인 曺雪芹을 漢族이라고 하거나 민족 소속을 밝히지 않아 漢族으로 알도록 한다.

한문학의 뒤를 잇는 백화문학은 지금은 보통화라고 일컫는 표준 중국어를 사용한 것만 다루고, 吳, 粵, 閩, 晋, 湘, 客家 등의 개별언어의 문학에 관해서는 말하지 않는다. 그 존재를 알리는 개별연구서도 찾아보기 어렵다. 내막을 밝히려면 프랑스의 경우보다 더 힘든 노력을 해야 한다.

어느 언어든 구비문학의 유산은 풍부하게 갖추었을 터인데 문학사에서 다루지 않을 뿐만 아니라 조사해 연구하려고 하지 않는다. 吳語 구비서사시 자료 보고가 있는 것이 희귀한 예이다. (姜彬 主編, 『江南十大敍事詩』, 上海: 上海文藝出版社, 1989) 地方戱이라고 하는 연극은 개별 언어를 사용했음은 부인할 수 없는 사실인데, 음악이나 공연 방식이

다른 점을 논하는 데 그치고 대본은 논의 대상으로 삼지 않는다. 소설의 경우에는 표준어와 다른 언어를 이따금 사용한 것이나 거론한다. (周振學・游汝杰, 『方言與中國文化』, 臺北: 南天書局, 1990)

근래 지방문학사가 나오기 시작해서 새로운 경지를 개척하는 것 같다. (鍾賢培, 汪松濤 主編, 『廣東近代文學史』, 廣州: 廣東人民出版社, 1996); 際書良 主編, 『湖南文學史』, 湖南教育出版社, 1998); 李玫, 『明淸之際蘇州作家群硏究』, 北京: 中國社會科學出版社, 2000); 羅可群, 『客家文學史』, 廣州: 廣東人民出版社, 2000) 그러나 특정 지방에서 배출한 작가들이 전개한 문학활동을 정리해 논하면서 지역사회와의 관련을 문제 삼는 데 그친다. 사용한 언어에 관해서는 관심을 가지지 않는다. 연극을 공연하거나 오늘날의 문학을 창작할 때에는 당연히 문제되는 개별어의 사용 여부는 논의의 대상이 아니다.

다만 『客家文學史』에서는 언어 문제를 중요시했다. 객가문학사에서 취급할 대상이 (1) "客家方言"이라고 일컬은 '客家語'를 사용한 작품, (2) 객가인이 자기네 생활을 다룬 작품, (3) 객가인이 아닌 작가가 객가인의 생활을 다룬 작품이라고 했다. (1)에 해당하는 '客家謠諺', '客家山歌', '客語對聯', '客地說唱' 같은 구비문학의 갈래들이 전승되면서 변모되는 과정을 파악하고, 그런 것들을 '한문'으로 창작하는 시문에서 받아들인 성과를 (2)의 소중한 사례로 들어 논했다. 太平天國의 지도자 洪秀全이 거사의 강령을 선포한 시는 구비시가의 형식을 받아들이고 이따금 객가어를 사용해서 (1)에 근접한 작품의 좋은 본보기가 된다고 했다. 현대에는 객가어로 시를 쓰는 운동을 일으킨 시인들이 (1)의 새로운 모습을 보여주는 것도 지적해서 말했다.

중국이 다원문화의 나라라는 것은 누구나 인정하는 명백한 사실이지만, 다원문화를 단일문화로 이해하고자 하는 문학사 서술이 계속되고 있다. 국가의 단합을 위해서는 단일문화가 바람직하다고 여기거나, 다원문화의 양상을 실상대로 받아들이는 데 필요한 이해의 체계가 마련되어 있지 않기 때문이라고 할 수 있다.

소수민족의 문학을 별개의 것들로 두지 말고 중국문학에 포함시키자고 할 때에도 단일문화에 대한 집착을 버리지 않는다. 중국의 모든 민족은 '中華民族'의 일부이므로 문학 또한 하나라고 하는 무리한 주장을 편다. (『中國大百科全書 中國文學』, 北京: 中國大百科全書出版社, 1986 서장 첫머리에서 "中國文學, 卽中華民族的文學"이라 하고, 이어서 "中華民族, 是漢民族和蒙, 回, 藏, 壯, 維吾爾等55個少數民族的集合體. 中國文學, 是以漢民族文學爲主干幹部分的各民族文學的共同體"라고 했다.) '중화민족'이라는 민족은 존재하지 않는다. 존재한다고 해도 문학이 하나이게 하는 것은 아니다.

중국문학과 소수민족문학의 단계적인 통합을 위한 구상은 한 걸음 더 나아갔다고 할 수 있다. (鄭敏文, 『中國多民族文學史論』, 北京: 社會科學文獻出版社, 1995) 중국문학사 서술은 (1) 文史 혼잡 단계, (2) '漢語 문학사' 서술의 단계로, (3) 각 민족문학사 서술의 단계, (4) 각 민족문학의 관계 연구 단계, (5) '中華民族文學通史' 서술의 단계로 전개된다고 했다. 중국문학사를 '漢語문학사'로 서술하는 관습에 맞서서 여러 소수민족이 반발하면서 각 민족의 문학사를 다투어 내놓는 근래의 상황을 자세하게 서술했다. 각 민족문학의 관계 연구는 아직 활발하게 이루어지지 않아 분발이 요망된다고 했다. '中華民族文學通史'를 내놓는 것을 장래의 목표로 제시했다.

사회과학원 문학연구소와 소수민족문학연구소의 합작으로 낸 방대한 저술에서 목표를 달성한 것처럼 보인다. (『中華文學通史』, 北京: 華藝出版社, 1997 전 10권) 문학사의 각 시기마다 한족의 문학과 소수민족의 문학을 함께 다루어 '중국'보다 더 큰 범위인 '중화'문학사를 마련했다. 중국은 다민족국가임을 강조해서 말하고, 56개의 민족의 문학이 "우리나라 문학을 풍부하게 하는 데 기여한다"(以各具民族風采的文學創作, 爲豊富和發展我國文學作出新的貢獻)고 했다. (서두에 있는 張炯의 <導言>에서 한 말이다.)

그러나 한족문학사와 소수민족문학사를 공존시키는 데 그칠 따름이고 유기적으로 연결시켰다고 하기는 어렵다. 여러 문학을 함께 포괄하는 공동의 원리를 찾아 시대구분을 새롭게 하고자 하는 노력은 하지 않았다. 중국의 왕조교체에 따라 시기를 나누고, 어느 왕조시대의 것인가 가려 소수민족문학을 취급할 곳을 정했다. 중국왕조의 통치가 소수민족에게 끼친 작용은 중요시하면서 친선을 강조하고, 소수민족문학이 거기 맞서서 민족의 주체성을 옹호하려고 한 노력은 무시했다. 광범위한 사실을 거론하면서도 단일문화론의 관점을 버리지 않고 있다.

南詔의 <德化碑>에서 당나라의 침공을 물리친 전공을 자랑한 것은 외면하고 당나라를 부득이 모반한 고충을 말했다고 했다. 국가의 위업을 나타낸 그런 금석문을 한족의 국가에서는 만들지 않고, 주변의 다른 민족만 대단하게 여긴 차이점에 대해 관심을 가지지 않았다. 突厥의 <闕特勒碑>는 돌궐어로 쓴 것이 한문으로 쓴 것과 앞뒤 면을 이루면서 중국과의 이중관계를 흥미롭게 보여주는 데 서로 무관하다고 했다. 돌궐어 비문을 고찰하면서 중국에 대한 백성들의 반감이 강렬해서 주권 회복의 동력이 된 것을 드러내 말하지 않았다. (나는 『문명권의 동질성과 이질성』, 서울: 지식산업사, 1999의 <금석문> 대목에서 두

비문을 비교해 고찰했다.)

吐藩이라고 일컫은 티베트의 문학에 관해 서술하면서, 당나라와의 관계가 밀접하고 중국의 고전이 전해져 영향을 끼쳤다고 하는 사실만 서술했다. 티베트가 인도에서 불교를 받아들이면서 산스크리트를 익혀 그 문자로 자기네 언어를 표기하고, 산스크리트 경전을 번역하면서 민족어 글쓰기를 확립한 과정에 대해서는 말하지 않았다. 티베트가 한문문명권에 속한 것으로 오인하도록 했다.

티베트의 『게사르』(Gesar, 格薩爾王傳), 몽골의 『장가르』(Jangar, 江格爾), 키르기스의 『마나스』(Manas, 瑪納斯) 같은 민족서사시의 웅편을 다루면서 언어 사용과 문자 기록은 고찰하지 않았다. 이들 민족서사시가 어떤 연관관계를 가지는지 살피지 않고 각기 고립시켜 내용을 소개하기만 하면서 사실을 왜곡했다. 중국의 압력에 맞서서 민족의 주체성을 선양하기 위해 중국인은 스스로 파괴한 민족서사시를 힘써 가꾼 사실을 무시하고, 중국과의 우호적인 관계를 나타냈다고 했다. 『게사르』가 한족과의 화목한 관계를 말했다는 것은 사실과 어긋난다. 『장가르』나 『마나스』가 중국과의 대결을 민족의 숙원으로 삼은 것을 말하지 않았다.

소수민족문학까지 포함해서 중국문학은 커다란 범위의 단일문화라고 하는 것은 무리한 주장이다. 국가가 단일하니 문학도 단일해야 한다는 것은 잘못된 생각이다. 티베트, 몽골, 키르기스 등 여러 민족의 문학은 중국의 소수민족문학이라고 이해하고 말 수 없다. 티베트문학은 산스크리트를 공동문어로 삼아 다른 문명권에 속하는 독자적인 영역이다. 몽골문학은 산스크리트-티베트의 전통과 접맥되어 있으며, 내몽골과 외몽골의 공동 유산이다. 아랍어문명권의 키르기스문학은 터키계 다른 여러 민족의 문학과 밀접하게 관련되어 있다. 이런 문학을 제대로 이해하려면 중국문학사를 넘어서는 넓은 시야를 갖추어야 한다.

어떻게 해야 하는가

프랑스와 중국은 멀리 떨어져 있고 여러 모로 많이 다른 나라이다. 그런데 두 나라의 사정에는 지금까지 고찰한 바와 같이 주목할 만한 공통점이 있다. 공통점이 우연히 공유한 특수성이 아니고 한 시대의 진통이라고 할 수 있다. 이에 관한 논의를 다른 나라에도 널리 적용되는 일반이론으로 삼을 수 있다.

'nation'이나 '국민'을 내세워, 주류민족 또는 지배민족의 문학만 문학사 서술의 대상으로 삼고 자기 나라는 단일문화를 갖추어서 자랑스럽다고 하는 것은 겹겹으로 잘못되었다. 사실과 어긋나는 허위 진술이다. 문화를 국가에 종속시킨다. 세력 유무를 가려 사람을 차별한다. 단일문화를 일방적으로 지지하고 다원문화의 가치를 무시한다.

잘못을 시정하려면 어떻게 해야 하는가? 문학사를 단일체가 아닌 다원체로 서술해야 한다. 단일문화 옹호론을 버리고 다원문화의 가치를 정당하게 평가해야 한다. 차등의 시각을 버리고 대등의 시각을 더욱 분명하게 해야 한다. 다원문화의 양상과 구조를 다각도로 유기적으로 파악하는 방법을 마련해야 한다. 세력이나 영향의 대소가 아닌 보편적인 양상을 선명하게 보여주는 정도를 우선적 취급의 기준으로 삼아야 한다.

이 작업은 한 나라 문학의 범위 안에서 제대로 할 수 없다. 카타로니아, 바스크, 몽골, 키르기스 등에서 볼 수 있는 바와 같은, 국경을 넘나들면서 존재하는 민족문학 공동체를 분할해 국가문학사에 각기 소속시키는 것은 횡포이다. 문학사 전개의 보편적인 과정을 알아내는 더 큰 목표 달성을 위해서도 국경을 넘어야 한다.

국가문학사에서 문명권문학사로 나아가는 것이 바람직하다. 국가끼리의 쟁패를 넘어서서 문명권의 동질성을 되찾는 데 문학사가 기여해야 한다. 문명권문학사에서 세계문학사로 나아가면 더 많은 것을 얻을 수 있다. 문학은 인류가 하나이면서 서로 다르다는 것을 가장 설득력 있게 말해주어 평화의 길이 다양성에 있음을 알려준다.

부기

2007년 5월 11일 상명대학교(천안)에서 한국중문학회 주최로 열린 중국지역문화 국제학술회의에서 이 글을 가지고 기조연설을 했다. 중국 쪽 참가자가 10여 명이나 되는 모임이었다. 전문 중국어로 번역해 배부했다. 중국학자 여럿이 질문을 해서 舌戰群儒와 같은 광경이 벌어졌다. 상당한 시간 동안 통역을 한 분들에게 감사한다.

토론 요지를 정리한다. 중국 특유의 용어는 한국에서 이해할 수 있는 것으로 바꾼다. 중국학자들 가운데 한 사람은 홍콩에서 왔으나, 견해차를 보이지 않고 동궤의 주장을 폈으므로 구별해서 적지 않는다. 중국학자의 발언은 "반론", 내가 한 말은 "응답"이라고 한다.

반론: 중국은 이제 통일을 거쳐 통합의 단계에 들었는데 분열을 부추기는 것은 적합하지 않다.

응답: 다양성을 인정해야 통합이 이루어진다. 단일화를 강요하면

분열을 자초한다.

반론: 문화는 정치와 불가분의 관계가 있다.

응답: 불가분의 관계는 문화가 정치에 예속되지 않고 독자적인 논리를 가지고 정치를 비판하면서 도와주는 것이어야 한다.

반론: 소수민족의 권리를 주장하고 지역의 특성을 강조하는 것은 경제발전에 도움이 되지 않는다.

응답: 정치는 정치대로, 경제는 경제대로의 특성이 있는 것을 인정하고 문화의 가치를 또한 존중해 각기 발전하면서 상호 보완하도록 해야 한다.

반론: 근래 중국문학을 공부하는 학과에서 한족문학만 다루지 말고 관심을 넓히고자 해서 중화민족이라는 말을 쓴다.

응답: 중화민족은 존재하지 않는다. 민족이라는 말을 함부로 쓰면 민족 개념을 잘 정립한 성과를 무너뜨린다. 관심을 넓히는 것은 당연하지만, 중화민족이라는 말을 써야 하는 것은 아니다. 학자는 제도의 구속을 넘어설 수 있는 재량권을 가진다. 한국문학 교수인 나는 한국문학을 동아시아문학 또는 세계문학과 관련시켜 연구한다. 오늘 발표한 내용이 평소의 관심사에 포함되어 있다.

반론: 한어 방언을 사용하는 사람들은 한문학을 하다가 표준어를 사용하는 백화문학을 하게 되었다. 방언으로 작품을 쓰지는 않아 연구할 거리가 없다.

응답: 방언이라고 하는 언어로 작품을 쓰지 않았더라도 구비문학은 반드시 있는데 거의 방치하는 것이 잘못이다. 소수민족문학의 구비문학은 으레 거론하는 것과 맞지 않는다. 문학사 이해 방법에 일관성이 있어야 한다.

반론: 중국인의 80퍼센트를 차지하는 한족은 민족적 권리를 가졌다.

응답: 다수민족의 권리는 주장할 필요가 없다. 소수민족의 권리 옹호가 정의이다.

반론: 티베트는 중국이다.

응답: 티베트가 지금 중국이라는 이유로 과거의 사실을 왜곡하지 말아야 한다. 티베트는 원래 산스크리트문명권이다. 티베트 민족서사시 주인공 게사르는 부처의 하강이고 세상의 모든 악을 제거하고 선이 이루어지게 하는 사명을 가져 중국의 천자보다 위대하며, 중국의 침공을 퇴치해야 할 악의 하나로 규정한 것을 문학사에서 밝혀 논해야 한다.

반론: 국가해체를 주장하지 않는 것은 다행이다.

응답: 국가는 해체되지 않고 존속되는 것이 마땅하지만, 국가가 모든 것을 결정하려고 하지 말아야 한다. 국가의 부당한 간섭을 점검하고 마땅한 방향을 제시하는 것이 학자의 임무이다.

토론

❑ 문: 프랑스는 다민족국가라고 명언하지 않고, 중국은 漢語의 방언

이라는 것들이 독립된 언어임을 부인하는 것은 커다란 거짓말이라고 했다. 한국에는 함께 비판해야 할 거짓말이 없는가?

❑ 답: 조금 작은 거짓말은 여럿 있다. 箕子가 중국에서 왔다는 것은 사실이 아니고 魏滿은 원래 한국인이었다고 한다. 靺鞨 사람들과 더불어 살아온 내력을 부인한다. 耽羅國의 역사는 한국사 개설서에서 취급하지 않는다.

❑ 문: 민족의 결속을 다지고 근대 국민국가를 단일체로 만들기 위해 그래야 했던 것이 아닌가?

❑ 답: 그렇다. 이제 다음 단계로 나아가야 하므로 시비를 다시 가려야 한다. 중국에서 사람이 오지 않고 문명이 전해질 수 없었다. 지금의 한국 국토 안에서 여러 민족이 함께 살다가 통합되었다. 탐라국이 독자적인 역사의 주체였음을 명시하고 한국사를 다원체로 인식해야 한다.

❑ 문: 箕子 문제는 단순하지 않으므로 더 논의할 필요가 있지 않는가?

❑ 답: 다른 나라와 비교하면서 함께 논의해야 민족 감정에서 벗어나 보편타당한 학문을 할 수 있다. 월남의 경우를 보자. 箕子나 魏滿 같은 망명인이 아니고 중국 중앙정부에서 파견된 관원인 趙佗와 士燮이 월남에서 독자적인 세력을 구축하고 통치자 노릇을 한 것을 월남의 정통사서 『大越史記全書』에서 높이 평가하고 월남사의 시발로 이해했다. 제6권 제7강에서 원문을 들어 고찰한 것처럼, 趙佗와 箕子는 문명을 전하는 구실을 함께 했다고 했다.

箕子가 중국에서 왔다는 것을 중세인은 자랑스럽게 여겨 자주 말하고, 근대인은 창피스럽게 여겨 구태여 부인하는 이유는 사고방식이 상이하기 때문이다. 근대를 넘어서서 다음 시대로 나아가려면, 그 두 가지 견해를 다 넘어서서 함께 바로잡아야 한다. 箕子·魏滿·趙佗·

士燮은 모두 현지민의 요구를 받아들이고 협력을 얻어 중국문명이 동아시아문명으로 전환되도록 하는 작업의 시발점을 마련한 공적이 있다.

❏ 문: 중국의 경우와 소련의 경우는 얼마나 같고 다른가?

❏ 답: 중국과 소련은 사회주의 체제의 다민족국가인 것은 같았다. 그러면서 지배민족과 소수민족 양쪽에 성격 차이가 있다. 漢族은 다른 여러 민족을 흡수하고 통합해 확대되어온 과거가 오늘까지 지속되지만, 러시아인은 구성원이 단일하며 우크라이나인이나 벨로루스인도 다른 민족임을 인정하고 독립을 허용했다. 중국의 소수민족은 계속 변방으로 밀려나지만, 소련을 구성하고 있던 여러 민족은 자기 강역을 지키다가 독립국의 주인이 되었다. 중화민족에 해당하는 말을 소련에서는 만들어 내지 않았다. 소련문학사라는 것은 없고, 러시아문학사에 다른 민족의 문학을 포함시키려고 하지 않았으며, 각 민족의 문학사가 독립되어 있었다.

❏ 문: 동아시아문명권의 유교는 다른 문명권의 보편종교와 비교해 어떻게 평가할 수 있는가?

❏ 답: 누구든지 긍정적으로 평가할 수 있는 학구열과 도덕심의 근거가 되며, 배타성이 적어 다른 종교를 포용할 수 있고, 氣철학을 이룩하는 혁신을 거쳐 현실에 대한 비판적 인식에 힘쓴 것이 장점이다. 근대를 바람직하게 이룩하고 다음 시대로 나아갈 수 있게 한다. 그러면서 다른 한편으로 세속의 이해관계를 넘어서서 자기를 희생하면서 초월적인 가치를 추구하는 고결한 자세에서는 다른 종교보다 뒤떨어진다. 聖者傳

비교에서 유교는 현저하게 열세이다. 중세 부정의 부정으로 다음 시대를 만드는 데 기여하는 바가 적다.

❑ 문: 氣철학의 관점에 서면 귀신이나 저승 같은 초자연적인 설정이 있는 작품은 배격하고 연구하지 않는 것이 마땅한가?

❑ 답: 아니다. 기철학은 다루는 내용을 한정하지 않고 관점으로서 의의를 가진다. 기철학의 선구자인 金時習은 『金鰲新話』를 지어 귀신과 저승을 들어 사람과 이승에 관해 다른 방법으로는 할 수 없는 이야기를 했다. 귀신과 저승을 들어 무엇을 말하는지 밝혀내는 데 기철학이 긴요한 구실을 한다. 성현의 가르침이라고 하던 교리화된 가치관을 부정하고 숨은 진실을 찾는 비판적 사고를 전개해 학문을 발전시킨 선례를 적극적으로 계승해야 한다.

❑ 문: 작가를 연구하고 있는데 잘 이해되지 않는다. 어떻게 해야 하는가?

❑ 답: 작가 연구는 작가와 연구자의 키 재기 시합이다. 키가 같거나 더 크다고 생각해야 꿰뚫어보고 많은 것을 얻을 수 있다. 뜻대로 되지 않으면 작가를 바꾸어라. 과대평가된 작가를 칭송하는 대열에 가담하는 것은 아주 어리석다. 남들이 알아주지 않는 작가를 찾아내 재평가하고 연구자의 키도 키우는 것이 마땅하다. 이것이 기철학에 입각한 비판적 학문 방법의 하나이다.

제9강 세계 속의 한국신화

세 가지 신화

신화는 보편성이 뚜렷한 인류 공유의 문화유산이면서 실제 양상은 각기 다르다. 국가 또는 민족 단위의 특수성이 아주 중요시되기도 한다. 보편성과 특수성의 관계를 어떻게 파악하고 어느 것을 밝히는 데 더욱 힘쓸 것이냐 하는 데 따라서 서로 다른 신화학을 한다.

형성 시기를 구분해서 말하면, 민족 또는 국가 이전의 신화와 그 이후의 신화가 있다. 이 둘을 각기 신화(1)・신화(2)라고 하자. 근래에 다시 만든 민족국가신화는 본래의 신화가 아니지만 논의에 추가하지 않을 수 없어 신화(3)이라고 하기로 한다. 이 셋에 관한 연구는 각기 이루어지고 교섭이 없는 경우가 많으나 신화학이라는 공동의 영역에 포함시켜 함께 검토하는 것이 마땅하다.

신화(1)・신화(2)・신화(3)에 관한 연구를 신화학(1)・신화학(2)・신화학(3)이라고 하자. 세 신화학은 신화의 보편성과 특수성을 상이하게 파악한다. 신화학(1)은 신화의 보편성을 중요시하면서 일반이론 정립을 목표로 한다. 신화학(2)는 연구의 대상으로 삼은 신화의 보편성과 특수성 양면의 관계를 사실 그대로 밝히는 역사학 연구를 하고자 한다. 신화학(3)은 자국 신화의 특수성을 주체의식 또는 우월감의 근거로 삼아 민족주의 정치의식을 선양한다.

신화학(1)의 탐구자들은 자기 신화와 남의 신화를 구별하지 않고 함께 다루며 미지의 자료를 찾아 멀고 생소한 곳까지 가는 모험을 하기도 한다. 신화학(2)에서는 자국의 신화를 최대한 찾아내 우선적으로 고찰하고, 얻은 결과를 확인하거나 확장하려고 인접국가와의 비교를 하기도 한다. 신화학(3)은 자국 신화만 신성하다고 받들면서 다른 나라의 것들은 거짓이므로 돌아볼 가치가 없다고 여긴다.

신화학(1)은 신화(2)·신화(3)과의 연관은 배제하고 신화(1)만 연구대상으로 삼아 일반이론을 정립하려고 한다. 연구대상과 거리를 확보하고, 합리적인 사고방식으로는 납득할 수 없는 신화의 양상이 무엇이며 왜 이루어졌는지 일관된 논리를 갖추어 해명하면서 비범한 학문을 한다고 자랑한다. 그래서 보편타당성이 최대한 보장되는 것은 아니다. 신화의 기능, 심리, 구조 등에서 어느 하나를 선택하고 문명인의 견지에서 야만을 문제 삼는 이중의 편향성이 있다.

신화학(2)는 신화(2)에 대한 역사적 연구를 자국 학문의 소중한 과제로 삼아 마땅하다고 하고, 논지를 보완하기 위해 신화(2)와 신화(1)의 비교고찰을 이따금 시도한다. 사실에 입각한 객관적인 고찰을 한다고 하면서 민족사의 독자적 전개를 인식하고 옹호하는 방향으로 나아가고자 한다. 신화(2)를 신화(3)과 연관시켜 신화(3)을 긍정하는 근거로 삼고자 하는 의도를 문면에 나타내지 않은 이면적 주제로 삼아 경쟁상대가 되는 다른 나라의 학문과 불화하기도 한다.

신화학(3)은 자료의 조작 혐의를 극력 부인한다. 신화(3)이 신화가 아니고 역사라고 하며, 당대의 창조물이 아니고 오랜 연원이 있다고 한다. 전적으로 신뢰하면서 받아들여야 할 민족의 자랑이니 자부심을 최대한 키우는 근거로 삼아 마땅하다고 한다. 신화(3)의 타당성을 신화(2)가 입증하고 신화(1)이 최종적인 증거를 제공하는 사실의 연관이 망각되거나 왜곡된 것을 비장된 자료가 발견되어 바로잡게 되었다고 한다. 주장하는 바를 널리 알려 대중을 움직이는 방법을 사용해 배타적인 정치의식을 역설하고 동의를 강요한다.

신화에 관한 연구인 신화학은 단일학문이 아니다. 신화(1)·신화(2)·신화(3)을 주대상으로 한 신화학(1)·신화학(2)·신화학(3)이 서로 다르다. 한국신화에 관한 연구가 한국신화학(1)·한국신화학(2)·한국신화학(3)으로 나누어져 있는 것이 그 때문이다. 셋의 현황을 검토한 다음 어떻게 해야 할 것인지 말하기로 한다.

연구의 본보기

세 가지 한국신화학은 새삼스럽지 않고 이미 많은 연구가 이루어졌다. 연구사를 충실하게 검토하려면 많은 지면이 필요하므로 여기서 감당하지 못한다. 지금 긴요한 것은 세부 검증이 아닌 전체 조망이다. 특히 좋은 본보기를 하나씩 들어 세 가지 신화학의 특징을 분명하게 하고, 어떤 연구를 어떻게 더 해야 하는지 말하는 출발점으로 삼기로 한다.

한국신화학(1)의 본보기로 김헌선, 『한국의 창세신화』(길벗, 1994)를 들어보자. 서두에서 어떻게 연구해야 하는지 말했다. 신화 일반 또는 창세신화에 관한 이론이 여럿 있으나, "한국의 창세신화는 우리의 관점에서 읽어야 한다"고 하고, "우리의 창세신화 이론"을 이룩하는 것이 바람직하다고 했다. (32면) 자료를 한 차례 고찰하고 정리해 말했다. 창조신화는 가장 근원적인 신화라고 했다. 표면에는 보이지 않으나 깊은 층위에서 인간창조, 일월조정, 물과 불의 근원 등이 서로 관련된다고 했다. 이승과 저승 신화, 생사 신화, 건국신화 등을 총체적으로 거론할 수 있는 한국신화학의 체계가 필요하다고 했다. (82면)

한국신화학(2)에 관한 고찰은 서대석, 『한국신화의 연구』(집문당, 2001)를 들어 하기로 한다. 머리말에서 연구 방법을 밝히고 얻은 결과를 간추려 이해하기 쉽게 했다. "신화적 표현 속에 감추어진 역사적 진실을 찾는 데 주안점을 두고", "신화전승집단의 실체와 성격을 밝히고 그들이 지향했던 신성성의 원리와 기능을 모색"했다고 했다. "한국신화는 천신신앙과 수신신앙이라는 두 가지 신성성을 축으로 하고 있음을 발견하였고 이를 토대로 국조의 신성혈통의 특징과 변이를 검토하였다"고 했다. (xix면)

한국신화학(3)은 오래 잊고 있다가 근래에 발견되었다고 하는 몇몇 역사서에서 "우리 민족의 역사는 반만 년이 아니라 일만 년이다", "활동무대는 아시아를 넘어선다"고 한 것을 민족 주체성을 인식하고 평가하는 근거로 삼자고 한다. 이에 대한 비판적 견해를 집약한 조인성, <재야사서 僞書論: [檀奇古史], [桓檀古記], [揆園史話]를 중심으로>, 노태돈 편, 『단군과 고조선사』(사계절, 2000)에서는, 이름을 열거한 여러 저작은 근래에 이루어진 것들이어서, 우리 민족은 아주 이른 시기에 남다른 영광을 누리고, 유구한 역사, 방대한 영역, 뛰어난 문화를 자랑했다고 하는 근거로 삼을 수 없다고 했다. 그렇더라도 사실 여부에 구애되지 않고 민족의 주체성을 선양하고 기상을 키우는 근거로 삼아야 마땅하다는 주장에 대해서 "민족주의적 성격이 강한 것으로 인식되어왔던 '재야사서'들에서 친일적인 성격"이 확인되고, "일제 皇國史觀의 재판이라는 견해도 나왔다"고 했다.(211면)

한국신화는 "우리의 관점에서 읽어야 한다"는 것은 당연한 말이다. 한국신화를 기존의 신화연구를 적용하는 대상으로 삼으려고 하지 말아야 했다고 이해하면 전적으로 타당하다. 자료를 자세하게 읽고 면밀하게 검토하자는 제안으로 받아들여도 크게 도움이 된다. 그러나 "우리의 관점"이 무엇인지 의문이다. 실제로 해놓은 작업은 사실의 정리이다. "우리의 이론" 또는 "한국신화학의 체계"가 아직 마련되어 있지 않아 부득이한 일이라고 할 수 있지만, 사실에서 이론으로 나아가는 길이 보이지 않는다.

이론이나 체계에 "우리"라는 말이 붙어야 하는지도 의문이다. 우리가 만드는 이론을 우리의 이론이라고 한다면 동어반복이고, 이론의 내용이나 특징에 관한 언표가 없다. 우리 신화만 연구할 것은 아니다. 대상을 확장해 국내외의 신화를 함께 포괄하고, 얻어낸 성과를 확대해 보편성을 파악해야 이론이고 체계라고 할 수 있다. 한국신화학(1)이 신화학(1)이게 하고, 신화학 일반이게 하는 길로 나아가는 연구를 해야 한다. 신화가 세계 공통의 유산이고 인류가 하나일 수 있게 한다는 것을 입증해야 한다.

건국신화에 나타나 있는 "역사적 진실"을 "신화전승집단"이 지향한 "신성성의 원리와 기능"을 들어 밝히는 작업은 반드시 해야 한다. 신성성의 원리가 각기 다를 수 있어 개별적인 고찰이 필요하다. 제대로 남아 있지 않은 자료를 애써 찾아 연구를 확장해야 한다고 백제신화 연구에서 일깨워준 것을 평가한다. 동아시아 다른 나라의 경우와 비교연구도 진행했다. 그러나 이룬 성과에 만족하지 말고 작업을 확대하고 심화하기 위해 노력해야 하는 것이 학계 공유의 과제이다.

건국신화연구에서 찾는 역사적 진실이 정치사에 관한 것으로 치우치지 않도록 경계해야 한다. 신화 자체의 역사, 상상력의 역사, 사고형태 창작의 역사 등을 함께 포괄해 총체적으로 연구하는 방향으로 나아가는 것이 바람직하다. 동아시아 건국신화 비교연구를 더욱 충실하게 하고 관심을 세계 전역으로 확대해, 건국신화에서 신성성을 추구하는 것이 어느 단계에 있었던 일이고, 왜 그래야 했던지 밝혀야 한다.

일본인의 그릇된 연구에서 벗어나 연구의 주체성을 확립하면 진전이 보장된다고 믿는 소박한 사고방식은 버려야 한다. 이런 초보적인 수준의 논의를 되풀이하고 있는 것은 연구자의 역량 부족에 이유가 있다. 남들에게 주문하는 일을 자기가 실제로 해서 결과를 보여주면 되는데 불필요한 서론이 너무 길다. 낡고 뒤떨어진 견해와 결부된 일반인의 인식부터 고쳐놓아야 한다고 열을 올리면서 장외경기를 벌이는 것도 경계해야 할 풍조이다. 착실한 연구는 외면하고 시사평론이나 대중운동으로 진실 검증을 대신하려고 하는 것은 학문의 정도가 아니다.

정체성이나 주체성은 좋은 말이지만 나쁘게 쓰일 수 있다. 한국신화학(2)를 한국신화학(3)에 근접시켜 근대민족주의의 신화적 이념을 마련하려고 하는 의도에서 주체성을 내세우는 것을 흔히 볼 수 있어 경계하지 않을 수 없다. 신화를 자민족 우월론의 근거로 삼아 일본과 경쟁하겠다는 것은 망상이다. 방어를 능사로 삼지 말고 적극적인 자세를 가지고 앞으로 나아가는 것이 주체적인 학문을 제대로 하는 자세이다. 일본신화를 세계적인 비교연구에 포함시켜 새로운 일반이론 창조의 작업을 과감하게 진행하는 것이 마땅하다.

다른 곳들과 한국에 공통된 신화가 있는 것은 전파의 증거라고 하는 견해가 주체성을 훼손한다고 하는데, 나무라는 것을 능사로 삼지 말고 대안을 제시해야 한다. 전파론을 넘어서려면 공통된 신화가 창조된 보편적인 이유를 밝히는 이론을 신화(1)에서 출발해 마련해야 한다. 전파론을 역전시켜 한국신화가 다른 민족에게 전해졌으니 찾아와 우리 자산을 늘여야 한다고 하는 것은 적절한 대응책이 아니다. 한국신화학(2)를 확장해 한국신화학(1)에서 새로운 성과를 보여주는 것 같지만, 한국신화학(3)에서 펴는 주장을 근저에 깔고 있다. 한국신화는 소중한 의의가 있는 불변의 실체라고 하고, 신화의 빈부가 민족의 우열과 직결된다고 여기는 것은 잘못된 사고방식이다.

한국신화학(3)에서 추구하는 신화민족주의는 낡은 이념이다. 일본이 그 때문에 멍든 것을 알지 못하고 부러워하면서 따르려는 것은 어리석다. 우리 선조가 일찍이 넓은 지역을 통치해 자랑스럽다고 자랑한다면 일본이 아시아의 대부분을 지배한 것은 더욱 훌륭하다. 사실을 확인할 수 없는 상상을 바탕으로 삼아 분명한 사실로 나타난 과오에 정당성을 부여한다. 국가를 거대한 규모로 키워 많은 민족을 통치하는 동일한 행위를 두고 누가 하는가에 따라서 영광이기도 하고 과오이기도 하다는 유치한 주장을 하는 데 끼어들지 말아야 한다.

신화(3)은 절대적인 가치를 가진다고 한다. 한국신화학(3)은 한국신화 찾기를 위한 것이 아닌 비교연구는 하지 않는다. 한국신화의 우위는 그 자체로 명백하므로 비교의 대상이 아니라고 한다. 이런 태도가 잘못이라고 판정하고 무시하면 되는 것은 아니다. 잘못을 깨우치기 위한 비교연구를 힘써 해야 한다. 근대민족주의 신화 조작이 어떤 경우에

심해지고, 주장하는 바가 무엇인지 여러 사례를 들어 살펴야 한다. 자기 민족은 신성하고 다른 민족은 저열하다는 신화가 멸시와 침략, 억압과 살육을 위한 구실이 된 세계사의 불행을 고발하고 단죄하는 것까지가 신화학의 임무이다.

그런데 지금의 형편은 그리 좋지 못하다. 한국신화학(1)은 자료 소개에 머무르고 있다. 한국신화학(2)에서는 연구 성과가 있으나 안목이 협소하다. 한국신화학(3)이 학계 밖에서 커다란 영향력을 행사하는 것이 우려할 만한 사태이다. 광범위한 비교연구가 어디서나 요망되지만, 한국신화학(1)에서 특히 긴요하다. 한국신화학(1)을 위한 광범위한 비교연구를 해서 신화 일반론을 새롭게 정립하는 성과를 확대해 한국신화학(2)를 개방하고, 한국신화학(3)의 오류를 시정해야 한다.

새로운 출발

나는 내 나름대로 신화를 연구해왔다. 『한국소설의 이론』(서울: 지식산업사, 1977), 『한국문학통사』(서울: 지식산업사, 1982-2005), 『동아시아 구비서사시의 양상과 변천』(서울: 문학과지성사, 1997), 『하나이면서 여럿인 동아시아문학』(서울: 지식산업사, 1999), 『소설의 사회사 비교론』(서울: 지식산업사, 2001), 『세계문학사의 전개』(서울: 지식산업사, 2002), 『세계・지방화시대의 한국학 6: 비교연구의 방법』(대구: 계명대학교출판부, 2007) 등 여러 논저에서 전개한 작업이 있다. 이미 이룩한 성과를 간추려 정리하면서 새로운 논의를 보태고자 한다. 거론하는 자료의 출처나 구체적인 내용 이해는 기존 연구로 미루고, 새로운 논의를 이 글에서 얻는 성과로 삼는다.

해온 작업의 기본 특징을 말해보자. 이 작업은 여기서 처음 하면서 새로운 논의를 시작한다. 신화에 대한 문학사적 연구를 하다가 신화 일반론에 다가갔다. 신화에서 역사를 찾으려고 하지 않고, 신화의 역사를 통괄해서 이해하는 이론을 마련하고 시대마다의 변화를 고찰하고자 했다. 한국의 경우를 먼저 다루고 세계로 나아갔다. 아직 많이 모자라지만 앞에서 제안한 방향 전환을 구체화하는 데 도움이 된다고 믿는다.

신화는 무엇인가 하는 의문은 신화와 신화 아닌 것의 차이를 들어 풀어야 한다. 신화는 전설이나 민담, 그리고 소설과 다르다는 점을 들어 신화에 대한 정의를 내렸다. 자아와 세계의 대결 양상을 들어 차이점을 밝힐 수 있다. 자아와 세계가 신화에서는 동질적이거나 상호 보완적인 관계를 가지고, 전설에서는 세계의 우위에 입각해, 민담은 자아의 우위에 입각해, 소설에서는 상호우위를 보여주면서 대결한다.

신화, 전설과 민담, 소설은 각기 그 시대가 있어 순차적으로 등장했다. 신화를 산출한 신화시대가 지나가고 전설・민담시대가 시작되었으며 소설시대가 그 뒤를 이었다. 시대 성격이 자아와 세계의 대결 양상을 결정했다. 이런 논의를 거쳐 신화 이해가 다면화되고, 문학사론이 역사 일반론으로 확대되었다. 다른 어느 접근 방법에서보다 더욱 분명한 논리를 갖추어 신화 일반론을 새롭게 마련할 수 있었다.

신화시대는 자아와 세계가 동질적이거나 상호 보완적인 관계를 지녔다고 여기던 시대이다. 사람이 자아라면, 자연은 세계이다. 주체가 되는 사람이 자아라면, 객체가 되는 사람은 세계이다. 자아와 세계가 대결해 동질적인 관계를 가진다는 것이 신화를 존중하던 사람들의 사고방식이었다. 사람과 자연 사이에서 생기는 마찰은 주술로, 인간사회 내부의 불화는 공동체적인 유대 강화로 해결하면 된다고 여겼다.

신화는 경험의 영역을 넘어선 근원적인 진리를 나타낸다고 인정되어야 한다. 이에 대한 불신이 나타나 신화가 밀려나거나 해체되는 과정에서 전설과 민담이 득세했다. 전설과 민담은 대립되면서 상보적인 관계를 가졌다. 전설은 세계의 우위, 민담은 자아의 우위에 입각해서 전개되는 자아와 세계의 대결이다. 신화적 질서가 무너지자, 한편으로는 세계의 전설적 횡포가, 다른 한편으로는 자아의 민담적 가능성이 두드러지게 나타난 전설·민담시대에 들어섰다. 그 뒤에 자아와 세계가 상호우위를 가지고 대결하면서 새로운 진실성을 추구하는 소설시대가 시작되었다.

신화시대, 전설·민담시대, 소설시대는 일반 역사의 어느 단계에 시작되어 다음 단계까지 지속되었다. 신화시대는 원시에서 고대까지 걸쳐 있었고, 중세로 이어지기도 했다. 전설·민담시대는 고대에서 중세를 전성기로 하고 그 뒤까지 남아 있다. 소설시대는 중세에서 근대로의 이행기에 비롯해 근대로 넘어왔다. 역사의 단계를 넘어서서 지속되면서 성격이 변해, 그 양상 고찰이 세부적인 연구의 긴요한 과제이다.

신화는 말 또는 산문이기도 하고 노래 또는 율문이기도 하다. 구전되는 형태의 산문서사문학은 설화라고 하고 율문서사문학은 서사시라고 하는 것이 예사이지만, 양쪽이 겹친다. 설화뿐만 아니라 서사시에도 신화가 있고, 전설이나 민담이라고 할 것도 있다. 서사시를 신령서사시, 영웅서사시, 범인서사시로 나누면, 신령서사시와 영웅서사시는 신화, 범인서사시는 전설과 민담이 율문으로 표출된 형태이다. 범인서사시 가운데 일부는 소설의 특징을 지녔다.

세 서사시의 하위 부류를 정리하고 형성과정을 밝히는 작업을 함께 했다. 신령서사시는 신앙서사시였다가 창세서사시까지 갖추고, 영웅서사시에서는 여성영웅서사시가 먼저 나타나고 남성영웅서사시가 뒤를 이었다고 했다. 이러한 사실은 신화의 형성과 변천에 관한 일반적인 논의를 전개할 수 있게 하는 출발점이 된다.

율문신화와 산문신화 가운데 율문신화가 더욱 소중한 자료이다. 율문신화가 공식적인 전승이라면, 산문신화는 비공식적인 전승이었다. 공식적인 전승이라야 신화의 전모를 간직한다. 공식적인 전승이 사라진 탓에 산문신화만 남은 곳에서는 신화를 납득하기 어려운 이야기로 여기고 말 수 있다.

서사무가라고 일컬어지는 한국의 율문신화는 신화 일반론을 이룩하는 데 크게 기여할 수 있는 생생한 자료이다. 산문신화의 부족을 개탄하는 것은 자기가 타고난 행운을 모르고, 남들의 불운을 부러워한다고 할 수 있어 부적절하다. 우리 자료를 다루어 얻을 수 있는 성과를 가지고 세계로 나아가 큰 학문을 해야 할 때가 되었다. 믿을 만한 형태로 기록된 율문신화를 찾아내 지금도 구전되는 율문신화와 비교해 고찰하는 것이 바람직한 연구이다.

지금까지 신화연구를 주도한 유럽 학자들은 불리한 조건을 타고난 것을 알지 못했다. 율문신화는 사라지고 산문신화만 지나치게 윤색된 채 남아 있으며, 서사시 또는 구전은 자취를 감추고 기록창작물만 있어 신화와 연결시킬 수 없다. 결핍을 보충하기 위해 멀리까지 간다고 해도 현장에 들어가 생생한 체험을 하기는 어렵다. 이런 제약 조건에서 벗어나 신화 일반론을 바람직하게 이룩하는 작업을, 율문신화가 전승되어 유리한 조건을 타고난 곳에서 선도해야 한다.

신화(1)의 비교연구 1

최초의 신화는 세상이 처음 생긴 내력을 말해주는 창세신화가 아니다. 내용과 형성 시기를 혼동하지 말아야 한다. 처음에는 추상적인 생각을 하지 못하고, 누구나 흔히 가지는 의문을 해결하려고 신화를 만들었다. 짐승을 잡아 살아가면서 짐승과 사람의 관계를 절실한 의문으로 삼았다. 이 의문을 풀어주는 착상이 최초의 신화였다.

짐승과 사람이 서로 같고 다른 양면을 어떻게 연결시켜 이해할 것인가 하는 것이 구체적인 과제였다. 짐승과 사람은 본원적인 공통점과 단계적인 차이가 있다고 하는 것이 가능하고 설득력 있는 추론이었다. 지금의 인류보다 먼저 나타난 선행인류가 짐승으로 변해 남아 있다고 하는 착상을 마련했다. 북미대륙의 원주민은 늑대 비슷한 동물인 코요테가 선행인류의 변신이라고 여겼다. 선행인류라면 신비한 존재이므로 코요테를 신으로 여긴다. 짐승을 신으로 섬기는 신앙서사시가 최초의 신화였다.

짐승과 사람의 관계를 말한 신화 가운데 아이누민족의 '가무이 유카르'가 특히 좋은 자료이다. '가무이'는 '神'이고 '유카르'는 '서사시'여서, '가무이 유카르'는 '신 서사시'이다. 일본어로 '神謠'라고 하는 것이 적절한 번역이다. '가무이 유카르'는 '아이누 유카르'와 구별된다. '아이누'는 '사람'이라는 말이고, '아이누 유카르'는 '사람 서사시'이다.

신 서사시에서 짐승을 신으로 섬긴다. 여러 짐승 가운데 곰이 으뜸이다. <곰의 노래>라고 하는 것을 보자. 곰을 사냥하는 것을 곰을 신으로 섬기는 행위라고 하고서, 곰이 말을 한다는 일인칭 서술로 사건을 전개한다. 사람이 자아이고 곰이 세계인 관계를 곰이 자아이고 사람이 세계라고 역전시켜 자아와 세계의 동질성을 설득력 있게 확인하는 방법을 마련했다.

사람의 사냥감인 곰을 신이라고 받드는 것은 그 자체로 거짓이다. 그러나 사냥꾼보다 사냥감이 존귀하고, 사람보다 짐승이 더욱 신령스럽다고 해야 양쪽이 대등하게 된다. 힘이 있다고 해서 짐승을 함부로 죽이지 말고 보호하는 데 힘써야 한다는 지침이 마련된다. 해마다 일정한 시기에 곰을 섬기는 굿을 하면서 이런 노래를 불러, 사람 때문에 희생되는 다른 생명체를 최대한 존중하도록 하는 성스러운 가르침을 거듭 확인한다.

그 자체로 말이 되지 않기 때문에 말에 나타나 있는 것 이상의 본원적이고 포괄적인 원리를 나타내는 이야기가 신화이다. 굿을 하면서 노래하는 것이 신화를 전달하는 본래의 방법이다. 아이누민족은 신화 노래에서는 격식을 갖춘 '雅語'를, 신화 말에서는 예사로 하는 '口語'를 사용한다. 신화를 노래하는 서사시가 공식의 전승이라면, 신화를 말로 하는 것은 비공식의 전승임을 분명하게 확인할 수 있다.

피노-우그르아민족도 수렵 행위와 관련된 신앙서사시를 이어오고 있다. 칸티와 만시 민족의 경우를 보자. 러시아공화국에 속하는 두 민족은 우랄산맥 동쪽 시베리아 서쪽의 칸티-만시자치구에 함께 거주하고 있다. 곰을 섬기는 굿을 할 때 일인칭으로 전개되는 신앙서사시를 노래하는 것이 아이누의 경우와 같다. 그런데 곰 노릇을 하는 인물과 다른 인물이 굿에 함께 등장하고 다른 인물이 일인칭으로 노래를 하는 점은 다르다. 만시민족의 노래에서는 서술자가 신성한 곰의 뜻을 거역했다가 화를 당했다고 한다. 칸티민족은 짐승 가죽을 몸에 걸치고 발에 신고 신령이 하늘에서 내려와 곰에게 인사를 하고 사람들을 찾는다고 한다.

곰의 구실을 하는 사람이 굿에 등장하는데도 곰이 노래하지 않고 다른 등장인물이 노래를 하는 것은 신앙의 대상에서 신앙의 주체로 관심이 옮겨간 증거이다. 곰과 신령이 분리되어 수렵의 신인 신령이 곰과 사람 사이의 매개자 노릇을 한다고 이해할 수 있는 관계를 가지고 있다. 그 신령은 짐승 가죽을 두르고 있어 사냥을 하는 사람의 행위를 나타내고 있다. 그 점에서 제주도 신앙서사시에서 섬기는 신령과 같다.

사냥이 잘되도록 하는 굿에서 부르는 신앙서사시가 처음에는 아이누의 경우처럼 수렵의 대상 가운데 특별한 것을 토템동물로 삼아 숭상하다가, 단계적인 변화를 보였다고 할 수 있다. 만시민족에서처럼 토템동물을 섬기는 쪽의 이야기를 듣게 된 것이 첫 단계의 변화라면, 칸티민족이 보여주듯이 토템동물과 사람들 사이를 매개하는 신령을 별도로 설정한 것이 두 번째로 나타난 변화가 아니었던가 한다. 그런 신을 신앙의 대상으로 하고, 신과 사람의 관계를 다루는 다음 단계의 변화가 제주도에서 발견된다고 보면, 전후의 과정을 모두 이해할 수 있다.

제주도의 <서귀포본향당본풀이>에서는 바람의 신이 못난 본부인은 버리고 아름다운 첩과 함께 제주도에 이르러 한라산에 올라가서 새 삶을 시작해 사냥을 하고, 부부관계를 하는 장면을 서술했다. 그 광경을 우연히 목격한 사냥꾼이 반갑게 여겨 절을 하자, 자기를 받들어 모시라고 했다. 사냥의 신이 스스로 사냥을 해서 모범을 보이고 사냥감이 번성하게 하는 것을 감사하게 여겨 신앙의 대상으로 삼은 내력을 그렇게 풀이했다. 신화의 역사를 이해할 수 있게 하는 소중한 자료가 제주도에 있어 관심을 넓혀 많은 것을 알 수 있는 출발점이 된다.

북극권에 사는 이누이트도 소중한 유산을 간직하고 있다. 생활 영역에 흔히 있으며 수렵의 대상인 고래나 곰 가운데 아주 거대한 모습을 한 신이 있다고 믿는다. 그런 신의 내력과 업적을 설명하는 노래에 신앙서사시라고 할 것과 창세서사시라고 할 것이 함께 들어 있다. '태초의 무당할머니'가 까마귀이면서 사람인 남자를 만들어냈으며, 그 인물이 여성무당과 싸워 이기고, 고래를 작살로 잡고, 빛과 어둠의 비율을 조절했다고 했다.

신의 내력을 그렇게 설명한 가운데 창세신화의 내용이 일부 들어 있다. 빛과 어둠의 비율을 조절했다는 것은 다른 데서 해와 달을 활로 쏘아 수를 적절하게 했다는 것과 상통한다. 무당이 신통력을 가지게 된 과정을 말하고, 조상의 시련과 투쟁을 말하는 데서 영웅서사시의 원초형태라고 할 것이 있다. 부모를 잃고 삼촌에 의해 양육되던 어린아이가 무당이 되어 다른 무당들과 싸우다가 죽었다고 하는 사건을 다룬 것이 상당한 분량으로 이어져, 영웅서사시의 원형을 이룬다고 할 수 있다. '영웅의 일생'이 거기서 나타나기 시작했다. 조상이 사냥을 나갔다가 실제로 겪은 모험과 조난을 전하는 것도 있다. 역사적 사실을 다루는 영웅서사시는 그런 데서 비롯했다고 할 수 있다.

원시서사시는 어느 것이든 사람과 다른 생명체, 사람과 자연의 바람직한 관계를 되찾게 한다. 사람은 다른 생명체를 마음대로 죽이고, 자연을 얼마든지 정복해서 이용할 수 있다고 하는 근대인의 편견을 시정하고, 우주 안의 모든 것이 서로 대등한 관계에서 화합을 이룩해야 마땅하다는 가르침을 간직하고 있다. 아이누인의 곰서사시에서 사람이 곰을 죽여 먹이로 이용하면서 곰을 신으로 섬긴다고 하는 것은 둘 사이의 우열관계를 대등관계로 만드는 역전이고, 곰 사냥이 어느 때든지 함부로 할 수 없는 엄숙한 의식임을 일깨워준다.

신화(1)의 비교연구 2

수렵사회에서 농업사회로 들어서자 농사가 어떻게 해서 가능한가 하는 의문을 풀려고 추상적인 개념을 사용하기 시작했다. 이런 변화를 계기로 해서 창조신화가 마련되었다. 태초에 어떤 기운이 있어 둘로 갈라지고 다시 여럿으로 나누어져 운동을 한 결과 천지만물이 되었다고 했다. 그 기운이 남녀나 형제가 되어 서로 예사롭지 않은 사건을 빚어내고, 천지만물을 각기 나타내는 신들이 있어 다채로운 활약을 한다고 하기도 했다.

신앙서사시와 창세서사시는 굿을 하면서 부르는 공식의 전승이라는 점이 같으면서, 전승자의 자격은 달랐다고 생각된다. 수렵의 신을 섬기는 신앙서사시는 사냥꾼이라면 누구나 자기 스스로 주술사 노릇을 하면서 부를 수 있었다. 그러나 천지창조나 인류기원의 내력을 알리는 창세서사시는 신과 사람을 매개하는 신비한 능력을 지녔다고 하는 무당이 지어내고 이어왔다.

신앙서사시는 전승이 개방되어 있고 직접적인 기능을 항상 수행하므로 노래가 아닌 말로 나타내야 할 이유가 없었다. 그러나 창세서사시는 독점적인 권능을 가진 담당자가 특별한 기회에 구연하므로, 제한 조건에 구애되지 않고 누구나 아무 때든 전승에 참여할 수 있는 방식이 있어야만 했다. 일반인은 원래의 전승 방식인 노래를 익히는 데 필요한 자격도 겨를도 없어 전문이 아닌 개요를 격식화되지 못한 일상생활의 말로 이야기할 수밖에 없었다. 신앙서사시는 구체적인 기능을 수행하면 그만이지만, 창세서사시는 특별하게 받들어야 할 신성한 원리를 지녔다고 인정되어 더욱 존중되었다.

창세서사시는 흔히 생각할 수 있는 범위를 넘어서서 복잡한 내용을 갖추어야 천지만물과 인간에 관한 갖가지 의문을 해명해주고, 전승 담당자인 사제자가 지닌 남다른 권능을 입증하는 두 가지 기능을 수행할 수 있었다. 그러면서 서로 멀리 떨어진 곳에서 각기 전하는 것들에 뚜렷한 공통점이 있어 의문 해명과 권능 입증의 기본 양상이 서로 다르지 않았음을 입증해준다.

창세서사시의 복잡한 내용은 원래의 전승 담당자가 아니면 감당할 수 없다. 예사 사람들이 말로 전하면 연결이 끊어지고 내용이 단순해진다. 결락을 메우면서 합리적인 설명을 하려고 하다가 이해하기 더욱 어렵게 된다. 외부와 두절된 오지를 찾아가면 해결책이 생기는 것은 아니다. 굿을 하면서 노래하는 전승 방식이 이어지고 있는 곳에서 생동하는 자료를 얻어야 한다. 한국의 서사무가가 바로 이런 자료여서 비교연구를 거쳐 일반이론을 이룩하는 데 결정적으로 기여한다.

제주도의 <천지왕본풀이>를 보자. 전승본에 따라서 다르지만, 공통된 전개를 추출할 수 있다. 하늘과 땅이 분리되고 만물이 생겨난 천지개벽을 말하고, 천지왕이 천상에서 지상으로 내려와 악행을 일삼고 있던 수명장자를 징치했다고 했다. 천지왕이 지상국부인과 결연해 낳은 아들 둘이 아버지를 찾아가고, 해와 달이 여럿이어서 활로 쏘아 지금과 같이 조정한 경위를 말했다. 세상을 차지하기 위해서 둘이 내기를 할 때 부정한 술수를 쓴 쪽이 이겨 이승에는 부정이 많다고 했다.

이런 것들이 무엇을 말하고 왜 필요했던지 밝히기 위해 비교고찰을 하자. 한국에서처럼 굿에서 부르는 노래는 마땅한 것을 찾기 어렵다. 원래의 전승은 확인할 수 없으나 기록되어 전하는 몇 가지 자료가 풍부한 내용을 갖추고 있어 요긴하게 사용할 수 있다. 기록되어 전하는 자료를 원래 한국의 서사무가처럼 노래했으리라고 추정하면서 비교를 진행하는 것이 마땅하다.

중국 納西族의 <東巴經>, 하와이의 <쿠무리포>, 중앙아메리카의 <포풀 부> 등을 우선적으로 다룰 만하다. <동파경>은 東巴 문자라는 상형문자로 기록해 전하는 민족의 고전이다. <쿠무리포>는 하와이왕국에서 소중하게 여기면서 간직해온 전승을 마지막 시기의 국왕이 로마자를 이용해 기록했다. <포풀 부>는 스페인어로 번역된 형태로 전한다. 셋 다 상당한 분량을 가진 신화집성이다.

<동파경>은 서두의 <창세기>에서 해와 달의 유래, 사람의 출현, 대홍수 등을 다루었다. 흰 기운이 이슬이 되고, 이슬이 변해 바다가 되더니 바다에서 생긴 알에서 사람이 태어났다고 했다. <흑백지전>이라고 하는 다음 대목에서는 다섯 색깔의 알에서 다섯 민족이 유래해 서로 싸우다가 다른 민족의 해와 달을 훔친 쪽이 승리했다고 했다.

<쿠무리포>는 '창조의 노래'라는 뜻이다. 밤 · 어둠 · 신령의 세계가 먼저, 낮 · 빛 · 사람의 세계가 나중에 생겨난 유래를 말했다, 그 다음에는 신령이면서 사람인 마우이가 등장해 벌인 소동을 다채롭게 소개했다. 대양의 육지를 낚고 태양에 올가미를 씌우고, 대단한 신을 섬기는 신앙을 모독했으며, 아비 없는 자식이라고 핍박하는 자들을 물리치고 사회적인 권위를 부정했다.

<포풀 부>는 천지 창조와 사람의 출현을 먼저 말하고, 대홍수가 있었다고 했다. 그 다음에는 신령이면서 사람인 이중의 존재가 일으킨 말썽을 길게 다루었다. 익스우나푸와 익스발랑케라는 쌍둥이가 죽을 고비를 넘기고 자라나 일은 하지 않고 싸움만 하다가 아버지의 원수를 찾아서 죽였다고 했다.

네 사례는 뚜렷한 공통점이 있다. 천지와 인간이 생긴 유래에 관한 의문을 공통된 상상을 마련해 풀어주고, 그 뒤에 일어난 변화를 사람들 사이에서 벌어진 투쟁과 관련시켜 설명했다. 창조자이면서 전승자인 무당은 일정한 격식을 갖춘 굿에서 이런 노래를 들려주어 천지와 인간에 대한 의문을 풀어주면서 질서와 혼란의 관계에 대해 발언권을 가졌다. 세계 도처에 같은 신화가 있으면서 동일한 의미를 지녀, 전파론이 부당하고, 심리학적 이해나 구조분석이 일방적이고 피상적인 이해임을 말해준다.

공통점과 함께 차이점도 발견된다. 전개의 순서가 천지 창조에서 인간 행위로, 질서에서 혼란으로 나아간 것이 변화의 과정이었다고 할 수 있다. 이런 기준에서 살피면 <동파경>보다는 <쿠무리포>가, <쿠무리포>보다 <포풀 부>가 더 나아갔다고 할 수 있다. <천지왕본풀이>는 천지와 인간이 생긴 유래를 질서의 관점에서 말한 대목이 얼마 되지 않아 다른 셋보다 원래의 모습에서 더 멀어졌다고 할 수 있다.

그러나 인간 행위를 문제 삼으면서 혼란으로 나아가는 데서는 평가가 달라질 수 있다. 천지왕과 두 아들이 부자 관계를 가진다고 하면서 천지와 인간의 문제를 직접 연결시켜 다룬 것은 한층 오랜 형태일 수 있다. 아버지가 지상으로 내려와 악행을 일삼고 있던 수명장자를 징치한 것과 같은 일을 지상에서 태어난 두 아들이 이어나가야 하는 것은 당연하다. 두 아들은 천상의 아버지에게서 받은 능력으로 일월을 조정해 혼란을 질서로 바꾸어놓은 공적이 있는 한편, 지상의 인간다운 결함을 지녀 세상 차지하기 내기에서 부정한 쪽이 승리해 이 세상에 부정이 많게 한 책임이 있다.

<천지왕본풀이>가 이렇게 맞물리는 논리를 정연하게 갖추고 있는

것은 혼란이나 파괴가 없이 제대로 전승되어 왔다는 증거이다. 반대가 되는 경우를 들어보면 특징이 더욱 분명하다. <동파경>에서는 <창세기>와 <흑백지전>이 별개여서 간격이 많이 벌어졌다. 원래의 전승을 두고 새로운 것을 지어내 추가분이 생동하는 모습을 지니지 않았다고 할 수 있다. 글에 정착시켜 널리 규범이 되는 경전을 만들고자 해서 원래의 맥락에서 많이 이탈했다.

<천지왕본풀이>에서 이 세상 차지 내기를 할 때 부정한 술수를 쓴 쪽이 이겨 이승에는 부정이 많다고 하는 것이 몽고신화에도 있다. 신화의 권역에 대한 연구가 필요하다고 일깨워준다. 여기서는 거시적인 관점으로 보편성을 찾는 작업을 계속한다. 기본 설정을 살피면 술수를 써서 혼란을 일으켰다고 하는 것이 <쿠모리포>와 <포폴 부>에도 있다. <쿠모리포>의 마우이와 <포폴 부>의 쌍둥이가 술수를 부리는 장난꾼 노릇을 하면서 자연과 사회의 질서를 함께 교란했다. 부정한 술수를 써서 혼란을 일으켰다고 하는 것이 공통점이다.

이런 것이 있어 신화가 신화답지 않게 한 것이 아닌가? 신화를 확장했다고 하는 것이 타당하다. 창조가 질서 있게 이루어졌다고 할 수 없는 사안에 대한 의문을 해명하기까지 했다. 일탈 행위가 변혁을 가져오는 이치를 말했다. 신화가 불변의 권리를 자랑하면서 동떨어져 있지 않고 새로운 요구에 부응하도록 해서 불신을 막았다. 신령이면서 사람인 존재가 술수를 부리는 장난꾼 노릇을 했다는 것은 창세신화에서 영웅신화로 나아간 증거라고 할 수 있으나 건국신화와는 상당한 거리가 있다.

신화(2)의 비교연구 1

정치지배자가 무당인 사제자보다 우위에서 권력을 장악해 국가를 창건하고 정복전쟁을 일으키면서 원시문학과 분명하게 구분되는 고대문학을 이룩했다. 하늘에 있는 창조주의 아들인 지상의 지배자가 영웅적인 투쟁을 해서 승리자가 된 과정을 이야기하고 노래하면서 자연과의 관계보다 사람들 사이의 관계가 더욱 중요한 관심사로 등장했다. 지배자 자신 외에 전문적 사제자나 지배층의 일원으로 참여한 다른 사람들도 문학 창작에 참여해 문학의 폭이 많이 확대되었다. 일부 지역에서는 문자를 만들어 시를 적는 데 이용했으며, 금석문, 역사기록, 사상서 등을 산문으로 쓰기도 했다.

고대문학은 지배자의 문학이었다. 지배자만 홀로 우월하다는 자기중심주의를 지배자 집단의 표상을 통해 나타내는 것이 구비문학과 기록문학 양쪽에서 함께 나타나는 공통된 특징이었다. 통치의 대상이 되는 피지배자나 정복의 대상이 되는 다른 집단은 다 같은 사람이 아니라고 여겨 살육과 약탈을 함부로 했다. 힘이 진리였으며, 용맹이 무엇보다도 자랑스러웠다. 강자와 약자가 함께 받들어야 할 이치는 없었다. 사람은 누구나 사람이라고 하는 보편주의는 다음 시기인 중세에 이르러 비로소 나타났다.

태초에 어떤 기운이 있어 남녀와 형제로 나누어져 운동한 결과 천지창조가 이루어졌다고 하던 신화가 변해서 기운 대신에 창조주를 내세워, 창조주가 천지를 만들어냈다고 하게 되자 원시신화와는 다른 고대신화가 이룩되었다. 창조주의 등장은 청동기시대 이후에 사람들 사이에서 권력자가 등장한 변화를 반영한다. 권력자와 다른 사람의 관계에 따라서 신들끼리의 또는 신과 사람 사이의 관계를 재조절했다.

중국 주변의 여러 민족들은 흔히 盤古와 盤生이라고 하는 거인 형제가 하늘과 땅에서 천지만물로 바뀌었다고 하다가, 반생은 없애고 반고만 남겨 창조주 노릇을 하게 한 데서 최초의 변화가 확인된다. 반고는 창조만 하고 사후관리는 하지 않았으니, 신화의 내용이 미비하다. 최고의 신이 창조뿐만 아니라 지속과 파괴를 담당하고, 신들 사이의 질서를 재정비하고, 인류의 역사를 계속 관장한다고 하는 등의 후속 조처가 있어야 고대신화 창조가 완성되었다. 그런 작업이 세계 도처에서 이루어져 유사한 신화가 흔히 발견된다.

원시신화에서는 자연현상의 어느 것을 나타내는 여러 신을 만들어 냈다. 처참하게 살해되었다가 가까스로 살아났다고 하는 이집트의 오시리스는 농작물이 쇠멸하고 소생하는 과정을 보여주어 농업신 노릇을 하면서 최대의 숭앙을 모았다. 그런데 고대신화가 이룩되는 단계에서는 태양신인 레가 다른 모든 신 상위에서 군림하는 최고의 신이라고 했다. 제왕 파라오는 태양신의 아들이므로 신성하고 절대적인 권력을 가진다고 했다.

인도에서는 번개의 신, 불의 신, 공기의 신 같은 것들을 많이 설정해 섬기다가, 그 상위에 창조의 신 브라흐마가 있다고 하게 되었다. 브라흐마는 창조를, 비쉬누는 파괴를, 시바는 지속을 맡아, 최고의 신은 하나이면서 셋이라고 했다. 그 가운데 비쉬누는 사람으로 변신해 남들과 어울려 활동하기를 즐긴다고 해서 신과 인간의 간격을 좁혔다. 그밖에도 많은 신이 있어 각기 다양한 활동을 벌이지만 화합을 근본적인 원리로 하고 있어 서로 충돌하지 않으며, 사람에게 고통을 안겨주지는 않는다고 했다.

그리스신화에서는 번개의 신인 제우스가 여러 신들을 거느리는 통치자의 위치에 올라 기존의 거인신들의 지배를 무너뜨리고 새로운 왕국을 세웠다고 했다. 그 왕국에서 자연이나 문명의 어느 한 면을 관장하는 수많은 신이 부부관계나 가족관계를 가지고 서로 사랑하기도 하고 미워하기도 한다고 했다. 도덕적 행실에서 조금도 우월할 것이 없는 신들의 횡포 때문에 사람은 운명의 시련을 겪어야 한다고 했다.

헤브리아에서는 창조주 노릇을 한 유일신이 선악을 가리고 심판을 하는 일까지 맡아 역사를 종말에 이르기까지 관장한다고 했다. 천지만물 가운데 맨 나중에 신의 형상으로 창조된 사람은 신이 준 낙원에서 자기 잘못 때문에 쫓겨나고, 신의 뜻을 어기다가 대홍수의 징벌을 받았다고 하는 신화로 인류역사를 설명했다. 그러다가 시련을 겪고 자라난 지도자 모세가 신이 내린 율법으로 구출하고 인도해 자기 민족은 구원받을 수 있는 존재가 되었다고 했다.

무당을 대신해서 제왕이 권력을 가지면서 영웅서사시가 이루어졌다. 무당이 천지창조나 인류기원의 신이한 내력을 알고 있다고 자랑하면서 창세서사시를 전승한 것처럼, 제왕은 자기와 같은 위치의 영웅이 탁월한 능력을 발휘해 거듭 닥쳐오는 고난을 이기고 역사창조의 거대한 과업을 완수한다고 자부하기 위해서 영웅서사시를 필요로 했다. 영웅서사시라고 해서 제왕이 스스로 부른 것은 아니다. 무당이 제왕을 위해 봉사하는 기능인 노릇을 하면서 자기 서사시와 제왕의 서사시를 함께 노래했다.

창세서사시의 주인공은 창세신이기도 하고, 신에 의해서 특별히 선발된 영웅일 수도 있어 영웅서사시로의 이행을 알려준다. 중국 서남부 彝族서사시에서는 신에게 특별히 선발된 영웅이 신의 능력을 물려받았다고 한다. 그런 영웅이 했다고 하는 가장 중요한 일은 해와 달의 수를 조절하고, 인류에게 기근이나 재앙을 가져오는 괴물을 퇴치했다는 것이다. 또한 사람이 살아가는 데 필요한 도구를 마련하는 문화영웅 노릇도 했다. 이런 것은 원시에서 고대로의 이행기서사시라고 할 수 있다.

창세서사시와 영웅서사시의 관계는 경우에 따라서 다르다. 창세서사시가 영웅서사시보다 우세한 곳에 마오리민족, 중국 서남부 여러 민족, 아이슬란드 등이 있다. 창세서사시와 영웅서사시가 대등하게 전승되는 곳에 제주도, 아이누 등이 있다. 창세서사시보다 영웅서사시가 우세한 곳에 필리핀, 니양가, 바빌로니아, 고대그리스, 아일랜드 등이 있다. 창세서사시가 영웅서사시보다 우세한 것은 고대영웅의 등장이 불분명해서 원시에서 고대로의 이행기의 종교적 지배자가 계속 강력한 영향력을 행사했기 때문이다. 고대를 이룩하는 정치적 지배자가 등장해 국가를 창건할 때에는 창세서사시를 밀어내고 영웅서사시가 성장했다.

영웅서사시는 탁월한 능력을 지니고 태어난 영웅이 시련과 싸워 승리를 거두는 과정을 다룬 것이 널리 발견되는 공통적인 내용이다. 태어나자 바로 버림받아 죽을 고비에 이르렀으나 구출·양육자를 만나 위기를 극복했다고 하는 영웅의 일생이 구비영웅서사시에서는 널리 분포되어 있다. 지역이 서로 아주 멀리 떨어져 있어, 영향이나 차용은 생각할 수 없다. 기록되어 전하는 영웅서사시는 내용의 탈락이나 개작 때문에 달라졌다고 보는 것이 마땅하다.

한국의 경우에는 영웅의 일생을 고구려의 朱蒙이나 신라의 脫解가 잘 보여준다는 것은 알려진 사실이다. 제주도 서사무가 <김녕괴내깃당본풀이>와 <송당본향당본풀이>를 더욱 주목할 필요가 있다. 세계를 두루 돌아보아도 고대 영웅의 일생을 말하는 서사단락을 이만큼 온전하게 갖추고 있는 유산을 찾아내기 어렵다. 이들 노래는 탐라국 건국서사시의 후대적 전승이라고 할 수 있다. 탐라국은 작은 나라이지만 필요한 과정을 제대로 밟아 이루어진 증거를 분명하게 남겼다. 탐라국이 망한 것을 원통하게 여긴 제주도민이 고대문학의 보고를 자랑스럽게 지켜왔다.

<송당본향당본풀이>를 보면, 아버지에게 버림받아 죽을 고비에 이르렀던 아들이 모든 고난을 극복하고 당당하게 되돌아오는 광경을 생생하게 노래했다. 승리자가 된 영웅은 한라영산을 차지해 제주도 전체의 지배자가 되었다고 했다. 부모와 동생들은 스스로 도망치기도 하고 새로운 통치자의 지시를 따르기도 하면서 사방으로 흩어지다가 각기 한 곳씩 차지해 좌정했다. 어려서 버림받은 아들이 큰 규모의 병마를 거느리고 귀환해, 부모는 도망치게 하고 아우들은 각기 한 곳을 차지하게 한 것은 정권교체와 임무 재배치를 뜻하는 내용이다. 정권교체가 부자의 싸움을 거쳐 이루어지는 것이 당연하다고 고대인은 생각했다.

제주도에서 발견되는 '영웅의 일생'과 거의 같은 것이 아프리카 니양가민족의 <므윈도>에도 있다. 주인공이 버림받고 되돌아와 아버지의 권력을 차지한 것이 공통된 전개이다. 영웅의 모습이 유사한 전승이 세계 도처에 있어 광범위한 비교연구를 할 수 있다. 그 가운데 하나가 바빌로니아서사시 <길가메쉬>이다. 한 쪽은 오늘날도 구전되고, 다른 쪽은 기원전 17세기경에 기록되고 기원전 10세기에는 다른 말로 번역되어 전하니, 시간상의 거리가 아주 멀다. 그런데 영웅이 얼마나 놀랍고 무서운지 잘 보여주는 공통점이 있으면서, 구전 쪽이 더욱 생동하는

내용을 갖추었다. 기록된 자료는 많이 축약되었거나 탈락되었다고 할 수 있다.

고대문학인 영웅서사시는 고대의 이념인 자기중심주의를 나타냈다. 중세보편주의를 거부하고 민족주의를 표방하는 근대의 건설자들은 고대의 자기중심주의를 재평가하면서 영웅서사시에 대단한 의의를 부여했다. 그렇기 때문에 고대서사시는 근대를 만드는 데 이미 써버려 다시 찾을 이유가 없고, 새삼스러운 갈등을 조성하기나 할 것 같지만 그렇지 않다.

근대국가 지배민족의 고대자기중심주의는 철저하게 이용되어 긍정적 의의가 소진되었지만, 피지배민족이나 소수민족의 경우에는 사정이 다르다. 근대를 이룩하는 과정에서 자주성을 잃고 소수민족의 지위로 떨어지고, 제국주의의 지배를 받다가 독립한 제3세계 국가에서조차 핍박받고 있는 제4세계민족은 아직까지 전승하고 있는 고대영웅서사시에서 자각의 근거를 찾는 것이 정당하다. 그런 위치에 있는 민족의 해방투쟁이 격렬하게 일어나야 근대를 넘어선 다음 시대의 화합을 이룩할 수 있다.

고대서사시는 새로운 역사가 창조되는 내부적인 과정을 보여주어 또한 소중하다. 불행하게 태어나 버림받은 가련한 어린 영웅이 엄청난 시련을 투쟁으로 극복한 능력을 발휘해 간악한 권력자를 무너뜨리고 새로운 역사를 창조하는 고대영웅서사시의 공통된 전개가 바로 극복이 생성임을 일깨워주는 행동 지침이다. 어린 영웅은 가까운 관계에 있는 박해자를 단호하게 물리치며, 자기 아버지마저도 서슴지 않고 제거한다. 나약하고 신중한 중세인의 사고방식으로는 도저히 용납할 수 없는 크나큰 도전을 성취해서 역사 발전에는 반드시 놀라운 비약이 있어야 한다는 것을 입증한다.

신화(2)의 비교연구 2

신화시대는 고대로 끝나지 않고 중세까지 이어졌다고 했다. 고대건국신화가 중세건국신화로 바뀐 것을 들어 중세신화를 이해할 수 있다. 고대의 건국시조는 하늘에서 下降했다고 하고, 중세의 건국시조는 문명권의 중심부에서 渡來했다고 했다. 시조하강건국신화는 서사시였으나 시조도래건국신화는 노래로 부르지 않고 말로만 전했다. 중세는 신화시대가 아니어서 신화를 원래의 모습대로 만들 수 없었다. 시조도래건국신화는 전달 방식에서도 신화 아닌 신화이다.

거론할 만한 자료가 한국에도 있다. 箕子가 와서 예악을 전했다고 한다. 가락국 首露王의 아내 許黃玉은 인도에서 왔다고 한다. 고려 건국시조 가운데 빼어난 영웅인 作帝建은 아버지가 당나라 황제라고 했다. 이 셋에 관한 논의는 각기 이루어져 공통점을 생각할 수 없었다. 많이 다른 이야기가 동떨어져 있기 때문이다. 셋 다 시조도래건국신화인 줄 안 것은 비교연구 덕분이다.

월남의 건국시조 涇陽王은 중국 炎帝神農氏의 후손이 월남에 가서 월남 여자를 아내로 삼아 낳은 자식이라고 했다. 유구나 일본에도 유사한 전승이 있어 비교고찰하고 공통점을 찾았다. 사건의 내용은 많이 달라도 기본 건국신화를 개조한 근본 이유는 다르지 않았다. 시조하강건국신화와는 다른 시조도래건국신화를 마련해 중심부에서 중세문명을 받아들여 새로운 시대를 이룩한 것을 자랑하고, 고대자기중심주의와 중세보편주의가 어떻게 다른지 말하고자 했다.

비교 결과 한국 자료의 특성이 드러난다. 기자 전승은 너무 간략하다. 작제건의 출생담은 한문문명의 전래를 말했다고 할 수 없을 만큼 편벽된 내용이고 시대가 뒤떨어졌다. 허황옥을 내세워 인도와의 관련이 먼저 있었다고 한 것도 동아시아 다른 나라와 다르다. 한문문명을 한창 받아들일 때에는 독자적인 노력을 소중하게 여기고, 인도에서 얻은 것이 중국에서 얻은 것 못지않게 가치가 있다고 해서 균형을 취했는데, 수준 낮은 세력이 새 왕조를 열 때 초보적인 논의를 새삼스럽게 했다고 할 수 있다.

인도와의 관련이 힌두교 또는 불교를 중세보편주의의 원리로 하는 시조도래건국신화의 필수적이고 기본적인 내용이다. 캄보디아・티베트・몽골에서는 건국의 시조가 인도에서 유래했다고 명언한 것을 고찰하고, 스리랑카의『마하밤사』, 티베트의『王統記』, 몽골의『몽골 諸汗 원류의 寶綱』등의 역사서에 관한 구체적인 검토를 했다. 몽골에서는 선행사서『몽골비사』에서 말하던 시조하강건국신화를 티베트의 전례를 받아들여 시조도래건국신화로 고쳤다.

스리랑카에서는 석가여래가 자기 나라를 직접 찾고, 아쇼카 대왕이 사람을 보내 포교를 했다고 했다. 티베트에서는 아쇼카 대왕의 아들 가운데 하나가 와서 건국시조가 되었다고 했다. 몽골에서는 건국의 시조가 티베트에서 왔다고 했다. 직접적으로든 간접적으로든 인도와의 관련이 있어 자기네 나라 국왕의 혈통이 신성하다고 했다.

이와 비교할 자료가 있다.『삼국유사』에서 아쇼카 대왕과의 관련을 말했다. <遼東城育王塔> 대목을 보면 고구려 요동성에 아쇼카 대왕이 세운 탑이 있다고 했다. <黃龍寺丈六>에서는 아쇼카 대왕이 불상을 만들다가 실패하고, 배에 실어 떠나보낸 자료가 도착한 신라에서 불상을 조성했다고 했다. 아쇼카 대왕이 불교를 크게 뻗어나도록 한 위업과 관련을 가져 자랑스럽다고 하면서, 중국에 비할 바 없이 광대한 불교의 영역에서 신라가 구심체라고 했다. 부처와 보살이 과거에는 물론 현재에도 자리 잡고 있는 불국토라고 했다.

이러한 사실을 한국의 자랑이라고 여기는 것은 경계해야 할 사고방식이다. 신화의 세계사를 깊이 이해하는 데 힘쓰면서 모자라는 점을 보충하는 증거로 삼아 마땅하다. 신화(2)는 고대신화로 등장해 한참 영광을 누리다가 중세신화로 바뀌어 몰락의 길에 들어섰다. 영광의 시기에는 고대자기중심주의를 나타내면서 우월감을 부추기다가 몰락하면서 방향을 바꾸어 중세보편주의를 찾았다. 그 마지막 장면을 전하는 자료로 『삼국유사』가 소중한 가치를 가진다.

신화(3)의 비교연구

신화(3)은 신화시대가 끝난 시기의 산물이다. 연원이 있다 해도 창작을 보태고 원래의 것과는 많이 다른 해석을 한다. 정상적인 신화가 아니지만 다른 어느 신화보다 영향력이 크다. 신화학(3)은 학문적 타당성이 인정되지 않지만 신화학(2)의 근저에서 작용하는 것을 흔히 볼 수 있고, 신화학(1)에까지 파장이 미치게 한다.

근대국가를 만들면서 국민이 단합하게 하려고 신화(3)을 만드는 것이 예사이다. 국가 발전이 순조로우면 억지를 줄이고 말을 부드럽게 해서 합리적인 근거를 가진 것 같은 역사의식을 국민정신의 근거로 삼는 방향으로 나아갔다. 뒤떨어진 조건에서 무리한 비약을 하고자 할 때에는 사정이 달라 자민족 우월의 주장을 무리하게 조작했다.

나치 독일과 군국주의 일본이 그런 경우이다. 독일은 자기 민족이 혈통적으로 또는 우생학적으로 우월하다고 하는 주장을 과학으로 입증한다고 했다. 오랜 내력을 가진 문헌을 근거로 삼아 자기 민족은 원래부터 신성하다고 입증하는 사이비 역사학이 또 하나의 방법인데, 일본에서 적극적으로 사용했다.

신성민족은 자기 나라 사람 전부일 수 없고, 이미 특권을 누리고 있는 지배자일 따름이다. 신성민족이 있으면 열등민족이 있다. 게르만 민족의 순수성을 지키고 우월성을 입증하기 위해 유태인을 박해하고 살해하는 것은 정당하다고 했다. 일본이 아이누인이나 유구인을 줄곧 차별하고, 정복의 길에 나서서 대만인・조선인・중국인을 멸시하고 억압한 것도 같은 주장의 실현이다.

이런 기능을 하는 신화(3)은 합리적인 근거를 가지고 만들지 않았다. 무리한 조작에 감추어야 하는 비밀이 있으므로 비판적인 연구를 막고 숭앙을 요구하는 것이 예사이다. 비교연구를 배제하는 것이 보호방법의 하나이다. 절대적으로 신성한 숭앙 대상을 거짓된 주장과 비교해서 가치를 훼손할 수 없다고 한다. 이런 주장이 부당함을 밝히기 위해 비교연구를 반드시 해야 한다. 많은 사례를 조사해 함께 다루어야 한다.

터키, 타이, 에티오피아 등이 비교대상이 될 만한 사례를 제공한다. 이들은 일본과 함께 식민지가 되지 않고 주권을 지킨 아시아-아프리카 나라여서 자랑스럽다고 할 수 있다. 신화(3)을 만들어 자부심을 나타내면서 국가 발전을 앞당기는 정신적 지표로 삼고자 했다. 자아도취를 위해 희생자가 필요했다. 자민족 우월의 주장을 내세워 자기 나라 안의 다른 민족을 억압한 것이 나치 독일이나 일본과 그리 다르지 않다.

터키는 이슬람문명권의 구심체 노릇을 하던 과거를 청산하고 근대

민족국가를 만들면서 자민족 제일주의를 최대한 확대했다. 터키인이 인류 최초의 문명인이며, 터키어는 모든 언어의 원조라고 주장했다. 그래도 피해를 입은 사람은 없으니 무방하다고 할 것은 아니다. 터키민족 우월사상이 터키는 터키인만의 나라여야 한다는 주장을 낳고 소수민족의 존재를 부인했다. 수천만이나 되는 쿠르드민족을 강제로 동화시키면서 차별하고, 항거하면 학살해 충돌이 심해지고 있다.

타이에서도 식민지가 되지 않고 주권을 유지한 것은 민족이 우수한 증거라고 하면서 역사를 조작하는 신화를 만들었다. 자기 민족은 6천 년 동안이나 남다른 영광을 이어왔다고 자랑하고, 소수민족은 저열하므로 멸시하고 억압하는 것이 정당하다고 했다. 그러나 자기 전통을 발전시켜 근대문화를 이룩한 것은 아니다. 유럽문화를 받아들이는 데 앞서는 것을 또 하나의 자랑으로 삼았다. 유럽에 장기간 머물다가 돌아온 왕족들이 사회 전반을 지배하면서 추종과 모방의 풍조를 부추겼다.

터키나 타이가 독일의 경우와 상통한다면, 에티오피아는 역사적 유래를 내세워 민족우월의 근거로 삼는 데 일본보다 더 나아갔다. 자국의 여왕 세바가 『구약성서』에 등장하는 지혜로운 군주 솔로몬과 관계를 가지고 낳은 아들의 후손이 왕통을 이어와 에티오피아는 지구상에서 가장 신성한 나라라고 한다. 다른 모든 기독교국보다 상위의 기독교국이라고 자부한다.

이러한 내력을 전하는 역사서 『왕들의 영광』이 모든 시비를 넘어서는 불변의 가치를 가져 모든 것을 판단하는 기준이고, 나라를 다스리는 절대적인 규범이라고 했다. 폭정을 일삼다가 왕국을 무너뜨리는 혁명이 일어나 혼란을 겪는다. 영광을 함께 나눈다고 인정되지 않는 여러 소수민족에 대한 차별과 억압은 전과 다름없어 내전의 원인이 된다.

일본·터키·타이·에티오피아는 특별하다고 자부하는 나라이다. 중단 없이 이어 온 거룩한 역사를 간직한 나라여서 일시적인 불운을 겪는다고 해도 좌절하지 않고 선조 대의 영광을 이어받아 더욱 빛낼 수 있다고 자부한다. 자기네 군주는 신과 아주 가까운 관계에 있다는 신성국가의 신화를 버리지 않고 어떤 형태로든지 유지하고 있다. 주위의 다른 민족들을 억압과 멸시의 대상으로 삼아 자기 민족은 신성하고 우월하다고 했다. 자기 영토 안에 있는 다른 민족의 독자적인 문화를 부인하고 강제로 동화시키려고 하면서 심한 차별대우를 한다.

침략을 받고 식민지 통치를 당한 민족도 신화(3)을 만들어 대응의 방법으로 삼을 수 있다. 한국신화(3)이 그래서 생겼다. 이것은 부당하고 무력한 논리일 뿐만 아니라 자해를 초래하기까지 하니 착각에서 깨어나야 한다. 민족 우열론을 인정하고 신성민족이 따로 있다고 하면, 신성민족은 열등민족을 짓밟아 마땅하다는 주장에 동의하지 않을 수 없다. 다른 민족을 짓밟고 있는 것은 신성민족이라는 증거이다.

우리는 누구를 짓밟는다는 말인가? 이제 일자리를 찾아온 외국인 노동자들을 짓밟기 시작해 신성민족이 되는 길에 들어서는가? 세상 모든 사람이 대등한 위치에서 평화롭게 살도록 하는 것이 민족 해방의 참뜻이고 주체성 선양의 마땅한 방향이다. 한국신화학(2)에 들어와 있는 위장된 형태의 한국신화학(3)마저도 버리고 한국신화학(1)이 세계 평화와 인류 화합을 위한 학문이게 하는 획기적인 전환을 해야 한다.

다짐하는 말

지금까지의 고찰은 얼마 되지 않은 분량으로 너무 많은 논의를 전개한 탓에 보완이 대폭 필요하다. 생략된 내용을 기존연구에서 가져와도 많이 부족하다. 그러나 한국신화학이 나아갈 방향을 제시한 의의는 있다고 믿고, 요긴한 내용을 간추려 무엇을 어떻게 해야 하는지 다짐하는 말로 삼는다.

과거의 잘못을 나무라고 주체적 연구의 당위성이나 주장하고 있는 초보적인 단계를 넘어서서 진전된 연구를 실제로 수행하자. 주장의 타당성은 반복하고 강조하는 수사법으로 입증되지 않고, 오직 실천이 입증한다. 과감하게 앞으로 나아가면서 연구 역량을 키우고 발휘하자.

신화가 훌륭하면 신화학은 아무렇게나 해도 되는 것은 아니다. 과거 미화를 일거리로 삼아 연구 수준을 낮추기나 하고, 오늘날의 학문을 제대로 해야 하는 임무를 저버리는 것은 도리가 아니다. 신화에서 신화학으로 관심을 돌려야 한다. 훌륭한 신화학을 이룩하기 위해 노력해야 한다.

이런 신화가 있다. 이것이 민족사를 자랑스럽게 한다. 이런 신화가 다른 나라에도 있는데, 다른 나라에서 왔다는 것은 잘못이고, 다른 나라로 갔다고 해야 한다. 다른 나라로 간 신화를 되찾아 민족사를 키워야 한다. 이 정도의 논의를 신화연구라고 하고 있는 것은 어리석다. 신화를 공유하고 있는 이유에 관해 사실 고증 이상의 통찰이 있어야 한다.

식민지 통치를 위한 신화학뿐만 아니라 문명인의 견지에서 야만인의 신화를 연구해온 행적까지 극복의 대상으로 삼고 대안을 마련하자. 신화가 인류 공유의 자산임을 우열론을 넘어선 대등론의 관점에서 인식하고 평가하자. 한국신화학에서 출발해 광범위한 비교연구를 거쳐 세계적인 범위의 신화학 일반론을 새롭게 이룩하자.

신화(1)의 어느 측면에서 특별한 이론을 마련하는 학풍에 말려들지 않고, 신화(2)에서 역사를 찾는 것을 능사로 하지 말자. 신화(1)과 신화(2)를 함께 다루면서 신화의 본질과 역사에 대한 다면적이고 총괄적인 연구를 힘써 하자.

신화(3)은 조작된 신화임을 분명하게 해서 비판의 대상으로 삼고, 신화(2)의 연구에 신화(3)을 옹호하고자 하는 의도가 개입하는 것을 경계하고 배제하자. 그릇된 신화에 대한 비판을 신화학 연구의 과제에 포함시켜 의식의 착란을 막자.

신화는 국내의 연구만으로는 해명되지 않고, 사실 고증의 방법으로는 파악하지 못하는 난해한 대상이다. 쉽게 성과를 거두려고 하지 말고, 자료와 연구의 경과를 널리 살피고 슬기롭게 판가름해 포괄의 범위를 넓히고 논리의 차원을 높여야 한다.

지금까지의 국학이 민족주의를 이념으로, 실증주의를 방법으로 삼는 것을 신화연구에서도 답습하고 있다. 민족주의와 실증주의는 신화와 특히 맞지 않아 차질이 두드러지게 나타난다. 이제 방향을 전환할 때가 되었다. 편협성을 넘어서고 폭과 깊이를 확대해 세계적인 보편성을 가지는 이론을 마련하는 데 신화연구가 앞서야 한다.

신화에 관한 나의 이론을 따르라고 한 것은 아니다. 신화를 문학사의 견지에서 고찰해 얻은 이론이므로 한쪽에 치우쳤다고 할 수 있다. 불만을 가지는 것이 당연하므로 다른 이론을 만들어야 한다. 이론 창조자들끼리의 토론을 기대한다.

덧붙임

한국비교민속학회(회장 임재해)가 2007년 11월 1일부터 2일까지 서울 프레스센터에서 개최한 "한국신화의 정체성을 밝힌다"는 학술회의에 초청되어 이 글로 기조발표를 했다. 문화관광부가 후원해 학회 능력 이상의 행사를 벌였다. 좋은 장소를 사용한 것도 특기할 일이다. 발표자가 수십 명에 이르는 큰 행사이고, 참관자가 많아 성황을 이루었다.

"한국신화의 정체성"이라는 주제는 문화관광부 쪽에서 원한 것이다. 문화관광부가 지원해서 하고 있는 한국문화의 정체성에 관한 일련의 학술회의 제3회에서 신화를 다루었다. 문화의 정체성을 찾으면서 민족주의 성향의 학문을 하자는 것이 일관된 방향이다. 나는 이에 동의하지 않아, 참가 권유를 받았으나 응낙하지 않았다.

현장에 나가 토론하는 것이 마땅하다고 할 수 있으나, 뜻대로 될 수 없는 것이 안타깝다고 하지 않을 수 없다. 짧은 시간에 많은 발표를 벼락 치듯이 서둘러 하고 토론은 필요악 수준의 요식행위에 지나지 않는 것이 예사이다. 발표논문을 미리 읽고 와서 발표자들끼리 토론만 하는 모임을 간절하게 원하지만, 허장성세를 해야 하는 여러 사정 때문에 가능하지 않다. 후원자가 있어 돈을 대는 경우에는 내실이 더욱 철저하게 희생된다. 물건은 아무렇게나 만들고 포장만 요란하게 해서 순진한 소비자인 청중이 대거 몰려들어 일제히 속으면 성과가 크다고 한다.

그러나 이런 생각을 품고 삐딱한 자세를 가지면서 거절을 능사로 삼는 것이 도리가 아니다. 거절의 이유를 납득할 수 있게 설명할 수도 없다. 적극적인 대책을 어떻게든지 찾아 시정을 위해 노력해야 한다. 이번에는 응낙하고서 특별한 작전을 구상하고 실행했다. 지금까지의 동향에 근거를 두고 다른 사람들이 하는 발표가 어떻게 빗나갈 것인지 예상하고 반론을 제기하고 대안을 제시하는 글을 썼다. 발표문이 토론문이게 했다.

원래의 제목은 <세계 속의 한국신화, 어떻게 이해할 것인가>이다. 관심을 확대해 세계적인 범위의 비교연구를 해야 한다고 역설하는 것을 가장 긴요한 주장으로 삼았다. 이미 이룩한 연구를 정리하면서 한 걸음 더 나아가고자 했다. 신화를 셋으로 나누고 셋의 상관관계를 말한 것은 새롭게 한 작업이다. 지금까지의 연구가 모두 반론이었음을 확인하고 이번에 벌이는 행사에 맞게 가다듬었다.

현장에 가서 발표 자료집을 받아 읽고 발표를 들어보니 예상이 빗나가지 않았다. 내 발표 하나와 다른 모든 발표가 상이하다는 사실을 명확하게 확인했다. 미리 써놓은 내용이 적중해 더 할 말이 남아 있지 않았다. 강조할 필요가 있어 보탠 말이 조금 있어 맨 끝 대목 <다짐하는 말>을 개고하는 데 넣었다.

토론을 했을 따름이고, 발표를 했다고 생각하지는 않는다. 여러 저서에서 이미 한 발표를 근거로 삼아 부당한 견해를 비판하고 시정하고자 했다. 토론이 많이 미흡했으나 강조법과 반복법을 동원해 충격 효과를 키울 필요는 없다. 토론에 동참하고자 한다면 절제된 표현에서 울림을 느낄 수 있다. 토론은 물론 쌍방으로 진행되어야 한다. 나의 토론에 대한 토론이 이어져 나와, 선수와 관중이 아닌, 선수와 선수의 시합이 성과 있게 진행되기를 염원한다.

문화관광부는 행사 내용이 언론에 널리 보도되기를 바라고 있다고 학회장이 말했다. 학회로서도 기대하는 바였다. 그런데 다섯 곳에서 보도를 하는 데 그쳐 실망스러울 수 있었다. 두 곳에서 중국신화와 한국신화의 관계론, 단군 시조론의 의의와 등장에 관한 논의를 소개했으며, 세 곳에서는 내 발표를 집중해서 다루고 행사 개요마저 언급하지 않은 곳도 있었다. 내가 신화민족주의를 비판했다고 대서특필해서 행사 전체가 같은 방향으로 나아간 줄 알게 했다. 우리가 지닌 유산과 역량을 활용해 세계적인 보편성을 가지는 신화이론을 정립하자는 대안 제시는 부각시키지 않아 민족부정론을 제창한 듯이 오해할 수 있게 했다.

침묵을 지킨 신문에는 이른 시기의 민족사가 위대했다고 자랑하는 연재물을 근래에 게재한 곳도 있다. 자기네 주장에 동조하는 학술회의가 열렸다고 소개하지 않은 것은 무슨 이유인지 생각해볼 필요가 있다. 위대함에 대한 강조가 부족하다고, 역사학이 아닌 신화학은 대단치 않다고, 새삼스럽게 소개할 내용이 없다고 판단한 것 가운데 이유가 있었을 수 있다.

민족에 관한 논란이 중대한 관심사로 부각되고 예찬론과 부정론이 엇갈리고 있는 것이 지금의 사태이다. 어느 쪽이든지 극단적인 주장으로 쉽게 치닫기나 하고 필요한 논의를 착실하게 다지지 않아 걱정스럽다. 이 문제를 학계에서는 적극적으로 다루지 못하고 있으며, 뜨내기 논객들이 가로맡아 인기 획득의 수단으로 삼는다. 역사 창조의 방향을 결정하는 중대사가 목청 큰 사람이 이기게 되어 있는 논란거리로 보이게 한다.

나는 이에 관해 오랫동안 연구해 얻은 성과를 책을 여럿 써서 일관된 이론으로 제시했다. 그러나 학계의 무관심 때문에 외면당하고 있다. 진지한 토론을 만나지 못해 효력을 잃고 있다가, 읽지 않고 헐뜯는 풍조의 피해자가 되곤 한다. 민족 예찬론자라는 비난을 듣기도 하고 민족 부정론자로 소개되기도 한다.

내 주장의 핵심은 민족의 주체성을 보편적 가치로 확대해 인류를 행복하게 하는 과업을 남들의 주체성을 존중하면서 협력해 수행하자는 것이다. 이것은 민족 예찬론도 아니고 민족 부정론도 아니다. 양극단론을 함께 물리치면서 받아들이고, 동시에 넘어서서 새로운 이론을 마련한다. 이것이 토론에 대한 토론에서 기본관심사로 등장하기를 바란다.

토론

❑ 문: 최초의 신화는 천지창조에 관한 것이라고 알려져 있는데 왜 다른 말을 하는가?

❑ 답: 신화의 내용과 창작 시기를 혼동하지 말아야 한다. 처음에는 짐승과 사람의 관계에 관한 의문에 응답하는 신화를 만들었다. 천지창조에 관해 생각하게 된 것은 후대의 일이다. 변화의 단계를 밝힌 것이 긴요한 작업이다. 암각화가 좋은 방증을 제공한다.

❑ 문: <길가메쉬>가 가장 오랜 신화이고 서사시가 아닌가?

❑ 답: 가장 오랜 자료에 최초의 창조물이 전하는 것은 아니다. 자료 고증의 실증주의 방법의 한계가 이런 경우에 분명하다. 섬김을 받는 곰이 자기 말로 노래한다고 하는 아이누 서사시가 지금까지 남아 있는 최초의 서사시라고 할 수 있으며, 어떤 영웅서사시보다 선행하는 형태이다.

❑ 문: 시조도래건국신화라는 것은 신화의 전파를 입증하지 않는가?

❑ 답: 건국의 시조가 문명권의 중심부에서 왔다고 하는 것이 시조도래건국신화이다. 건국의 시조가 하늘에서 내려왔다고 하는 시조하강건국신화와 다른 것이다. 시조하강건국신화는 고대신화이고, 시조도래건국신화는 중세신화이다. 중심부에서 문명이 전해지면서 중세가 시작된 것을 말해준다. 문명이 전해진 것은 전파이다. 시조도래건국신화를 여러 문명권에서 각기 마련한 것은 독립 발생이다. 역사 전개의 공통된 단계가 있어 시조하강건국신화에서 시조도래건국신화로의 이행이 일제히 일어났다.

❑ 문: 전파 대신에 독립발생을 내세우면 문제가 해결되는 것은 아니다. 독립 발생의 이유는 무엇인가?

❑ 답: 인류는 신화를 창조하는 능력을 공유하고 있기 때문이다. 언어를 습득하고 사용하며, 악기를 연주하고 노래를 부르며, 도구를 사용해 생산을 하며, 사회조직을 만들어 협동하고 경쟁하는 것과 같다. 이런 것들이 복합되어 역사 창조의 능력을 이룬다. 지속에 만족하지 않고 변화를 추구하는 것이 또한 기본 능력이다. 변화에는 필연적인 방향이 있어 공통된 역사의 단계를 거친 과정이 신화에 나타나 있다.

❑ 문: 공통된 역사의 단계를 거친 과정이 신화에 나타나 있다는 것을 어떻게 파악할 수 있는가? 신화에 대한 문학사적 연구를 하고서 말이 지나친 것이 아닌가?

❑ 답: 문학사는 역사의 단계를 선명하게 파악할 수 있게 한다. 사회경제사보다 증거가 더욱 분명하고 파악이 용이하다. 문학사의 견지에서 신화를 고찰해 신화, 전설과 민담, 소설의 관계를 살피고, 신화와 서사시

가 하나였다가 나누어진 과정을 밝히자 신화의 역사가 처음으로 드러났다. 내가 한 것 같은 작업이 전에는 없었다.

❑ 문: 신화가 곳에 따라 많이 다른 것은 어떻게 설명하는가?

❑ 답: 공통된 전승의 보존 여부에 지역의 특성이 있다. 신화가 원래의 방식대로 구전되는 곳에 한국 제주도, 일본 아이누, 중국 운남지방 여러 민족이 있다. 그 공통점을 찾아 신화의 역사가 어떻게 전개되었는지 순서대로 재구할 수 있다. 구전이 사라지고 일부의 내용만 개작되어 기록된 곳들은 특수한 사정이 있어 공통점을 상실했기 때문이다.

앞에서 든 몇 곳처럼 고립된 지역에서 자기 방어에 힘쓴 집단은 서사시로 구전되는 신화를 소중하게 가꾸고 새롭게 창조했다. 정복과 통합을 거쳐 확대된 지배세력은 불가피하게 겪는 자해행위 때문에 공동체의 삶을 파괴하고 원래의 전승을 상실했다. 중국인과 일본인은 이에 해당한다.

한국의 본토인은 이 두 가지 경우의 중간이다. 신화 구전을 지니고 있으면서 일부 상실했다. 한문문명을 높은 수준으로 이룩하고서도 신화 구전을 지닌 것은 주민이동이 적고 하층민의 주체성이 살아 있었기 때문이라고 생각된다. 중국인이나 일본인은 소수민족을 구분하고 밀어내지만, 한국인은 제주도 사람들과의 동질성을 중요시해 구전신화의 유산을 더욱 풍부하게 한다.

❑ 문: 구전신화의 가치를 소중하게 여기면 한문을 사용해 머리를 썩힌 것이 잘못임을 재확인할 수 있지 않는가?

❑ 답: 구비전승과 한문문명은 둘 다 소중하다. 하층과 상층이 각기

지니고 서로 교통하고 협력하면서 생극의 창조를 이룩해온 것을 높이 평가해야 한다. 구비전승만 있고 한문문명은 없는 곳을 부러워할 이유가 없다. 한문문명이 구비전승을 압도하지 않은 것을 다행으로 여겨야 한다.

한문은 글자 공부가 힘들다는 이유에서 규탄의 대상이 된다. 한자와 한글을 비교해 한글이 우수한 문자라고 한다. 열등한 문자인 한자를 버리고 우수한 문자인 한글을 쓰자고 한다. 그러나 한자는 한문을 위한 문자이다. 한문을 한글로 표기할 수는 없다. 한자는 사용하기 힘들어 열등한 문자라고 하는 이유에서 한문이 지닌 가치를 부정하는 것은 잘못이다. 한문은 버리고 국문만 알면 문명 계승이 중단된다. 산스크리트·아랍어·라틴어문명의 계승자들보다 무식해진다.

한자를 나무라면서 글자와 글을 혼동하지 말아야 한다. 익히기 쉬운 글자로 쓴 라틴어 글은 아무 어려움 없이 다 읽을 수 있지만 뜻은 모른다. 글자만 읽어서 아무 소용이 없다. 한문에서는 글자 알기와 글 뜻 알기가 직결되어 있고, 라틴어의 경우에는 글자 알기와 글의 뜻 알기가 전혀 다른 과정이다. 뜻을 알기가 어려운 것은 한문이나 라틴어, 산스크리트, 아랍어가 서로 다르지 않다.

한문이 아니면 산스크리트, 아니면 아랍어나 라틴어를 공동문어로 삼아야 중세화에 동참할 수 있었다. 어느 것도 익히기 쉬운 글이 아니다. 일하는 사람과 별도로 글하는 사람이 있어야 익혀서 활용할 수 있다. 공동문어 공부를 그만두자고 한 것은 누구나 다 종일 일을 해야 하는 세상이 되고 글하는 사람을 따로 인정하지 않았기 때문이다. 그런데 지금은 일하는 시간을 줄여야 일자리를 고루 나누어 실업자가 늘어나지 않게 할 수 있다. 남는 시간을 무엇을 하면서 보내야 하는가?

공동문어 학습이 최상의 대책이다.

❏ 문: 다른 사람들도 같은 방법으로 연구를 해야 하는가?

❏ 답: 아니다. 나는 작은 것을 이루는 데 그쳤다. 다른 사람들은 두 가지 의문을 해결하면서 각자 자기 길을 찾아야 한다. 조동일은 어떻게 일루타를 쳤는가? 조동일은 어떻게 일루타밖에 치지 못했는가?

제10강 거대이론을 다시 만들어야

새삼스러운 논란

거대이론을 다시 만드는 탁월한 학문을 과제와 목표로 삼자. 성취감을 확대하자는 것만은 아니다. 지금까지 미해결로 남아 있는 문제를 해결하고, 현재의 학문이 지닌 결함을 극복해 바람직한 미래를 창조해야 한다.

해야 할 일을 착실하게 하면 되지만, 주위의 상황을 살피지 않을 수 없다. 반대자는 많고 찬성자는 적다. 반대자는 줄어들고 찬성자가 늘어나도록 하기 위해서 출발선상의 논란을 다시 하지 않을 수 없다. 찬성자라야 동지가 될 수 있다. 혼자 시작할 수는 있어도 완수할 수는 없는 일이므로 많은 동지가 있어야 한다.

뒤로 돌아가느라고 진전이 늦어질 수 있다. 그러나 학문은 독백이 아니며 대화이고 토론이다. 앞으로 나아가기만 하면 되는 것은 아니다. 거대이론 창조를 위한 나의 주장에 대해서 다른 사람들은 어떻게 생각하는지 들어보고 토론을 해야 한다. 오해를 해명하고, 의문을 푸는 데서 그치지 않고, 비판 덕분에 반성을 하고 작업의 방향을 다시 설정할 수 있어야 한다.

여기서 시기와 방법이 다른 세 가지 작업을 한다. 첫째 것은 서평에 관한 응답이다. 오래 전에 써두었다가 이제 내놓는다. 둘째 것은 논평에 대한 응답이다. 이미 발표한 것을 재수록한다. 셋째 것은 최근에 있었던 강연회에서 편 주장이다. 말을 하고 만 것을 글로 옮긴다.

우리 학문에 관한 시비

학문을 어떻게 할 것인지 생각한 바를 처음으로 정리해 내놓은 책이 『우리 학문의 길』(서울: 지식산업사, 1993)이다. 출간되자 큰 반응을 일으키고, 많은 서평이 나왔다. 서평 명단을 제시하면 다음과 같다.

이한우, <인문학도 W이론 만들자>, 『문화일보』 1993년 6월 17일자 (문화일보사)

윤철규, <외국 의존 그만 홀로서기 할 때>, 『중앙일보』 1993년 6월 18일자 (중앙일보사)

이중수, <지금 죽어가는 인문학 소생시킬 때>, 『한국경제』 1993년 6월 19일자 (한국경제신문사)

박찬, <학문의 주체성 되찾자>, 『스포츠서울』 1993년 6월 23일자 (서울신문사)

장회익, <옛 사상에 바탕 둔 '통일학문'이 갈 길>, 『뉴스메이커』 1993년 8월 1일자 (경향신문사)

서대석, <독창적 이론 창출의 제언>, 『서평문화』 11 (한국간행물윤리위원회, 1993)

임상우, <'우리'의 서양학문>, 『서평문화』 11 (한국간행물윤리위원회, 1993)

배병삼, <한의 곰삭임과 승화, 그 하나 됨의 감동>, 『새교육』 1993년 9월호(한국교육신문사)

김헌선, <열띤 논쟁 통한 '우리 학문론' 검증 필요>, 『대학신문』 1993년 9월 13일자 (서울대학교신문사)

이광일 대담, <저자를 찾아서, [우리 학문의 길] 펴낸 조동일교수>, 『주간한국』 1993년 9월 23일자 (한국일보사)

최종덕, <우리 학문의 길>, 『시대와 철학』 4권 3호 (한국철학사상연구회, 1993)

양재현, <조동일의 '우리 학문의 길'을 읽고>, 『20세기 수학자들과의 만남』(애플기획, 1998)

정효구 서평, 『충북대신문』 2004년 4월 12일자

긍정적 평가는 거론할 필요가 없다. 비판이 소중하다. 어느 서평에서 어떤 비판을 했는지 갈라 말하지 않고 한 데 모아 함께 다루기로 한다. 비판에 대해 응답하면서 소견을 밝히고자 한다. 심각하게 논의할 필요가 있는 비판이 다음과 같은 것들이다. 논의를 하면서 다시 생각한 바를 보탠다.

(가) 초조감을 가지고 서둘러 써서 책의 내용이 엉성하다.

(나) 우리 학문을 하자는 것은 학문의 보편성을 무시하는 국수주의적 발상이다.

(다) 우리 학문의 가능성을 입증하지 않고 막연한 주장을 앞세운다.

(라) 역사적인 단계와 사회적 여건을 무시하고 개인의 노력으로 비약이 가능하다고 착각한다.

(마) 학문통합을 주장하기만 하고 인정할 만한 성과는 없다.

(가) 서둘러 써서 책의 내용이 엉성한 것은 사실이다. 오랜 시간을 두고 다듬어 써서 완성도를 높이는 것이 마땅한 줄 알지만 어쩔 수 없다고 책에서 말했다. 초조감이 집필을 재촉했다. 초조감이 위기의식에서 생겼으므로 나무라기만 할 것은 아니다.

무엇 때문에 초조한가? 세계에서 높이 평가되는 우리 학문의 이론이 당장 이루어지지 않는다고 초조한 것은 아니다. 목표를 그렇게 설정하지 않은 發心의 부재 때문에, 이론 창조를 위한 대학 개혁이 이루어지지 않아 초조하다. 내가 우리 학문의 도달점을 보여줄 수는 없다고 책 서두에서부터 말했다. 다음 세대가 이룩할 본론을 위해 우선 서론을 펴면서, 학문하는 자세와 여건을 바로잡아야 한다고 역설할 따름이다.

개혁을 한다고 야단이지만 교육과 학문에 관해서는 아무 것도 이루어지지 않고 어떤 가능성도 보이지 않는다. 그대로 두고 볼 수 없는 일이다. 위기임을 경고하고 정신을 차리자고 외쳐야 한다. 소리가 크고 거친 것이 당연하다. 오랜 기간 동안 다듬어 성숙한 논의를 차근차근 전개하는 것이 오히려 무책임한 짓이다.

(나) 우리 학문을 하자는 것은 정당한 주장이다. 국수주의에서 벗어나기 위해 남의 학문을 해야 하는 것은 아니다. 남의 학문이 아닌 우리 학문을 힘써 하면서 보편주의를 추구하는 독자적인 노력을 해야 한다.

식민지시대 · 자립화시대를 거쳐, 이제 세계화시대에 들어서고 있다. 식민지시대에는 우리 것은 후진이고 특수하므로 가치를 인정할 수 없고, 서양 것이라야 선진이고 보편적인 의의가 있다고 했다. 자립화시대에는 우리 것을 되찾고, 그 특수성을 옹호해야 한다고 했다. 이제 세계화시대에는 우리가 우리 능력으로 보편적인 가치를 창조해야 한다.

식민지시대의 사고방식을 반성하지 않고 지속시키면, 자립화시대의 우리 문화 옹호뿐만 아니라 세계화시대를 위한 독자적인 노력도 국수주의처럼 보인다. 우리가 보편적인 가치를 창조하겠다는 주장은 자아도취에 근거를 둔 과대망상에 지나지 않는다고 질타하면서, 서양학문 추종 외에 다른 방안이 없다고 하는 주장을 이제는 버려야 한다. 자립화시대의 국학은 우리 문화를 그 자체로 옹호하는 데 머물러 이에 대해서 설득력 있는 반론을 제기하지 못했으므로 새로운 학문론이 요망된다.

국수주의의 대안이 추종주의일 수는 없다. 국수주의가 특수성 옹호에 매달려 외면하고 있는 보편성을 찾기 위해 독자적인 노력을 하는 학문이 세계화시대의 우리 학문이다. 이제 우리는 나라 안에 머물러 있기만 하지 말고 밖으로 나아가 서양학문과 더불어 보편적 가치 경쟁을 벌여야 한다. 그쪽의 편견 때문에 그릇된 보편주의를 올바르게 만들어야 한다. 학문의 나그네나 구경꾼이 아닌 주인의 자리에서 새로운 창조를 이룩하는 학문이 우리 학문이다.

(다) 우리 학문이 세계적인 보편성 창조에서 크게 기여할 수 있는 가능성을 객관적인 증거를 들어 학문적으로 입증하라고 한다. 이것은 무리하고 부당한 주장이다. 실제 작업을 하기 전에 가능성부터 입증하라는 것은 순서가 잘못 되었다. 가능성은 무어라고 명명하지 못하고 실체를 파악하기 어려운 형태로 잠재적으로 존재하기만 하므로 객관적 증거를 갖추어 누구나 인정할 수 있게 하지 못한다. 학문의 구경꾼이

나 방해꾼들까지 동의하도록 만드는 객관적 증거는 있을 수 없다.

유럽문명권중심주의 학문이 빚어낸 편견을 시정하고, 진정으로 보편적인 세계학문을 하는 것이 이 시대의 소망이다. 유럽문명권 밖의 모든 곳에서 일제히 바라는 바이다. 유럽문명권에서도 자기비판을 하고 있다. 우리는 능력이 부족하다고 자인하고 헛된 소망을 가지지 말아야 한다고 주장할 수는 없다. 잘 할 수 있는 확증이 있으면 하고, 그렇지 못하면 그만두겠다는 것도 잘못이다. 당연히 해야 할 일을 잘 하기 위해서 우리가 어떤 유리한 조건을 지니고 있는지 열심히 찾아 적극 활용하는 것이 마땅하다.

중국 전래의 동아시아 보편주의 문명을 우리 민족문화와 결합시켜 재창조하면서, 이치의 근본을 철저하게 따지려고 한 전통, 그래서 이룩한 중세에서 근대로의 이행기 철학의 창조적인 성과가 오늘날 재인식하고 적극 활용해야 할 자산이다. 활용하지 않는 자산이 저절로 유리한 결과를 가져올 수는 없다. 잘못 활용하면 아무리 좋은 유산이라도 불리한 작용을 한다.

그 시기 창조적 작업의 최종 성과를 보여주어 崔漢綺를 소중하게 여긴다. 최한기와 헤겔을 비교하면서, 최한기에서 다시 출발하면 헤겔이 부딪혔던 난관에서 벗어날 수 있다고 했다. 최한기와 헤겔을 객관적으로 비교해서 우열을 판정하자고 한 말은 아니다. 우열 판정은 가능하지 않고 무의미하다. 지금 나는 내 작업을 하면서 최한기를 내 나름대로 받아들여 새롭게 활용한다. 그래서 얼마나 훌륭한 결과에 이를 수 있는가는 결과를 보고 판정할 일이다. 본론에 들어가기 전에 그 가능성을 미리 입증할 수는 없다.

최한기의 가치를 객관적으로 입증하라고 하는 것은 성사되지 않을 과제이고, 무리한 요구이다. 최한기가 지닌 객관적 가치는 그 자체로 존재하지 않고, 나의 주관과 만나 인정되고 실현된다. 최한기가 못마땅하면 다른 발판이라도 찾아서 더욱 볼 만한 작업을 해야 한다.

(라)의 반론을 들어보자. 헤겔이나 마르크스의 사상은 서양에서 이룬 역사적 축적의 산물인 줄 모르고, 우리가 해야 하는 과업을 천재가 나와 일거에 수행할 수 있다고 여기는 것은 잘못이라고 했다. 우리가 해야 할 창조 작업도 역사적 축적의 결과여야 하므로, 원효에서 최한기까지의 사상사를 계속 거론했다. 그 오랜 기간 동안의 노력을 잇지 않고서는 좋은 결과를 얻지 못한다. 그런데 우리의 역사적 축적은 부당하게 단절되고 무시되었다. 원효의 글을 읽어보지 못하고, 최한기에 대해서 모르면서 학문을 한다는 사람이 너무 많다. 대학에서 하는 학문교육에서 기형아를 길러낸다.

그릇된 관례를 단호하게 청산하는 획기적인 결단이 있어야 한다. 환자가 의사로 바뀌는 결단을 스스로 내려야 한다. 관중의 함성은 충천한데 선수는 등장하지 않는 형편을 타개하는 용기가 필요하다. 특별히 잘난 사람이 있어야 한다는 것은 아니다. 일상잡사에 매몰되어 있던 눈을 크게 뜨고, 원효에서 최한기까지의 축적을 밑변으로 삼으면 높이 오를 수 있다.

(마) 사고의 氣, 사회의 氣, 생명의 氣, 물질의 氣를 하나로 보는 통합이론을 만들어야 한다는 당위성만 말하고 실제로 만들지 못했다. 인문학문에 치우쳐 있고 자연학문과는 거리가 멀다. 이런 비판은 정당하다. 통합학문을 하는 이론을 아직 만들지 못했을 뿐만 아니라, 만들 수 있다고 자부하지도 않는다. 강의를 하면서 거듭 말했다. 나는 대학에 입학한 다음 자연학문 쪽의 공부를 놓쳐 학문 총괄 작업을 실제로

할 수 있는 역량을 기르지 못했다. 학생들 가운데 그래서 안 된다는 것을 일찍 깨달아, 여러 학문을 두루 꿰는 안목을 기르는 인재가 나오기를 진심으로 바란다.

학문 통합의 본론은 마련할 수 없어도, 그 필요성이나 원리에 관한 서론은 전개할 수 있어 자극과 도움을 제공하고자 한다. 국문학자인 내가 물리학자 장회익 교수와 함께 학문의 원리에 관해 논란을 할 수 있다는 것 자체가 우리 학문 발전에서 획기적인 일이다. 그래서 국문학의 위상이 크게 올라서서 다행이기도 하지만, 물리학이 배타적인 우월성을 반성할 수 있는 계기를 마련한 것이 더 큰 의의이다.

장회익은 대상의 크기에 따라서 물질과학·생명과학·사회과학이 한 줄로 서 있다고 했다. 물질과학이 작은 대상, 생명과학이 중간 크기의 대상, 사회과학이 큰 대상을 다룬다 하고, 물질과학의 가장 큰 대상이 생명과학의 가장 작은 대상이고, 생명과학의 가장 큰 대상이 사회과학의 가장 작은 대상이어서, 그 세 영역이 서로 연쇄적인 관계를 가진다고 했다. 그런데 나는 대상의 크기가 아닌 대상과 주체의 관계를 가지고 학문 영역의 상관관계를 논하고자 한다. 대상이냐 주체이냐 하는 비중에 따라 대상이 큰 쪽부터 주체가 큰 쪽까지, 물질학문·생명학문·사회학문·사고학문이 배열되어 있다고 한다.

네 학문은 한 줄로 서 있으면서 끝이 처음으로 연결된다. 수학은 사고의 가장 순수한 양상을 추상해서 나타내서 사고학문의 극치이다. 그러면서 물질세계가 수학적인 구조를 갖추고 있어 물질학문의 처음이 된다. 이 사실은 매우 중요한 의미가 있다. 대상과 주체의 근본적인 일치를 입증해준다. 대상과 주체는 하나이면서 둘이다. 하나이므로 모든 학문이 한 가지 학문이다. 둘이므로 모든 학문이 각기 서로 다른 학문이다.

대상과 주체의 관계가 물질학문에서는 대상에 치우쳐 있고, 주체의 비중은 가장 낮다. 그러나 주체가 없는 것은 아니다. 대상을 관찰하는 주체가 있어서 물질학문이 성립된다. 그 점에서 대상외적 주체와 연관되어 있다. 물질은 그 구성요소의 단순한 집합만이 아닌 총체로서의 성격이 있다. 총체로서의 성격은 생명을 가진 유기체가 아닌 경우에도 인정된다. 그것이 바로 대상내의 주체이다. 대상외의 주체와 대상내의 주체, 그 두 가지 주체는 서로 어긋나기도 하고 합쳐지기도 한다. 물질학문에서는 가장 소원하게 어긋나 있고, 사고학문에서는 가장 긴밀하게 합쳐져 있다.

물질학문을 다룬 물리학의 역사에서 뉴턴이 시간과 공간을 각기 따로따로 고려한 것을 아인슈타인이 시간과 공간의 상호의존을 밝힘으로써 획기적인 전환을 이룩했다. 그런데 이제 그 다음 단계로 들어서야 한다. 대상에 해당하는 시간과 공간에다 주체를 하나 더 넣어, 그 셋의 상관관계를 밝히는 새로운 방정식을 도출해야 한다. 그 방정식은 물질학문뿐만 아니라 다른 과학에도 두루 타당한 포괄적인 원리를 제공해준다.

창조학의 길

1996년 11월 1일 안동대학교에서 "21세기 우리 국학의 방향과 과제: 국학, 무엇을 어떻게 할 것인가?"라고 하는 주제를 내걸고 제1회 한국학국제학술회의가 열렸다. 거기서 발표한 논문이 <수입학에서 창조학까지의 전환 과정>이다. 창조학의 의의를 역설하고 生克論이 좋은 방법이고 이론이라고 했다.

이에 대해 토론자 손병희(안동대학교 국어국문학과 교수)와 조혜정(연세대학교 사회학과 교수)이 많은 논란을 벌였다. 논문과 토론이 『인문학문의 사명』(서울: 서울대학교출판부, 1997)에 수록되어 있다. 토론의 개요를 옮기면서 가다듬고자 한다.

손병희는 학문의 주체성을 생극론에서 어떻게 확보할 수 있는가 묻고, 또한 생극론에 관한 진술이 지나치게 유동적이고 모호하다고 했다. 그 두 가지 지적은 서로 다른 내용이지만 생극론을 만드는 작업이 아직 제대로 진행되지 않아 이룬 바가 미흡하다고 나무라는 공통점이 있다. 그런 지적은 전적으로 타당하다고 수긍하고서, 앞으로 더욱 분발하도록 하는 지침으로 삼아야 한다.

그러나 생극론을 이룩해서 주체의 관점을 더욱 분명하게 해야 하는가는 생각해볼 필요가 있다. 생극론은 주체와 객체의 대립을 인정하면서 넘어서자는 이론이다. 대립을 넘어서는 조종자로서 주체가 더욱 적극적으로 활동해야 하는 것은 당연히 요구되고, 생극론을 만드는 것 자체가 바로 그 일이지만, 객체와 맞서서 자기주장을 관철시키는 주체의 작용을 새삼스럽게 강화하려고 하지는 말아야 한다.

생극론에 관한 진술이 유동적이고 모호하다는 지적은 이론 정립이 미비하기 때문에 그런 것이 사실이지만, 한쪽 방향의 진술과 그 반대 방향의 진술이 각기 타당하다고 하면서 함께 받아들여야 생극론이 성립되므로 말하는 바가 언제나 유동적이고 모호하지 않을 수 없다. 사물 또는 事理 자체에서는 하나인 生克을 언어 진술에서는 生에 관한 사항과 克에 관한 사항으로 나누어서 말하지 않을 수 없기 때문에 그런 결함이 불가피하게 생긴다.

생극론은 무엇이든지 포괄할 수 있게 열려 있으며, 다양한 예증을 검토하면서 미발견의 내용을 찾아내도록 하는 방법이다. 생극론 정립을 완성하는 것은 이론적으로 불가능하고, 무의미하다. 완성될 수 있다고 생각되는 생극론은 생극론이 아니다.

조혜정은 "지금 이 시대는 전 지구 차원에 걸친 총체적인 위기의 시대"이므로 "패권주의적 질서관이나 언어로는 도저히 풀 수 없는 문제들을 안고 있다"고 하고, "하나의 거대한 진리가 곧 만들어지리라는 믿음"을 버리고, "소비자본주의 문화 논리로 현실을 읽어내야 한다고" 말했다. 그렇기 때문에 우리가 큰일을 할 수 있다고 믿으면서 거대이론을 만들려고 하는 것 자체가 부당하다고 했다.

우리가 큰일을 할 수 있다고 하는 것이 패권주의의 발상은 아니다. 우리가 해야 할 큰일은 패권주의를 종식시키고, 우열의 관계가 아닌 대등의 관계에 입각한 새로운 인류사회를 만드는 것이다. 그렇게 하는 데 필요한 원리를 그 자체로 정립하면서, 인류의 역사에 대한 새로운 탐구를 통해서 그 타당성을 검증한다. 그것이 바로 거대이론을 만드는 작업이다.

기본설계를 생극론에서 마련하려 하고 있다. 구체적인 검증을 통해서 그 내용을 더욱 풍부하게 하고 더욱 유용하게 하기 위해서 애쓰고 있다. 그렇게 하는 작업 가운데 구비서사시의 역사를 탐구하는 것이 있어, 패권주의에 대한 공연한 우려를 불식하는 데 특히 도움이 된다. 서사시는 어떻게 생기고 어떤 과정을 거쳐 변천했는가 하는 의문에 그 방면의 거대이론을 이룩하면서 대답하려고 한다. 그래서 창조하는 거대이론은 패권주의를 청산하는 구실을 한다.

서사시가 정치적 패권주의와 맞서서 그 희생자들이 인류를 위해 대단한 기여를 해온 문화창조물임을 밝히는 연구는 패권주의를 무너뜨리는 거대이론 정립의 좋은 본보기이며, 승리가 패배이고 패배가 승리라고 하는 생극론의 명제를 구체적으로 입증하는 구실을 한다. 차등의 원리에 입각한 패권주의를 청산하고 대등의 원리를 구현하는 거대이론은 유럽문명권에서 수입할 수 없어서 우리가 만들어야 하고, 사회학문보다 인문학문에서, 인문학문 가운데서도 문학학문에서 더 잘 만들 수 있다고 생각해서 필요한 작업을 하면서 다른 분야의 동참을 기대한다. 이런 일을 동남아, 인도, 아랍세계, 아프리카 등지에서도 응당 해야 한다. 우리가 선구자 노릇을 하면서 토론을 기대하고 공동작업을 제안해야 한다.

역사는 끝났다고 하는 이들이 적지 않다. 역사가 끝났다면 새로운 거대이론을 만들겠다는 것은 공연한 짓이며, 아무리 애써도 성사될 수 없는 희망이다. 미래의 역사에 대한 설계여야 거대이론일 수 있고, 실현 가능한 설계라야 타당한 이론일 수 있기 때문이다. 그러나 역사는 끝나지 않았다. 다만 유럽문명권 주도의 근대사가 끝나고 있을 따름이다. 사회주의권이 무너지는 것을 보고 마르크스주의자들이 절망에 사로잡혀 역사는 끝났다고 하는 데 동의할 수 없다. 유럽문명권 주도의 근대 및 그 최종성과의 하나인 사회주의는 세계사 전개에서 커다란 기여를 하고서 이제 명예퇴직을 하고 있다. 그것은 역사의 종말이 아니고 새로운 시작이다. 다음 시대의 새로운 역사 창조가 지금 준비되고 있다.

헤겔 방식의 비유를 들어보자. 로마제국이 망했으니 인류의 역사는 끝장이 났다고 비관하는 게르만사회의 족장이 자살이라도 했다면 얼마나 어리석은가? 로마제국이 망했으니 게르만의 시대가 시작된 것이 너무나도 당연한 일이다. 로마만 쳐다보고 있으면 그런 줄 모른다. 로마도 보고 자기 인식도 갖추어야 전후를 분별할 수 있다. 이제 주도권 교체가 불가피하다.

한국에서 또는 동아시아에서, 그 밖의 다른 문명권에서 인류를 구할 수 있는 어떤 대안을 마련할 수 있는가 생각해보지 않는 사람은 자기 문명 또는 자기 민족문화의 유산을 물려받은 밑천이 없기 때문이다. 자립학을 근거로 하지 않고서는 창조학을 할 수 없다. 자립학에서 시작하지 않고서 창조학을 하려고 하면 아무리 의욕이 크더라도 창조를 이룩할 수 없어서, 본의 아니게 시비학에 머무르고 만다. 현실을 설명하는 데 그치지 말고 현실을 변혁시켜야 한다고 한 마르크스주의가 변혁의 전망을 상실하고 시비학 노릇이나 하는 것을 보고, 이제 시비학이 가장 진보적인 학문이라고 착각하는 것도 자립학의 밑천이 없기 때문이다.

미래를 예견하는 것은 쉬운 일이 아니다. 유럽문명권 주도의 근대를 대신할 수 있는 다음 시대가 어떤 시대인가 분명하지 않고, 다음 시대의 사회나 문화의 구조를 납득할 만하게 제시할 수 없는 것이 사실이다. 그러나 그 때문에 역사의 미래를 설계하는 거대이론에 대한 기대가 헛되다고 할 수는 없다. 인류 역사의 과거에도, 고대인이 중세를, 중세인이 근대를 예견하고 설계하는 것은 참으로 어려웠다는 사실을 잊지 말아야 한다. 어려운 과제이니까 힘들여 연구해야 한다.

유럽문명권에서 주도해서 만든 근대가 어떤 시대인가 이 자리에서 새삼스럽게 설명할 필요는 없다. 주지의 사실이라고 전제하고 논의를 진행해도 무방하다. 우리는 이제 유럽문명권 주도의 근대를 넘어서서 다음 시대를 만드는 작업을 해야 할 시기에 이르렀다는 사실이 중요하다. 어떤 점이 불만인가 정리해서 말하기 위해 근대 비판을 하는 것이 긴요한 과제이다. 가장 불만인 점은 근대가 싸움의 시대라는 점이다. 우세한 쪽이 열세한 쪽을 마음껏 짓밟는 싸움이 벌어져서 지구 전체의 위기가 조성되었다.

근대는 중세보편주의를 부정하면서 강자가 약자를 유린하는 싸움의 시대로 치달았다. 그 점에서는 고대로 되돌아간 느낌이다. 생물과 무생물, 사람과 다른 생물, 유럽문명과 다른 문명, 강대국과 약소국, 민족국가를 이룬 민족과 그렇지 못한 민족, 우세민족과 열세민족, 자본가와 노동자 사이의 동질성은 부정되고 이질성이 강조되어 앞의 것들이 뒤의 것들을 유린하는 싸움이 벌어졌다. 그 가운데 마지막 것, 자본가와 노동자 사이의 싸움에서만 일시적인 역전이 시도되어 사회주의 혁명이 일어나고 혁명을 예방하기 위한 개혁도 나타났으나, 다른 것은 그대로 있다. 그 때문에 근대가 더 발전하지 못하고 그대로 지속하기도 어려워, 새로운 시대로 넘어가지 않을 수 없다.

근대의 문제를 해결하기 위해서 어떻게 해야 하는가? 근대가 중세를 부정하고 고대로 되돌아가는 것과 같은 궤적을 그렸듯이, 근대를 넘어서기 위해서는 중세를 이어야 하는가? 당연히 그렇다. 중세 보편주의의 이상을 되찾아야 한다.

그러나 이상과 현실을 분리시키는 이원론을 받아들일 수는 없다. 이원론을 극복하고 일원론을 마련한 근대의 공적을 무효로 돌릴 수는 없다. 그러면 어떻게 해야 하는가? 이에 대한 대답이 중세에서 근대로의 이행기에 동아시아 특히 한국에서 힘써 마련한 氣일원론을 되살려 새로운 거대이론을 만드는 발판으로 삼자는 것이다. 폐기된 설계도를 가져와서 활용하자는 것이다.

洪大容을 비롯한 여러 선각자들이 그린 설계도대로 근대를 만들었다면 지금 해결해야 할 근대의 문제가 생겨나지 않았을 것인가? 아시아의 근대가 독자적으로 형성되었다면, 나타난 결과가 유럽문명권에서 주도해 만든 근대와 얼마나 달랐을 것인가? 이런 의문을 해결해야 폐기된 설계도를 다시 활용하는 이유가 분명하고, 거기서 기대해도 좋을 것이 무엇인지 밝힐 수 있다.

이에 대해서 많은 연구를 해야 하겠으나, 지금 나는 이렇게 본다. 홍대용 세대는 근대를 중세방식으로 설계했으며, 근대를 근대로 만들어낼 수 없었다. 중세적인 발상을 떨쳐내는 과정에서 氣가 하나라는 면보다 陰陽으로 나누어서 싸운다는 면이 크게 강조되었을 것이다. 동아시아 독자의 근대라도 유럽문명권의 것만큼 심하지 않지만 싸움시대의 폐해를 크게 노출시켜 해결해야 할 문제를 많이 만들어냈으리라고 보아 마땅하다.

동아시아인이 만들었으면 근대가 영원할 것인데 유럽인이 만들어서 단명하다고 하다는 것은 아니다. 누가 만들었든, 또는 어느 시대이든 수명이 한정되어 있다. 사라져야 할 것이 제때 사라지지 않으면 말썽을 부리다가 밀려나게 마련이다. 변화의 관점에서 모든 것을 이해하고, 가치평가가 달라지는 것을 받아들여야 한다.

홍대용 시대의 거대이론인 氣철학은 근대를 만들 때 그대로 쓸 수 있는 것이 아니었고, 이제 근대를 청산해야 할 시기이니 더욱 소용이 없는 이중의 무용지물이 아닌가 하는 의심이 들 수 있다. 왜 구태여 실패사례를 소중하게 여기는가 하는 반문에 부딪힐 수 있다. 그러나 바로 그 점이 폐기된 설계도를 재생시켜야 할 이유이다. 과거의 패배가 오늘의 승리이다. 근대를 중세적인 방식으로 이룩하려고 한 그런 거대이론이 오늘날 근대에서 이룩한 일원론의 성과를 그대로 이으면서 중세의 이상주의를 되살리고자 하는 데 결정적인 발판이 될 수 있다.

가까운 과거에 지나온 과정을 현재에서 미래로 나아가는 당면한 과업 해결에 직접 활용할 수 있다. 기일원론의 거대이론이 근대를 실제로 만드는 데 쓰이지 못했다고 해서 이론 창조물로도 실패작이라고 보는 것은 잘못이다. 이론으로 창조하는 작업은 실제로 이룩되었고, 평가해야 마땅한 가치를 지니고 있으므로, 지금 이론을 다시 창조하는 데 바로 활용할 수 있다. 길이 막혀 길을 찾을 때 우선 들어온 길로 나가는 것이 순리이다. 들어온 길로 나가서 과거로 돌아가자는 것은 아니다. 적당한 곳에서 새 길을 찾아 과거와 결별해야 한다.

근대에서 양쪽으로 갈라져서 싸우는 것들이 둘이면서 하나이고, 하나이면서 둘임을 밝혀 싸움 자체를 화해로 삼는 새로운 일원론이 요망된다. 나는 그런 작업을 하는 생극론을 마련한다. 기일원론을 이어받아 들어온 길로 나가면서, 유럽문명권 근대의 관념론과 유물론 사이의 논란을 해결하는 과업을 생극론에서 맡는다.

생극론은 화해를 이룩하는 하나를 내세우는 점에서는 관념론과 상통하지만, 그 영역을 우세민족과 열세민족, 민족국가를 이룬 민족과 그렇지 못한 민족, 유럽문명과 다른 문명, 강대국과 약소국, 사람과 다른 생물, 생물과 무생물에 두루 적용한다. 관념론은 갈등을 배제하지만, 생극론은 갈등이 화합이고 화합이 갈등이라고 하므로, 화합의 범위를 한껏 넓힐 수 있고, 화합론이 바로 갈등론이게 해서 변증법을 전폭적으로 받아들여 넘어선다. 그 양쪽을 받아들이면서 거부하고, 거부하면서 받아들여, 둘이 하나이고, 하나가 둘이게 한다.

문화 위기 극복

2006년 11월 9일 홍익대학교 개교 60주년 기념 강연에서 오늘날의 문화적 위기에 관한 논란이 있었다. 독문학자이고 문학비평가인 김주연(숙명여자대학교 명예교수)이 앞서서 <한국사회의 문화적 위기>에 관해 말하고, 이어서 내가 <문화 위기 극복의 저력과 방법>을 제시했다. 무슨 말을 하는지 듣고 대응 논리를 마련하려고 원고를 미리 작성하지 않았다. 오고간 말을 기억을 더듬어 간추리고 필요한 논의를 덧보탠다.

김주연은 말했다. 오늘날 문화적 위기를 많이 말하는 것은 기독교의 종말론과 관련된다. 위기의 구체적인 양상은 후기자본주의의 특성에서 유래한다. 위기 상황에 관한 하버마스의 진단이 탁월해 따를 만하다. 정통성이 상실되고 의사소통이 단절된 것이 문제의 핵심이라고 하버마스는 말했다.

위기 극복에 관해서는 멀리 둘러보아도 내세울 만한 견해가 없다. 자본주의 사회의 모순을 사회주의로 극복할 수 있으리라는 기대가 무너진 것을 하버마스도 인정한다. 사회체제를 근본적으로 바꾸지는 않고도 정통성을 찾고 의사소통의 방법을 마련할 수 있어야 한다고 한다. 실현 가능성이 크지 않더라도 성실하게 노력하는 것이 마땅하다.

오늘날 한국에서는 정통성의 위기가 다른 어느 나라에서보다 더욱 격심하다. 높은 가치를 실현하고자 하는 학문, 문화, 예술 등이 야유의 대상이 되고 있다. 무지하고 난폭한 말을 함부로 하는 풍조가 만연해 분별 있고 논리적인 의사소통을 하지 못하게 방해한다. 정치가 길을 잃고 대학이 흔들린다.

사태가 더욱 악화되지 않도록 하려면 야성의 횡포에서 지성을 구출

해야 한다. 대학에 몸담고 있는 사람들이 앞서서, 학문을 존경하고 문화를 소중하게 여겨야 한다. 니체가 말했듯이, 예술은 자연을 넘어선다. 예술을 그 자체로 평가해야 한다. 사리가 이처럼 명백한데 실행하지 않으니 개탄스럽다.

내 차례가 되었을 때 말했다. 김주연은 위기 인식을 기독교의 종말론과 결부시켰다. 하버머스에 의거해서 위기를 진단하고, 위기 극복에 관해서는 멀리 둘러보아도 내세울 만한 견해가 없다고 했다. 이 두 가지 출발점에 대해서 먼저 논의하겠다.

나는 불교의 末法 사상을 논거로 삼고자 한다. 불법이 효력을 잃어 말법 시대가 되었다는 것은 종말론과 상통한다. 그러나 말법 시대가 된 것은 끝이 아니고, 미륵불이 새로운 시대를 연다는 증거이다. 기독교에서는 종말 다음에 최후의 심판이 온다고 한다. 최후의 심판 이후의 일은 신의 소관이므로 사람이 전개하는 역사철학에서 벗어난다. 그러나 불교에서는 사람이 도를 닦아 부처가 된다고 한다. 미륵불이 어떻게 나타나, 어떤 시대를 열 것인지 역사철학에서 문제 삼아야 한다. 위기 진단에 그치지 않고 극복 방법까지 논해야 한다.

위기 진단은 하버마스가 잘 한다니 일단 맡겨두어도 된다고 하자. 위기 극복은 대책이 없다고 하니 누가 맡아 나서야 한다. 다른 사람들에게 시키려고 하지 말고 내가 자원하는 것이 마땅하다. 지금까지 계속 해온 일인데, 광범위한 이해를 얻기 위해 구체적인 내용은 생략하고 출발단계에 있는 것처럼 말하기로 한다.

하버마스의 위기론과 견주어보면 조동일의 극복론은 논리가 엉성하고 완성도도 모자란다. 이런 결점을 불신의 증거로 삼지 말기 바란다. 두 가지 이유가 있어 차이가 생긴다. 하버마스는 완성자라면, 조동일은 창시자이다. 조동일이 하고자 하는 학문은 축적되고 검증된 성과가 부족해 많은 동참자의 후속작업이 절실하게 요망된다. 현재를 설명하는 일은 쉽고 미래를 만드는 일은 어렵다. 덜 되었다고 버리고, 어렵다고 그만둘 것은 아니다.

한국에서 겪는 위기라고 한 것은 근대문화 일반의 결함이 확대된 형태이다. 유럽의 모형을 일본이 이식한 것을 식민지상태에서 다시 이식하다가 차질을 빚어내고, 한국전쟁 직후의 혼란기에 제도 만들기를 서둘러 해서 실수가 많았다. 학문이든 예술이든 전통으로 이어지고 저력으로 남아 있는 것을 버리고 수입품으로 대치했다. 대학은 창조자이지 못하고 전달자이기만 한 교수들이 생산업이 아닌 유통업에 종사하도록 조직되고 운영된다. 의사소통 거부를 새로운 권위로 삼으니 반발이 생기지 않을 수 없다. 대학 밖에서 민란이 일어나 안에까지 밀어닥치는 것이 당연하다.

위기를 극복하려면 어떻게 해야 하는가? 세 가지 대책을 내놓을 수 있다.

첫째 지금 하고 있는 학문과 예술을 존경하라고 요구한다. 실현 가능성이 없는 해결책이다. 설사 실현된다 해도 해결책일 수 없다. 정통성이 없는 것이 위기인데 정통성을 부인하는 것이 위기라고 잘못 진단한다. 공연히 해본 소리에 지나지 않는다. 반발을 키워 위기를 가중시키기나 한다.

둘째 지금 하고 있는 학문과 예술을 서투르게 이식한 것을 그대로 두지 말고, 본바닥의 것과 같게 만든다. 이것은 첫째 해답보다 진일보했다. 정통성을 부인하는 것이 위기가 아니고 정통성이 없는 것이 위기임을 인정하고 정통성을 갖추는 방안을 제시한다. 그러나 이것은 아주 힘든 일이다. 성사된다고 해도 위기를 극복하는 것은 아니다. 하버마스가 분석한 위기 상황은 그대로 있다.

셋째 지금 하고 있는 학문과 예술을 뒤집어엎고 새롭게 만든다. 근대문화를 부정하고 근대 다음 시대의 문화를 만든다. 이것이 가능한가? 필요한 논의를 몇 단계로 해야 한다.

전통으로 이어지고 저력으로 남아 있는 근대 이전의 문화를 살려 근대문화의 결함을 극복한다. 근대문화에 대해 야유하면서 대학 밖에서 시작된 민란이 대학 안까지 밀어닥쳐 혁명을 이룩하면 정통성이 살아나고 의사소통이 이루어진다.

후진이 선진이고 선진이 후진인 것이 역사 발전의 당연한 과정이다. 유럽은 중세에 다른 문명권보다 상대적으로 뒤떨어져 근대를 이룩하는 데 앞섰다. 근대에는 뒤떨어져 피해자가 되었으면서 중세까지의 능력을 가진 곳에서 근대를 넘어서서 다음 시대로 나아가는 역사창조를 선도한다.

동아시아는 문화 존중의 전통이 있다. 한국은 문화 존중의 전통을 기층문화의 발랄한 움직임과 깊이 관련시켜 비판적이고 창조적인 학문과 예술을 이룩했다. 학문과 예술 양면에서 생극론을 발전시키고 다양하게 구현했다.

위기 극복의 저력이 있으면 방법은 저절로 마련되는 것이 아니다. 방법은 무엇인가? 학문 혁명을 일으키는 것이다. 주어진 교과과정으로 수입학을 하는 제도를 거부하고, 교수는 가르치고 싶은 것을 가르치고, 학생은 배우고 싶은 것을 배우는 권리를 주장하고 관철시킨다. 강의할 과목을 마음대로 지어내는 것이 교수가 할 일이다. 일정 수 이상의 학생들이 무엇을 함께 공부할 것인지 의논해 지도교수를 정해 계획서를 만들어 제출하면 그 강의가 개설되도록 한다. 모든 장외 경기를 장내로 끌어들여, 야유를 하고 소란을 일으키는 정열이 학문을 이끌도록 한다.

교수의 강의도 하고 학생들의 연습도 하는 것이 근대 대학의 교육 방법이다. 본바닥의 제도를 다시 살리면서 더 잘 하자. 강의는 같은 것을 두 번 하지 않도록 다짐하면서 토론을 중요시한다. 연습을 기획하고 진행하는 주도권을 학생이 가지도록 한다. 강의든 연습이든 탐구한 내용을 인터넷에 올려 널리 알리고 더 큰 토론이 일어나도록 한다.

연습에서 실습을 병행하는 것이 바람직하다. 현장학습을 하면서 전통문화를 전수하는 데 힘써야 한다. 사회운동이나 예술창작, 또는 둘을 합친 것을 함께 하는 것도 권장할 일이다. 예술은 자연을 넘어선다고 잘못 생각하지 말아야 한다. 그 때문에 생긴 의사소통 단절이 정통성의 위기를 초래하고 문화를 황폐하게 했다. 예술은 자연과의 관계를 회복하고 사회적 실천과 연관되어야 한다. 고독한 예외자의 자폐증 발산이 아닌 여럿이 함께 살아가는 슬기로움을 확인하는 신명풀이여야 한다. 생극론에서 신명풀이를, 신명풀이에서 생극론을 도출해야 한다.

근대 다음 시대의 사회형태는 무엇인가? 자본주의 또는 시장경제는 지속되어야 할 조건인가? 그 폐해를 줄이는 방법을 강구하면서 복지사회로 나아가야 하는가? 바람직한 인간관계는 무엇이고 어떻게 이룩해야 하는가? 문화가 가장 중요한 재화이고 생산품일 수 있는가? 문화 만족도가 빈부와 별도로 평가되는 사회를 만들어야 하는가? 이런 문제를 연구해 해답을 얻어야 한다.

거대이론의 시대는 끝나지 않았다. 현재의 위기를 극복하는 미래의 역사가 있어야 하므로 그 설계도를 마련하고 시공방법을 알아내야 한다. 일이 끝나지 않고 주역이 교체된다. 유럽문명권에서 근대를 이룩한 것처럼 근대를 넘어서서 다음 시대로 나아가는 전환은 다른 문명권에서 주도해야 한다. 동아시아가, 한국이 큰 기여를 할 수 있기를 바라고 분발하고 있다.

토론

❑ 문: 물질학문에서 시작해 통합학문을 만들려고 하는 노력이 사고학문을 출발점으로 삼는 경우보다 더 큰 성과를 거둘 수 있지 않는가?

❑ 답: 양쪽 다 아직 시도 단계에 있어 성과를 평가할 수는 없다. 장차 어느 쪽이 더 큰 성과를 거둘 것인지 예견하기도 어렵다. 양쪽 학문의 복수전공자들이 나타나 통합의 주역 노릇을 하리라고 기대하지만, 지금은 양쪽에서 각기 자기 나름대로 힘쓰고 있는 실정이다. 양쪽의 작업을 여러 측면에서 비교해 고찰하면서 상황을 이해하자. 장회익과 조동일이 쉽사리 이용할 수 있게 구체화된 예증을 제공한다.

물질학문에서는 사고학문의 언설을 이해할 수 있지만, 사고학문에서는 물질학문의 언설을 이해하지 못한다. 이 점에서 물질학문의 우위가 인정된다. 물질학문에서는 지금까지 하던 학문을 그대로 하면서 세력 확장으로 학문통합을 이룩하려고 하지만, 사고학문 쪽은 기존의 관습이나 기득권을 포기하고 학문 전반을 혁신하고자 한다. 이 점에서는 우열이 역전된다. 이 두 비교는 양쪽이 각기 일장일단을 가져 서로 대등함을 말해준다고 할 수 있다.

우열론은 그만두고, 두 번째 비교에 내포된 의미를 더 캐내보자. 물질학문은 그 자체로 잘 나가고 있다고 여겨 영역 확장을 위한 노력은 업적으로 평가할 수 없는 부수적인 활동으로 여기지만, 사고학문은 위기 극복을 위해 노력하지 않을 수 없어 학문혁신을 최상의 연구로 삼는다. 물질학문에서 시작하는 통합론은 선례가 흔히 있어 수입학일 수 있으나, 사고학문에서는 스스로의 결단으로 창조학을 시도하면서 분투한다.

최근에 별난 사태가 있어 논의가 더 필요하다. 통합학문 수입업을 하면서 생소한 용어를 앞세우고 처음 듣는 말을 하면 관심을 끌 수는 있어도 연구에 실제로 기여하는 바는 없다. 수입품을 최근에 유행하는 것으로 바꾸면 창조학에 근접할 수 있는 것도 아니다. 수입품의 위세를 내세워 자생적인 사고학문을 더욱 초라하게 만들어 사태를 악화시키기나 한다.

더 넓은 안목으로 문제를 파악하고, 철저하게 해결하는 방안을 마련해야 한다. 유럽문명권에서 발전을 선도한 근대의 물질학문을 동아시아의 전통을 이은 사고학문과 통합하기 위해 적극적인 시도를 해야 한다. 학문통합은 문명의 통합이고, 근대를 넘어서서 다음 시대를 이룩하는 미래의 건설이다.

❑ **문**: 홍익대학교의 모임에서 토론이 있었는가?

❑ **답**: 앞의 강연이 끝났을 때에는 토론이 없었다. 사회자가 질문이 있느냐고 거듭 물어도 청중은 불만스러운 것 같은 표정을 하고 있을 따름이고 다른 반응은 없었다. 의사소통이 단절된 것을 잘 보여주었다고나 할 사태였다. 그런데 내가 강연한 뒤에는 아주 달랐다. 질문 하겠다

는 사람이 이어져 나오고, 열띤 토론이 벌어졌다. 강연에서는 대강 말한 것을 토론에서 자세하게 밝혀 위에 적은 내용으로 구체화되었다. 단절되었던 의사소통이 회복되었다. 의사소통 회복에 관한 나의 주장이 사실로 입증되었다.

❑ 문: 고전문학을 전공한 덕분에 연구를 확대할 수 있었다. 현대문학 전공자는 어떻게 해야 하는가?

❑ 답: 현대문학 전공자도 연구를 확대할 수 있다. 고전문학으로, 외국의 현대문학으로, 문학이 아닌 다른 영역으로 나아갈 수 있다. 자기 전공분야를 늘 하던 대로 지키고 있기만 하지 않고 다른 분야로 나아가 새롭게 연결시키면서 뒤집어보아야 창조적인 사고를 할 수 있다. 세상 사람들이 크게 알아주는 것을 만족스럽게 생각하는 분야 전공자들은 이렇게 하지 않아 뒤떨어진다.

경제학 교수와 대담을 하면서 경제학이 대단한 학문이라는 자부심이 혁신의 장애가 된다는 사실을 확인했다. 학문의 미래상에 대한 나의 견해에 반대하지는 않으면서, 실현 시기를 너무 멀리 잡고 나를 성급하다고 나무랐다. 지금까지 해온 수입학에 앞으로도 상당한 기간 동안 머무르면서 전환을 서서히 모색하겠다고 하면서 사실은 변화를 거부했다.

❑ 문: 경제학은 무엇을 해야 하는가?

❑ 답: 경제의 형편이나 구조가 생활의 만족 정도와 어떤 상관관계를 가지는지 밝히는 데 힘쓰면서 경제에 대한 고찰을 넘어서는 경제학을 하는 것이 바람직하다. 한 나라 또는 고장의 소득을 자연환경이나 문화

재의 가치를 포함시켜 함께 평가하는 방법을 개발해 정착시키는 것이 시급한 과제이다. 이렇게 해야 빈부에 대한 생각이 정상화되고, 자연환경이나 문화재를 파괴하는 개발이 손해임이 계산상 명백해진다.

❑ 문: 교육학은 어떻게 해야 하는가?

❑ 답: 교육의 중요성이 교육학을 스스로 자만하게 하는 데다 더 보태, 외부의 작용이 여기저기서 미쳐와 타락을 촉진한다. 미국이 특별하게 배려해 수입학의 선두에 서도록 육성했다. 정치권력에서 이용하면서 힘을 나누어 가지고 이익을 챙기라고 유혹한다. 처세에 성공하면서 학문은 수단이 되었다. 언행 불일치 때문에 아무리 좋은 말을 해도 소용이 없다. 좋은 말 타락시키기를 가속화해 세상을 아주 망친다.

자력으로는 되살아날 수 없을 것 같다. 권력이나 돈과 거리가 멀어 진지한 탐구를 성실하게 하고 있는 다른 학문과 제휴해야 희망을 찾을 수 있다. 내가 하는 학문이 많은 도움을 줄 수 있다. 성과를 가져가고 열의를 함께 지녀, 학문혁명에 동참하는 동지들이 교육학에도 있어야 한다.

(부기: 최성욱, <교육학, 국가 정책 정당화하는 데 치중했다>는 연구발표가 한국교육원리학회에서 있었다고 『교수신문』 460호, 2007년 11월 19일자에서 보도했다. "교육학은 교육에 관한 타당한 지식을 생산하기보다 도리어 국가가 주문하는 이데올로기를 정당화하는 데 치중하고 그것을 학문의 과업으로 삼는 오도된 기능을 수행하고 있다"고 하고, "교육학이 학문으로서 우선시해야 할 일은 교육의 자율화를 위한 논리와 그 이론적 개념망을 개발하고 확립하는 일"이라고 했다고 전한다. 비판은 타당하지만 해결책은 미흡하다. 교육의 자율화보다 교육학

의 자율화가 더욱 긴요한 줄 알고 창조학으로 나아가야 한다.)

❑ 문: 학문혁명은 어디서 시작되는가?

❑ 답: 모든 혁명이 다 그렇듯이 피해를 분발의 동력으로 삼고 체제를 온통 바꾸어놓을 능력을 가진 쪽에서 선도한다. (가) 유럽문명권 중심부의 박해를 받은 곳에서, (나) 근대학문의 체계에서 하위자의 고통을 겪은 분야의 전공자들이, (다) 기득권에 반발하는 대학을 발판으로 학문혁명의 주역으로 나선다.

제11강 문학사 이론의 세계화

시작하는 말

문학사의 시대구분은 문학사를 처음 쓸 때부터 문제가 되었다. 최초의 문학사인 안확의 『조선문학사』(1922)를 이어 문학사를 다시 쓰는 사람은 누구든지 시대구분 때문에 고심을 하면서 최선의 방안을 찾으려고 했다. 그 결과 몇 가지 두드러진 결과가 나타났다.

김사엽의 『국문학사』(1948) 이래로 여러 저술에서는 왕조교체를 시대구분의 기준으로 삼았다. 조윤제의 『국문학사』(1949)처럼 민족정신의 전개에 따라 시대가 달라졌다고 한 경우도 있다. 문학연구소 외 공저로 나온 『조선문학사』(1977-1981)에서는 사회경제사에 의거한 시대구분을 하려고 했다.

그러나 고심한 덕분에 만족스럽거나 납득할 만한 결과에 이르렀다고 할 것은 아니어서, 나는 다시 출발해야 했다. 『한국문학통사』를 쓰기 시작할 때 기존 작업에 대한 불만을 해결하는 방안을 찾아야 했다. 다음과 같은 세 가지 원칙을 설정해야 한다고 판단했다.

[가] 단순하고 명료한 작업에서 출발해서 문학의 시대적인 변천을

다면적으로, 총괄적으로 파악하는 기준을 마련하는 데까지 이르는 시대구분을 해야 한다.

[나] 문학사에서 시작해서 역사를 총체적으로 이해하는 데까지 이르는 시대구분을 해야 한다.

[다] 한국문학사에서 시작해서 세계문학사를 총괄하는 데까지 이르는 시대구분을 해야 한다.

왜 이 세 가지 요건을 갖추어야 하는가? 세 가지 요건이 각기 어떤 의의를 가지고 서로 연결되는가? 이런 문제를 제대로 다루려면 긴 서론이 필요하다. 그렇게 되면 "단순하고 명료한 작업에서 출발해"야 한다는 첫 조항을 무효로 돌리는 잘못을 저지른다. 세 가지 요건에 관해 구체적으로 검토하는 것이 앞으로 해야 할 일임을 미리 알리면 머리말에서 할 일은 다 했다.

작업의 경과

문학사를 연구하고 서술하는 나의 작업은 다음과 같은 책을 통해 오랜 기간 동안 여러 단계로 전개되었다.

[1] 『한국문학통사』 1-6 (서울: 지식산업사, 제1판 1982-1988, 제2판 1989, 제3판 1994, 제4판 2005)

[2] 『동아시아문학사비교론』(서울: 서울대학교출판부, 1993)

[3] 『세계문학사의 허실』(서울: 지식산업사, 1996)

[4] 『인문학문의 사명』(서울: 서울대학교출판부, 1997)

[5] 『카타르시스 · 라사 · 신명풀이』(서울: 지식산업사, 1997)

[6]『동아시아 구비서사시의 양상과 변천』(서울: 문학과지성사, 1997)

[7]『하나이면서 여럿인 동아시아문학』(서울: 지식산업사, 1999)

[8]『공동문어문학과 민족어문학』(서울: 지식산업사, 1999)

[9]『문명권의 동질성과 이질성』(서울: 지식산업사, 1999)

[10]『철학사와 문학사 둘인가 하나인가』(서울: 지식산업사, 2000)

[11]『소설의 사회사 비교론 1-3』(서울: 지식산업사, 2001)

[12]『세계문학사의 전개』(서울: 지식산업사, 2002)

이러한 책이 위에서 든 [가]에서 [다]까지의 세 요건과 어떤 관련을 가지는지 정리해서 말해보자.

[1]에서는 한국문학사를 통괄해서 쓰면서 [가]에 입각해서 시대구분을 하고, 그것이 [나]를 위해서도 기여할 수 있게 하려고 했으며, [다]는 장래의 과제로 남겨두었다. [2]에서 [12]까지의 책을 다 쓰고 [1]을 개고해 제4판을 만들 때 세계문학사와의 관련을 고찰했다.

[2]에서는 동아시아문학사의 서술과 전개를 비교하면서, [가]와 [나]에 관한 기존의 작업이 타당함을 확인하고, [다]에 관한 작업을 동아시아문학의 범위에서 전개했다.

[3]에서는 8개 언어로 이루어진 38종의 세계문학사를 모아 검토하고 비판하면서, [다]의 작업을 최대한 확대해야 할 이유를 밝혔다.

[4]에서는 문학 · 사학 · 철학을 통괄하는 학문을 이룩해야 한다고 역설하면서 [나]의 필요성과 방향을 밝혀 논했다.

[5]에서는 연극미학의 세 가지 기본원리를 비교해 논하면서 문학과 사상을 함께 다루는 [나]와, 그것을 세계적인 범위로 확장해서 검증해

[다]의 작업을 이룩했다.

[6]에서는 동아시아의 구비서사시를 통해서 문학과 사회를 함께 다루는 [나]를, 동아시아에 관한 [다]의 작업을 다시 하면서 더욱 진척시켰다.

[7]에서는 동아시아에 관한 [다]의 작업을 다각도로 심화했다.

[8]에서는 공동문어문학과 민족어문학의 관계를 널리 고찰해 시대구분을 하는 [가]의 이론이 세계문학 전체에서 타당해 [다]가 된다고 입증했다.

[9]에서는 중세문명의 동질성과 이질성을 비교하면서 [가]를 [나]와 연결시키는 작업을 세계적인 범위에서 다시 해서 [다]를 더욱 진전시켰다.

[10]에서는 문학사와 철학사를 연결시키는 [나]와, 그것을 세계적인 범위로 확장해서 검증하는 [다]를 시도했다.

[11]에서는 문학사와 사회사를 연결시키는 [나]와, 그것을 세계적인 범위로 확장해서 검증하는 [다]를 시도했다.

[12]에서는 [가]와 [나]에서 얻은 성과를 [다]의 범위에서 총괄했다.

위의 책에서 계속 다룬 핵심과제는 문학사의 시대구분이다. 시대구분은 문학사를 쓰기 위한 출발점이면서 문학사학에 관한 방대하고 심오한 연구를 해서 얻을 수 있는 최종성과이다. 출발점에서는 다루는 대상을 시대에 따라 배열해 구분하면 되지만, 최종성과를 말할 때에는 문학사에 관해 고찰한 내용을 집약해야 한다.

문학사의 시대구분에 관해 말하라고 하는 주문을 받았는데, 그 둘 가운데 어느 쪽을 말해야 하는지 판가름하기 어렵다. 문학사를 쓰기 위해 출발점이 되는 시대구분에 관해서는 [1]의 서두 <문학사 이해의

새로운 관점>에서 이미 말했다. 그 내용을 되풀이할 수는 없다. 지금이 1982년이 아니며, 논의가 앞으로 크게 나아갔기 때문이다. 그러나 최종적인 성과를 말하기도 어렵다. 아직 작업이 좀 남아 있기도 하고, 그럴 만한 지면이나 시간이 허용되지도 않는다. [나]와 [다]까지 총괄하는 논의를 진행하면, 다른 분야의 발표와 불균형이 심해지는 것도 고려해야 한다.

시작과 결말 사이의 절충점을 찾는다. [1]을 쓸 때로 되돌아가 [가]에 관한 작업이 어떻게 진행되었는가 말하면서 [나]와 [다]에 관한 추가작업을 들어 그 타당성을 입증하고자 한다. 다루어야 할 내용이 너무 많으므로 압축해서 서술하는 것이 불가피하다. 이 글만으로는 이해하기 어려운 점에 관한 보충설명은 위에서 든 여러 책으로 미룰 수밖에 없다.

한국문학사의 시대구분

[가]는 복잡한 이론을 앞세우지 말자는 말이다. 복잡한 이론을 두고 벌이는 논란이 결판이 나야 적절한 시대구분을 해서 문학사를 쓸 수 있다고 생각하면, 앞으로 나아갈 수 없다. 첫 단계에는 단순하고 명료한 기준에 의해 시대구분을 하고, 더욱 복잡한 데로 나아가면서, 문학이 시대마다 서로 다른 양상에 대한 다면적인 이해를 해야 한다. 이에 따라서 시대구분을 한 실제 작업을 명제로 정리해 나타내면 다음과 같다. 기본명제가 있고, 다시 보충명제가 있다.

[명제 1]: 구비문학 · 한문학 · 국문문학의 상관관계가 고대 · 중세 ·

근대에서 달라졌다.

[명제 1-1]: 고대까지에는 구비문학만 있었고, 중세에는 한문학과 국문문학이 공존하다가, 근대에는 한문학을 버리고 민족어문학이라야 민족문학이라고 하게 되었다.

[명제 1-2]: 한문학과 민족어문학의 비중이나 위치가 달라진 양상에 따라서 중세전기, 중세후기, 중세에서 근대로의 이행기를 나눌 수 있다. 중세전기에는 鄕札을 이용해 鄕歌를 창작하기만 하다가, 중세후기에는 訓民正音을 창조해 국문시가문학을 크게 발전시키고, 중세에서 근대로의 이행기에는 국문소설을 풍성하게 마련한 것이 당연한 변화이다.

[명제 1-3]: 중세에서 근대로의 이행기에는 민요시 또는 樂府詩, 야담 또는 한문소설을 만들어내 한문학이 민족어문학에 근접했다.

[명제 1-4]: 국문소설은 중국을 무대로 이상적인 사고방식을, 한문소설은 국내를 무대로 현실적인 사고방식을 나타낸 데서 중세에서 근대로의 이행기문학의 특징을 명확하게 확인할 수 있다.

[명제 2]: 두드러진 구실을 하는 문학갈래가 시대에 따라서 달라져, 원시시대에는 문학갈래의 정립이 확인되지 않고, 고대는 서사시의 시대이고, 중세전기는 서정시의 시대이고, 중세후기는 서정시와 교술시가 공존하는 시대이며, 중세에서 근대로의 이행기는 시가와 산문 양면에서 서정·교술·서사·희곡이, 근대에는 그 가운데 교술은 약화되고 서정·서사·희곡이 공존하는 시대이다.

[명제 2-1]: 고대에는 영웅서사시 또는 건국서사시가 커다란 구실을 했으며, 그 내용의 일부가 건국신화로 기록되어 있고, 그 구전 형태는

서사무가에서 발견된다.

[명제 2-2]: 경기체가로 시작된 교술시가 가사로 바뀌면서 교술시의 영역이 더 넓어지고, 교술시가 서정시와 대등할 수 있게 되었다.

[명제 2-3]: 중세에서 근대로의 이행기에는 소설이 일어나 기록문학의 영역에서는 서정・교술・서사가 공존하고, 민속극이 발달해 구비문학까지 포함하면 서정・교술・서사・희곡이 공존했다.

[명제 2-4]: 근대에는 교술문학의 본령이었던 가사는 퇴장했으나 신참자인 수필이 문학으로 인정되어, 교술이 아주 없어진 것은 아니지만 서정・서사・희곡과 대등한 위치를 차지하지는 못한다.

[명제 3]: 문학사의 시대는 원시, 고대, 중세전기, 중세후기, 중세에서 근대로의 이행기, 근대로 구분된다.

[명제 3-1]: 고대와 중세 사이에는 고대에서 중세로의 이행기가 있었으나 자료 미비 때문에 별도로 다루지 않는다.

[명제 3-2]: 고대문학은 지금 단군신화로 기록되어 있는 고조선의 건국서사시가 이루어진 시기에 시작되었다.

[명제 3-3]: 중세문학이 시작된 명확한 증거는 414년에 세운 <廣開土大王陵碑>이다.

[명제 3-4]: 중세후기문학은 13세기초에 李奎報가 활동하고, 경기체가가 등장하자 시작되었다.

[명제 3-5]: 중세에서 근대로의 이행기문학은 17세기초에 許筠이 활동하고, 『홍길동전』에서 국문소설이 이루어지자 시작되었다.

[명제 3-6]: 중세에서 근대로의 이행기문학은 두 시기로 나눌 수 있으며, 두 번째 시기는 1860년에 崔濟愚가 『龍潭遺詞』의 가사를 창작

하자 시작되었다.

[명제 3-7]: 근대문학은 1919년 이후의 신문학운동에서 시작되었다.

문학사에서 총체역사로

[나]는 문학사가 아닌 다른 역사, 특히 사회사나 사상사에서 문학사의 시대구분을 가능하게 하는 기준을 찾아야 한다는 주장에 반대한다는 말이다. 사회경제사에 의거한 시대구분을 해야 한다는 마르크스주의의 문학사관은 원칙론의 차원에서 시비의 대상이 되기나 하고, 실제 작업에서 타당한 성과를 보여주지 못했다. 사상사에 입각한 시대구분은 그 정도로도 구체화된 선례가 없는 채 막연한 동경의 대상이 되고 있다.

문학사의 시대구분은 문학에서 시작하고, 문학에 근거를 두고, 문학을 더 잘 이해하기 위한 작업이어야 한다. 그렇게 할 수 있어야, 문학을 다른 문화현상이나 사회현상과 함께 파악하는 목표를 설정해 작업을 확대할 자격이 있다. 사상사나 사회사의 시대구분을 문학사에 적용하는 것을 반대하고서 문학사의 시대구분을 사상사나 사회사에 적용하겠다는 것은 아니다. 우열이나 주객을 바꾸지 않고, 우열을 없애고 주객을 합치자는 것이다. 문학과 사상, 문학과 사회를 함께 이해할 수 있는 통괄작업을 하자는 것이다. 그런 방향으로 나아가면서 얻은 성과를 다음의 명제로 정리할 수 있다.

[명제 4]: 고대는 자기중심주의, 중세는 보편주의, 근대는 민족주의의 시대이다.

[명제 4-1]: 영웅서사시 또는 건국서사시를 통해 구현된 고대의 자기중심주의는 지배자가 자기 집단의 구성원만 사람이라고 하고, 피지배자나 다른 종족은 사람이 아니라고 여긴 사고방식이다.

[명제 4-2]: 한시를 통해 가장 잘 나타난 중세보편주의는 피지배자라도 사람이라고 인정하는 이상을 설정하고, 문명권 전체의 동질성을 존중하면서, 신분의 차이나 민족적 특성은 무시하고자 하는 이원론적 사고방식이다. 한시 이외의 다른 여러 갈래는 그런 이원론을 각기 상이한 관점에서 나타냈다.

[명제 4-3]: 신분제를 타파하고 민족구성원은 실제로 평등해야 한다고 주장하면서 자기 민족을 다른 민족과 대립시킨 근대의 민족주의는 민족어문학만으로 이루어진 민족문학을 요구하고, 현실을 현실로 다루는 소설을 특히 긴요한 갈래로 삼았다.

[명제 4-4]: 중세전기의 향가는 세계를 자아화해서 心의 이상을 멀리까지 나아가 추구하기만 하고, 중세후기의 시조는 세계를 자아화해서 心의 이상을 추구하는 범위를 일상생활의 영역 안으로 한정해, 자아를 세계화해서 物의 실상을 탐구하는 가사와 상보적이면서 경쟁적인 관계를 가졌다.

[명제 4-5]: 불교의 이상주의를 비판하고 心과 物의 관계를 새롭게 문제삼은 理氣철학이 시조와 가사가 공존하는 갈래체계와 함께 등장했다.

[명제 5]: 고대에는 군사적인 귀족이, 중세전기에는 상위의 군사적인 귀족과 하위의 문신귀족이, 중세후기에는 문신귀족인 士大夫가, 중세에서 근대로의 이행기에는 사대부 · 시민 · 민중이, 근대에는 시민과

민중이 문학담당층으로서 주도적인 구실을 했다.

[명제 5-1]: 고대의 군사적인 귀족이 자기중심주의의 사고방식을 가진 서사시를 창조해서 문학 이상의 기능을 수행하게 했다.

[명제 5-2]: 중세전기에는 상위의 군사적인 귀족이 문학 창작 능력을 상실하고, 신라의 경우에는 六頭品이라고 일컬은 하위의 문신귀족이 한문학과 향가를 주도하면서 중세보편주의의 사고방식을 가지고, 心의 이상주의를 구현했다.

[명제 5-3]: 心의 이상주의를 구현하는 문신귀족이 사회를 지배한 고려전기에는 과거제를 실시해 신라 때에 설정한 목표를 충분하게 이룩하는 문학을 해서 그 수준을 크게 향상되게 하면서 형식화와 고착화의 폐단을 나타냈다.

[명제 5-4]: 중세후기에 등장한 새로운 문학담당층인 士大夫는 지방에서 농민과 가까운 위치에서 살아가면서 사람은 '處事接物'을 통해 살아간다는 사고방식을 이룩해, 중세보편주의를 독자적으로 구현하고, 서정시와 교술시를 공존시키는 문학을 했다.

[명제 5-5]: 중세에서 근대로의 이행기에는 사대부가 몰락하고 시민이 등장하는 과정에서, 사대부가 시민화되고, 시민이 사대부화되고, 또한 민중이 대두해, 그 셋이 서로 경쟁하면서 합작하는 새로운 문학을 악부시, 한문소설, 국문소설, 판소리, 민속극 등에서 다양하게 이룩했다.

[명제 5-6]: 시민이 사대부와의 경쟁에서 승리해 한문학을 퇴장시키고 민족어문학이라야 민족문학이라고 하고, 교술시를 버리고 시는 오로지 서정시라고 하는 근대문학이 이루어졌다.

[명제 5-7]: 식민지 지배를 겪어 시민의 성장이 순조롭게 이루어지지

못했으며, 사대부의 전통이 존중되고, 민중의 도전이 거듭되어 근대문학이 다면적인 양상을 띠었다.

지금까지 논의한 바를 총괄해 다음의 명제를 마련할 수 있다.

[명제 6]: 언어 사용, 문학갈래, 사상, 문학담당층의 교체를 하나씩 따져 한국문학사의 시대구분을 한다.

[명제 6-1]: 한국문학사는 그런 현상의 다면적인 복합체이다.

[명제 6-2]: 한국문학사연구에서 다면적인 복합체를 해명하기 위해 단순한 데서 복잡한 데로 나아가는 인식론적 우선순위를 택하는 것이 마땅하고, 인식론적 우선순위와 인과론적 우선순위는 일치하지 않는다.

[명제 6-3]: 한국문학사연구에서 인과론적 우선순위는 방법론적 전제로 삼지 말고 미지수로 두고 계속 탐구해야 한다.

세계문학사로 나아가는 길

[다]는 외국 특히 서유럽 몇몇 나라에서 문학사의 시대구분을 위해 널리 적용될 수 있는 일반이론을 마련했으므로 가져다가 쓰면 된다고 하는 주장에 반대하는 말이다. 그런 나라에서 문학사 서술을 먼저 했지만, 문학사의 시대구분을 바람직한 이론을 갖추어 이룩한 것은 아니며 오히려 많은 억지가 있다. 지금에 와서는 문학사에 대해 탐구하고자 하는 열의가 줄어들었다. 그렇기 때문에 불필요한 선입견에서 벗어나 한국문학사의 시대구분을 독자적으로 해야 한다.

그러나 한국문학사의 시대구분을 독자적으로 하는 이유를 한국문학의 의의를 일방적으로 옹호하는 데 두지 말아야 한다. 한국문학은 문학사의 시대구분에 관한 보편적인 이론을 마련하기 위한 한 가지 사례이다. 다른 나라의 문학보다 한국문학에 대해서 더 잘 알고 있기 때문에 한국문학을 우선적으로 선택해 자세하게 다룬다.

한국문학사의 시대구분에서 얻은 성과가 어느 정도 보편성이 있는지 동아시아 이웃 나라의 문학에서 검증해 동아시아문학사의 시대구분을 마련하고, 동아시아문학사를 다른 여러 문명권의 문학사와 함께 검토해 공통적인 시대구분을 얻어내면 세계문학사의 시대구분을 통괄해서 하는 일반이론을 정립할 수 있다. 위에서 든 [1]에서 [4]까지의 명제가 한국문학에 국한되는 것인지, 동아시아 다른 나라의 문학, 다른 문명권의 문학에서도 널리 타당성을 가지는지 확인하는 것이 그렇게 하는 구체적인 과업이다.

[명제 1]에서 구비문학 · 한문학 · 국문문학의 상관관계가 고대 · 중세 · 근대에서 달라졌다고 한 것은 한문학 같은 공동문어문학이 등장한 곳에서는 널리 타당성이 있다는 사실을 확인했다. 그러나 고대문학이 어디서나 구비문학이기만 한 것은 아니므로 [명제 1-1]은 널리 타당하지 않다. 보편적인 원리를 말하려면 다음 명제를 마련해야 한다.

[명제 7]: 공동문어문학과 민족어문학의 공존이 세계 어디서든지 중세문학의 공통된 특질이다.

[명제 1-2]에서 공동문어문학과 민족어문학의 비중과 위치가 달라진 양상에 따라서 중세전기, 중세후기, 중세에서 근대로의 이행기를 나눌 수 있다고 한 것도 널리 타당하다. 그러면서 그 관계의 양상이 문명권의 중심부 · 중간부 · 주변부에서 달라진 것도 함께 말해야 한다.

[명제 7-1]: 공동문어문학과 민족어문학의 비중이 중세전기에는 공동문어문학의 우세로, 중세후기에는 둘이 대등하게, 중세에서 근대로의 이행기에는 민족어문학의 우세로 나타났다.

[명제 7-2]: 문명권의 중심부에서는 공동문어문학의 우세, 중간부에서는 둘의 대등한 관계, 주변부에서는 민족어문학의 우세가 나타났다.

[명제 7-3]: 중세전기는 중심부가 주도한 시대이고, 중세후기는 중간부가 일어난 시대이고, 중세에서 근대로의 이행기는 주변부의 발전이 돋보이는 시대이다.

[명제 1-3]에서 중세에서 근대로의 이행기에는 민요시 또는 악부시, 야담 또는 한문소설이 크게 확대되어 한문학이 민족어문학에 근접했다고 한 것은 동아시아 여러 나라에서 모두 확인되었으나 다른 문명권의 경우도 과연 그런지 불분명하다. [명제 1-4]에서 국문소설은 중국을 무대로 이상적인 사고방식을, 한문소설은 국내를 무대로 현실적인 사고방식을 나타낸 데서 중세에서 근대로의 이행기문학의 특징을 명확하게 확인할 수 있다고 한 것은 다른 나라 문학에서는 찾기 어렵다.

[명제 2]에서 두드러진 구실을 하는 문학갈래가 시대에 따라서 달라져, 원시시대에는 문학갈래의 정립이 확인되지 않고, 고대는 서사시의 시대이고, 중세전기는 서정시의 시대이고, 중세후기는 서정시와 교술시가 공존하는 시대이고, 중세에 근대로의 이행기는 시가와 산문 양면에서 서정 · 교술 · 서사 · 희곡이, 근대에는 그 가운데 교술은 약화되고 서정 · 서사 · 희곡이 공존하는 시대라고 한 것의 보편적인 의의는 다음과 같이 확인된다.

[명제 8]: 중세문학에서는 커다란 구실을 하던 교술이 약화되고 서정

·서사·희곡이 공존하는 시대가 근대이다.

[명제 8-1]: 중세전기는 서정시의 시대이고, 중세후기는 서정시와 교술시가 공존하는 시대였다는 것은 문명권의 변방에서 일제히 확인되는 공통적인 현상이다. 이에 관해 저서 [9]에서 고찰한 결과 한문문명권의 한국과 월남, 산스크리트문명권의 타밀, 아랍어문명권의 페르시아, 라틴어문명권의 프랑스가 특히 두드러진 공통점을 가진다.

[명제 2-1]에서 고대에는 영웅서사시 또는 건국서사시가 두드러진 구실을 했다는 것은 어디서나 타당하다. [명제 2-2]에서 경기체가로 시작된 교술시가 가사로 바뀌면서 교술시의 영역이 더 넓어지고, 교술시가 서정시와 대등할 수 있게 되었다고 한 것은 어느 정도 일반화될 수 있는 의의가 있다. 그 둘을 합쳐서 다음 명제를 만들 수 있다.

[명제 8-2]: 고대는 어디서나 영웅서사시 또는 건국서사시의 시대였다가 서정시가 새롭게 부각되는 갈래 노릇을 하면서 중세가 시작되었다.

[명제 2-3]에서 중세에서 근대로의 이행기에는 소설이 일어나 기록문학의 영역에서는 서정·교술·서사가 공존하고, 민속극이 발달해 구비문학까지 포함하면 서정·교술·서사·희곡이 공존했다고 한 것은 한국에 국한된 현상이다.

[명제 2-4]에서 근대에는 교술문학의 본령이었던 가사는 퇴장했으나 신참자 수필이 문학으로 인정되어 교술이 아주 없어진 것은 아니지만 서정·서사·희곡과 대등한 위치를 차지하지는 못한다고 한 것도 대체로 어디서나 타당한 현상이다. 그런 사실은 위에서 든 [명제 8]에 포함되어 있다.

[명제 3]에서 문학사의 시대를 원시, 고대, 중세전기, 중세후기, 중세에서 근대로의 이행기, 근대로 나눌 수 있다고 한 것은 어디서나 타당하므로 다음 명제를 마련할 수 있다.

[명제 9]: 세계문학사의 시대는 원시, 고대, 중세전기, 중세후기, 중세에서 근대로의 이행기, 근대로 구분된다.

[명제 3-1]에서 고대와 중세 사이에는 고대에서 중세로의 이행기가 있었으나 자료 미비 때문에 별도로 다루지 않는다고 한 것은 널리 타당한 말이 아니다.

[명제 3-2]와 [명제 3-7]에서 시기를 구획한 것은 한국문학사에 국한된 논의이지만, 여러 저서에서 논의한 바를 간추려 세계문학사에 대한 보편적인 명제를 다음과 같이 마련하는 데 출발점이 되었다.

[명제 9-1]: 중세전기문학은 4세기경, 중세후기문학은 12세기경, 중세에서 근대로의 이행기문학은 17세기경, 근대문학은 19세기말쯤 시작되었다.

[명제 4]는 두루 타당해서 다음 명제가 마련된다.

[명제 10]: 세계 어디서든지 고대는 자기중심주의, 중세는 보편주의, 근대는 민족주의의 시대이다.

[명제 4-1] 또한 두루 타당해서 다음 명제가 마련된다.

[명제 10-1]: 세계 어디서든지 영웅서사시 또는 건국서사시를 통해 구현된 고대의 자기중심주의는 지배자가 자기 집단의 구성원만 사람이라고 하고, 피지배자나 다른 종족은 사람이 아니라고 여긴 사고방식이다.

[명제 4-2]는 다음과 같이 말을 바꾸면 보편적인 타당성이 있다.

[명제 10-2]: 세계 어디서든지 공동문어시를 통해 가장 잘 나타난 중세보편주의는 피지배자라도 사람이라고 인정하는 이상을 설정하고, 문명권 전체의 동질성을 존중하면서, 신분의 차이나 민족적 특성은 무시하고자 하는 이원론적 사고방식이다. 공동문어시 이외의 다른 여러 갈래는 이런 이원론을 각기 상이한 관점에서 나타냈다.

[명제 4-3]은 두루 타당해 다음 명제가 마련된다.

[명제 10-3]: 세계 어디서든지 신분제를 타파하고 민족구성원은 실제로 평등해야 한다고 주장하면서 자기 민족을 다른 민족과 대립시킨 근대의 민족주의는 민족어문학만으로 이루어진 민족문학을 요구하고, 현실을 현실로 다루는 소설을 특히 긴요한 갈래로 삼았다.

[명제 4-4]는 상당한 정도로 타당성이 인정되어 다음의 명제로 다시 나타낼 수 있다.

[명제 10-4]: 문명권의 중간부 여러 곳에서 중세전기의 서정시는 세계를 자아화해서 心의 이상을 멀리까지 나아가 추구하기만 하고, 중세후기의 서정시는 세계를 자아화해서 心의 이상을 추구하는 범위를 일상생활의 영역 안으로 한정해, 자아를 세계화해서 物의 실상을 탐구하는 교술시와 상보적이면서 경쟁적인 관계를 가졌다.

[명제 4-5]에서 불교의 이상주의를 비판하고 心과 物의 관계를 새롭게 문제 삼은 理氣철학이 시조와 가사가 공존하는 갈래체계와 함께 등장했다고 한 것은 다음과 같이 일반화할 수 있다.

[명제 10-5]: 앞 시기 종교사상의 이상주의를 비판하고 마음속의 진실과 실제로 존재하는 사물의 관계를 새롭게 문제 삼은 중세후기철학이 서정시와 교술시가 공존하는 갈채체계와 함께 등장한 것은 다른 여러 곳, 특히 문명권의 중간부에서 널리 확인되는 공통된 현상이다.

[명제 5]는 다음과 같이 고쳐 말할 수 있다.

[명제 11]: 세계 여러 곳에서 일제히, 고대에는 군사적인 귀족이, 중세전기에는 상위의 군사적인 귀족과 하위의 문신귀족이, 중세후기에는 문신귀족이, 중세에서 근대로의 이행기에는 귀족 · 시민 · 민중이, 근대에는 시민과 민중이 문학담당층으로서 주도적인 구실을 했다.

[명제 5-1]은 다음과 같이 고쳐 말할 수 있다.

[명제 11-1]: 세계 어느 곳에서든지 고대의 군사적인 귀족이 자기중심주의의 사고방식을 가진 서사시를 창조해서 문학 이상의 기능을 수행하게 했다.

[명제 5-2]에서 중세전기에는 상위의 군사적인 귀족이 문학 창작 능력을 상실하고, 신라의 경우에는 六頭品이라고 일컬은 하위의 문신귀족이 한문학과 향가를 주도하면서 중세보편주의의 사고방식을 가지고, 心의 이상주의를 구현했다고 한 것은 한국문학의 특수성을 말한 명제이지만, 보편적인 내용을 포함하고 있어, 다음과 같이 고쳐 말할 수 있다.

[명제 11-2]: 세계 도처에서 중세전기에는 상위의 군사적인 귀족이 문학 창작 능력을 상실하고, 하위의 문신귀족이 공동문어문학이나 민족어문학의 서정시를 주도하면서 중세보편주의의 사고방식을 가지고 心의 이상주의를 구현했다.

[명제 5-3]에서 心의 이상주의를 구현하는 문신귀족이 사회를 지배한 고려전기에는 과거제를 실시해 신라 때에 설정한 목표를 충분하게 이룩하는 문학을 해서 그 수준을 크게 향상하면서 형식화와 고착화의 폐단을 나타냈다고 한 것도 한국의 특수한 현상을 말하지만, 보편적인 원리를 포함하고 있어 다음 명제를 마련하는 데 쓰인다.

[명제 11-3]: 세계 어디서나 心의 이상주의를 지나치게 구현한 중세 전기 문신귀족의 문학은 수준을 크게 향상하면서 형식화와 고착화의 폐단을 나타냈다.

[명제 5-4]에서 중세후기에 등장한 새로운 문학담당층 士大夫는 지방에서 농민과 가까운 위치에서 살아가면서 사람은 '處事接物'을 통해 살아간다는 사고방식을 이룩해, 중세보편주의를 독자적으로 구현하고, 서정시와 교술시를 공존시키는 문학을 했다고 한 것도 한국에 국한된 현상이지만, 보편적인 의의가 있다고 인정되어, 다음과 같이 말할 수 있다.

[명제 11-4]: 세계 여러 곳에서 중세후기에 등장한 새로운 문학담당층은 생산활동을 하는 하층민과 가까운 위치에서 살아가면서 사람은 '處事接物'을 통해 살아간다는 사고방식을 이룩해, 중세보편주의를 독자적으로 구현하고, 서정시와 교술시를 공존시키는 문학을 했다.

[명제 5-5]에서 중세에서 근대로의 이행기에는 사대부가 몰락하고 시민이 등장하는 과정에서, 사대부가 시민화되고, 시민이 사대부화되고, 또한 민중이 대두해, 그 셋이 서로 경쟁하면서 합작하는 새로운 문학을 악부시, 한문소설, 국문소설, 판소리, 민속극 등에서 다양하게 이룩했다고 한 한국문학의 구체적인 상황에도 일반화해서 말할 수 있는 원리가 있어 다음의 명제를 도출할 수 있다. '사대부'는 한국 특유의 용어이므로 '귀족'이라고 고쳐 일컬어야 한다.

[명제 11-5]: 세계 어디서나 중세에서 근대로의 이행기에는 귀족이 몰락하고 시민이 등장하는 과정에서, 귀족이 시민화되고, 시민이 귀족화되고, 또한 민중이 대두해, 그 셋이 서로 경쟁하면서 합작하는 새로운 문학을 다양하게 이룩했으며, 그 가운데 소설이 큰 구실을 했다.

[명제 5-6]은 다음과 같이 바꾸어 말할 수 있는 일반적인 의의가 있다.

[명제 11-6]: 세계 여러 곳에서 시민이 귀족과의 경쟁에서 승리해 공동문어문학을 퇴장시키고 민족어문학이라야 민족문학이라고 하고, 교술시를 버리고 시는 오로지 서정시라고 하는 근대문학이 이루어졌다.

[명제 5-7]에서 말한 사실은 다음과 같이 고쳐 일컬으면 일반화된다.

[명제 11-7]: 식민지 지배를 겪은 곳에서는 어디서든지 시민의 성장이 순조롭게 이루어지지 못했으며, 귀족의 전통이 존중되고, 민중의 도전이 거듭되어 근대문학이 다면적인 양상을 띠었다.

[명제 6]은 다음과 같이 일반화된다.

[명제 12]: 언어사용, 문학갈래, 사상, 문학담당층의 교체를 하나씩 밝히고 서로 연관지어 문학사의 시대구분을 하는 것이 최상의 방법이다.

[명제 6-1] 또한 다음과 같이 일반화된다.

[명제 12-1]: 문학사는 그런 현상의 다면적인 복합체이다.

[명제 6-2] 또한 다음과 같이 일반화된다.

[명제 12-2]: 단순한 데서 복잡한 데로 나아가는 인식론적 우선순위를 택하고, 인식론적 우선순위와 인과론적 우선순위를 일치시키지 않는 것이 마땅하다.

[명제 6-3] 또한 다음과 같이 일반화된다.

[명제 12-3]: 문학사연구에서 인과론적 우선순위는 방법적 전제로 삼지 말고 미지수로 두고 계속 탐구해야 한다.

성과 점검

자국문학사를 쓰는 작업은 한 나라 학문을 총괄하고 대표하는 의의를 가진다. 그 일을 두고 여러 나라가 서로 경쟁을 벌여왔으므로, 뒤늦게 참여한 한국의 분발이 요망되는 것이 당연하다. 후진이 선진임을 입증해야 이 일을 제대로 할 수 있다.

지금은 한 나라 문학사를 잘 쓰는 것으로 만족할 수 없다. 자국문학사에서 문명권 전체의 문학사로, 문명권문학사에서 세계문학사로 관심을 확대하면서 진정으로 보편적인 원리를 발견해 학문을 혁신해야 할 때가 되었다. 이렇게 하기 위한 나의 작업을 점검하면서 방향을 더욱 분명하게 하고자 이 글을 썼다. 논의가 어디까지 이르렀는지 확인하기 위해 세계문학사의 시대구분에 관해 말한 기본명제를 다시 들어 결론으로 삼고자 한다.

공동문어문학과 민족어문학의 공존이 세계 어디서든지 중세문학의 공통된 특질이다. 중세문학에서는 커다란 구실을 하던 교술이 빠지고 서정·서사·희곡이 공존하는 시대가 근대이다. 세계문학사의 시대는 원시, 고대, 중세전기, 중세후기, 중세에서 근대로의 이행기, 근대로 구분된다.

세계 어디서든지 고대는 자기중심주의, 중세는 보편주의, 근대는 민족주의의 시대이다. 세계 여러 곳에서 일제히, 고대에는 군사적인 귀족이, 중세전기에는 상위의 군사적인 귀족과 하위의 문신귀족이, 중세후기에는 문신귀족이, 중세에서 근대로의 이행기에는 귀족·시민·민중이, 근대에는 시민과 민중이 문학담당층으로서 주도적인 구실을 했다.

언어사용, 문학갈래, 사상, 문학담당층의 교체를 하나씩 밝히고 서로 연관 지어 문학사의 시대구분을 하는 것이 최상의 방법이다.

토론

❏ 문: 문학사는 근대의 산물인가?

❏ 답: 그렇다. 제왕의 통치와 국가의 흥망을 다룬 역사는 일찍부터 있었으나, 민족의 삶을 문학에서 고찰하는 문학사는 근대 민족주의의 산물이다. 민족과 근대가 문학사를 망쳤다고 하는 주장은 무얼 모르고 하는 막말이다. 민족과 근대에 대한 자각이 없으면 문학사가 이룩되지 못한다. 민족과 근대에 관해 고찰하는 것이 문학사의 기본 내용이다. 문학사를 갖추지 못하면 민족국가로 자처하기에 자격 미달이라고 여겨 어디서나 분발하고 있다.

문학사가 민족과 근대 옹호로 일관해야 한다는 것은 아니다. 출발점에 머무르지 말고 앞으로 나아가야 한다. 민족을 넘어서 문명권으로, 다시 세계로 나아가는 문학사를 이룩하기 위해 나는 노력해왔다. 근대를 넘어서서 다음 시대로 나아가는 길을 찾기 위해서 중세를 재인식하고 있다. 민족과 근대가 문학사를 망쳤다고 하고 말 것이 아니고, 이렇게 하는 나의 노력을 토론의 대상으로 삼고 더욱 진전된 대안을 찾아야 한다.

❏ 문: 어느 나라 문학사를 출발점으로 삼고서도 여기서 한 것과 같은 논의를 전개할 수 있는가?

❏ 답: 원칙적으로 타당한 말이다. 어느 나라 문학사라도 문학사 전개의 보편적인 원리를 지니고 있어서 세계문학사 일반론을 마련하기

위한 출발점으로 삼을 수 있다. 그러나 문학사의 실상이 문학사 서술에서 제대로 드러나 있지 않고 왜곡되어 있기조차 한 실정이다. 문학사 서술이 일찍 시작된 곳일수록 이런 폐단이 심하다.

이유를 몇 가지 들 수 있다. 편의상의 시대구분을 하는 데 그치고 일관된 원리를 찾으려고 하지 않았다. 자국문학사만 고려하고 다른 나라 문학사와의 관련은 생각하지 않았다. 이런 일반적인 이유에 문학사 서술을 시작하는 시기에 있었던 특수한 사정이 추가되어 재론을 하기 어려운 인습을 만들었다.

프랑스와 독일의 경우를 보자. 구비문학을 도외시하는 것은 공통된다. 라틴어문학을 프랑스문학사는 언제나 제외하고 독일문학사는 일부를 드물게 포함시킨다. 구비문학 · 공동문어문학 · 민족어문학의 관계사를 고찰하지 못한다. 중세문학, 중세에서 근대로의 이행기문학, 근대문학의 차이를 명확하게 할 수 없다. 중세에서 근대로의 이행기 이후의 문학에 압도적인 비중을 두고 시대의 전반적인 특징은 말하지 않으면서 문예사조 또는 문학운동의 구체적인 양상을 들어 고찰하기만 한다.

프랑스와 독일에서 각기 사용하는 용어에 매이지 않고 공통된 시대구분을 하려면 중세에서 근대로의 이행기가 전후 두 시기로 나누어진다고 하는 것이 마땅하다. 라틴어문학과 민족어문학의 비중이 달라지면서 중세적인 성향은 줄어들고 근대적인 성향이 커진 변화의 전반적인 양상을 중요시하면서 세부적인 사항을 고찰할 수 있다. 이렇게 하면 두 나라의 문학이 세계문학사 전개의 보편적인 과정에 자연스럽게 포괄될 수 있다.

❑ 문: 중세에서 근대로의 이행기가 유럽문학사에서도 존재했던가?

❑ 답: 존재했을 뿐만 아니라, 기본 양상이 동아시아 또는 한국의 경우와 일치한다. 공동문어시와 민족어시가 공존하면서, 공동문어시는 현실 인식을 구체적으로 다루고, 민족어시가 오히려 환상적인 분위기를 자아내는 표현을 즐겨 사용하는 역행현상이 유럽에서도 확인된다. 기존의 유럽 각국 문학사에서는 말하지 않은 이런 사실을 『공동문어문학과 민족어문학』(서울: 지식산업사, 1999)에서 밝혀 논했다.

❑ 문: 오늘의 강의에서 말한 세계문학사의 시대구분 명제를 가지고 『세계문학사의 전개』를 이룩했는가?

❑ 답: 아니다. 실제 작업에 적용되면서 상당한 변용이 있었다. 오늘 말한 것은 전형적인 과정의 기본 골격이다. 전형에서 벗어나 있는 문학도 차별하지 않고 널리 포용해 다루어야 하고, 기본 골격에다 피와 살을 보태 살아 있는 모습을 보여주어야 했다. 일관된 이론은 안에다 간직하고 작품 이해의 풍성한 성과를 표면에 내놓아야 했다. 예증에 지나지 않던 작가와 작품이 독자적인 생명을 가지도록 했다. 문학연구는 양면이 있다. 원리 탐구를 엄격하게 하면서 구체화되어 있는 현상에 대한 다면적인 접근을 해야 한다. 한편으로는 수학에 근접하고, 다른 한편으로는 문학 창작과 겹쳐진다.

❑ 문: 기본 골격이라고 한 이론은 불변인가?

❑ 답: 보완은 해야 하지만 아주 달라질 수는 없다고 생각한다.

❑ 문: 세계문학사를 다른 사람이 다시 써도 같은 것이 되어야 한다는 말인가?

□ 답: 아니다. 적용과 변용의 폭이 크고, 작품 선택과 이해에 재량권이 많다. 기본 골격도 관점을 바꾸어 다르게 만들 수 있다. 잘못 되어 대치하자는 것이 아니고 함께 타당한 둘 이상의 이론이 병존할 수 있다는 말이다.

□ 문: 시대구분은 같아야 하는가, 아니면 여러 학문에서 각기 찾아야 하는가?

□ 답: 『한국문학통사』를 처음 쓸 때 시대구분의 일원론과 다원론이라는 말을 사용하면서 이에 관해 고찰했다. 사회경제사의 시대구분 방법을 어디든지 적용해야 한다는 일원론은 평가할 만한 성과를 거두지 못하고 오히려 연구를 제약하는 구실이나 하므로, 문학사의 시대구분을 독자적으로 하는 다원론을 택한다고 했다. 문학사의 시대구분을 문학에서 찾는다고 했다. 그러나 문학은 고립된 것이 아니어서, 작업의 진행과 더불어 방향 전환이 일어났다. 언어사용, 문학갈래, 사상, 문학담당층의 교체를 하나씩 밝히고 서로 연관 지어 고찰하면서 다원론에서 일원론으로 나아가고 있다. 일원론을 가능하게 하는 다원론적 접근을 적극적으로 시도하면서 성과를 축적하고 검증하는 것이 마땅하다.

□ 문: 인식론적 선후관계와 인과론적 선후관계를 구분하는 것은 어느 정도 의의가 있는가?

□ 답: 연구방법론으로서 일관된 의의가 있다. 관측이나 실험에서 나타난 사실을 출발점으로 삼아 그 이유를 찾아가는 자연학문의 연구가 이 방법을 사용하는 좋은 본보기이다.

□ 문: 학문의 영역을 넘어서서 공통되게 사용되는 연구방법이 있

는가?

❑ 답: 연구방법도 양면이 있다. 학문 분야마다 다른 방법도 있고, 분야를 넘어서서 공통된 방법도 있다. 분야마다 다른 방법으로 연구를 시작하고 분야를 넘어서서 공통된 방법을 찾아나가는 것이 바람직하다. 문학연구 또는 인문학문은 자기 분야의 특수성을 주장하는 데 그치지 말고 학문 방법론에 대한 새로운 탐구에 적극 기여하는 것이 마땅하다.

❑ 문: 학문통합으로 나아가자는 것인가?

❑ 답: 그렇다. 학문통합으로 나아가는 길은 둘이 있다. 연구대상의 통합과 연구방법의 통합이다. 자연학문에서 연구대상의 통합을 선도하고자 하는 것과 생극의 관계를 가지고 인문학문은 연구방법의 통합을 위해 앞서 나아가는 것이 마땅하다.

❑ 문: 오늘 강의한 내용은 일루타를 친 것이라고 할 수 있다. 이루타 이상을 치려면 어떻게 해야 하는가?

❑ 답: 내가 이미 한 작업을 다시 하면서 수정하고 보완하면 일루타를 다시 쳤다고 인정되지도 않는다. 내가 하고자 하면서 시간이 없고 능력이 부족해 안타깝게 여기는 작업을 하면 이루타를 칠 수 있다. 두 가지 과제를 본보기로 든다. 문학사를 미술사나 음악사와 함께 고찰한다. 연구의 중심을 종교로 옮겨 총체역사를 새롭게 이룩한다. 내가 미처 생각하지 못한 새로운 세계를 열면 삼루타 이상을 칠 수 있다. 이에 관해서는 본보기를 들 수 없다.

第12강 민족어 교술시의 위상

무엇이 문제인가

가사는 시조와 어떻게 다른가? 이 문제가 우리 문학 연구에서 처음부터 제기되었다. 길고 짧은 차이를 말하면 되는 것은 아니다. 시조는 서정시인데 가사는 무엇인가 하는 의문을 해결해야 했다. 가사는 문필이나 수필이라고 하면 설명이 되었다고 할 수 있으나 문필이나 수필이 갈래로서 어떤 특징을 가지는지 밝혀야 한다.

시조나 소설 등의 작은 갈래가 서정이나 서사 같은 큰 갈래에 속한다는 체계를 가지고 가사를 재론해, 가사가 속하는 큰 갈래를 교술이라고 했다. 문학의 큰 갈래는 서정, 교술, 서사, 희곡, 이 넷으로 이루어졌다는 이론을 마련했다. 이 이론을 문학사의 전개를 해명하는 데 적용해 『한국문학통사』(서울: 지식산업사, 제1판 1982-1988, 제4판 2005)를 썼다.

중세전기에는 서정시인 향가만 있다가, 중세후기에는 서정시인 시조와 교술시인 가사가 공존하게 된 것이 문학사의 커다란 전환이라고 했다. 중세전기의 문학담당층인 귀족은 心만 소중하게 여겼는데, 중세후기에는 心과 物의 관계에 깊은 관심을 가진 사대부가 새로운 문학담당층으로 등장해 시조와 가사가 공존하는 갈래체계를 만들어냈다고 했다.

이 견해가 다른 나라 문학에도 타당성을 가져야 일반이론이 될 수 있다. 그런데 중국이나 일본의 상황이 딴판이다. 중국의 교술시인 賦는 중세 이전 고대라고 해야 할 漢代에 나타나고 큰 구실을 했다. 일본에는 교술시라고 할 것이 없다. 중세전기에는 서정시만 있다가 중세후기에는 서정시와 교술시가 공존하게 되었다는 견해는 한국문학사 전개의 특수성을 설명하는 데 그쳐야 할 것인가? 아니다. 월남의 경우가 한국과 같다.

한국과 월남에 있는 현상이 왜 중국이나 일본에는 없는가? 이 의문을 동아시아 네 나라의 경우만 살펴 해결할 수 없어 먼 여행을 떠나 세계일주를 했다. 그래서 명백하게 정리할 수 있는 결과를 얻었다. 중국과 같은 문명권 중심부에는 고대에 이미 있던 공동문어 교술시를, 한국과 월남 같은 문명권의 중간부에서는 민족어로 지어 중세후기문학의 소중한 갈래로 삼았다. 일본과 같은 문명권 주변부는 이 과업 수행에 동참하지 않을 수 있었다. 이것이 세계문학사 전개의 보편적 양상의 하나이다.

이에 관해 고찰한 논저를 다시 이용하기로 한다. <교술시>, 『문명권의 동질성과 이질성』(서울: 지식산업사, 1999)에서 전개하고, 『세계문학사의 전개』(서울: 지식산업사, 2002)의 해당 대목에 간추려 제시하고 보완했다. 철학사와 문학사의 관련 양상에 관해서는 『철학사와 문학사 둘인가 하나인가』(서울: 지식산업사, 2000)에서 고찰했다. 이미 발표한 내용을 이해하기 쉽게 다듬어 내놓으면서 논의를 진전시킨다.

자료 출처나 보충 논의는 생략한다. 알고자 하면 수고스럽지만 그들을 찾아보기 바란다. 번거로운 짐을 벗어던지고 길을 가니 참으로 홀가분하다.

한문문명권

한국의 교술시는 경기체가에서 시작되었다가 가사가 나타나서 취급하는 폭이 넓어졌다. 경기체가에서는 사물을 열거하는 데 그치지만, 가사에서는 사람이 사물과 얽혀 살아가는 處事接物의 양상을 광범위하게 다루었다. 心·身·人·物이라는 용어를 사용해서 말하면, 경기체가가 心·身·人인 자아를 物인 세계로 바꾸어 나타낸다면, 가사는 心인 자아를 身·人·物인 세계로 나타내는 차이가 있다. 독자적인 전환이 한참 진행된 다음 朱熹가 정립한 이기철학을 받아들여, 心은 理, 物은 氣라고 하게 되었다.

경기체가는 13세기의 <翰林別曲>에서 시작되었다. 가사는 惠勤의 <僧元歌>를 첫 작품으로 해서 14세기에 출현한 것으로 보인다. 16세기에는 宋純의 <俛仰亭歌>, 鄭澈의 <星山別曲> 등의 사대부 가사가 대거 등장해 가사가 경기체가보다 우세하게 했다. <勸善指路歌>, <自警別曲> 등의 가사는 16세기에 李滉이나 李珥가 지었다고 하지만, 후대의 작품이라고 생각된다. 그 가운데 <俛仰亭歌> 첫 대목을 보자. 은거할 곳을 찾아가 주변 산수의 모습을 그리는 隱逸歌辭의 전형적인 모습을 보여준다.

> 无等山 한 활기 뫼가 동쪽으로 뻗어 있어,
> 멀리 떼쳐와 霽月峯이 되었거늘,

無邊大野에 무슨 짐작하노라,
일곱 구비 한데 움쳐 문득문득 벌였는 듯.

<勸善指路歌>의 서두를 보자. 사람이 지켜야 할 도리를 직접 일러주면서 어조를 부드럽게 하기도 하고, 비유를 들기도 해서 설득력을 높였다. 교훈가사의 일반적인 특성을 잘 보여주고 있다.

이 보소 사람들아 이내 말을 들어보소.
한길은 어디 두고 斜路로 가는가.
堯舜 적 닦은 길을 예로부터 일렀거든,
너희는 무슨 일로 斜路로 들었으며,
仲尼 적 높은 날이 이제까지 밝았거든,
너희는 무슨 일로 밤으로 다니는가.

중세에서 근대로의 이행기인 17세기 이후에는 경기체가는 없어지고 가사만 남아 크게 발전했다. 가사의 작자층으로 시민, 하층민, 부녀자 등도 참가해 작품의 내용이 다양해졌다. 기행가사 『日東壯遊歌』, 풍속가사 『漢陽歌』는 장편을 이루었다. 『草堂問答歌』라고 한 것은 인생만사에 관한 광범위한 고찰을 한 연작이다. 여성생활을 다룬 규방가사가 다수 창작된 것도 주목할 만한 일이다.

한국문학사에서 볼 수 있는 그런 변화가 중국에서는 나타나지 않았다. 중국에서는 詩라고만 한 서정시와 辭·賦라고 한 교술시가 중세전기부터 양립했으므로, 중세전기는 서정시의 시대였다가 중세후기는 서정시와 교술시가 공존하는 시대였다고 할 수 없다. 중국에서는 중세후기에 교술시가 새삼스럽게 흥기한 것은 아니다. 민족구어로 교술시를 쓰는 일은 없었다.

일본문학사에 등장한 시는 모두 서정시이다. 민요나 무가에는 교술시가 있었겠으나 상승할 기회를 얻지 못했다. 중세전기에 크게 성장한 민족어시가 중세후기에 이르러서도 실제로 있는 세계에 관심을 가지지 않았다. 중국문학사가 문명권 중심부의 특징을 보여준다면, 일본문학사는 문명권 주변부의 특징을 보여준다.

그러나 한국과 함께 문명권의 중간부를 이룬 월남에서는 서정시와 교술시의 공존이 한국의 경우와 거의 같은 양상으로 나타났다. 15세기에 國音詩가 출현할 때에는 서정시가 우세했으나, 16세기 이후에는 한시의 모형에서 벗어나 월남시가의 독자적인 율격을 사용하는 국음시가 다수 등장했으며, 그 가운데 교술시가 적지 않다. 민간전승에 머물렀던 교술시가 기록문학으로 상승하면서 서정시와 교술시가 공존하는 시대가 시작되었다. 그렇게 해서 중세후기문학으로의 전환이 분명하게 이루어졌다.

한국의 가사와 같은 교술시를 '賦'라고 한 것이 많아 이 말이 갈래 이름이 되었다. 16세기 阮沆이 지은 <大同風景賦>가 좋은 본보기이다. 시골로 물러나서 조용하게 지내는 생활을 주변 경치와 함께 서술한 점이 한국의 隱逸歌辭와 같다. 한 대목을 들면 다음과 같다.

> 煙霞 낀 佳境 가득한 이곳이
> 林泉에서 살자는 사람 불러들이네.
> 天涯 一偶에서 세상을 멀리하고
> 비탈진 山野의 四時 홍취 즐기면서,

아무 헤아림 없이 물러나서 살아가네.

15세기에 阮廌가 지었다고 하다가 지금은 후대인의 작품으로 보는 <家訓歌>는 글을 모르는 사람들까지 외면서 처세의 교훈으로 삼는 작품이다. 한국의 교훈가사와 흡사하다. 한 대목을 들어본다.

내 자식들을 위한 교훈이 여기 있노라.
이 나라에 살면서 어려움을 당할 때라도,
德을 지니고 人性을 따르면서 기다리면,
天理가 되살아나는 태평성대 맞으리라.

산스크리트문명권

산스크리트문명권에서는 12세기에 라마누자(Ramanuja)가 마련한 중세후기의 사상이 교술시의 원천이 되었다. 라마누자는 타밀어로 강학을 하고서 산스크리트로 저술해서 멀리서도 가져가 읽을 수 있게 했으나, 현지의 후계자들은 타밀어 시를 지어 깨달음을 구체화하고 풍부하게 했다. 그 가운데 특히 두드러진 작품을 14세기의 철학자이면서 시인인 우마파티(Umapati)가 이룩했다. 신, 마음, 인연 등의 본질을 풀어 밝힌 일련의 작품에서, 인연으로 얽힌 속박에서 벗어나는 길이 어디 있는가를 이렇게 노래했다.

이 진실, 삶에 대한 지식,
삶에 대한 지식 이면의 지식

그 위대한 존재를 알면
거기서 완전히 벗어날 수 있다.
그렇지 못한 사람들이야
미혹의 그물에 휘감겨 헤어나지 못하지만.

문명권의 중심부에서도 라마누자의 사상을 받아들여 정신적 각성과 현실인식의 근거로 삼았다. 한문문명권과 달리 산스크리트문명권에서는 민족어문학이 중심부에서도 일어나, 사상의 변천에 상응하는 새로운 창조작업을 민족어 교술시를 통해 전개할 수 있었다. 그렇게 하는데 앞장선 시인이 15세기의 카비르(Kabir)이다.

카비르가 힌디어로 창작한 시에는 '파다스'(padas)라는 서정시, '사키스'(sakhis)라는 단형교술시, '라마이니'(ramaini)라는 장형교술시가 공존하고 있다. 그 가운데 단형교술시를 하나 들어보자. 종교 때문에 다투지 말아야 한다고 하면서 다음과 같이 말했다.

아무도 어머니 뱃속에서 <베다>를 읽지는 않는다.
할례를 하고나서 태어나는 무슬림은 없다.
어머니 뱃속에서 태어난 다음에야
각자 서로 다른 옷을 얻어 입고서
그 옷에 맞는 행동을 하기 시작한다.
너와 내가 한 핏줄이고,
살고자 하는 욕구도 서로 같았던
그 시절이 그립구나.

티베트에서는 산스크리트 불경을 자기네 말로 번역해서 불교를 정착시키고 불교문학을 일으키는 과업이 어느 정도 진행된 12세기 이후에 민족문학의 독자노선을 추구하고자 하는 움직임이 나타났다. 그것이 중세후기로의 전환이었다. 13세기 전반기에 활동한 승려 사키야 판디타(Sakya Pandita)는 산스크리트시를 연구해 티베트시의 형식을 가다듬는 데 활용하고, 4행시 4백여 수에 이르는 교술시 『명언보감』(*Legs bshad rin po che'i gter*)을 지었다.

불교에 입각해서 인간만사에 대한 가르침을 베푼다고 하면서 민간에 전해지는 속담을 적극 받아들였다. 그 두 가지 원천에서 온 말을 하나로 만드는 문화통합을 이룩하고자 했다. 한 대목을 들면 이렇다.

> 학문이 모자라는 사람은 잘난 체하지만,
> 학자라면 인품이 원만하고 겸손하다.
> 작은 개울은 언제나 큰 소리가 요란하지만,
> 커다란 바다야 언제 떠들던가?

몽골문학에서도 13세기 이래로 몇 가지 격언시집이 생겨났다. 격언을 시로 나타내 외기 좋게 했다. 『지혜의 열쇠』라는 책에는 민간에서 전하는 속담시를 모아놓았다. 『징기스칸의 격언집』이라고 하는 것은 많은 민족을 정복해 거대한 제국을 건설한 걸출한 군주가 신하들에게 전하고 백성들을 가르치기 위해서 내놓은 격언을 모아놓았다는 것이다.

팔리어문명권

팔리어문명권에도 중세후기에 민족어 교술시가 일어났다. 팔리어문명권은 인도 내부의 중심부가 없어지고 중간부인 스리랑카가 새로운 중심부 노릇을 한 점이 특이하다. 그러나 공동문어시가 민족어시로 바뀔 때 교술시가 나타나 큰 구실을 한 점에서는 문학사 전개의 일반적인 과정의 일단을 잘 보여준다.

스리랑카 사람들은 오랫동안 팔리어문학을 하는 데 힘쓰다가 중세후기가 시작되는 12세기부터는 자기네 언어를 사용하는 싱할리어문학을 일으켰다. 팔리어문학에서는 '밤사'(vamsa)라는 서사시를 거듭 지어 불교사의 관점에서 왕조사를 서술하는 데 힘썼다. 싱할리어문학을 일으키면서 불교의 가르침을 일상생활에서 받드는 방법을 가르치는 교술시를 새로운 관심사로 삼아 계속 창작했다.

그 첫 작품은 13세기에 이루어진 것으로 추정되고 작자는 미상인 『도리의 꽃다발과 그물』(*Dahamgatamalava*)이다. 서두에서 무식한 사람들은 마음을 움직일 수 있고, 유식한 사람도 즐겨 논의의 대상으로 삼을 진리 교본을 만들고자 해서, 진리의 꽃다발을 목에 걸고 부처의 발 아래 엎드린다고 했다. 올바른 마음가짐을 위한 교본인데, 표현을 잘 가다듬어 흥미를 끌었다.

그 뒤를 이어 작가가 분명하고 분량이 더 늘어난 작품이 나타났다. 마이트레야 테라(Maitreya Thera)가 지었다는 『세상 진리 개요』(Lovadasangarava), 알라기야바나 (Alagiyavanna)의 『잘 한 말』(*Sughasitaya*), 라나스갈레 테라(Ranasgalle Thera)의 『세상의 도움』(*Lokopakaraya*) 같은 것이 그런 예이다. 불교의 진리를 그 자체로 말하지 않고, 어떻게 받아들여 실천하면 험한 세상에서 바르게 살아갈 수 있을까 하는 문제를 두고 여러 가지 논의를 전개했다. 그 가운데 『잘 한 말』의 한 대목을 들어보자. 세상을 다스리려고 하지 말고 자기 마음을 다스리라고 다음과 같이 일렀다.

> 무한한 하늘을 헤아릴 수 없는 것처럼
> 무법자는 어디든지 있어 다 없앨 수 없다.
> 그렇지만 자기 마음속의 분노를 모두 없애면,
> 불을 물에 넣은 듯이 사나움이 다 사라진다.

타이인은 13세기에 오늘날의 국토에서 강성한 왕국을 세워 중세후기로 이행하는 과업을 추진했다. 팔리어를 공동문어로 하는 상좌불교를 중세전기 동안의 선진국이었던 이웃의 캄보디아보다 먼저 받아들여, 선진이 후진이고 후진이 선진이게 하는 전환을 이룩했다. 타이문자를 제정해서 민족어문학을 일으키면서, 새 시대의 이념을 구현하는 교술시를 다채롭게 창작한 가운데 『루앙 임금의 격언집』(*Subhasita Phra Ruang*)이라고 하는 것도 있다.

그것이 국왕 람캄행(Ramkhamnghaeng)의 저작이라고 하면서 아주 소중하게 여기는 고전이고, 최초의 타이어시이다. 불교교리를 논하거나 정치에 관해서 알리는 글은 산문으로 쓰고, 격언은 시로 표현했다. 격언은 누구나 외고 다녀야 한다고 생각해서 그렇게 했을 것이다. 인생만사를 널리 다루어 다채로운 내용을 마련한 가운데 대인관계에 관한 교훈을 말한 것들이 특히 흥미롭다.

> 선생은 면전에서 칭찬하고,

하인은 일을 마치거든 칭찬하라.
친구는 보지 않는 데서 칭찬해야 하고,
처자는 살아 있는 동안 칭찬하면 당황해 한다.

격언시와 속담시는 구별해 쓸 수 있는 말이다. 격언은 문헌에 올라 있고, 속담은 말로 전한다. 말로 전하는 속담을 시로 옮긴 것은 속담시이다. 티베트와 타이의 격언시는 이른 시기에 이루어진 고전이지만, 미얀마의 속담시는 누가 언제 지었는지 모르게 전해진다. 출판되어 있기만 하고 소종래의 설명은 없다. 그런데 읽어보면 말이 정교하고 뜻이 깊다.

허튼 수작에 귀 기울이고서
소중한 눈물을 흘리지 말아라.
그대도 잘 알고 있지 않는가.
물소 앞에서 하프를 연주하고,
굶주린 돼지에게 진주를 주는 것이 헛된 줄.
값이 비싸다고 해서 먹는 것은 아니다.

캄보디아에서도 산스크리트문명권에서 팔리어문명권으로 소속을 바꾼 뒤에 '수브하시트'(subhasit)라고 하는 것과 '크파프'(cpap)라고 하는 두 가지 교술시가 나타났다. '수브하시트'는 오랜 기간 동안 구전되다가 이따금 시나 산문으로 기록되기도 한 속담이다. '크파프'는 인생살이의 교훈을 말한 상당한 분량의 교술시 작품인데, 14세기 이후에 생겨났으며 대부분 작자 미상이다. '크파프'는 작품에서 설정한 독자의 성격에 따라, 누구든지 읽으라고 한 '일반형'과 국왕이나 신하들을 상대로 정치를 논한다고 하는 '국왕형'으로 나누어진다. 앞의 예로는 『아버지의 충고』(*Cpap pantam pita*)를, 뒤의 예로는 『세 가지 행실』(*Cpap trineti*)을 들 수 있다.

『아버지의 충고』는 월남의 <家訓歌>에서 말한 것과 거의 같은 내용을 더욱 자세하게 일렀다. 서두에서 "학자들이 아들 교훈을 위해서 마련한 오랜 교훈에 의거해 행실을 가르치는 내용이다"라고 하고서, 아버지가 아들에게 하는 말로 작품을 전개했다. 늙은 아버지가 다른 것은 줄 수 없어 교훈을 전하니 잘 간직하라고 하고서, 다른 사람과 화목하게 지내라고 하는 데서 시작해서 살아가는 데 필요한 갖가지 충고를 여러 조목에 걸쳐 자세하게 일러주었다.

『세 가지 행실』은 왕과 왕을 돕는 신하에게 백성이 하고자 하는 말로 전개되어 정치의 바른 도리를 제시한 내용이다. 서두에서 "위대한 나라님이시여, 당신은 강력한 분입니다"라고 하는 말로 왕을 부르고, "나라님을 돕는 관원인 당신이 일을 잘 하려면"이라고 하는 말로 신하를 불러, 자기가 말하고자 하는 규칙을 잘 알아야 나라를 잘 다스려 평안을 누릴 수 있다고 했다. 신하가 그릇되면 나라가 망한다 하고, 백성은 물고기와 같고 신하는 물과 같아서, 백성이 살 수 있게 하는 것이 신하의 임무라고 했다.

정치에 관한 사설을 그렇게 늘어놓은 다음에는 논의를 확대해 인생만사를 두루 다루어 슬기롭게 사는 방도를 제시했다. 뒷부분까지 읽으면, '국왕형'의 '크파프'라고 한 것은 나라의 정치부터 논해 국왕이 알아야 할 중대사를 다룬다는 뜻임을 알 수 있다. 사람의 행실을 논할 때 세 가지를 열거하는 방식을 즐겨 사용하므로 <세 가지 행실>이라고 했다.

아랍어문명권

아랍어문학에는 서사시라고 할 것은 없고, 서정시와 교술시는 일찍부터 있었다. 그런데 아랍어고전문학의 규범이 마련된 전성기인 압바시드제국 시절에는 서정시가 우세했다. 격언, 논설, 우화 등의 내용을 지닌 '시르 탈리미'(shir talimi)라고 하는 교술시가 있었으나, 정서와 상상력이 부족하다는 이유에서 대단하게 여기지 않았다. 중세전기는 서정시의 시대였다.

압바시드제국이 흔들리다가, 몽골군의 침공으로 멸망해 영광의 시대가 가고 분열과 몰락의 시대가 시작된 중세후기에는, 밖에서는 없어진 질서를 마음속에서 찾았다. 내면적인 각성을 통해서 각기 신과 바로 만날 수 있다고 하는 '수피'(sufi)운동이 크게 일어나 이슬람사상에 생기를 불어넣고, 시 창작의 활력소가 되었다. 형식미를 중요시하던 시풍을 버리고 발상의 진실성을 중요시하는 쪽으로 나아갔다.

산스크리트문명권에서 라마누자가 수행한 것과 같은 구실을 가잘리(al-Ghazali)가 맡아 시 혁신의 사상적 근거를 제공했다. 라마누자가 타밀인이면서 산스크리트로 저술한 것처럼, 가잘리는 페르시아인이면서 아랍어를 사용했다. 중세후기로 넘어와서도 철학은 그 전과 마찬가지로 공동문어의 영역이었지만, 시는 그렇지 않아 민족어를 사용해 새로운 생명을 얻었다.

아랍어문학이 상대적인 침체기에 들어섰을 때 페르시아어문학이 크게 일어나 중세후기를 이끌었다. 페르시아 시인들은 서정 · 서사 · 교술시를 함께 발전시켰다. 그 가운데 교술시는 '안다르즈'(andarz)라고 한 것이며, 그 말은 '지혜'를 뜻한다. 세상을 알고 인생을 설계하는 지혜를 주는 것이 시의 소중한 사명이라고 여겼다.

그 좋은 본보기를 12세기 후반에서 13세기 초에 걸쳐서 살았던 아타르(Muhammad Attar)가 보여주었다. 『새들의 회합』(*Manteq at-Tair*)이라고 하는 장편교술시에서 정신적 이상의 구심점에 이르는 진리 추구의 과정을 여러 종류의 새들이 자기네 왕을 찾아가는 여행을 통해서 나타냈다. 수피들이 신앙의 바른 길을 택하기 위해서 겪은 시련에 관한 많은 일화를 포함하고 있다.

진리에 접근하는 자세가 서로 다른 사람들을 여러 종류의 새들로 나타내고, 새들의 여행담을 이야기하는 우화를 이용해서 인생행로에서 제기되는 문제들을 다루었다. 새들이 좌절·차질·모험을 계속 겪는다고 하면서 진리 탐구가 순탄하지 않다는 것을 말했다. 새들 가운데 후투티가 진리를 향해서 나아가자고 설득하는 인도자가 되어 여러 새들이 각기 제기하는 의문과 반론에 응답하고, 많은 일화를 전하는 서술자 노릇을 해서 설득력을 높였다.

자기 자신에 대한 집착에서 벗어나 절대적인 진리를 열렬하게 사랑해서 그것과 일체를 이루어야 한다는 것이 말하고자 한 바이다. 그렇게 하는 것이 어려운 일이기는 하지만, 누구나 할 수 있다. 가능성 여부는 능력이 아닌 자세의 문제이다. 진리는 누구에게든지 열려 있다. 그런 줄 모르고, 자기의 권력, 재산, 학식 등에 대해서 특별한 자부심을 가진 사람들은 진리를 외면한다.

이렇게 요약할 수 있는 사상으로 사람들을 깨우치려고 했다. 우의와 우화를 사용해서 전개하는 사건에 서술자가 개입하는 것이 서사적 수법의 요체이다. 사상도 그만한 것이 더 없었지만, 표현 기법도 최상의 것을 마련했다. 그 양면에서 중세후기문학의 절정을 보여주어, 그 위세가 이슬람문명권의 범위를 넘어서까지 널리 떨치게 했다.

13세기의 루미(Muhammad Rumi)는 3만 편이나 되는 서정시로 주체와 객체의 신비스러운 결합을 노래했다. 수피의 성전이라고 하는 『모든 사물의 내면적 의미에 바쳐진 시편』(*Mathnavi-i manavi*)은 장편교술시이다. 모두 6권 2만7천 對句로, 다양한 종류의 비유를 사용하고, 흥미로운 이야기를 들려주면서, 명상을 전개하고, 깊은 경지에 이른 이슬람 사상을 전했다. 박식, 수사법, 그리고 문체의 변화가 감탄을 자아냈다. 한 대목을 들어보자.

> 안다는 것에는 두 종류가 있다.
> 하나는 아이들이 학교에서 공부하듯이 배운다.
> 교과서, 선생, 복습과 암기, 개념, 새롭고 훌륭한 과학,
> 그런 것들을 통해 배워서 아는 것이 있다.
> 배운 것이 많아 다른 사람들보다 지식이 늘어나면
> 짐을 지고 있는 부담이 늘어난다.
> 안다는 것의 다른 종류는 신의 선물이다.
> 마음속에 그것이 솟아오르는 샘이 있다.

사디(Sadi) 또한 13세기의 인물인데, 추상적인 사색보다 실제 생활에 더욱 관심을 가지고, 도덕과 교훈의 문제를 다루는 데 주력한 점에서 수피시인 가운데 특이하다. 『장미의 낙원』(*Gulistan*)에서 세상의 잘못을 시비하는 일화를 들고 시로 요약하는 방법을 사용했다. 그렇게 해야 흥미를 끌고 설득력을 높일 수 있다고 판단했기 때문이다.

이런 작품에서 볼 수 있는 풍자적 수법을 전면에 내세운 풍자시가 발달해 페르시아의 교술시는 한층 풍부하게 되었다. 풍자시는 개인적

인 이유에서 상대방을 헐뜯는 것도 있지만, 군주를 풍자의 대상으로 해서 올바른 정치가 이루어지도록 촉구한 것도 있다. 군주를 예찬하던 시가 풍자하는 데 이른 것은 커다란 변화이다. 군주를 풍자하고서도 박해를 받지 않기 위해서는 교묘한 표현을 써야 했다. 아타르의 작품에서 한 예를 들어본다.

어떤 미친 녀석이 술에 취해
임금님의 용상에 올라갔다가,
경비하는 군사들에게 잡혀서
피터지게 얻어맞으면서
입을 열어서 한다는 수작이,
"이 세상을 다스리는 임금님이시여,
나는 잠시 용상에 앉았다가
이렇게 얻어터졌는데,
평생토록 용상에 앉아 있어야 하는 당신은
사지가 찢어지지 않을까요?
나는 잠시 동안의 죄과를 치렀지만,
당신은 어떻게 감당하오리까?"

14세기의 자카니(Zakani)는 몽골 통치하의 페르시아 지배층의 타락상을 산문에다 시를 이따금 삽입한 『귀족들의 윤리』(*Akhaq al-asraf*)를 써서 비판했다. 귀족이라는 사람들이 마땅히 지켜야 할 도리를 버렸다고 나무랐다. 지혜, 용기, 순결, 정의, 관용 등의 덕목을 열거하면서, 그것들마다 지금은 찾아볼 수 없게 된 "폐기된 관습"과 세상에서 널리 통용되고 있는 "채택된 관습"을 대조해서 보여주는 방식을 사용했다. 그릇된 세태를 나무라는 말을 바로 하지 않고, 악덕이 마땅한 도리라고 하는 반어적인 발언을 해서 풍자의 효과를 높였다.

페르시아의 것들과 상통하는 교술시를 터키에서도 지었다. 12세기의 시인 아디브 아흐메드(Adib Ahmed)가 이슬람교의 도덕에 관한 전반적인 지침을 시로 옮긴 『아야트 알-하카이드』(*Ayat al-haqaid*)를 썼다. 13세기 후반에서 14세기 초에 걸쳐 활동하던 수피 시인 유누스 엠레(Yunus Emre)는 『충고에 관한 성찰』(*Risalat an-Nushiyya*)이라고 하는 장편교술시를 지어, 사람이 살아가는 마땅한 자세에 관해 다각도로 성찰했다. 그 몇 대목을 보자. 진리를 실현하는 길은 대등한 위치에서 서로 사랑하면서 사는 데 있다고 했다.

> 신은 이 세상 어디에도 계시지만,
> 진리는 누구에게도 나타내지 않으시니,
> 그분을 너 안에서 찾는 것이 더 좋다.
> 너와 그분은 둘이 아니고 하나이다…
>
> 이리 오너라, 우리 한번 친구가 되자.
> 사랑하고 사랑받는 사람들이 되어.
> 우리가 살아가기 쉽게 하기로 하자.
> 지구가 다른 누구의 것은 아니다.

비슷한 작업을 다른 여러 곳에서도 했다. 아랍어를 공동문어로 하면서 발전된 인도의 우르두어, 동남아시아의 말레이어, 아프리카의 하우

사어 등을 사용하는 문학에서도 문명권 전체의 공동이념을 민족어 교술시로 옮겨 누구나 이해할 수 있게 하는 형태로 구체화해서 나타냈다. 그러나 그 시기가 중세에서 근대로의 이행기이다.

라틴어문명권

라틴어문명권의 경우를 보면, 로마시대 라틴어시는 그 원천이 되는 고대그리스문학의 전통을 이어 서정시와 교술시를 병행시켰다. 중세 라틴어문학에서도 시는 서정시이기도 하고 교술시이기도 한 것이 당연하다고 여겼다. 그렇기 때문에 교술시에다 새삼스러운 의의를 부여하지 않았다. 기독교라틴어시를 독자적인 영역으로 삼아 중세전기의 라틴어시가 생겨나고, 중세후기로의 전환은 뚜렷하지 않았다.

그렇지만 라틴어시가 아닌 민족어시에서는 중세후기에 이르러서 주목할 만한 변화가 있었다. 프랑스어시를 본보기로 해서 그 점에 관해 고찰해보자. 프랑스어는 구어로 쓰이면서 변한 라틴어에서 생겨났다. 그 점에서 라틴어와 프랑스어의 관계는 산스크리트와 힌디어의 관계와 같다. 중세전기의 공동문어문학에서 중세후기의 민족어문학으로 이행한 양상에도 공통점이 있다.

프랑스어시에는 출발단계부터 서정시도 있고, 교술시도 있었다. 라틴어시의 전통을 바로 이었으니 그것이 당연한 일이었다. 라틴어시의 번역이거나 모작이 아닌 독자적인 서정시는 중세전기에 유랑시인의 전승을 소중한 자산으로 삼았으므로 개성적인 창작물이라고 하기는 어려운 약점이 있었다. 교술시는 그렇지 않아 특정 작자가 뜻한 바를 자기 나름대로 힘써 창작한 작품이다. 라틴어시에 맞서는 프랑스어시의 자부심을 교술시를 통해서 구현했다.

중세전기는 프랑스어문학이 아직 제대로 생겨나지 않은 시기였다. 라틴어문학이 유럽문학이면서 프랑스문학이었다. 기록문학은 승려가 담당했으며, 세속인은 구비문학의 영역에 머물렀는데 그 유산은 거의 남아 있지 않다. 중세후기는 프랑스어문학이 일어난 시기이고, 라틴어 대신에 프랑스어를 사용하는 작품이 늘어나면서 승려가 독점하던 기록문학을 귀족뿐만 아니라 시민계급도 나누어 가지게 되었다.

그때 새로 일어난 문학의 중심영역이 바로 교술시였다. 중세후기의 프랑스어문학에는 고대 이래의 전통을 이은 영웅서사시 또는 영웅시도 있고, 중세전기에 창작되어 구전되던 서정시도 있고, 특정 시대의 것으로 보기 어려운 갖가지 설화문학도 있어 성격이 다양했다. 그런데 교술시는 중세후기에 창작되어 시대정신을 집약하는 구실을 특별하게 수행했다. 문학활동에 참여하기 시작한 시민이 민간전승을 기록문학의 영역으로 끌어들여 흥미와 지식을 함께 갖추는 문학창작을 한 것이 바로 교술시이다.

12세기 동안에 성자의 행적에 관한 시, 인생론에 관한 시 같은 것들이 많이 나오다가, 13세기후반에는 장편교술시의 대표작 『장미이야기』(*Roman de la rose*)가 나타났다. 기욤 드 로리(Guillaume de Lorris)가 전반을 짓고, 장 드 묑(Jean de Meun)이 후반을 보탠 그 작품은 2만 행 이상이 된다. 표현이 뛰어나고 주제가 다채로워 널리 읽히고 대단한 영향력을 가졌다. 유럽 여러 나라에 광범위한 영향을 끼쳐 시대변화를 분명하게 하는 구실을 했다.

작자가 꿈속에서 보고들은 내용을 기록한다고 하는 몽유록을 써서, 사랑에 관한 논의를 다각도로 전개했다. '사랑의 여왕'이라고 의인화한 장미가 한편으로는 '예의바름', '편안함', '즐거움', '소망', '말솜씨' 등의 보조자, 다른 한편으로는 '시기심', '위험', '험구', '두려움', '수치' 등의 적대자와 맺는 다양한 사건을 꾸민 심성 의인화의 우의 수법을 사용하면서 인생만사를 논했다. 온갖 지식을 동원해서 신학과 철학에 대한 광범위한 논란을 벌이고, 세태를 다각도로 풍자했다. 그렇게 해서 시 한 편이 한 시대 문화인식의 총체를 보여주는 백과전서가 되게 했다.

프랑스뿐만 아니라 유럽의 다른 여러 나라도 13세기 전후에 커다란 변화를 겪었다. 도시에서 상공업에 종사하는 시민계급이 선두에 서서, 라틴어를 모르는 평민들도 고급의 지식을 얻고자 하고, 세상이 어떻게 돌아가는가 알고자 하고, 자기 삶을 되돌아보고자 했다. 전에 없던 지식인이 나타나 그런 요구를 실현하는 최상의 방법인 민족어 교술시를 장편으로 창작했다. 그렇게 해서 중세후기에 일제히 들어섰다.

당대에 일어나는 정치적인 사건을 관심사로 삼아 시비를 가리는 오늘날의 언론활동에 해당하는 작업도 교술시의 소관사였다. 그렇게 하는 데 특히 두드러진 공적을 남긴 독일의 발터 폰 데어 포겔바이데(Walther von der Vogelweide)는 원래 사랑의 노래를 지어 부르는 음유시인이었는데, 1198년부터는 정치적인 주제를 다루어 세상을 깨우치는 격언문학(Spruchdichtung)에다 힘을 쏟았다. 『제국격언』(*Reichsspruch*)이라고 한 장시 세 편에서 성직매매나 하는 타락된 교황의 부당한 간섭에 반대하고 독일제국의 국왕을 지지해야 한다고 주장했다.

성서는 번역할 수 없었지만, 그 내용을 설명할 필요가 있었다. 성서에 무엇이 씌어 있는지 알아 역사를 이해하는 데 적용하는 것은 당대 최상의 지식이므로 민족어 교술시의 기본 내용의 하나로 삼아야 했다.

1300년경에 영국에서 이루어진 작자 미상의 『세계의 운전자』(*Cursor mundi*)에서는 기독교의 관점에서 이해한 세계사를 3만행 가까운 분량으로 서술하면서, 사랑하는 영국 백성이 라틴어를 모르고 영어만 알아도 읽고 이해해 식견을 넓힐 수 있는 작품을 제공한다는 말을 앞세웠다.

14세기 초 이탈리아의 단테(Dante Alighieri)가 지은 『신곡』(*Divina commedia*)은 전개방식을 보고 서사시라고 하지만, 다룬 내용에서는 교술시여서, 서사적 교술시라고 보는 것이 합당하다. 현실을 직접 점검하고 비판하기 어려워 저승을 돌아보는 방식을 택했다. 그런 서사적인 사건을 통해 인생론을 전개했다. 수많은 실제 인물이 사후에 어떤 처우를 받고 있는지 말하면서 행실을 평가하는 기준을 제시하고 가치관의 문제를 논의했다.

저승이 지옥 · 연옥 · 천국으로 이루어지고 그 셋이 연속되어 있다고 하는 상상은 전부터 있었던 것이 아니다. 양단논법을 배제하고 선악의 중간을 인정하는 중세후기 사고방식의 구현체이다. 새롭게 형성된 삼단구조를 가져와, 인간정신이 저열한 데서 고귀한 데로 나아가는 과정을 한 단계씩 점검했다. 그러면서 이성과 신앙이 연결되고 분리되는 관계를 논했다.

작품의 서술자인 시인이 로마시대의 시인 비르길리우스(Virgilius)의 안내로 지옥과 연옥을 돌아다니다가 천국에 이르렀다고 했다. 연옥까지는 세속적인 삶의 이성으로 이해할 수 있는 영역이다. 천국에 이르러서는 신학자 아퀴나스(Thomas Aquinas)를 만나 신앙영역의 이성에 입문했다. 더 올라가기 위해서는 순수한 신앙의 실현자 성인 베르나르도(Bernardo)의 인도를 받아야 했다. 그 다음에는 사랑의 화신인 베아트리체(Beatrice)와 동행해 천국의 정상에 이르렀다고 하면서 다음과 같이 말했다.

도둑질을 하는 사람, 또 더러는 나라 일에
더러는 육체적 쾌락 속에 휩쓸렸던 자가
피로에 지치고 또 누구는 안일에 몰두할 무렵에,

나는 이러한 모든 일에서 풀려나
이토록 영광스러운 영접을 받으며
베아트리체와 함께 하늘 위에 있다.

중세후기뿐만 아니라 중세에서 근대로의 이행기의 유럽문학사에서도 교술시가 소중한 구실을 했다. 교술시를 버리고, 서사시도 돌보지 않으면서, 시는 오로지 서정시라고 하게 된 것은 근대문학에 이르러서 일어난 사건이며, 낭만주의운동을 거치면서 일반화되었다. 그런 변화를 정착시키기 위해 정립한 미학이나 문학론에서 교술시를 추방했는데, 그 경과는 모르고 결과만 받아들여 시는 오로지 서정시이므로 교술시란 불필요한 개념이라고 하는 것은 부당하다.

그리스어문명권

그리스어를 공동문어로 한 동방기독교문명권 비잔틴문학에서는 중세전기 동안에도 서정시는 그리 발달하지 않고 교술시가 우세했다. 종교의 교리를 전달하고 신앙을 다짐하는 것이 교술시의 주된 내용이었다. 그런데 12세기에 구어시가 이루어지면서 교술시의 성격이 달라져 현실을 인식하고 사실을 존중하는 쪽으로 선회했다. 그렇게 해서 중세후기에 민족어 교술시가 등장한 전환에 동참했다.

최고시인 프로드로무스(Prodromus)의 작품이라고 하면서 생활고를 하소연하고, 수도원생활의 허위를 풍자한 것들이 전하는데, 사실은 작자 미상이다. 그런 시는 정치적인 불만을 나타냈다고 해서 '정치시'라고 한 용어가 당대에 생겨나 오늘날까지 통용된다. 그 범위에 드는 작품은 성격이 아주 다양하다. 요한 트제트제스(Johann Tzetzes)는 학생들을 가르치는 데 소용되는 갖가지 실용적인 지식을 시로 나타냈다.

총괄론

서정시와 교술시의 공존은 언제든지 있을 수 있다. 한문 · 산스크리트 · 아랍어 · 라틴어문학 같은 공동문어문학에서는 둘의 공존이 고대에 이미 나타났으며, 중세전기나 중세후기에 그 점에 관한 특별한 변화가 없었다. 그러나 이들 공동문어문학과 관련을 가지고 형성된 민족어문학은 중세후기에 이르러 교술시를 만들어내는 것을 소중한 과업으로 삼았다.

중세전기에는 서정시가 일방적으로 중요시되고, 중세후기에 교술시가 새 시대의 문학으로 등장해서 서정시와 교술시가 공존한 사실이 광범위하게 확인된다. 변화가 12 · 13세기경에 나타난 것도 다르지 않다. 그 무렵에 문학담당층이 교체되고, 사상이 달라지는 변화가 일제히 일어나면서, 민족어로 창작하는 교술시가 서정시 못지않게 소중한 구실을 하는 새로운 시대가 시작되었다.

그것은 중세의 질서를 수정하고 개편하는 사태였다. 단일한 신이 천지만물을 다스리고, 신과 바로 통하는 마음의 본체가 신체활동을 하는 그 작용보다 우위에 있다고 하는 견해를 수정해, 천지만물과 교섭하는 신체활동에 관해서 말해주는 문학이 마음의 본체를 드러내는 문학 못지않게 소중한 의의가 있다고 하게 되었다. 서정시와 교술시는 등급이 있다고 하지 않았을 뿐만 아니라, 늘 하던 말을 되풀이하는 서정시보다 경험을 통한 인식의 지평을 넓히는 교술시가 더 큰 가치를 가진다고 하는 데까지 이르렀다.

변화가 철학에서도 일어났다. 한문문명권의 朱熹, 산스크리트문명권의 라마누자, 아랍어문명권의 가잘리, 라틴어문명권의 아퀴나스는 이치의 근본을 새롭게 따져 실제로 존재하는 세계의 의의를 인정하고 이치에 맞게 인식하면서 자아의 내면적 각성을 다시 이룩하자고 하는 사상을 함께 정립했다. 이것은 세계를 자아화하는 서정시와 자아를 세계화하는 교술시가 원칙적으로 다 같이 소중하다고 하면서, 교술시의 의의를 새롭게 평가하는 논리였다. 이렇게 해서 중세전기사상과는 다른 중세후기사상을 정립하는 과업을 수행했다.

그러나 철학과 문학이 중첩되었던 것은 아니다. 철학의 혁신은 공동문어를 사용하면서 이루어지고, 민족어철학은 아직 나타나지 않았다. 문학의 새로운 창조는 공동문어문학에서보다 민족어문학에서 더욱 활기를 띠고 이루어졌다. 이렇게 하는 데 문명권의 중간부가 앞장섰다. 중세후기로의 전환이 한 가닥으로 진행되지 않고 이처럼 복합적인 양상을 띠면서 서로 보완한 것이 필연성의 증거이다.

중세후기에 문명권의 중간부가 특별한 구실을 했다는 사실을 민족어 교술시가 입증해준다. 문명권의 중심부에서는 민족어문학에 힘쓰지 않고, 문명권의 주변부에서는 사상 논란에 적극 참여하지 않았다.

그런데 문명권의 중간부는 민족어시를 통해 실제로 존재하는 세계의 의의를 인정하는 사상을 새롭게 전개하는 것을 긴요한 과제로 삼아 변화를 선도했다.

이 사태를 제대로 이해하려면 다면적인 고찰이 필요하다. 중심부의 공동문어철학과 중간부의 민족어문학은 같은 길을 가면서 서로 경쟁하는 관계를 가졌다. 문학을 힘써 하는 쪽에서는 철학을 받아들여 이용하면서 더욱 풍부한 내용을 설득력 있게 갖추어 앞서나가고자 했다. 한국·월남·타밀·페르시아·프랑스 같은 곳들이 이렇게 하는 데 특히 돋보이는 활약을 했다. 주변부에 해당하는 나라도 더러 이 대열에 참여했다.

가사란 도대체 무엇인가 하는 의문을 내부에서 해결하려고 고민해도 소용이 없으므로 민족어 교술시에 대한 광범위한 비교연구를 진행한 결과 널리 타당한 이론을 마련했다. 교술문학을 퇴출시킨 근대의 편견을 시정하고 세계문학사 이해를 정상화했다. 고전문학 연구에서도 가장 뒤떨어진 분야 같은 가사론에서 첨단학문의 빛나는 성과가 이룩되었다.

이것은 불운이 행운이고 후진이 선진임을 입증하는 좋은 본보기이다. 다른 곳에서는 같은 일을 하지 않은 이유가 무엇인가? 가사가 무엇인가 하는 것과 같은 절박한 의문은 없다고 여긴다. 자기네 문학 연구가 앞서나간다고 착각하고 전면적인 재검토를 하려고 하지 않는다. 자기중심주의의 함정에 빠져 세계문학을 두루 돌아볼 만큼 시야가 열려 있지 않다. 이론적 일반화를 목표로 하지 않고 기존의 관습대로 학문을 한다. 불운이 행운임을 깨닫고 분발한 결과 이 모든 장벽을 깨고 신천지를 열었다.

신천지를 한 말로 나타내보자. 민족어 교술시는 중세후기에 문명권 중간부에서 이룩한 위대한 창조물이었다. 문명권의 중심부에서 가져온 논란을 공동문어가 아닌 민족어를 사용하는 시에서 전개하면서 새 시대의 경험을 풍부하게 받아들였다. 새롭게 등장한 상층지식인이 이 과업을 맡고 민중과 만나는 통로를 마련했다. 이룬 성과를 자랑스럽게 여기는 것이 마땅하다. 가사를 수집하고 정리하는 작업을 더 열심히 하면서 비교연구를 확대해야 한다.

교술시는 세계문학사에서 커다란 비중을 차지하면서 소중한 구실을 했다. 문학 안팎을 연결시켜 문학이 넓은 세상과 광범위한 관계를 가지게 했다. 사람이 어떻게 살아가야 하는가 하는 문제에 대한 진지한 논의를 누구나 이해하고 외기까지 하는 쉬운 노래를 지어 다루었다. 근대문학에서는 서정시라야 시라고 하면서 이 소중한 유산이 잊혀졌다.

토론

❑ 문: 교술 이론은 언제부터 생각했으며, 어떻게 전개되고 정착되었는가?

❑ 답: 1968년 1학기 계명대학 전임강사가 되어 국문학개론을 강의할 때 가사의 특성을 설명하기 위해 교술이라는 용어를 창안했다. 그 때의 착상을 발전시킨 <가사의 장르 규정>이라는 논문을 『어문학』 21집(한국어문학회, 1969)에 냈다. 추가 작업을 하고 문학사를 다시 쓰는 데 적용한 경과까지 『한국문학의 갈래 이론』(서울: 집문당, 1992)에서 정리했다.

반응은 몇 가지로 나누어졌다. 받아들이지 않는 사람들이 적지 않지만, 이유가 무관심에 있다. 종래의 三分法이 타당하다고 주장하거나, 가사가 서정이라고 논증하는 것은 아니다. 갈래 문제를 중요시하는 쪽에서는 동의하는 것이 예사이고, 수정안을 내기도 한다. 본격적인 비판을 거쳐 다른 이론을 제시한 것은 없다.

수정안이 어느 정도인가 보자. 가사는 서정과 교술의 복합물이라고 한다. 판소리를 본보기로 들어, 서정적・교술적・서사적・희곡적(극적)인 것들은 공존할 수 있다고도 한다. 이런 견해는 진일보한 것이라고 인정할 수 없고 갈래 이해를 혼란시키기나 한다. 사리를 분명하게 밝히기 위해 내 이론에 대한 추가 설명을 하기로 한다.

서정이냐 교술이냐 하는 것과 서정적이냐 교술적이냐 하는 것은 둘 다 필요하면서 차원이 다르다. 명사는 갈래를, 관형사는 작품이 보여주는 이차적인 특징을 말한다. 서정에 교술적 서정이 있고, 교술에 서정적 교술도 있다. 鄭澈의 <訓民歌>는 교술적 서정이고, <思美人曲>은 서정적 교술이다. 특이한 시도를 해서 예사롭지 않은 작품을 이룩했다. 이런 현상을 검증하기 위해 명사와 관형사 양쪽의 용어가 있어야 한다.

이차적 특징이 예사롭지 않은 작품이 널리 알려지고 높이 평가되면 갈래의 특성이 바뀌는 것은 아니다. 서정적 소설, 교술적 소설, 극적 소설이 각기 발달되어도 소설은 소설이어서 중심을 잃지는 않는다. 시조, 가사, 소설 등의 갈래가 등장하는 것은 큰 사건이고, 이차적인 특징이 변하는 것은 그 안에서 일어난 작은 변화이다. 문학사 연구에서 크고 작은 사건을 다 제대로 살펴야 한다.

❑ 문: 조선 초기의 樂章 또한 교술시라고 하고서 왜 경기체가와 가사만 논하는가?

❑ 답: 악장과 같은 국가 경축시는 고려는 물론 신라, 대한제국, 대한민국에도 있다. 학교의 교가 같은 것들도 경축시이고 교술시이다. 경축시가 문학사에서 특별한 의미를 가지지는 않는다. 공식적인 기능이 없는 사적인 문학의 변천에서 시대의 특징이 발견된다. 경기체가는 공적인 문학이었다가 사적인 문학으로 바뀌고, 가사는 사적인 문학으로 일관하면서 오래 지속되었다. 가사의 의의를 평가하는 것이 긴요한 과제이다.

❑ 문: 가사를 어떻게 이어야 하는가?

❑ 답: 전통예술 계승에는 세 가지 방법이 있다. 그대로 잇는다. 오늘날의 예술형태에서 받아들여 활용한다. 신작을 만든다. 가사를 전과 같이 짓는 것이 첫째 방법이다. 다음 방법을 더욱 권장할 만하다. 가사를 받아들여 활용할 수 있는 오늘날의 예술형태는 소설이다. 가사의 유산을 풍부하게 받아들이면 소설을 잘 쓸 수 있다는 것을 알아야 한다.

동시대 규방가사에 구시대 여성의 수난이 잘 나타나 있는 것을 외면하고, 근대소설이 신여성의 삶만 일방적으로 다루어 얄팍해졌다. 박경리의 『토지』를 읽으면서 다룬 내용과 관련된 가사를 찾아 활용했다면 더 잘 썼으리라고 생각하면서 안타까워했다. 북간도 망명생활은 작가가 경험하지 못해 관념적으로 처리한 결함을 직접 겪은 사람들이 남긴 가사가 있는 줄 알았으면 시정할 수 있었을 것이다.

❑ 문: 신작은 어떻게 만들어야 하는가?

❑ 답: 새로운 교술시를 지어내는 것이 바람직하다. 『대한매일신보』의 정치풍자가사 같은 것을 이 시대에 맞게 다시 지어 노래하고 공연물

로 삼기까지 하면 큰 반응을 얻을 수 있을 것이다. 문학으로 알아주지 않아도 교술의 건재를 입증하는 언론산문에서 하는 말을 뛰어난 입심을 자랑하는 시적 표현을 가지고 생동감 넘치게 변용시켜 세상을 뒤흔들자는 말이다.

교술시 소생을 위한 노력이 없었던 것은 아니다. 김지하가 몇 권으로 내놓다가 만 『大說 南』이라는 것이 서사시라고 했으나 서사시를 이룰 만한 사건은 없으며 논설을 시로 나타낸 교술시이다. 주목하고 평가할 만한 작업을 과감하게 했다고 하겠으나, 갈래 특성의 기본 설정에 차질이 있었다. 받아들여 문제 삼은 작품외적 세계가 구체적이지 못하고 계속 모호해 설득력을 잃었다. 해결책이 없는 줄 알고 중단한 것 같다.

작전을 다시 세워보자. <五賊> 같은 것을 다시 지어 풍자 대상을 실명으로 등장시키고 실화를 다룬다면 훌륭한 교술시가 된다. 그랬다가는 시인이 목숨을 부지하지 못할 판인데 무슨 소리를 하느냐 하고 나무라지 말기 바란다. 정치풍자 교술시를 가능한 범위 안에서 시도하자는 말이다. 겉보기에는 심각할 것 없다는 수작을 늘어놓으면서 큰일을 할 수 있다.

서정시의 독주를 제어하고 교술시를 되살리는 것은 역사적인 의의를 가진 결단이다. 근대문학의 갈래체계를 무너뜨리고 새로운 창조의 영역을 마련해 다음 시대로 나아가고자 하는 문화운동이다. 오늘날 서정시가 독주하면서 두 가지 억설을 한다. 시는 작품외적 세계와 직접적인 교섭을 가지지 말아야 한다고 한다. 시를 쓰려면 시인으로 등단해 면허증을 소지한 전문가가 되어야 한다고 한다. 교술시는 앞의 억설뿐만 아니라 뒤의 것도 거부한다. 가사가 항상 그랬듯이 교술시는 앞으로도 면허증이 없는 비전문가의 창작품이다. 자격을 가리지 않고 누구나 발언을 하고 토론을 벌이는 광장이 교술시에서 마련된다.

❑ 문: 탈춤이나 판소리는 어떻게 이어야 하는가?

❑ 답: 그대로 잇는다. 오늘날의 예술형태에서 받아들여 활용한다. 신작을 만든다. 이 세 가지 방법이 그대로 적용된다. 그러면서 어느 쪽에 특히 힘을 써야 할 것인가는 경우에 따라 다르다. 탈춤이나 판소리 같은 공연물은 오늘날의 예술형태인 영화에서 받아들여 활용하는 것이 특히 힘써 할 일이다. 신작을 만드는 것보다 더욱 긴요한 과업이다.

❑ 문: 새로운 갈래 이론을 외국에 알렸는가?

❑ 답: 『한국문학통사』 불어판에서 알렸으며, 영어판도 곧 나온다. 새로운 갈래 이론이 세계문학의 새로운 이해를 위해 어떤 의의를 가졌는지 문제가 되는 사례를 들어 이따금 고찰했다. 종교사상 논쟁이 가사에서 전개된 양상에 관해 일본 학자들을 상대로 발표를 하면서 가사가 있고 없는 한·일문학의 차이를 논하기도 했다.

제13강 소설의 본질에 관한 논란

내력 소개

소설의 이론은 내 학문에서 특히 중요한 위치를 차지한다. 자주 다루었으나 재론할 필요가 있다. 『소설의 사회사 비교론』(서울: 지식산업사, 2001)에서 한 작업을 가져와 논의한다. 제3·4강에서도 거론했으나 보완하고 싶다. 기존 이론과의 대결 부분을 여기서 자세하게 말하고자 한다.

『소설의 사회사 비교론』은 전3권을 이루었다. 제1권 서두에서 전개한 헤겔(Hegel)·루카치(Lukacs)·바흐찐(Bakhtin)·골드만(Goldmann)의 소설 이론과의 토론을 간추려 옮긴다. 이 사람들의 소설 이론은 우상이 되다시피 했다. 우상숭배자들이 학계에서 군림하면서 새로운 이론 창조를 막는다.

기존 이론과의 대결은 이론 창조의 필수적인 과정이다. 이에 관한 원론적인 해명은 이론 창조와 상품 제조가 다르지 않다는 것을 들어 쉽게 할 수 있다. 신제품이 기존의 것들보다 못하다면 수고한 보람이 없다. 이미 나와 있는 최상의 상품보다 더 나은 것을 만들어 냈다고 입증해야 경쟁력을 얻는다. 비교 우위가 가치의 핵심이다.

그러나 상품 제조와 이론 창조는 동일하다고 하고 말 수는 없다. 수입으로 만족해도 되고 창조할 필요가 없다고 하는, 창조가 가능하지도 않다고 하는 주장 같은 것이 상품 제조에는 없다. 이론은 형체가 불분명한 정신의 산물이고, 비교 평가를 하기 어렵기 때문에 혼란이 있고 억설이 가능하다. 본말전도가 고착되어 있기까지 하다.

유럽문명권중심주의를 추종하면서 수입학을 행세거리로 삼는 사람들이 오랜 관습을 신념인 듯이 간직하고 학계를 지배하고 있다. 정체를 밝히고 나무라면 물러날 것은 아니다. 수입학에 대한 대응책은 시비학이 아닌 창조학이다. 수입학에서 숭상하는 이론의 결함을 일제히 비판하고 새롭게 진행하는 창조학이 어떤 의의를 가지는 대안인지 명백하게 해야 한다.

여기서 다루는 헤겔・루카치・바흐찐・골드만의 소설론은 무척 난해하다. 이것들뿐만 아니라 토론의 대상으로 삼아야 하는 최상급의 기존이론은 모두 쉽사리 다가갈 수 없게 한다. 난관을 어떻게 돌파해야 하는가? 원문 독해력을 갖추면 다행이고, 번역이라도 자세하게 읽으면 이해 가능하다고 할 것은 아니다.

빠지면서 읽기를 신봉하다가 빠져나오지 못하는 것은 어리석다. 따지면서 읽기로, 쓰면서 읽기로 나가야 대책이 선다. 우선 전체를 대강 이해하는 데 힘쓰고, 세부는 필요할 때 이용하기로 하자. 무엇이 문제인가 파악해 토론을 시작하고 내가 해결책을 마련하면 보이지 않던 것들이 보인다. 대안 입증을 위한 비판이 이해를 심화하는 최상의 방법이다. 기존 이론의 가치는 내 작업으로 넘어서는 것만큼 발현된다.

토론을 진행하고 대안을 제시하는 작업이 일반이론에 관한 것이면 개별적인 사안에 대한 구체적인 논의 차원에 머무르지 않는다. 새로운 철학을 마련하는 것을 필수적인 과제로 삼는다. 헤겔 · 루카치 · 바흐찐 · 골드만은 다소의 차이가 있으나 모두 변증법에 의거하고 있어, 변증법을 넘어서는 생극론의 작업을 근거로 삼으면서 나의 반론이 제기된다.

기존 이론과의 대결은 창조학의 대안에서 서론의 일부일 따름이다. 문제 제기의 수준을 높이고, 해결의 범위를 넓히고, 논리를 더욱 발전시킨 본론을 충실하게 갖추어야 한다. 여기서 펴는 논의가 타당하다는 더욱 중요한 근거가 『소설의 사회사 비교론』 전3권에 갖추어져 있으니 모두 읽기 바란다.

헤겔에 대한 반론

헤겔의 『미학』은 미와 예술에 관한 광범위한 논의를 체계화한 고전적인 저작이다. 소설은 대단치 않게 여겨 간략하게 언급하는 데 그쳤지만, 그것이 소설에 관한 논란의 시발점이 된다. 헤겔이 세운 방대하고 치밀한 체계에 소설은 가까스로 포함된 예외의 영역이라고 할 수 있다.

바로 그 점이 소설이 문제의 갈래라는 증거이다. 소설을 소설답게 이해하기 위해서는 단순하고 평면적인 논리에서 벗어나야 한다. 소설은 다면적이고 복합적인 성격을 지니고 있다. 헤겔이 마련한 변증법이 소설의 그런 특징을 파악하는 데 얼마나 유익했는가? 이것이 또한 문제이다.

소설에 관해 논한 대목을 찾아보기 전에 헤겔 『미학』의 전체적인 체계를 보자. 제1부에서 예술미 일반의 특성, 제2부에서 예술미의 특별한 형태를 다루고, 제3부에서 개별예술의 양상을 점검한 것이 전체의 체계이다. 제3부에서 건축, 조각, 회화, 음악, 문학을 차례대로 고찰했다. 문학론은 서사, 서정, 희곡 순서로 전개되며, 그 가운데 서사론의 마지막 대목, 서사시가 아닌 여타의 서사문학을 다루는 곳 말미에 소설을 등장시켰다. 위치는 변두리 가운데서도 변두리이지만, 서술한 내용에서는 소설이 감히 서사문학의 본령인 서사시와 맞선다고 했다.

그런 체계를 세운 것은 놀라운 일이다. 보편적이고, 논리적이고, 또한 체계적인 사고를 하면서 사물의 이치를 해명하는 작업이 학문이다. 그러나 거기 내포되어 있는 잘못을 찾아내서 더욱 타당한 이론을 다시 만들어야 한다. 진실과 어긋나는 체계는 파괴하고 다시 만들어야 한다. 대안이 없으면 비판을 하지 말아야 한다. 불만은 비판이 아니다. 대안을 제시하는 작업이 만만하지 않아 기존의 권위가 그대로 유지되고 있는 것을 흔히 볼 수 있다. 헤겔의 미학이 계속 행세하고 있는 것도 그런 경우이다.

그러나 여기서 헤겔의 미학에 대해서 전면적인 비판을 하고 대안을 제시하는 것은 아니다. 소설에 대해서 헤겔이 무엇이라고 말했는지 들어 논하고자 한다. 그러나 소설론에 관한 토론을 깊이 진행하면 철학 전반의 문제를 함께 다루지 않을 수 없게 된다. 사소한 것처럼 보이는 쟁점을 들어 안에서부터 뒤집기를 하면서 전반적인 논의를 다시 펴야 한다. 헤겔의 변증법에 대한 대안을 제시해야 소설이론에 대한 반론이 타당한 근거를 확보한다.

> 근대 시민의 서사시인 소설의 경우에는 사정이 아주 다르다. 한편으로 소설에서는 풍부하고 다양한 관심, 대상, 성격, 인간관계

가, 총체적인 세계의 광범위한 배경, 그리고 사건에 대한 서사적인 표현을 갖추어 온전하게 재현된다. (다른 한편으로) 소설에 결핍되어 있는 것은 서사시가 바탕으로 삼는 근원적으로 시적인 세계상이다. 근대적인 의미의 소설은 이미 산문적인 것으로 조정된 현실을 전제로 하고, 그런 기반 위에 서서-생동하는 사건, 등장인물들 및 그 운명을 가지고-세계의 조건이 허용한다고 가정하는 범위 안에서, 상실되고 없는 시의 권리를 되찾으려고 힘쓴다. 그러므로 가장 빈번하게 나타나고 소설과 가장 잘 어울리는 충돌은 시적인 마음이 그것과 맞서는 외부세계의 상황이나 사건에 관한 산문 사이에서 빚어내는 갈등이다. 그 갈등은 비극적이거나 희극적인 방식으로 전개되기도 하고, 다음과 같은 방식으로 결말을 찾기도 한다. 한편으로는 처음에 세계의 통상적인 질서와 맞서던 인물이 진정하고 본질적인 것이 거기 있는 줄 알게 되어, 그것과 화해하는 관계를 가지고, 적극적으로 그 속에 들어간다. 다른 한편으로는 자기네가 작용을 끼치면서 완성하고 있는 산문적인 형상에서 벗어나, 앞에서 발견된 산문의 자리에다 아름다움이나 예술과 가깝고도 친근한 진실을 가져다 놓는다.(Hegel, *Ästhetik*, Frakfurt am Main: Europäische Verlangsanstalt, 1955, 제2권, 452면)

소설에 대한 헤겔의 견해는 이 대목에 집약되어 있다. 아주 중요한 개념이 여럿 등장했으므로 주의해 보아야 한다. 모두 헤겔의 철학체계와 연관되고, 후속 논자들에게 계승되어 이론 왕국의 기둥 노릇을 하고 있으므로, 하나씩 면밀히 검토해야 한다. 그러나 그 연관관계나 계승관계를 찾으려고 애쓸 필요는 없다. 그러다가 방향을 잃는 실수를 되풀이하지는 말아야 한다. 중요한 개념에 대한 나의 비판과 대안을 제시하는 것이 더욱 긴요한 일이다.

헤겔은 '서사시'라는 말을 '서정시', '극시'와 대등한 위치에 있는 상위개념으로 사용해서 소설도 서사시의 하나라고 했다. 그러면서 '서사시'라는 상위개념 아래에 "고유한 의미의 서사시"(eigentlichen Epos)가 있다고 했다. "고유한 의미의 서사시"가 아닌 서사시는 무어라고 명명하지 않아 개념상의 혼란이 없는 것처럼 위장했으나, 쉽사리 지적해낼 수 있다. "고유한 의미의 서사시"가 아닌 서사시는 "잡된 서사시"이다. 거기 해당되는 것들을 여럿 열거한 말석에 소설이 있다.

거창한 체계를 가진 이론을 전개하는 용어가 이렇게 혼란되어 있는 것은 잘못된 일이다. 용어를 정비해 혼란을 바로잡아야 체계를 바로 세울 수 있다. 상위개념인 '서사시'는 '서사문학'이라고 해야 한다. "고유한 의미의 서사시"는 '서사시'라고 하면 되지만, 거기다가 율문으로 된 기사담과 모든 담시를 포함시켜야 한다. '서사시'에는 '영웅서사시'도 있고 '범인서사시'도 있다. 헤겔이 막연하게 펼친 소설과 서사시의 관계에 관한 논의는 소설과 서사문학의 관계, 소설과 서사시의 관계, 소설과 영웅서사시의 관계로 구분되어야 한다.

"근원적으로 시적인 세계상"이라는 것이 서사시의 특징이라는 견해가 루카치로 이어지는데, 일부 이상주의적 성향의 영웅서사시에서 보이는 것을 모든 서사시에다 확대해 적용한 잘못이 있다. 시적이라는 것은 소설이 무엇인지 말하는 데는 효력이 거의 없다. "시적인 마음과 산문적인 상황 사이의 갈등"이라고 한 것에 갈등이 들어간 것은 적절한 말이지만, 갈등관계에 있는 쌍방의 특징은 잘못 파악했다.

소설에는 시적인 마음과 주변상황의 부조화를 다룬 것도 있지만,

세계의 질서를 어지럽히는 것을 능사로 삼는 건달이나 사기꾼, 또는 수전노가 주인공으로 등장하는 작품이 더 많다. 시적이니 산문적이니 하는 말은 하지 말아야 한다. 자아와 세계의 대결이 서사문학의 본질이라고 하고, 그 가운데 소설은 어떤 특징을 가졌는지 말해야 한다.

자아와 세계의 대결이 "비극적이거나 희극적인 방식"으로 전개된다고 한 것도 빗나간 말이다. 소설은 자아와 세계의 대결에 작품외적 자아가 개입하므로 희곡과 다르다. 비극을 넘어서고, 희극으로 끝나지 않는다. 희곡은 작품외적 자아가 개입하지 않으므로 비극적으로 전개되거나 희극적으로 전개되는 어느 한 가지 방식을 택하지만 소설은 그렇지 않고, 그 둘이 뒤섞인다. 주인공이 상대역과 벌이는 자아와 세계의 대결 자체는 비극일 수도 있고 희극일 수도 있지만, 서술자 노릇을 하는 작품외적 자아가 비극이 희극이고, 희극이 비극이라고 하는 것이 상례이다.

"자아가 패배하고 현실을 인정하는 결말과 자아가 주어진 현실을 다른 현실로 대치하는 결말"이 소설에 있다고 한 말은 자아와 세계가 세계의 우위에 입각해 대결하는 전설의 방식과 자아의 우위에 입각해 대결하는 민담의 방식을 소설에서 지속시킬 수 있다는 사실을 일컬은 것일 수 있다. 그러나 그것은 작품의 일면이다. 소설은 자아와 세계가 상호우위에 입각한 대결이므로 세계의 우위 때문에 자아가 패배하는 결말을 수긍하지 않는다. 작품내적 자아가 패배할 수밖에 없어도 작품외적 자아는 항변을 계속한다. 작품내적 자아가 승리해도 작품외적 자아가 그 승리를 인정하지 않는다.

시적인 것과 산문적인 것, 마음과 상황, 비극과 희극, 현실 인정과 현실 대치 등은 모두 변증법적 대립을 나타내는 개념이다. 헤겔은 둘 사이의 대립에서 모든 사물이 존재하고, 문학이 이루어지고, 소설의 특징이 결정된다고 보아 그런 용어를 사용했다. 그런데 대립의 짝을 잘못 파악했다. 마음속에 있는 것과 마음 밖에 있는 것을 대립의 짝으로 보고, 안팎을 통괄하는 대립의 짝은 파악하지 못했다.

문학은 안팎을 통괄하는 대립의 짝으로 이루어진다. 자아와 세계의 구분을 작품내적인 것과 작품외적인 것의 구분과 함께 파악해 음양이 겹으로 교차되는 넷 사이의 관계를 파악해야 한다. 그래서 파악된 작품내적 자아, 작품외적 자아, 작품내적 세계, 작품외적 세계란 것이 변증법에는 없다. 변증법에서는 둘씩 따로 노는 것이 음양론에서는 넷으로 합쳐지고 다시 여덟으로 합쳐진다. 그래서 복잡하고 다면적인 구조를 파악할 수 있는 길이 열린다.

둘로 나누어져 대립하는 것이 다투어 제3의 형태로 바뀐다는 것이 변증법의 명제이다. 그러나 제삼의 형태가 과연 처음 둘과 다른 새로운 무엇인가가 의문이다. 시적인 것과 산문적인 것, 마음과 상황, 비극과 희극, 현실 인정과 현실 대치 같은 것들이 서로 다투어 제3의 형태를 만들어낸다고 하지 않고, 둘 가운데 하나가 이기고 다른 것이 지는 관계를 말할 따름이다. 제삼의 형태란 처음 둘 가운데 이긴 쪽이다. 이기는 과정에서 상대방의 특징을 일부 받아들이기는 하지만 상대방을 아우르지는 못한다고 본다.

변증법은 생극 가운데 상극에 일방적인 우위를 부여하는 편향성을 지녔으므로 상극이 상생이고 상생이 상극이어서 제삼의 형태가 이루어지는 것을 파악하지 못한다. 소설을 이루고 있는 자아와 세계, 작품내적인 것과 작품외적인 것, 소설 작품과 소설을 산출한 사회, 소설을 창조하고 향유하는 여성과 남성, 귀족과 시민이 모두 생극의 관계를 가진다는 것이 내 이론의 핵심이다.

이제 헤겔이 위에서 인용한 글 서두에서 한 말을 보자. “근대 시민의 서사시인 소설”은 “풍부하고 다양한 관심, 대상, 성격, 인간관계가, 총체적인 세계의 광범위한 배경”을 갖추고 있으며, “서사시가 바탕으로 삼는 근원적으로 시적인 세계상”은 결핍되어 있다고 했다. 거기서 소설의 역사적 위치를 확고하게 밝힌 것 같지만, 아래의 서술에서는 다른 말을 해서 앞뒤가 어긋난다.

소설의 주인공은 “상실되고 없는 시의 권리를 되찾으려고 힘쓴다”고 한 대목을 보자. 시가 없어진 것은 아니다. “총체적인 세계의 광범위한” 세계에서 자아는 “상실되고 없는 시의 권리를 되찾으려고 힘쓴다”고 한 것이 소설의 양면성이라고 말했다. 그런 견해는 소설이 근대시민의 문학이라는 견해를 스스로 부인한다. “광범위한 배경”이 근대 시민의 관심사라면, “근원적으로 시적인 세계상”이라고 한 것은 귀족의 사고방식이라고 보는 것이 마땅하다.

소설이 근대시민의 문학만이라고 규정하는 것은 잘못이다. 소설은 귀족과 시민, 시민과 귀족 쌍방의 관심사를 함께 나타낸다고 해야 하고, 그 둘이 생극의 관계를 가지고 이룩한 경쟁적 합작품이라고 해야 한다. 변증법에서 잘못 파악한 사실을 생극론에서는 바로잡을 수 있다. 시민은 “광범위한 배경”을, 귀족은 “시적인 세계상”을 제공해서 소설을 함께 이룩했다고 하면 될 것도 아니다. 상황과 마음을 그렇게 갈라 말하는 엉성한 논법을 넘어서서 양쪽의 생극관계가 소설을 어떻게 만들었는지 실상을 들어 분석하는 성과를 한층 선명하게 이론화하는 작업을 진행해야 한다. 생극론이라야 감당할 수 있는 과제이다.

루카치에 대한 반론

루카치는『소설의 이론』에서 헤겔의 소설론을 이어받아 구체화하면서 소설의 형성과정에 대해서 한층 다각적인 고찰을 시도했다. 방대한 체계를 자랑하는 미학서의 한 구석에서 소설을 거론하다가 만 헤겔과는 달리, 루카치는 온통 소설만 다루는 미학서를 최초로 써냈다. 소설의 문학사적 위치를 파악하고자 하는 문제의식은 헤겔과 공유하면서, 소설과 다른 것들을 비교해서 고찰하는 체계를 세우지 않고, 소설 하나만 논의의 대상으로 삼아 그 내부적인 특징을 파악하는 데 힘썼다.

그래서 얻은 결과는 소설 작품의 실상과 밀착되어 있어 한층 절실하게 이해될 것 같지만 그렇지 않다. 체계적인 사고를 하지 않아 논리가 견고하지 못하고, 용어 사용이나 문장 구성이 모호해 무엇을 말하는지 정확하게 파악하기 힘들다. 그 때문에 많은 논란이 있지만 의문을 해결해주기보다는 오히려 확대한다.

핵심이 무엇인가 찾아내야 핍진한 이해를 할 수 있다. 그것은 바로 소설이 무엇인가 하는 물음을 소설과 서사시의 관계를 들어 대답하면서 연속성과 이질성을 함께 지적하고자 한 데 있다. 서사시가 간직하고 있던 "선험적 고향"을 잃고, 소설은 "초월적 불안정성"을 특징으로 한다고 규정했다. (Georg Lukacs, *Die Theorie des Romans*, Neuwied: Luchterhand, 1971, 31면-32면) 다시 "소설은 신이 버린 세계의 서사시이다; 소설 주인공의 심리는 악마적이다"라고 했다. (같은 책, 77면)

서사시와 소설의 연속성을 지적한 견해는 헤겔이 한 말을 받아들여 고친 것이다. 헤겔이 말한 "근원적으로 시적인 세계상"을 "신"으로 대치하면서, 그런 것을 아직 지니고 있다고 하지 않고 잃어버렸다고 했다. 실상은 잃어버리고 서사시의 형식만 간직하고 있다고 했다. 서사시가 바람직한 문학이라는 헤겔의 생각을 더욱 분명하게 해서 소설은 고향을 상실한 떠돌이라고 했다.

"소설 주인공의 심리는 악마적이다"라고 한 데서는 헤겔과 다른 견해를 폈다. 헤겔은 소설 주인공은 시적인 마음을 지녔다고 해서, 서사시와의 연속을 계속 중요시했는데, 루카치는 서사시와 소설의 이질성에도 깊은 관심을 가졌다. 소설은 형식에서는 서사시와 상통하면서 내용에서는 반대가 되어 있다고 해서, 소설의 계보와 특징을 둘 다 분명하게 하고자 했다.

소설이 무엇인가 규정하기 위해서 서사시와의 비교론을 전개하는 작업을 함께 하면서, 그 둘의 관계를 헤겔은 좀 더 가깝게, 루카치는 좀 더 멀게 보았다. 루카치는 헤겔과는 달리 서사시라는 말을 서사문학 일반이 아닌 영웅서사시라는 뜻으로도 쓰면서, 영웅서사시가 자취를 감춘 뒤에 소설이 나타났다고 했다. "소설은 신이 버린 세계의 서사시이다"라는 것은 서사시가 아니라는 말이다. 신이 버린 세계에는 있을 수 없는 서사시를 만들어내려고 하는 불가능한 시도가 서사시와는 다른 소설을 산출하는 데 귀착되었다고 했다. 서사시는 단테의 『신곡』까지 이어지다가 사라지고, 소설은 세르반테스의 『돈 키호테』에서 시작되었다고 했다.

서사시와 소설의 관계를 그렇게 파악하는 것은 일반화될 수 없는 견해이다. 서사시와 소설이 공존하는 경우가 허다하다. 구비서사시가 활발하게 구전되고 있는 곳에서는 범인서사시로 바뀐 서사시는 그 자체로 율문소설일 수 있고, 기록되면 산문소설도 될 수 있다. 유럽 밖의 다른 문명권에나 그런 일이 있으므로 루카치가 몰랐던 것은 당연한 일이라고 할 수 있으나, 그렇지 않다.

루카치의 고국 헝가리나 그 인접의 남유럽이나 동유럽은 서사시가 구전되는 곳이다. 세르비아와 크로아티아의 구비서사시는 특히 풍부해서 널리 주목되고 있다. 루카치는 유럽의 주변부 사람이면서 중심부에 편입되고 싶어 서유럽문학만 유럽문학이고 세계문학이라고 해서 사태를 그릇 판단했다. 루카치는 문학에 관해 다양한 논의를 펴면서 헝가리문학에 대해서는 언급도 하지 않고, 구비문학에 대해서는 조금도 관심을 가지지 않은 서유럽중심주의자이고 근대주의자이다. 시야가 그렇게 한정된 탓에 보편성 있는 이론을 전개할 수 없었다.

루카치의 문학론은 근대문학론이므로 그 범위 안에서 이해하고 평가해야 한다고 할 수 있다. 그러나 근대문학론을 타당하게 이룩하려면 근대지상주의의 관점을 버려야 한다. 소설이 근대시민의 문학이라고 한 헤겔의 명제는 자기 스스로 말한 바와 상치되지만, 루카치는 소설이 근대시민의 문학이라고 할 수 있게 그 특징을 규정했다. 그렇다고 해서 소설의 문학사적 위치를 제대로 규정한 것은 아니다.

헤겔은 모순된 것의 공존을 함께 파악하는 변증법에 입각해, 소설은 귀족과 시민의 경쟁적 합작품이라고 생극론에서 다시 규정할 수 있는 명제를 제시했다. 그런데 루카치의 견해는 뜻하는 바를 정확하게 파악하기 어려운 비유로 이루어져 있어 생극론으로 재론할 정보를 제공하지 않는다. 문학이론을 시적인 비유를 써서 전개하는 것은 내면적인 각성을 소중하게 여기는 새로운 경향이다. 루카치 자신이 나중에 비판해 마지않은 주관적이고 관념적인 오류이다.

소설이 무엇인가 하는 문제에 대해서 체계적인 대답을 제시하지 못하면서 주관적이고 관념적인 각성을 찾아 헤매는 자취를 보여주고 있어, 『소설의 이론』은 읽어 이해하기 어렵다. 생각이 너무 심오해서 그런 것이 아니고 논리적 설득력이 모자라기 때문이다. 볼 만한 대목이 있다면 개별 작품에 대해서 고찰한 각론 쪽이다. 각론을 각론답게 전개한 것은 아니지만, 구체적인 작품을 들어 말할 때에는, 막연하던 논의가 어느 정도는 손에 잡힌다. 『돈 키호테』를 예증으로 삼아, 소설이 생겨난 시대에 관해 논한 대목을 보자.

> 이렇게 해서 세계문학상에 나타난 최초의 위대한 소설은, 바야흐로 기독교적인 신이 버리려고 했던 시대의 문턱에서 태어난 것이다. 다시 말해 최초의 위대한 소설이 태어난 시대는, 인간이 고독해지고 어디에서도 고향을 찾지 못한 영혼 속에서만 의미와 실체를 찾을 수 있게 된 시대이고, 현존하고 있는 피안의 세계에 역설적으로 닻을 내리고 있는 상태로부터 떨어져 나온 세계가 그 자체의 내재적 무의미성에 자신을 내맡긴 시대이다. (같은 책, 89면)

소설이 무엇인지 규정할 때 하던 말을 되풀이한다 하겠지만, 특정 작품이 이루어진 시대를 대상으로 하고 있어 적합성이나 타당성을 검증할 수 있다. "세계문학"이라는 말을 앞세운 것은 잘못이다. 유럽이 아닌 다른 곳의 문학은 전혀 고찰하지 않고 세계문학에 대해서 알았다고 할 수 없다. 유럽에서 처음 나타난 소설이 세계문학의 "위대한" 소설이라고 하는 것은 더욱 무리한 주장이다. 세계문학에 널리 해당되는 말을 하려면 "기독교적인 신"에 다른 신도 포함시켜야 한다. 신을 들먹이지 말고 '중세적 질서'를 들어야 한다. "신이 버리려고 했던 시대"는 중세에서 근대로의 이행기이다. 중세에서 근대로의 이행기가 시작될 때 소설이 생겨났다고 말을 바꾸면 다른 곳에도 널리 해당되는 타당한 견해를 얻을 수 있다.

소설은 "인간이 고독해지고 어디에서도 고향을 찾지 못한 영혼 속에서만 의미와 실체를 찾을 수 있게 된" 시대에 생겨났다고 한 말은 무슨 뜻인지 이해하기 어렵다. 고향을 찾지 못한 영혼 속에서 찾는 의미와 실체는 무엇인지, 일방적으로 추구하는 자기만족을 말하는지 불분명하다. 소설의 주인공은 "근원적으로 시적인 세계상"을 지니고자 하는 마음을 간직했다는 것과 상통하는 생각을 나타냈다고 보면 어느 정도 이해가 가능하다. 그렇지만 자기가 미리 제시한 "소설 주인공의 심리는 악마적이다"라는 명제와 어긋난다고 할 수 있다.

"현존하고 있는 피안의 세계에 역설적으로 닻을 내리고 있는 상태로부터 떨어져나온 세계가 그 자체의 내재적 무의미성에 자신을 내맡긴" 시대라고 한 그 다음 말에서는 자아뿐만 아니라 세계에도 또한 문제가 있다고 한 것 같다. 그러나 자아의 문제와 세계의 문제가 어떤 관계에 있는지 의문이다. 세계라고 한 것이 사실은 자아가 본 세계인지, 자아에 문제가 있으므로 세계 또한 문제가 있는지, 세계 자체의 문제가 자아에 대한 도전으로 다가오는지 알기 어렵다.

이치를 명확하게 따지려면 자아와 세계의 대결을 문제 삼아야 한다. 자아와 세계를 나란히 놓고, 둘 사이의 관계를 밝히지 않으면서 양쪽에 동질적인 문제가 있는 듯이 말하는 것은 세계의 자아화를 특징으로 하는 서정시에 대한 이해방식이어서 소설론일 수는 없다. 서정문학과 서사문학을 구분하는 기본적인 이해가 갖추어져 있지 않은 상태에서 소설을 논하고 소설의 형성을 말하는 것은 무리이다.

소설의 주인공은 "영혼 속에서만 의미와 실체를 찾는" 인물인가,

아니면 “악마적 심리”를 가진 인물인가 가려 논하는 것은 타당하지 않다. 두 가지 소설이 함께 나타났다. 루카치가 최초의 소설이라고 한 『돈 키호테』는 앞의 예이다. 스페인에서 같은 시기에 나타난 또 한 가지 소설 ‘건달소설’은 뒤의 예이다. 그 둘은 주인공의 성향이 상반되어도 소설을 형성하는 구실을 함께 수행한 것은 더 큰 공통점이 있기 때문이다.

자아와 세계의 특징을 각기 파악하거나 얼버무려 논해서는 각론 차원에 머무르거나 논의의 진전이 막혀 소설의 일반이론이 이루어지지 않는다. 자아와 세계가 서로 어긋나면서 상호우위에 입각한 대결을 벌이는 것이 소설을 소설이게 하는 더 큰 공통점이다. 그런 시대에 이르러서 소설이 생겨났으며, 소설에 대한 요구가 서로 달라 주인공의 성격이 반대가 되었다는 사실을 정당하게 파악해야 한다.

자아와 세계 가운데 어느 쪽이 정상에서 벗어났는지 또는 ‘악마적’이라고 할 정도로 ‘타락’되었는지는 관점에 따라 다르다. 자아와 세계의 대결이 승패가 나누어진다 해도 관점의 차이에 대한 토론이 계속된다. 『돈 키호테』에서는 순수한 이상을 가진 자아가 타락된 세계를 개조하려고 하지만, 세계의 기준에서 판단하면 그것은 착각이다. ‘건달소설’에서는 피해를 받아 살 수 없게 된 자아가 세계의 억압에서 벗어날 길을 찾아 헤매지만, 세계의 기준에서 보면 사악한 짓을 해서 용서할 수 없다.

그 가운데 어느 쪽을 택하는가는 처지에 따라 달랐다. 중세적인 질서가 무너지고 근대로의 이행기의 대립과 분열이 나타나는 시대에 이상주의에 대한 재검토를 과제로 삼아 합작을 한 귀족과 시민은 『돈 키호테』 쪽을 지지했다. 현실주의를 함께 추구하면서 서로 가까워진 시민과 민중은 '건달소설' 쪽을 선호했다.

바흐찐에 대한 반론

헤겔과 루카치의 소설론이 지닌 결함을 바흐찐이 소설을 논할 때에는 보여주지 않은 것 같다. 그 두 사람은 유럽문명권중심주의에 젖어 있는 서유럽의 논자이지만, 바흐찐은 러시아사람이고 러시아문학을 중요시했다. 그 두 사람의 소설론에서는 소설이 근대의 산물이라고 하면서 근대지상주의의 문학관을 창조했으나, 바흐찐은 소설은 고대부터 있었다고 하고 근대 이전의 소설을 소중하게 평가했다. 두 사람은 소설이 시민문학이라고 했는데, 바흐찐은 소설은 민중문학이라고 하고 민중의 구비전승에서 그 원천을 찾았다. 유럽문명권중심주의, 근대지상주의, 시민문학론의 한계를 넘어서서 소설에 대한 포괄적인 논의를 다시 펴는 데 바흐찐이 크게 도움이 된다고 할 수 있다.

그렇지만 바흐찐의 소설론은 미비하고 완성도가 부족하다. 일관된 체계를 갖춘 저서를 내놓지 않았으며, 여러 글에서 잡다한 논의를 폈다. 논리적인 순서를 제대로 갖추지 않고 중언부언하는 방식으로 글을 써서 적실하게 파악하기 어렵다. 기발한 발상으로 관심을 끌기나 하고, 이론 전개의 작업을 제대로 하지 않았다고 할 수 있다. 그런데도 높이 평가되는 것은 체계적인 사고의 무리한 요구에서 벗어나 숨어 있는 진실을 다시 찾고자 하는 새로운 시야를 열었기 때문이다.

소설은 잡다한 것들이 일정한 규칙이 없이 공존하는 관계를 보여주고 있어 소중하다는 주장이 소설론의 핵심을 이룬다. 그것은 단순한 발상이지만 몇 가지 점에서 평가할 만한 의의가 있다. 스탈린 시대

러시아의 경직된 사고에서 벗어나는 탈출구를 그런 방향에서 찾고자 했다. 형식논리에 의거한 단순한 사고나 변증법의 편협한 주장에서 벗어나서 소설의 실상을 있는 그대로 보고자 했다. 형식이 잘 짜이고 완성도가 높은 문학이라야 가치를 가진다는 주장을 부정하고, 문학사를 명작의 역사로 보는 관점을 넘어서고자 했다.

> (기존의) 문학이론이 전혀 부적합하다는 사실은 소설에다 적용하면 (바로) 드러난다. 다른 갈래들은 확정적이고, 명백하며, 완결된 대상으로 형성되어 있기 때문에 문학이론이 자신 있고 분명하게 적용된다… 소설의 문제에 당면하면 문학갈래의 이론을 근본적으로 재조정하지 않을 수 없다. (M. M. Bakhtin, Caryl Emerson and Michael Holquiest tr., *The Dialogic Imagination,* Austin: University of Texas Press, 1981, 8면)

소설은 기존의 문학이론에 입각해서 이해할 수 없으니 새로운 이론이 필요하다고 했다. 소설은 늦게 생긴 문학이므로 지금까지의 관습에서 벗어난 별도의 논의를 전개해야 특성이 파악된다고 하는 정도의 흔히 하던 말을 되풀이한 것은 아니다. 소설론을 전개하는 기회에 문학이론을 근본적으로 재검토하고 재구성하는 혁신을 이룩해야 한다고 했다. 그것은 기대할 만한 일이다.

> 문학의 소설화는 이미 완성된 갈래에다 그 자체의 것이 아니고 그것과는 이질적인 갈래의 규칙을 첨부하는 것을 의미하지 않는다. 소설은 그 자체의 규범이 없다는 것이 무엇보다 긴요하다.

소설은 본질상 규범적이지 않다. (같은 책, 39면)

그런데 이렇게 말하는 데 이르러서는 논의가 이상한 방향으로 넘어가 기대가 무너졌다. 규범이 있는 문학과 규범이 없는 소설이 대등한 위치에서 서로 구분되는 개념이라고 하면서, "문학의 소설화"를 말한 것은 부당하다. 소설이 문학의 다른 갈래에 비해서 상대적으로 구속이 적고 더 자유롭다는 사실을 부당하게 확대해 소설뿐만 아니라 문학 전반에 대한 온당한 이해를 저해했다.

문학이론을 근본적으로 재검토한다고 하면서 규범이 있다고 한 문학은 그대로 두고 규범에서 벗어났다고 하는 문학으로 관심을 돌리자고 했다. 규범에서 벗어난 문학은 규범을 떠나서 이해해야 한다는 너무나도 당연한 말이 새로운 문학이론일 수는 없다. 규범이 없는 문학이 소설이라고 하면서 소설의 개념을 부당하게 확대해 소설이 역사적인 갈래임을 부인했다. 소설은 고대부터 지금까지 줄곧 있어왔다고 하는 것도 가능한 발언이지만, 소설의 실상을 이해하는 데 도움이 되지 않는다.

서사시와 소설의 관계를 고찰하면서 서사시가 소설의 선행형태라고 하지 않고, 서사시는 규범적인 문학이라는 점에서 규범이 없는 소설과 다르다고 했다. 바흐찐은 서사시가 구전되고 있는 러시아의 사람이어서 서사시가 사라지고 없는 서유럽에서는 기대할 수 없는 견해를 폈다고 할 수 있다. 그러나 서사시와 소설의 공존은 항구적인 현상이 아니다. 오랜 내력을 가진 서사시는 사라지고 있는 시기에 신흥문학인 소설과 공존했다. 그 이유가 무엇인가 찾는 것이 둘 사이의 역사적인 관계 해명의 가장 긴요한 과제이다.

서사시와 소설의 관련 양상은 세계 대부분의 지역에서 바흐찐이 말한 것과 달랐다. 미천한 사람들이 구전하고 있어 규범이 없다고 하는 서사시가 범인서사시로 변모해 그 자체로 소설에 근접되다가 소설로 바뀌었다. 처음 나타난 소설은 미천한 출신을 감추고 기록문학의 대열에 끼이기 위해 지체 높은 기존의 문학갈래 가운데 사건 서술을 하는 데 도움이 되는 것을 가져다 쓰면서 자기도 규범을 갖춘 것으로 행세했다. 그런 기존 갈래가 동아시아에서는 '傳'이고, 유럽에서는 '고백록'이다.

바흐찐은 자아와 세계의 대결 같은 것에는 관심을 가지지 않고, 언어의 특징을 들어 소설에 대한 이해를 구체화하려고 했다. 소설에 규범이 없다는 것은 소설에서 사용하는 언어가 어느 하나로 특징지을 수 없는 다양성을 가지기 때문이라고 하면서 소설에 관한 논의를 구체화하는 단서로 삼았다. 이질어(heteroglossia)라고 명명한 그런 언어를 민중이 민중의 구비전승으로 이루어진 저급한 갈래에서 널리 사용하는 것을 광범위하게 받아들여 소설은 공식화된 문화에 대한 반론을 제기한다고 하면서 다음과 같이 말했다. 이해를 돕기 위해 문장을 조금 다듬어 옮긴다.

> 이러한 저급한 갈래들에 자리 잡고 있는 '이질어'는 공인된 문학어(그 갈래들의 다양한 표현형태), 즉 그 나라와 그 시대의 문화적·이념적 생활의 언어중심체와 대립되어 있는 정도에 그치지 않고, 그쪽의 문학어를 의도적으로 반대했다. 그 시대의 공식적인 언어와 날카롭게 논쟁적으로 맞서고 그것을 뒤집어놓는다. (같은 책, 273면)

이런 견해를 펴서 소설론의 구체적인 내용을 마련했다. 공식화된 문학어에 맞서서 민중의 언어인 이질어를 사용하는 소설은 지배문화에 대해 반대하는 위치에 있다고 했다. 그런데 이 견해는 민중의 언어는 이질어인가, 소설의 특징은 이질어를 사용하는 데 있는가, 소설은 이질어를 사용하면서 지배문화에 항거하는가 하는 등의 의문점이 있어 그대로 받아들일 수 없다.

이질어는 여러 가지 문체와 표현을 뒤섞어놓은 언어이다. 공식화된 문학어를 유식하게 흉내 내면서 무식한 말을 섞어놓는 것이 상례이고, 이중삼중의 뜻을 가진 표현을 사용해 갈피를 잡기 어렵게 한다. 그런 것은 공식화된 문학어에 대해서 시비를 걸 때 나타난다. 바흐찐 자신이 힘써 연구했듯이, 유럽에서는 라블래의 글에서 그 좋은 본보기를 찾을 수 있다. 한국에서는 판소리에 그런 것이 많이 보인다. 그것은 민중의 언어가 아니고 광대의 언어이다. 광대가 관여하거나 광대 정신으로 만든 소설에는 그런 언어가 애용되지만, 그런 것이 소설에서 공통되게 사용되는 언어라고 할 수는 없다. 그런 언어를 사용하는 것은 지배문화에 대한 항거의 한 방식이기는 하지만, 소설 일반의 특징을 이루지는 않는다.

소설에서 사용되는 언어는 일상적인 구어인 것이 기본 특징이다. 이질어라고 한 것은 일상적 구어의 특이한 변형이다. 소설은 일상적인 구어를 사용해 자아와 세계의 대결을 실감 나게 전개한다. 그 대결은 지배문화에 대한 싸움일 수도 있고, 지배문화 내부의 싸움일 수도 있고, 민중문화에 대한 지배문화의 반격일 수도 있어, 어느 하나로 규정될 수 없다. 그 내역은 소설과 다른 문학갈래를 구분하는 데 소용되지 않고, 소설 내부의 격차나 변천을 밝히는 데 필요하다.

바흐찐이 소설의 문제를 소설사의 관점에서 다루지 않고 소설의 특징을 공시적으로 파악하고자 한 것은 변증법을 버렸기 때문이다. 변증법적 발전에 매여 사물의 실상을 일방적으로 논단하는 폐단을 소설에 대한 다각적인 고찰을 통해 시정하고자 했다. 소설이 지니고 있는 규범이 없는 특징과 이질어의 양상을 있는 그대로 보여주려고 하고, 그 내부의 구조를 논리적으로 파악하려고 하지 않는 개방된 태도는 미덕일 수 있다. 논리나 체계를 넘어서는 열린 인식을 하려고 했다 하면 그 장점이 더욱 확대된다.

그러나 질서가 마땅하지 않다고 해서 혼돈을 그 자체로 이해하는 것은 학문하는 태도가 아니다. 혼돈이 질서이고 질서가 혼돈임을 알아 질서에 집착하지 않고, 혼돈 앞에서 아무 말도 하지 못하는 두 가지 잘못을 청산해야 한다. 그것이 변증법을 넘어서면서 불가지론도 함께 거부하는 생극론의 관점이다. 공간적 인식과 시간적 인식의 관계 또한 그렇다. 공간이 시간이고, 시간이 공간인 줄 알아, 양면을 하나로 합쳐야 한다. 소설에 대한 공시적 이해를 통시적 이해와 합치고, 소설사의 순환과 발전을 함께 해명하는 것이 절실하게 요망되는 이유가 거기 있다.

바흐찐이 소설론의 문제를 도외시한 것은 아니다. 소설에 관한 공시적 논의를 자기 나름대로 충분히 전개해 소설사의 전개를 새롭게 이해하는 데 이르려고 했다. '시공론'(chronotope)이라는 것을 만들어내 소설이 변천한 과정을 설명하려고 하는 작업이 그 때문에 필요했다. 그런데 소설의 시발점을 이룬다고 한 고대그리스의 소설에서 시간과 공간이 설정된 양상이라면서 찾아낸 것이 서사문학이나 서사적 교술문학에서 흔히 보이는 사건유형일 따름이다.

고대그리스의 서사문학이 서사문학 일반의 특징을 구현하고 있다는 이유에서 소설이라고 할 수는 없다. 구전설화도 모두 소설이라고 할 수는 없다. 소설 아닌 것들과 소설을 구분하고, 소설의 변천을 밝히는 이론이 필요하다. 그럴 수 있는 시공론이라야 소설론이고 소설사의 이론일 수 있다.

이질어 사용의 양상이 변한 경위를 밝혀 소설사의 전개를 해명하려고 한 것은 한 걸음 더 나아간 작업이라고 할 수 있다. 이질어 사용에 두 가지 방식이 있었다 했다. 처음에는 "소설의 언어 밖에다 두었던 이질어"를, "소설 내부로 끌어들이는" 둘째 방식을 사용한 소설의 갈래를 대표하는 위대한 작품이 나타났다고 했다.(같은 책, 375면) 둘째 방식을 사용한 시기는 16・17세기이고, 대표적인 작가는 라블래와 세르반테스라고 했다.

이질어를 작품 속으로 끌어들이지 않고 작품 밖에 두었다고 하는 첫째 방식이 무엇인지 이해하기 어렵고, 그런 경우에도 이질어 사용을 기본 특징으로 하는 소설이 이루어졌다고 할 수 있을지 의문이다. 소설은 고대그리스 이래로 계속 존재해온 규범이 없는 문학이고, 이질어를 사용한 문학이라고 한 지론이 흔들린다고 하지 않을 수 없다. 이질어를 작품 내부로 끌어들이는 둘째 방식을 사용했다는 시기에 소설이 형성되었다고 하면 무리가 없는데, 구태여 기이한 논의를 폈다.

그러나 바흐찐은 이질어 사용의 두 가지 방식을 가지고 소설의 후대적인 변모까지 설명하려고 했다. 첫째 방식은 둘째 방식이 나타난 뒤에도 존속되어 둘이 서로 대립되다가 "19세기가 시작될 때 그 둘 사이의 날카로운 대립이 없어졌다"고 했다.(같은 책, 414면) 이것은 사실과 어긋나는 발언이다. 19세기 초 이후의 유럽소설은 이질어 사용의 두 가지 방법을 합치지 않고, 이질어 사용을 배제했다. 공인된 문학어를 청산하고 일상적인 구어를 사용하기만 해서 그 둘 사이의 긴장을 나타내는 이질어가 사라진 것이다.

골드만에 대한 반론

골드만은 『숨은 신』(Lucien Goldmann, *Le Dieu caché*, Paris: Gallimard, 1959)에서 어느 사회집단의 의식이 문학에서 구현되는 양상을 살폈다. 신분적 특권을 오랫동안 세습한 재래의 귀족(noblesse d'épée, 칼 귀족, 무관귀족)과는 달리, 자기 능력에 의해 발탁된 신흥 귀족(noblesse de robe, 옷 귀족, 문관귀족)이 17세기에 이르면 정치현실에서 소외되어 생긴 절망적인 의식이 라시느와 파스칼의 비극 작품의 주제로 나타났다고 했다.

이런 선행 작업에 이어 『소설의 사회학을 위하여』(Lucien Goldmann, *Pour une sociologie du roman*, Paris: Gallimard, 1964)를 써서 소설이 이루어진 시대와 소설이 어떻게 연결되었는지 고찰했다. 정태구조주의(structuralisme statique)를 시정하는 발생구조주의(structualisme génetique)의 이론을 제시한다고 했다. 그래서 대단한 의의를 가지는 작업을 한 것처럼 보이지만, 재검토하지 않을 수 없는 심각한 문제점이 있다.

> 루카치가 연구한 소설형태는 문제가 있는 주인공이라는 용어로 정의한 주인공의 존재를 특징으로 한다. 소설은 타락된 세계에서 이루어지는 진정한 가치에 대한 타락된(루카치가 말한 '악마적'인) 추구인데, 세계에서도 수준은 다르게, 상이한 방식으로

타락이 진행되었다. (같은 책, 23면)

소설이 무엇인가 하는 물음에 대해서는 루카치의 견해를 가져와서 이렇게 말했다. 소설은 타락을 특징으로 한다는 것은 서사시라야 정상이라는 대비를 버리지 않은 낡은 견해인데 그대로이었다. 소설의 주인공은 "진정한 가치에 대한 타락된" 추구를 한다고 해서 자아와 세계의 대결 양상의 어느 일면을 지적하는 데 그치는 편파적인 견해를 시정하려고 하지 않았다.

세계에서도 자아의 경우와 마찬가지로 타락이 진행되면서 그 수준이나 방식이 다르다고 한 말은 골드만 자신이 보탰는데, 그것은 진전이라고 하기 어렵다. 타락이라는 것이 소설의 주제일 수 없다. 타락이 진행되는 수준이나 방식의 차이가 소설에서 다툼이 진행되는 이유일 수 없다. 타락에 대한 논의는 자아와 세계의 대결을 이해하기 더욱 힘들게 한다. 소설의 본질은 그런 수준에서 파악하고, 소설이 이루어진 시대와 소설은 다음과 같은 관련을 가진다고 했다.

> 소설은 결국 시장경제에 의해 형성된 개인주의 사회의 일상생활을 문학의 차원에다 옮겨놓은 것이다. 소설의 문학적 형식과… 시장경제사회에서 이루어지는 사람과 상품 사이의, 그것의 확장인 사람들 사이의 일상적 관계 사이에는 엄격한 相同性이 있다. (같은 책, 36면)

사회변화의 전반적 양상과 그 시대에 성행하는 문학갈래의 특징이 바로 연결된다고 했다. 선행 작업인 비극론에서 문학과 사회의 관계를 해명한 성과를 더욱 발전시켜 소설의 형성에 대해서 고찰하지 않고, 소설론은 새로운 관점에서 다시 이룩해서 두 가지 차질을 자초했다. 비극이 이루어진 시대와 소설이 이루어진 시대는 같은가 다른가 하는 문제를 해명할 수 없었다. 비극론과 소설론을 통괄해서 문학사회학의 더 넓은 영역을 마련하지 못했다.

비극론과 소설론이 그렇게 서로 달라진 이유는 비극론을 전개할 때에는 계급투쟁으로 역사가 발전한다고 믿다가 계급투쟁에 대한 기대를 버렸기 때문이라고 한다. 프랑스를 비롯한 유럽 각국에서 노동자가 시민화되어 계급투쟁이 많이 줄어들고, 노동자의 계급투쟁으로 사회주의 혁명을 할 수 있는 가능성도 그 의의도 거의 없어지자 골드만은 생각을 바꾸었다고 한다.

골드만은 적절한 시기에 타당한 선택을 한 것 같지만 그렇지 않다. 계급투쟁은 노동자만 하는 것도 아니고, 사회주의 혁명의 수단만도 아니다. 문학론은 정치강령의 대용품이 아니다. 역사의 전 기간에 걸쳐 사회집단 상호간의 관계가 어떻게 전개되어왔는가 살피면서 사회와 문학의 관계를 바로 파악해 소설의 성립을 논해야 한다. 사회집단이라는 말을 쓰는 것은 귀족 신분과 시민 계급을 함께 포괄할 필요가 있기 때문이다.

사회의 특징이라고 들 수 있는 것은 사회집단 사이의 투쟁을 넘어선 별개의 영역에서 존재하지 않고, 투쟁의 양상일 따름이다. 시장경제에 의해 형성된 개인주의사회는 시민사회이다. 시민이 아닌 사람들도 거기 함께 참여하고 있는 것은 투쟁하면서 동화되어, 갈등이 화합이고 화합이 갈등이기 때문이다. 사회집단의 개별적인 특징, 사회집단 상호간의 관계, 그 관계에 의해 이루어지는 한 시대의 특징을 중간 어느 곳을 단절시키지 말고 유기적으로 관련시켜 이해해야 한다.

사회집단 상호간의 관계에 관한 골드만의 견해는 비극론과 소설론에서 서로 반대가 되는 방향으로 극단화되었다. 비극론에서는 사회집단 사이의 투쟁만 보고 동화는 버리더니, 소설론에서는 투쟁은 버리고 동화만 남기고, 사회집단 상호간의 관계를 넘어선 영역에 시장경제와 개인주의가 있다고 하는 무리한 견해를 폈다. 투쟁과 동화 가운데 그 어느 쪽이 확대된 시대라도 다른 쪽이 부인될 수 없다.

시민이 귀족과 동화되어 귀족화되면서 프랑스에서는 골드만이 비극의 창조자라고 한 문관귀족이 생겨났다. 소설은 귀족과 시민, 시민과 노동자가 투쟁과 동화의 관계를 함께 가지면서 이룩한 경쟁적 합작품임은 더욱 넓은 범위에서 확인되는 사실이다. 비극이 이루어진 시대에도 소설이 있었고, 소설이 성행하는 시대에도 비극이 남아 있다. 여러 집단이 함께 이룩한 소설은 한 집단 내부의 창조물인 비극보다 보편성이 더 커서 시대 자체의 특징과 바로 연결되는 것처럼 보인다. 문학갈래는 어느 사회집단이 단독으로 또는 몇이서 합작해 만들어낸 창조물이며, 사회집단의 의식을 구조화하고 있다. 그러한 사실을 무시하고 사회와 문학 사이에 '상동성'이 있다고 하고 마는 것은 부당하다.

골드만이 파탄을 일으킨 것은 투쟁의 철학인 변증법에 대해서 찬성하거나 반대하는 것밖에 다른 방안은 없다고 여겼기 때문이다. 변증법에 대해서 비극론을 전개할 때에는 찬성하다가, 소설론으로 돌아서서는 반대하는 전환을 보였다. 변증법을 버리니 사회가 단일한 평면으로 이해되었다. 변증법에 대해서는 골드만이 아닌 다른 누구라도 찬성이나 반대 가운데 하나만 택할 수밖에 없어 그런 파탄을 일으킨다. 변증법을 버리고 생극론을 택하면 그런 잘못을 시정할 수 있다. 상생이 상극이고 상극이 상생임을 알면, 두 가지 극단론 가운데 양자택일을 하려다가 생기는 모든 잘못을 바로잡을 수 있다.

> 서양의 무산계급은 사물화된 세계의 국외자로 남아 있거나 혁명세력으로 거기 맞서지 않고, 반대로 거기 상당한 정도로 흡수되었다. 노동조합운동이나 정치운동이 이 사회를 전복하고 사회주의 세상으로 대체하는 대신에 마르크스의 분석에서 예견한 것보다 상대적으로 좋은 지위를 부여하도록 하는 구실을 했다.
>
> 또한 사물화된 세계가 더욱 더 위협을 가한다고 해서 문화창조가 중단되는 것도 아니다. 소설문학은, 아마도 현대시나 현대회화와 함께, 가능한 방법을 써서 어느 특정 집단의 의식과 결부될 수 없는 문화창조의 진정한 형태이다. (같은 책, 44면)

이 글 두 단락은 소설론의 결론에 해당하는 말이다. 앞의 단락에서는 유럽사회의 현황에 대해서 말했다. 뒤의 단락에서는 소설의 장래에 대해서 말했다. 그 두 단락을 어떻게 연결시켰으며, 그래서 무엇을 말하려고 했는가? 이런 의문을 풀어줄 단서가 글 자체에는 없다. 생략해도 좋을 말은 생략했기 때문인가? 아니면 사고의 파탄을 보인 탓인가? 둘 다 타당한 추정이다. 생략되었다고 생각되는 말을 보충하는 작업을 내 견해를 보태서 진행하면, 골드만이 보여준 사고의 파탄이 더욱 분명하게 드러난다.

유럽의 무산계급이 사물화된 세계에 흡수되었다는 것은 시민화했음을 말한다. 무산계급이 시민화해서 사회적 대립이 없어지자 자아와 세계의 대결이 약화되어 소설이 해체되기에 이르렀다. 사건전개나 인물성격에 긴장된 갈등이 없고, “사물화된 세계”를 그대로 보여주는 소설이 대거 나타났다. 그 좋은 예가 골드만이 책 후반부에서 다룬 ‘신소설’(nouveau roman)이라는 것들이다. 그런 작품은 기이하거나 비정상적인 상태를 펼쳐 보여 독자를 당황하게 할 따름이어서 소설이 가진 긍정적 가치를 상실했다.

그런 것들에 관해 두 번째 단락에서 특정 계급과 결부되지 않는 문화창조라고 하고, 진정한 문화창조라고 하는 두 가지 말을 했다. 앞의 말은 사실판단이고, 뒤의 말은 가치판단이므로 갈라서 시비하기로 하자. 노동자가 시민화했다고 해서 시민은 계급이 아니라고 하는 것은 잘못이다. 계급투쟁이 끝났다고 하는 것은 착각이다. 유럽인 육체노동자가 시민화되자 비게 된 자리를 대부분 외국인 노동자가 메워 계급투쟁의 양상이 달라졌다. 계급모순이 민족모순과 겹쳐 문제가 더욱 복잡해졌다.

자아와 세계의 대결을 해체한 유럽소설은 그런 문제를 외면하고 있는 반동적인 문학이다. 민중이나 시민의 불만을 전혀 무시하고 계급투쟁을 부인했던 귀족문학보다 더욱 반동적이다. 대결의 논리 자체를 무력화시켜 반론 제기가 불가능하게 하는 간교한 책동을 귀족문학은 생각할 수 없었다. 유럽문명권 선진국이 가해자가 되고 세계 전체의 후진민족이 피해자가 되어 벌어지는 민족모순과 계급모순이 결합된 형태의 갈등을 문제 삼아 제3세계소설이 지금 크게 일어나고 있다. 이런 상황을 외면하는 유럽소설의 한계를 인식하지 못하고 소설의 장래에 대해서 비관론을 펴든 낙관론을 펴든 모두 빗나간다.

나의 이론

소설의 이론에 관한 탐구를 시작한 나의 첫 번째의 시도가 『한국소설의 이론』(서울: 지식산업사, 1977)이다. 거기서 소설이 무엇이며 언제 어떻게 생겼는가 하는 문제를 한국소설에 근거를 두고 해명하는 이론을 마련하고, 한국 소설사의 시초에 관해 집중적으로 고찰했다. 그때 얻은 "소설은 자아와 세계가 상호우위에 입각해 대결하는 서사문학"이라고 한 것을 비롯한 여러 이론적 착상을 이제 세계적인 범위로 확대해 발전시키고자 한다.

<한국・중국・일본 소설의 개념>과 <서사시의 전통과 근대소설>이라는 논문에서 소설을 뜻하는 용어, 서사시와 소설의 관계를 들어, 소설 형성과 변천의 역사에 관한 비교연구를 시도했다. (둘 다 『한국문학과 세계문학』, 서울: 지식산업사, 제2판 1992에 수록되어 있다.) <동아시아 근대문학 형성과정 비교고찰>, 『한국문학연구』 17 (서울: 동국대학교 한국문화연구소, 1995)에서는 근대로의 이행기 동아시아 소설사를 사회사의 전개와 관련시켜 해명하는 작업을 시도했다. 여기서 시야를 더욱 넓히는 비교연구를 하면서 소설사와 사회사의 관계를 본격적으로 고찰하고자 한다.

<한국고전소설을 위한 남녀의 협동과 경쟁>이라고 제목을 번역할 수 있는 영문논문에서는 남성과 여성이 소설의 작가와 독자, 등장인물로서 어떤 관계를 가졌는지 살펴 소설은 남성과 여성의 경쟁적 합작품임을 밝혔다. ("Male-Female Partnership and Competition for the Classical Novel", *Korean Literature, in Cultural Context and Comparative Perspective*, Seoul: Jipmoondang, 1997) 그런 사실을 한국의 경우를 들어 고찰하고 비교연구의 필요성과 가능성을 제시했다. 남성과 여성의 관계, 독자와 작자의

관계에 대해서 더욱 범위가 넓고 깊이가 있는 연구를 이제 여기서 하고자 한다.

구비서사시에 관한 연구서인 『동아시아 구비서사시의 양상과 변천』(서울: 문학과지성사, 1997)에서는 구비서사시가 영웅서사시에서 범인서사시로 바뀌고 남녀의 사랑을 위시한 일상적인 관심사를 소중하게 다루게 되면서 소설에 근접한 양상을 광범위하게 비교해 고찰했다. 그렇게 해서 이루어진 한국의 판소리와 같은 율문소설이 다른 여러 곳에도 있다는 사실을 밝히고 그 공통점을 찾았다. 그러한 성과는 소설의 성립에 관한 새로운 고찰의 출발점이 된다.

소설이론을 전개하는 기본원리는 生克論이다. <생극론의 역사철학 정립을 위한 기본 구상>(『한국의 문학사와 철학사』, 서울: 지식산업사, 1996)에서 처음 제시한 이래 거의 모든 후속 연구에서 이론적 구상을 다시 가다듬고 역사 이해와 문학론 전개에 적용해 확장하고 검증한 생극론을 소설의 문제를 다루는 데 적용한다. 소설론과 소설사를 함께 정립하면서, 문학사와 사회사가 둘이 아니고 하나라고 하는 것이 그래서 가능하게 된다. 소설사 전개에서 나타나는 선진과 후진의 교체 또한 같은 원리에 입각해 파악한다.

'소설'이라는 말을 기본용어로 삼아 세계소설 일반론을 전개하는 것이 마땅하다. 그 어원인 '小說'에 매이지 않아 지나치게 넓은 뜻을 배제하고, 외국용어의 번역어라고 하지 않아 지나치게 좁은 뜻에 매이지 않아야 한다. 'novel'이나 'roman'을 기본용어로 삼아 소설일반론을 전개하려면 그 말이 '소설'과 같은 뜻을 지닌다고 규정해야 한다.

소설은 자아와 세계의 상호우위에 입각한 대결이어서, 세계의 우위에 입각한 대결인 전설이나 자아의 우위에 입각한 대결인 민담과 다르다. 전설이 민담화하고 민담이 전설화된 설화, 같은 방식으로 전개되는 범인서사시는 광의의 소설이라고 할 수 있다. 그러나 기록문학으로 정착되고, 창작되고, 유통되어야 협의로 규정되는 본격적인 소설이다.

중세까지의 기록서사문은 소설이라고 할 수 있는 작품도 있으나 두드러진 성격이 전설이나 민담이다. 고대소설이나 중세소설이 국지적인 갈래로 인정될 수 있으며, 세계문학사의 보편적인 갈래인 소설은 중세에서 근대로의 이행기 이후의 소설이다. 소설은 자생적으로 마련되었든 외부의 충격을 받고 이루어졌든, 어디서나 공통되게 중세에서 근대로의 이행기문학으로 시작되었다.

소설이 자생적으로 출현할 때에는 기존의 문학갈래 체계에 서사산문을 위한 자리가 없었으므로, 존중되는 지위를 차지하고 있는 교술산문 가운데 어느 것이라고 자처하면서 출생신고를 하고, 그 수법을 차용해 기록문학으로 행세할 수 있는 격식을 마련했다. 그러나 그 때문에 소설의 독자적인 특성이 부인될 수는 없다. 소설의 특성이 당대에도 분명하게 인식되었다는 증거를 소설배격론에서 찾을 수 있다.

소설은 어느 집단만의 문학이 아니며, 한편으로는 귀족·민중·시민, 다른 한편으로는 남성과 여성이 생극의 관계를 가지고 만들어낸 경쟁적 합작품이다. 중세에서 근대로의 이행기에 이르러서 신분이 계급으로 바뀌고, 남성의 우위에 대한 여성의 반론이 제기되자 소설이 이루어졌다. 자아와 세계의 대결을 상호우위에 입각해 전개하는 소설의 기본특징이 바로 그 시대의 구조이다. 한편으로는 귀족·민중·시민이, 다른 한편으로는 남성과 여성이 자아와 세계의 관계를 가지고 상호우위에 입각해 대결하는 문학을 함께 만들어내면서 서로 경쟁했다.

귀족은 기존의 기록문학에서, 민중은 구비문학에서, 시민은 현실에 대한 직접적인 체험에서 필요한 내용을 소설로 가져오는 데 각기 장기를 보였다. 사회생활은 남성이, 개인생활은 여성이 적극적으로 다루었다. 그 모든 작업이 한데 어울려져 소설의 다면적이고 복합적인 성격이 마련되었다.

소설은 그런 공동작의 과업을 맡아서 수행할 만한 개방적이고 복합적인 특성을 지닌 작가라야 잘 쓸 수 있다. 시민에 근접한 귀족, 귀족처럼 살고자 한 시민, 여성의 관심사에 민감한 남성, 남성 같은 여성이라야 소설의 작가로서 뛰어난 능력을 발휘해 자기와는 다른 독자를 광범위하게 끌어들이는 작품을 이룩할 수 있었다. 그런 특성은 오늘날까지도 지속된다.

소설은 또한 작자·전달자·독자 사이의 경쟁적 합작품이다. 귀족·민중·시민의 만남이 작자·전달자·독자의 관계를 통해서 이루어지기도 한다. 작자는 독자의 관심사를 받아들이면서 창작하고, 전달자에게도 관심을 가진다. 전달자는 필사본이든 인쇄본이든, 비영리적으로 유통되든 영리적으로 유통되든 가리지 않고, 어느 경우에나 작가와 독자 사이에 개입해 편집·수정·가공하면서 작품에 개입한다.

소설의 구조와 내용을 이룬 생극의 관계는 적대적이면서 우호적이고, 대립하면서 화합하며, 상대방에 근접해서 자기주장을 관철하고, 승리하면서 패배하는 양상으로 전개된다. 그래서 전후불일치, 표리부동, 논리당착 등의 특성을 지닌다. 그 양상이 얼마나 복잡하고 다면적인가 분석하는 작업은 여러 시각에서 거듭 새롭게 해야 한다.

귀족·민중·시민의 관계양상이 달라지고, 우열이 바뀌면서 소설사가 전개되었다. 귀족이나 민중을 누르고 시민이 일방적으로 우위를 차지하면서, 생극의 관계를 단순화하고 평면화한 근대소설이 생겨났다. 다른 계급이 모두 시민화되어 시민이 독점적인 지위를 누리자, 계급 사이의 생극의 관계가 파괴되어 자아와 세계의 대결이 해체되는 소설이 나타났다.

선진이 후진이고, 후진이 선진인 역전의 원리가 다른 모든 역사에서처럼 소설사에서도 구현되었다. 중세에서 근대로의 이행기소설을 만드는 데 앞선 동아시아는 근대소설을 이룩하는 데 뒤떨어져 유럽 근대소설을 받아들여야 했다. 중세에서 근대로의 이행기 때에는 뒤떨어졌던 유럽이 근대소설을 앞서서 만들어내다가 소설이 해체되는 위기를 맞이했다. 유럽소설의 충격을 받고 중세에서 근대로의 이행기소설을 뒤늦게 이룩한 제3세계 여러 곳에서 지금은 소설의 의의를 최대한 발휘하는 창조력을 보이고 있다.

추가 설명

위의 내용 가운데 기존의 소설 이론과 토론한 부분을 영어로 옮긴 것을 이탈리아 로마대학 비교문학 교수 시노폴리(Francia Sinopoli)가 이탈리아어로 번역하고 자기가 엮은 책(*Letteratura europea vista dagli altri*, Roma: Meltemi, 2003)에 수록했다. 책 이름이 『다른 쪽에서 본 유럽문학』이라는 말이다. 내 원고의 영문 제목이 "Against European Theories of Novel"이어서 "Contro le teorie europee del romanzo"(유럽의 소설 이론에 맞서서)라고 옮겼다. (책 내용을 제3권 제13강에서 소개했다.)

생극론을 외국에 알리려면 번역이 있어야 한다. 우선 영어로 무엇이라고 해야 하는가 생각해보니 쉬운 일이 아니다. 서울대학교 대학원에서 한국고전문학을 전공하는 미국인 학생 나수호(Charles La Shure)와 상의해 "Becoming-Overcoming Theory"라고 하기로 했다.

영문 원고를 보낼 때 그 용어를 사용했더니, 편자가 처음 보는 말이어서 이해할 수 없다고 했다. 본문 서술에서 생극론과 관련시켜 논의한 내용도 무엇을 말하는지 알지 못해 이탈리아어로 옮기기 어렵다고 했다. 보충 설명을 요구한다고 전자우편으로 알려왔다. 그래서 전자우편으로 응답한 말의 요긴한 대목을 주 3번에다 옮겨놓았다. 우편을 주고받으면서 사용한 말은 영어이다. 영어로 쓴 응답을 이탈리아어로 번역하지 않고 원문 그대로 보여주었다.

그 글이 다음과 같다. 이번에도 영어로 쓴 원문 그대로 적는다. 한국어로 옮기면 무엇이 문제인지 이해하기 어렵게 된다.

> The Becoming-Overcoming Theory is contradictory. The truth is in the contradiction. If we disbelieve and exclude the contradictory truth, all extremisms fighting each other with one sided instances must be allowed. Such a confusion is undesirable. In the Western philosophy, the metaphysics and the dialectics, the static structuralism and the genetic structuralism are two separate sects denying each other. But in the Oriental philosophy, they are two as well as one. Fighting is cooperating in itself. I recreated such tradition of thinking with more convincing arguments to make a general theory of literary history. The contradictory proposition that the harmonious way of Becoming is the conflicting process

of Overcoming solves many difficult problems of literary history. The rise and changing of the novel in the global perspective can be understood by the Becoming-Overcoming theory. We have to realize well the fact that Oriental and Western traditions of thinking are quite different even nowadays. So it is not easy, I think, to understand my point of view to criticize Western literary theories. But one thing is very clear. There is no crisis of literature, such as the demolition of the novel, in East Asian countries. The fundamental reason can be found in the philosophical tradition. So it is an indispensable duty for me to revise the literary theories imported from the West, to open a really general horizon.

토론

❑ 문: 소설 연구에서 일반이론보다 개별작품이 더욱 소중하지 않는가? 일반이론을 적용해 작품을 논하는 것이 바람직한 연구인가?

❑ 답: 소설 연구의 일차적 대상은 개별작품이다. 개별작품을 충실하게 다루면서 더욱 포괄적인 내용을 마련하는 것이 연구의 진행 과정이다. 개별작품을 충실하게 다룬다는 말이 내용 소개를 자세하게 하라는 것이 아니다. 내용 소개는 아무리 잘 해도 작품을 읽지 않은 사람을 위해 작품 대용품을 제공하는 것 이상의 효능이 없다. 작품을 여러 번 읽어 잘 알고 있는 사람을 탄복하게 만드는 논문을 써야 한다. 작품으로 되돌아가지 않고 일반이론을 향해 나아가야 그럴 수 있다. 기존의 일반이론을 가져와 적용하면 이럴 수 없다. 스스로 이론을 발견하고

정립해나가면서 기존 이론과 토론을 하는 것이 마땅하다. 기존 이론의 수용과 극복이 이런 과정에서 이루어져야 한다. 내 이론도 이렇게 해야 하는 것들 가운데 하나이다.

❑ 문: 개별작품에서 출발해 일반이론으로 나아가려면 다루는 대상을 얼마나 확대해야 하는가?

❑ 답: 대상의 확대는 일정하지 않다. 확대 여부가 연구 성과의 우열과는 무관하다. 심훈의 소설, 1930년대 농촌소설, 한국근대소설, 한국소설, 동아시아소설, 소설 일반 등에 관한 연구가 모두 그 나름대로 가치가 있다. 모두 그 나름대로의 일반이론을 필요로 한다. '일반'이라는 말은 다루는 대상이 좁든 넓든 대상 전체에 두루 해당한다는 말이다.

❑ 문: 다루고자 하는 대상만큼 공부하면 되는가?

❑ 답: 아니다. 공부는 넓게 하고 연구는 좁게 시작해야 하는 원칙을 지켜야 한다. 심훈의 소설만 연구하려고 해도 세계문학에 대한 광범위한 이해가 필요하다. 많이 읽고 널리 살펴야 특정 대상을 깊이 이해하고 다각도로 논할 수 있다.

❑ 문: 넓게 공부하려면 어떻게 해야 하는가?

❑ 답: 학교에서 하는 것이 바람직하다. 고등학교에서도 대학에서도 많은 작품을 읽어야 한다. 작품은 외면하고 문학론만 강의하는 것은 크게 잘못되었다. 40년 가까운 시간을 거슬러 올라가 지난날을 회고하고자 한다. 계명대학에서 강의하면서 전공과목에서 작품 읽기에 힘쓰고, 이론적인 논의를 작품에서 도출했다. 더 나아가 동서고금의 주요작품을 읽고 논의하는 '문학'이라는 과목을 전교생 필수로 하고 처음에는 혼자 다 가르쳤다. 이런 강의를 다시 어디서든지 한다.

그러나 학교에서 해주기를 기다릴 수 없다. 스스로 공부를 넓게 해야 한다. 스스로 가르치는 것이 최상의 배움이다. 대학이나 대학교육에 대한 불만을 각성과 분발의 원천으로 삼아 마땅하다. 장차 교단에 설 때 광범위한 독서를 지도할 준비를 해야 한다.

❑ 문: 소설은 인간의 표현이라고 생각한다. 인간을 먼저 알아야 소설이 무엇인지 밝힐 수 있지 않은가?

❑ 답: 소설과 인간 둘 가운데 어느 쪽을 먼저 알아야 하는지 생각해보자. 인간에 대해 탐구하는 표현 형태인 소설은 그 대상인 인간보다 알기 쉽다. 소설이 무엇인지 먼저 안 것을 기지수로 삼아 인간이라는 미지수를 풀어나가는 것이 마땅한 순서이다.

인간은 탐구하기 어려운 대상이므로 소설도 있고, 예술이나 학문의 다른 형태도 있다. 여러 각도에서 다양한 노력을 하고 있다. 이러한 사실을 무시하고 인간이라는 말을 무책임하게 쓰는 논자가 더러 있다. 탐구의 방법 가운데 어느 것이 마땅하지 않다고 여기거나 특정 학설에 불만을 가지고, 다 버리고 인간으로 돌아가야 하느니, 인간을 존중해야 하느니 하는 말을 이따금 들을 수 있다.

인간이 무엇인지 이미 알고 있는데 공연히 딴 소리를 한다고 나무란다. 인간을 내세워 무슨 소리든지 함부로 하려고 한다. 학문을 학문답게 하지 않아도 되는 면책특권을 가지려고 한다. 이것은 판을 깨자는 폭언에 지나지 않는다. 기존의 작업에 불만이 있으면 인간 탐구의 방법을 새롭게 개척하는 것이 마땅하다.

소설은 인간 탐구의 작업이고, 소설론은 인간 탐구의 방법에 대한 점검이다. 소설이 마땅하지 않으면 다른 작업을 택할 일이다. 기존의 소설론에 동의할 수 없으면 혁신안을 제시하는 것이 마땅하다. 문학사론, 민족문학론, 근대문학론 등 문학의 다른 이론 또는 학문 이론 전반에 관해서 같은 말을 할 수 있다.

이론은 닫혀 있고 인간은 열려 있으므로 둘이 경쟁하면 이론이 지고 인간이 이긴다. 이미 있는 이론과 아직 없는 이론이 다투면 아직 없는 이론이 이긴다. 이미 있는 이론은 인생의 의미를 한정하지만 아직 없는 이론은 무한히 개방되어 있어 인생 자체와 합치된다고 할 수 있기 때문이다. 이런 논법으로 특정 이론을 부정하려고 하는 것은 학문을 부정하는 폭거임을 명확하게 인지해야 한다.

이론에 대한 비판은 다른 이론을 내세워 해야 한다. 선수와 선수의 시합만 유효하다. 선수를 야유하는 관중이 어떤 선수보다 위대하다고 자부하는 착각이 운동장에서는 허용되지 않는데, 학계에는 더러 있다. 시합을 하는 선수로 등장하는 학자는 자기가 내세우는 이론이 인간 탐구에서 어떤 장점을 더 지니는지 말해야 한다. 인간 탐구를 위한 이론이라는 것은 공통사항이므로 우열 판별의 증거일 수 없다. 인간을 어떻게 탐구해 진일보한 성과를 얻는지 말해야 한다. 상대방의 일루타를 제압하기 위해 자기는 이루타를 친다는 것을 입증해야 한다.

어떤 이론도 인간만큼 열려 있지는 않다. 더 열린 이론이 좋은 이론이라고 할 수 있으나, 시야가 흐려져 정신을 차리지 못하게 된다. 보이는 대로 아무 말이나 하면 혼란스럽기만 하다. 시야를 확보하는 논리를 어떻게 갖추어 인간 이해를 새롭게 하는지 말해야 한다. 복잡하고 다양한 것을 파악할 수 있게 하는 고차방정식이 바람직한 이론이다.

❑ 문: 소설은 인간의 어떤 모습을 탐구하는가?

❏ 답: 개별 작품의 차원을 넘어서서 소설 갈래 자체가 인간론이다. 소설은 자아와 세계가 상호우위에 입각해 대결하는 것을 보여주면서, 홀로 위대하다고 하면서 절대적인 이념이나 도덕적 엄숙주의를 내세우는 것이 부당하다고 일깨워준다. 인간은 여럿이 함께 생극의 관계를 가지고 살아가면서 승패와 우열의 표리가 상반되는 변화를 겪는다는 사실을 강조해서 말한다. 고차방정식 수준의 이론을 만들어 소설의 인간 탐구를 핍진하게 인식했다.

❏ 문: 비판의 대상으로 삼은 여러 소설이론과 무엇이 어떻게 다른가?

❏ 답: 강의 내용을 최대한 간추려 말하겠다. (가)는 기존의 이론이고, (나)는 나의 대안이다.

(가1) 서사시가 보여주던 근원적 조화의 이상형을 잃고 격하되고 비속화된 상태에서 대립을 겪는 삶의 양상을 소설이 나타냈다. (가2) 이상과 현실, 숭고와 비속, 내면과 외면 등 사이에 변증법적 대립이 있다. (가3) 귀족과 대립하는 시민이 이러한 소설을 만들어내고 계급의식을 상실하면서 해체하는 데 이른다.

(가1)은 고대그리스 서사시가 서사문학의 원형이라고 여겨 생긴 착각이다. (가2)에서 서사시의 유산에서 벗어나고자 하는 대립이 소설의 특징이라고 오판하고, 양자 사이의 대립을 말하는 데 그치는 변증법의 한계를 나타냈다. (가3)에서 계급들 사이의 생극 관계를 생각하지 못하고, 유럽의 경우만 알고 세계 전체는 알지 못하는 이중의 실수를 했다.

잘못을 시정한 대안을 제시한다. (나1) 자아와 세계가 작품외적 자아의 개입으로 대결하는 서사 가운데 자아와 세계가 상호우위를 가지는 것이 소설이다. (나2) 자아와 세계의 상호우위에 입각한 대결은 상생이 상극이고 상극이 상생인 생극론의 원리로 진행되면서 복잡하고 다면적인 양상을 띤다. (나3) 소설은 귀족·시민·민중의 경쟁적 합작품이며, 참여자들의 성격과 관계가 달라지면서 변화를 겪는 양상이 세계 전역에서 다양하게 나타난다.

❑ 문: 근원적 조화의 이상형을 美라고 하지 않는가? 소설은 美와 무관하다고 해야 하는가?

❑ 답: 근원적 조화의 이상형이 美라고 하는 주장은 편협하거나 부당하다. 서정시를 말할 때에는 맞는 듯이 보이지만 사실을 왜곡하고 가치평가를 오도한다. 美는 이질적인 것들의 공존에서 마련되는 생동감이다. 이런 의미의 美를 서정시와 소설은 다른 방식으로 나타낸다. 서정시에서는 세계를 자아화한 심상이 이질적이어서 생동한다. 소설은 자아와 세계의 상호우위에 입각해 대결을 만들어내, 이질적인 것들의 관계가 역전되는 과정을 보여주면서 생동감을 키운다.

❑ 문: 그림을 그리다가 문학으로 관심을 돌린 것으로 안다. 그림에서 얻은 바가 문학 이해에 어떤 도움이 되는가?

❑ 답: 지금 말한 美는 그림에서도 동일하다. 그림은 이질적인 것들 사이에서 나타나는 생동감을 공간에다 나타낸다. 그림을 보는 사람은 그림과 이질적인 존재이지만, 그 속에 들어가 생동감을 공유한다. 그림을 완벽하게 잘 그렸다고 생각하면 들어가지 못하고 멀리서 찬탄하기만 한다. 그림에 허점이 있고, 고치면 더 좋겠다고 생각되면 더 깊이 들어가 생동감이 커진다. 따지면서 읽고, 쓰면서 읽는 것과 같은 이치이다.

문학 작품도 허점이 보이고 논란의 여지가 많아 독자가 따지면서 읽고, 쓰면서 읽는 열의를 가지도록 하는 것을 높이 평가해야 한다. 새로운 해석의 가능성이 널리 열려 있고, 경쟁상대로 삼아 다시 쓴 작품의 경향이 다양해질수록 좋다는 말이기도 하다. 이 점을 잘 밝히고 그 자체로 광범위한 논란의 대상이 되는 이론이 훌륭하다. 문학이론뿐만 아니라 모든 학문 이론이 동일하다.

❑ 문: 선생님의 이론에는 어떤 허점이 있는가?

❑ 답: 허점은 내가 말할 것이 아니고 논란을 하는 쪽에서 발견해야 한다. 허점이 있는 이유를 말하는 것은 가능하다. 소설에서 논란이 벌어지는 것만큼이나 소설이론에도 쟁점이 많다. 내가 이론을 완성하려는 것은 아니다. 아직 갈 길이 멀다. 대담한 발상으로 논쟁을 촉발하는 구실을 하는 것을 보람으로 삼는다. 오늘의 강의에서 열띤 토론이 벌어진 것이 그 증거이다. 이 강의는 언제나 토론에 힘입어 탐구 성과가 확대되고 새로운 연구 과제를 제시한다. 책을 읽고서 강의보다 토론이 더 좋다고 하는 사람이 많아 감격스럽다.

허점을 메우고 쟁점을 해결하려면 후속 작업이 반드시 있어야 한다. 그러나 나는 감당하지 못해 누구든지 맡아 나서기를 바란다. 내가 이미 한 시도가 뒤로 밀릴 것을 각오하고 당연하게 여긴다. 이루타 이상이라고 할 수 있는 더욱 진전된 이론이 이루어져야 한다. 내 이론이 다음 논자에게 토론 대상으로 이용되어 진전에 도움을 준다면 노력한 보람이 있다.

제14강 소설사 전개의 이론

논의의 유래

앞 강의에서 한 기존이론과의 토론은 예비작업에 지나지 않는다. 대안 제시를 본론으로 삼아야 한다. 기존이론의 결함을 시정하고 연구 대상에 대한 새로운 해명을 타당한 논리를 갖추어 전개해야 한다. 『소설의 사회사 비교론』(서울: 지식산업사, 2001)에서 이렇게 해서 세계 소설사의 이론을 정립했다.

얻은 성과를 제시하고 검토해야 일반이론 정립이 무엇인가 보여줄 수 있다. 길고 복잡하게 진행한 작업을 간추려 전하기 어렵다. 예증을 생략하고 논리를 축약하면 타당성이 의심된다. 자세한 내용은 책을 읽어 확인하리라고 믿고, 요약본을 하나 보인다. 대외용으로 만든 상품의 견본이나 영화의 예고편 같은 것이다.

2001년 10월 한국비교문학회 주최로 서울에서 개최된 비교문학 국제학술회의에서 기조발표를 해달라는 부탁을 받고 쓴 글이다. 대회의 주제가 'Eastern and Western Cultural Memory'(동서양의 문화 기억)이어서 꼭 맞는 내용의 영문 논문을 주최 측의 체면을 살릴 수 있게 잘

써야 했다. 영어를 잘 해 기조발표를 맡은 것은 아니다. 무엇을 말하는가 하는 것이 긴요했다.

『소설의 사회사 비교론』에 마련해둔 밑천이 있어 요긴하게 활용했다. 여기저기서 다른 사실을 간추려 글 한 편이 되게 연결시키고 제목을 "Biography and Confession: Eastern and Western Modes of Cultural Memory"라고 했다. 동아시아에서는 '傳'을, 유럽에서는 '고백록'을 부정의 대상으로 삼아 시작된 소설이 후대에 어떻게 전개되었는지 고찰한 내용이다.

이 논문을 2002년 5월에 네덜란드 레이덴대학에 초청되어 강연을 할 때 다시 활용했다. 그 뒤에 *Seoul Journal of Korean Studies* 15 (Seoul: Institute of Korean Studies, Seoul National University, 2002)에 발표하고, 영문저서 *Interrelated Issues in Korean, East Asian and World Literature* (Seoul: Jimoondang, 2006)에 수록했다.

사진과 실물

이해를 돕기 위해 영문 원고의 국문 번역을 첨부한다. 제목은 <傳과 고백록: 문화 기억을 위한 東西의 방식>이라고 직역할 수 있으나 무슨 말인지 이해하기 어렵다. <傳과 고백록을 사용한 문화 기억을 이은 東西 소설의 변모>라고 하면 무슨 내용인지 알 수 있지만 말이 너무 길다. <傳과 고백록: 東西 소설의 연원>이라고 하는 것이 적합하다.

국문 원고를 영어로 옮기기는 너무 힘들어 영문 원고는 영문으로 바로 써야 했다. 영어를 못하기 때문이라고 할 수 있다. 그런데 강의 원고로 삼으려고 이번에 영문을 국문으로 번역하니 같은 정도의 어려움이 있다. 몇 번 고쳤어도 계속 어색하다. 국어를 못하기 때문이라고 할 수는 없다. 영문과 국문은 글쓰기로 나타나는 사고방식이 다르기 때문이다.

논리의 틀을 짜는 데는 영어가 유리한 것 같다. 영어를 사용해 명확하게 나타낼 수 있어야 틀을 제대로 짰다고 할 수 있다. 'cultural memory'처럼 영어에서는 널리 알려진 개념은 영어로 글을 써야 쉽게 활용할 수 있다. '문화 기억'이라고 옮기면 무엇을 말하는지 알기 어렵다. 영어 책을 읽고 얻은 내용은 영어로 다루는 것이 편하다.

그러나 새로운 연구를 개척하려면 나는 국문으로 글을 써야 한다. 이론의 근본을 이루는 '生克論'과 같은 용어를 영어로 옮기는 것은 거의 불가능하다. 한국문학에서 먼저 얻고 중국문학이나 일본문학에서 검증한 사실은 영어로 전달하기 무척 어렵다. 유럽문학에 관한 기존의 지식보다 동아시아문학에서 얻은 새로운 논거가 이론 전개를 위해 더욱 소중하다.

이 몇 가지 이유 때문에 나는 국문으로 하는 학문에서 능력을 발휘하고 성과를 축적한다. 그 일부만 전달 가능한 범위 안에서 간추려 외국어로 내놓는다. 번역물은 실물의 사진에 지나지 않는다. 그런데 여기서는 사진을 내놓고 설명한다. 영문의 번역인 국문은 이중의 사진이다. 영문 원고에는 있는 주는 번역해 옮기지 않았다.

사진의 사진으로는 만족할 수 없다. 실물을 알아야 하므로 『소설의 사회사』 전권을 읽으라고 권고한다. 한국어를 모르면 실물과 만나지 못하니 안타깝다. 한국인 독자는 복을 타고났다고 말하면 지나친가?

Biography and Confession: Eastern and Western Modes of Cultural Memory

Two Archetypes

It is a common desire of the human race to leave cultural memories using some kind of narrative form. Among these various heritages, the highest one is the mode of the final judgment of human conduct. It is chosen according to religious traditions.

Eastern Confucianist society and Western Christian society each have their own mode: the biography for the former, the confession for the latter. These two archetypes of the life history have been handed down, with modifications, over the long course of literary history. They can help to explain many of the contrasting features of literary products of the two civilizations.

The formal biography, written as a part of the official historical records of the Eastern nations, following Sima Qian’s model, decided a man's honour or dishonour, which are then passed on to his descendants. This is the last judgment of Confucianism. The historian must be fair and impartial; the readers of later generations will judge his sincerity. All other forms of biography are advised to follow such a norm. Any life history without the objective third person’s point of view is unacceptable; autobiography is not allowed.

In Western civilization, the highest mode of the life history is the religious confession to God, who judges the confessor's conduct—Augustine best exemplified this form. There is no other way to get to Paradise. The writer must be honest; God does not forgive any lie. In later modifications, the receiver may not be God himself, but the first person narration revealing an undisguised inner truth is retained. It is desirable for all distinguished persons to write an autobiography.

Two Novels

The East Asian novel began as a mock biography. It was fictitious story of a humble person who was not qualified to be treated in the formal biography. Assuming the place of the biography, this *enfant terrible* registered its birth illegally, and started to destroy from within the declining medieval civilization.

The first novel in Europe, the picaresque novel, was a mock confession. It was a non-religious confession producing social disorder. The confessor was a swindler (*picaro* in Spanish) who boasted of his evil deeds under the pretext of begging pardon for them. The receiver was changed into an ordinary social leader.

The main concern for the two rising novels was the love affair. The secularizing society of the transition from the medieval to the modern era wanted such a interesting story. This story was embodied differently in the framework of two modes of cultural memory. The basic structure of two novels showed an interesting contrast, and each modified a common tradition.

In East Asia, what was popular was the polygamous novel. It revealed the life history of a dignified man making love with many female partners. Such a situation helped to gain wider support for the mock biography.

Whether the female characters were also interesting or not is different according to each work.

One Japanese example, Ihara Saikaku's *Koshokuichaiotoko* (*The Life of an Amorous Man*, 1682) was, as the title says, a man's story. The male protagonist pursued his adventure of sexual love unilaterally. There was no mention of the life histories of the female partners; they were expendable commodities.

A Chinese novel with a similar theme by an unidentifiable author, *Jinpingmei* (*The Plum in the Golden Vase*, late 16th century or early 17th century), was not wholly dominated by the erotic male protagonist. The three female characters, whose names were revealed in the title, led their own lives. After the death of the tyrannical hero, the story continued for a while to tell of the women's fate.

In Korea, Kim Manjung's *Kuunmong* (*Dream of Nine Clouds*, 1687) was a life history of nine characters introduced as the nine clouds in the title. They are one husband and his eight wives. Such a relation can be labeled as unfair, but it was always the women who initiated the meetings for love in different ways, according to their social positions. Female readers could enjoy imagining themselves as each of the eight women. (1)

The Western counterpart of the Eastern polygamous novel was the so-called adultery novel. The polyandrous relationship, a love affair of a woman with two men or more had a such a dishonorable name, but there is no decisive difference between the two. The multiple love affairs of polygamy or polyandry make for a more interesting story than monogamy. The two civilizations shared their choice.

The polygamous novel of East Asia was a biography or a series of biographies, so it used the third person point of view without exception. The adultery novel, however, used the first person point of view to confess the suffering of the inner mind. The recipient of the confession was changed into the lover; the lover became a new idol, love a new religion. Female readers ardently welcomed such a novel.

Its representative example, Jean-Jacques Rousseau's *Julie ou la nouvelle Heloïse* (*Julie or the New Heloise*, 1761) is a collection of letters. Two desperate lovers, who could not realize their love because of social barriers, exchanged endless letters repeating unbearable laments. What is important is only the inner consciousness. There is no noticeable development of the story, and only the death of one lover brings it to an end.

This sort of epistolary novel was the rearranged confession of the new age. It became fashionable in all of Europe and produced many variations. Its English representative, Samuel Richardson's *Pamela* (1740), which was mistakenly received as the founding father of the novel, was an exceptional "happy ending" story. The female protagonist succeeded in making the recipient read her letters and marry her.

Johann Wolfgang von Goethe's *Die Leiden des jungen Werthers* (*The Sorrows of Young Werther*, 1774) returned to the tradition of useless confession. The recipient of the desperate letters, however, is not a beloved idol but a third person confidant. The protagonist's death is not the convincing result of a failed love, but the beginning of a novel of inexplicable inner complex.

Two Orientations

The modern East Asian novel received much influence from European precedents. Its traditional mode, however, was not lost but recreated. The family novel appeared as a new form of objective biography. It treated the social problem of historical change to the modern age.

The representative examples of such family novels were Shimazaki Toson's *Ie* (Family, 1912) in Japan, Ba Jin's *Jia* (Family, 1931) in China, and Yeom Sangseop's *Samdae* (*Three Generations*, 1931) in Korea. They treated a common theme, the death of the patriarch, and through this theme showed the same historical change from traditional to modern society. The specific features of each, however, were different according to each country's situation and each author's way of thinking.

The three novels agree that the death of the patriarch cannot stopped or delayed, as it is an inevitable process of the historical change from traditional to modern society, from authoritarian to democratic values. But the characters of the patriarch are different. In Shimazaki Toson's *Ie* he is a leader of peasants, in Ba Jin's *Jia* he is a member of the Chinese gentry who achieved his privileged status through the civil examination, and in Yeom Sangseop's *Samdae* he is one who achieved his position in the Korean gentry, the *yangban*, by money.

There are two types of successor: the moderate successor, who regrets the death of the patriarch, and the revolting successor, who welcomes it. The successor in Shimazaki Toson's *Ie* is moderate. the successor in Ba Jin's *Jia* is revolting, and in Yeom Sangseop's *Samdae* there are both moderate and revolting successors.

The moderate successor in Shimazaki Toson's *Ie* wants to inherit the fading Japanese tradition in order to overcome the impact of the West. The revolting successor in Ba Jin's *Jia* adopts Western liberalism to be free from patriarchal despotism. Yeom Sangseop's *Samdae* depicts the complicated conflict of Western liberalism, Communism, and conservatism among various successors.

The European novel had a similar work. Roger Martin du Gard's *Les Thibaut* (*The Thibauts*, 1922-1936), in France, depicted the death of the patriarch and showed a competition between the rightist way of the moderate successor and the leftist way of the revolting successor. But it is regarded as an outmoded work and standing outside the main tradition of the European novel of the 20th century.

The European novel was inclined to the stream of consciousness. Its models, Marcel Proust's *A la recherche du temps perdue* (*In Search of Lost Times*, 1913-1927) and James Joyce's *Ulysses* (1922), receive ever increasing attention. They are new forms of the confession where the recipient is oneself. There is no lover or confidant; communication beyond oneself is impossible. It is the inner monologue in its literal sense.

The critical comment about such novels, that "even the most painstaking analysis can hardly emerge with anything more than an appreciation of the multiple enmeshment of the motifs but with nothing of the purpose and meaning of the work itself"(2) is convincing. But it cannot change the situation. There is no alternative but to follow the course already chosen.

Franz Kafka and some other novelists destroyed the novel once more. At last, the so-called *nouveau roman or anti-roman* appeared. This is a final assault on the novel. The story is disturbed, the character is disintegrated, and historical consciousness has disappeared. There seems to be no remedy for the crisis of the novel.

New models of European literature are always highly evaluated by East

Asian literary critics with a background in Western learning. They advised writers to imitate them. But the epistolary novel was not adapted as a fixed form, and experiments in writing stream of consciousness novels produced no noticeable results.

Confession without religious faith brought about the crisis of the European novel, but it is not a crisis of world literature. The tradition of biography, East Asia's mode of cultural memory, is still valid in secular and modernized society. East Asian novels continue to depict history using third person point view.

The Japanese *watagushi shosetsu* ("I" novel) uses the first person point of view, but it does not destroy the novel. Historical novels on a large scale are very popular in Japan and Korea. Chinese and Korean novelists are eager to narrate modern social and political history better than the historians.

At first, the novel was a mock biography, but now it is a new form of the formal biography of society. The novel of mock confession can not be labeled as hopeless. If it can avoid too extreme an orientation, it will be able to offer a sincere testimony of human experience.

The East Asian mode of cultural memory emphasizes the outer side. While life in the family, community, and nation are highly valued, the individual's inner consciousness is relatively neglected. To unite the outer and inner orientations is the best method to improve cultural memory.

A Third Way

Just as the European sense of superiority is harmful, the East Asian insistence of self-righteousness is also wrong. Yet there are more than just two civilizations on the earth, and each civilization has its own mode of cultural memory. Comparative study in a wider scope will help overcome any kind of ethnocentrism.

Indian and Arab civilizations do not forget their glorious histories. The peoples without a written heritage must also not be neglected. Among them, I will select Africa to discuss the relation between the traditional mode of cultural memory and the modern novel.

Kenyan novelist Ngugi wa Thiong'o said that the European novel died with the death of God, but the African novel is still alive. "There was even a movement in search of *noveau roman* but I am not sure whether there was also a parallel movement in search of a new God or, for that matter, whether the search was fruitful". This is the European situation. "What's clear is that something answering to the name 'novel' has been showing significant signs of life somewhere in Africa and Latin America." (3) This is the other side of the story.

It is a well-known fact that the African novel was born as an imitation of the European model. Then why it does not have the same life cycle? The answer is that Africans did not believe in the European God but in their own myth.

The European God produced its peculiar mode of cultural memory, the confession. The death of God is well manifested in the decay of the confession in the novel. But the African mode of cultural memory is the myth and other oral folk narratives. African myth does not die, since it is a continuous prophecy concerning history.

The African novel is a union of its own tradition and the imported model. Its own tradition refuses to fade away and continues to protest against imperialism. Its mythical imagination goes beyond factual description of African tragedy and seeks a hopeful future. The Latin American novel has a similar orientation.

The European novel is not an obstacle. It has helped in the investigation of the psychological side of the historical problem. Minute insights into the inner complex, received from European novel, are used well. Even the technique of the inner monologue produces appropriate effects. So the African novel has a better organization than the East Asian novel. It opens a third way to successfully unite the different modes of cultural memories.

If all civilizations on the earth were to exchange their merits in an egalitarian fashion, human wisdom would be greatly increased. This is the way to avoid the clash of civilizations and to realize the harmony of civilizations. Whether the new millenium is hopeful or not depends on our efforts. (4)

Notes

(1) Cho Dong-il, "Male-Female Partnership and Competition for the Classical Novel", *Korean Literature in Cultural Context and Comparative Perspective* (Seoul: Jipmundang, 1997), p. 91

(2) Erich Auerbach, Willard R. Trask tr., *Mimesis, the Representation of Reality in Western Literature* (Princeton: Princeton University Press, 1971), p. 551

(3) Ngugi wa Thiong'o, *Decolonizing the Mind, the Politics of Language in African Literature* (London: James Currey, 1981), p. 64

(4) This paper is a partial summary of my book written in Korean,

Soseoleu Sahwesa Bigyoron vol. 1-3 (*A Comparative Social History of the Novels*) (Seoul: Jisigsaneopsa, 2001)

傳과 고백록: 東西 소설의 연원

두 원형

문화 기억을 이야기의 형태로 기록해 전하고자 하는 것이 인류 공통의 소망이다. 그래서 이룩한 수많은 전승 가운데 사람의 행실에 대한 최종적인 평가를 가장 소중하게 여기는 점도 서로 다르지 않다. 그것이 종교의 전통에 따라 다르게 선택되었다.

동아시아 유교 사회와 유럽의 기독교 사회는 각기 그 나름대로의 방식을 갖추었다. 한쪽은 傳이고, 다른 쪽은 고백록이다. 一生譚의 이 두 원형이 변형을 거치면서 문학사의 오랜 기간 동안 전승되었다. 두 문명권 문학이 서로 다른 양상 가운데 많은 것을 그 결과로 설명할 수 있다.

동아시아에서는 司馬遷이 본보기를 보여준 史書의 列傳에 올라 있는 사실이 사람의 행실에 대한 공식적인 평가여서, 선조의 명예와 불명예가 후손에게 상속되었다. 이것이 유교에서 내리는 최후의 심판이었다. 史官은 기록을 공정하게 해야 하고, 후세의 평가를 두려워해야 했다. 傳은 모두 공인된 규범을 따라야 했다. 제삼자의 객관적 관점을 갖추지 않은 일생담은 용납되지 않았다. 자서전은 집필하지 말아야 했다.

서쪽의 유럽에서는 신앙의 고백록을 일생담 가운데 으뜸으로 여겼다. 아우구스티누스의 전례를 따라 신을 향해 자기 죄를 고백해야 심판에 통과해 천국에 갈 수 있다고 여겼다. 신은 거짓말을 용서하지 않으므로 고백하는 사람은 정직해야 했다. 후대에는 고백하는 상대는 신이 아닐 수 있었지만, 내면의 진실을 그대로 나타내는 일인칭 서술의 전통은 그대로 이어졌다. 중요한 위치에 있는 사람은 자서전을 쓰는 것이 바람직하다고 했다.

양쪽 소설

동아시아의 소설은 가짜 傳으로 시작되었다. 사서의 열전에 오를 자격이 없는 대수롭지 않은 인물을 등장시켜 지어낸 이야기를 전이라고 하면서 가짜 전을 만들었다. 위장된 신분으로 불법 출생신고를 한 그런 문제아들이 기울어지고 있는 중세문명을 내부에 침투해 흔들기 시작했다.

유럽의 첫 소설, 건달소설이라고 하는 것들은 가짜 고백록이다. 스페인어로 '피카로'라고 하는 건달이 잘못을 고백하고 용서를 빈다는 구실을 내세워 도리어 갖가지 비행을 자랑한 내용이니 가짜라고 하지 않을 수 없다. 고백을 받는 상대는 사회명사로 바꾸어놓았다.

형성 단계에 있던 양쪽 소설의 기본 관심사는 남녀관계였다. 중세에서 근대로의 이행기의 세속화된 사회가 그런 이야기를 흥미거리로 삼고, 문화 기억의 방식에 따라 서로 다르게 구현했다. 각기 자기네 전통을 변형시켜 소설을 만들어내는 방식이 주목할 만한 대조를 보여주었다.

동아시아에서는 一夫多妻 소설이 유행했다. 유력한 남성이 여러 여성과 관계를 맺는 사건을 만들어 가짜 傳이 널리 알려져 지지 기반을 다지게 했다. 여성 등장인물 또한 관심의 대상인가는 작품에 따라 달랐다.

일본의 본보기인 井原西鶴의 『好色一代男』(1682)은 남성 본위의 이야기이다. 남주인공이 평생토록 수많은 여성을 찾아다니는 獵色 행각의 과정을 일방적으로 다루었다. 상대가 되는 여성 등장인물은 어떻게 살아가는지 관심을 보이지 않고, 모두 소모품으로 취급했다.

그 비슷한 설정을 한 중국소설 『金瓶梅』는 작자 미상이고, 16세기말이나 17세기초에 이루어진 것으로 보인다. 이 작품은 好色漢 주인공이 온통 지배하지 않는다. 제목에 이름 한 자씩 보이는 세 여성에게 그 나름대로의 삶이 있다고 했다. 남주인공이 횡포를 부리다 죽은 뒤에는 여성의 운명에 관한 이야기가 남아 있었다.

한국에서 金萬重이 지은 『九雲夢』(1687)은 등장인물 아홉의 꿈이라고 하는 제목을 내세웠다. 아홉은 한 남편과 여덟 아내이니 불공평하다고 할 수 있지만, 만남이 항상 여성 주도로 이루어진다. 여성의 사회적 위치에 따라 각기 다른 戀情譚이 전개된다. 여성 독자는 여덟 여성과 자기를 동일시하는 흥미를 느끼면서 작품을 탐독할 수 있게 했다.

동아시아의 一夫多妻 소설에 상응하는 유럽의 작품은 간통소설이라고 하는 명예롭지 못한 용어로 일컬어지는 것이 예사이다. 여러 남성과 한 여성의 관계를 다루니 多夫一妻 소설이라고 하는 것이 마땅하고, 그 때문에 내역이 달라지지 않는다. 一夫一妻보다 남녀 어느 한쪽의 수를 늘여 一夫多妻 또는 多夫一妻 관계를 설정하는 소설이 더욱 흥미롭다. 양쪽 문명이 자기네 사정에 맞게 하나씩 나누어 가졌다.

一夫多妻 소설은 단독 또는 연속의 傳이며, 예외 없이 삼인칭 시점으로 진행되었다. 多夫一妻 소설 또는 간통소설은 일인칭 시점을 사용해 내심의 번민을 고백했다. 고백의 상대는 사랑하는 사람으로 바뀌었다. 사랑하는 사람이 새로운 우상, 사랑이 새로운 종교가 되었다. 여성

독자들이 이런 소설을 열렬하게 환영했다.

좋은 본보기인 장-자크 루소의 『쥘리 또는 새로운 엘로이즈』(1761)는 편지의 연속으로 이루어져 있다. 사회적인 장벽 때문에 사랑을 이룰 수 없는 두 연인이 절망에 사로잡혀 편지를 계속 주고받으면서 견딜 수 없는 탄식을 늘어놓았다. 내면의식이 소중할 따름이고, 사건의 전개는 없다. 한쪽이 죽어 결말에 이르렀다.

書簡小說은 새로운 방식으로 재정비된 고백록이어서, 유럽 전역에서 유행하고 변형을 산출했다. 영국 것으로 이름난 새무엘 리차드슨의 『파멜라』(1740)는 최초의 근대소설이라고 하지만, 행복한 결말에 이르는 점이 예외이다. 여주인공이 쓴 편지를 읽은 상대방의 유력한 남성이 갸륵한 마음씨를 평가해 결혼을 하자고 했다.

괴테의 『젊은 베르터의 고뇌』(1774)는 해도 소용이 없는 고백의 전통으로 되돌아갔다. 그런데 절망적인 고백을 받는 상대가 사랑의 우상이 아니고 내심을 알아주는 친구인 제삼자이다. 주인공의 죽음이 실패한 사랑의 당연한 귀결이라고 하기 어렵고, 설명하기 어려운 내면의 갈등을 나타내는 소설의 출현을 예고했다고 할 수 있다.

두 방향

동아시아 근대소설은 유럽소설의 영향을 받았으나, 독자적인 전통을 버리지 않고 있었다. 객관적인 서술을 하는 傳을 모체로 가족사소설이 생겨났다. 근대에 이르는 역사적 변동의 문제를 다루었다.

그런 소설의 대표적인 예를 들면 일본 島崎藤村의 『家』(1912), 중국 巴金의 『家』(1931), 한국 廉想涉의 『三代』(1931)이다. 이 세 작품은 가부장의 죽음이라는 주제를 함께 다루면서 근대사회에 이르는 역사적

변동의 공통된 과정을 보여주었다. 그러면서 그 구체적인 양상은 각국이 처한 상황이나 작가의 사고방식에 따라 달랐다.

가부장의 죽음은 전통사회에서 근대사회로, 권위주의에서 민주적 가치관으로 이행하는 필연적인 과정이므로 회피하거나 연기할 수 없다는 데 세 소설은 의견이 일치했다. 그러나 가부장의 성격은 상이했다. 島崎藤村의 『家』(1912)에서는 농민의 지도자, 巴金의 『家』(1931)에서는 과거에 급제한 紳士, 廉想涉의 『三代』에서는 금전의 힘으로 양반의 지위를 획득한 사람이다.

가부장의 뒤를 잇는 후계자는 두 성격으로 나누어졌다. 가부장의 죽음을 온건한 후계자는 유감스럽게 여기고, 반항적인 후계자는 환영했다. 島崎藤村 『家』의 후계자는 온건하고, 巴金 『家』의 후계자는 반항적이다. 廉想涉 『三代』에서는 두 가지 성격의 후계자들이 함께 등장했다.

島崎藤村 『家』의 온건한 후계자는 사라져가는 일본문화의 전통을 이어받아 서양의 도전을 극복하려고 했다. 巴金 『家』의 반항적인 후계자는 서양의 자유주의를 받아들여 가부장의 횡포에서 벗어나고자 했다. 廉想涉은 『三代』에서 서양의 자유주의나 공산주의가 전통적 가치관과 충돌하는 복잡한 양상을 여러 인물을 등장시켜 보여주었다.

유럽에도 비슷한 소설이 있었다. 프랑스의 마르텡 뒤 가르는 『티보家의 사람들』(1922-1936)을 써서 가부장의 죽음을 그리고, 우익의 온건한 후계자와 좌익의 반항적인 후계자 사이의 경쟁을 보여주었다. 그런데 이런 작품은 한물 간 것으로 취급하고 20세기 유럽 소설의 주류에서 벗어나 있다고 한다.

유럽 소설은 의식의 흐름 쪽으로 기울어졌다. 그 모형인 마르셀

푸루스트의 『잃어버린 시간을 찾아서』(1913-1927)나 제임스 조이스의 『율리시스』(1922)에 대한 관심이 줄곧 고조되었다. 이런 작품은 자기 자신을 상대로 한 새로운 형태의 고백록이다. 내심을 알아주는 친구조차 없으며, 자기 자신의 범위를 넘어선 의사소통이 불가능하다. 문자 그대로 내적 독백이다.

이런 작품에 대해 "힘들게 분석해본다 해도 잡다한 話素가 그물에 걸리기나 하고 작품의 지향점이나 의미에 관해서는 아무 것도 파악하지 못한다"고 비판한 말이 타당하다. 그래도 상황이 달라지지 않는다. 이미 선택한 방향으로 나아갈 수밖에 없고 다른 길이 없다.

프란츠 카프카 및 다른 몇 작가들이 소설을 더 파괴했다. 마침내 '신소설' 또는 '反소설'이라는 것이 나타나 최후의 타격을 가했다. 사건은 어지럽혀지고, 인물의 성격은 해체되었으며, 역사의식이 사라졌다. 소설의 위기를 치유할 방법이 없는 것 같다.

새로운 형태의 유럽소설은 동아시아에서 언제나 높이 평가되었다. 서양학문의 배경을 가진 비평가들이 그렇게 하는 데 앞장서서, 유럽소설을 본뜨라고 작가들에게 충고했다. 그러나 서간소설이 고정된 형태로 정착되지 못했다. 의식의 흐름을 보여주는 실험 또한 가시적인 결과를 산출하지 못했다.

종교 신앙이 없는 고백록이 나타나 유럽소설의 위기를 가져왔다. 그것이 세계소설의 위기는 아니다. 동아시아에서는 문화 기억 방식인 傳의 전통이 세속화되고 근대화된 사회에서도 살아 있다. 동아시아의 소설은 삼인칭의 시점으로 역사를 그리려고 한다.

일본의 '私小說'은 일인칭을 사용하지만 소설을 파괴하지 않는다. 큰 규모의 역사소설이 일본과 한국에서 대단한 인기가 있다. 중국과 한국의 작가들은 근대의 사회사나 정치사를 역사가들이 하는 것보다 더 잘 다루기를 열망한다.

소설이 처음에는 가짜 傳이었지만, 지금에 와서는 사회의 공식적인 傳을 쓰는 새로운 방식이다. 가짜 고백록으로 시작된 소설은 그렇지 못하니 희망이 없다고 할 것은 아니다. 극단화되는 쪽으로 기울어지지 않으면 사람이 겪고 있는 바를 진지하게 증언할 수 있다. 동아시아의 문화 기억 방식은 외면을 중요시한다. 가족·공동체·국가에서 이루어진 삶을 높이 평가하면서, 개인의 내면의식은 경시하는 경향이 있다. 외면 지향과 내면 지향을 결합하면 문화 기억 방법이 더 나아진다.

제3의 길

유럽의 우월감이 해롭듯이 동아시아가 옳다는 생각도 잘못되었다. 또한 지구상에 이 두 문명만 있는 것은 아니다. 다른 여러 문명도 각기 그 나름대로의 문화 기억 방식을 이어오고 있다. 광범위한 비교연구를 해야 자기중심주의에서 벗어날 수 있다.

인도나 아랍 문명도 영광스러운 역사를 잊지 않고 있는 것을 알아야 한다. 문자로 기록된 유산이 없는 사람들은 고려 밖에 둘 것도 아니다. 그 가운데 아프리카의 경우를 들어, 전통적인 문화 기억 방식과 근대소설의 상관관계를 고찰하기로 한다.

케냐의 소설가 응구기 와 시옹고는 신이 죽자 유럽소설은 죽었지만 아프리카소설은 살아 있다고 말했다. "'신소설'을 찾는 운동도 있었으나, 그것이 새로운 신을 찾는 것과 같은 운동인지, 그런 노력이 성공을 거두었는지 나는 확실하게 알지 못한다. 소설이라는 이름을 부르면 응답을 하는 무엇이 아프리카나 라틴아메리카에서는 살아 있다는 신호를 보내는 것만은 확실하다"고 했다. 다른 쪽의 이야기는 이렇다.

아프리카소설이 유럽의 모형을 본떠서 생겨났다는 것은 잘 알려진 사실이다. 그런데 어째서 유럽소설의 흥망성쇠를 따르지 않는가? 이에 대한 대답은 아프리카 사람들은 유럽의 신이 아닌 자기네 신화를 믿는다는 데 있다.

유럽에서는 자기네 신과 관련시켜 그 쪽의 문화 기억 방식인 고백록을 산출했으며, 신의 죽음이 소설에서 계승한 고백록에 잘 나타났다. 그러나 아프리카의 문화 기억 방식은 신화나 다른 구비서사문학이다. 아프리카의 신화는 역사에 대한 예언을 계속해서 하고 있어 죽지 않는다.

아프리카소설은 독자적인 전통과 수입된 형태의 결합이다. 독자적인 전통은 사라지려고 하지 않고 제국주의에 대한 항거를 계속한다. 아프리카의 비극을 사실 그대로 묘사하는 데 머무르지 않고, 신화적 상상력을 발동시켜 희망에 찬 미래를 찾는다. 라틴아메리카의 소설도 유사한 방향으로 나아간다.

유럽소설이 장해 요인은 아니다. 역사적인 문제의 심리적 측면을 탐구하는 데 도움이 된다. 내면의 갈등을 자세하게 살피는 방식을 유럽소설에서 받아들여 잘 이용하고 있다. 내적 독백의 기법조차도 적절한 효과를 낸다. 이런 이유에서 아프리카소설은 동아시아소설보다 더 잘 짜여 있다. 문화 기억의 상이한 방식들을 결합시키는 제3의 길을 연다고 할 수 있다.

지구상의 여러 문명이 각기 지닌 장기를 대등한 위치에서 교환할 수 있으면 인류의 지혜는 크게 향상될 것이다. 이렇게 해야 문명의 충돌을 피하고 문명의 화합을 이룩할 수 있다. 새로운 천년이 희망적인가 아닌가는 우리 노력에 달려 있다.

토론

❑ 문: 유럽에서 노동자가 시민화하면서 소설의 기본 요건인 자아와 세계의 대결이 와해된다고 말한 현상이 세계 전체에서 일어나지는 않는가?

❑ 답: 유럽의 노동자가 시민화하는 다른 한편에서 외국인 노동자가 새로운 피해자로 등장한다. 제1세계와 제3세계의 갈등이 지구 전체의 범위에서 더욱 심각해진다. 이러한 사실을 외면하는 유럽소설은 해체기에 들어서고, 제3세계 작가들이 새로운 임무를 자각하고 앞서 나아가는 작품을 쓴다. 선진이 후진이 되고, 후진이 선진이 된다.

❑ 문: 우리의 경우는 어떤가?

❑ 답: 지금의 상태를 들어 말한다면 우리는 선진도 후진도 아닌 중간이다. 현상 유지를 오래하지 못하므로 방향을 정할 때가 되었다. 우리는 제1세계의 말석인가, 제3세계의 선두인가? 어느 쪽이라고 하더라도 위치는 그대로 있다. 사실 판단에서는 둘 다 맞다. 그러나 어느 쪽이라고 의식하는가에 따라 지향점이 달라진다. 말석이라도 차지해 제1세계에 들어서는 것이 다행이라고 여기고 그 쪽을 따르면 후진의 후진이 된다. 제3세계의 선두임을 자랑스럽게 여기고 여러 동지와 함께 수행해야 할 과업을 물질적·정신적 여력을 슬기롭게 활용해 모범이 되게 추진하면 선진의 선진으로 나아간다.

실제 상황을 점검해보자. 우리 역사와 사회 내부의 문제를 심각하게 다루면서 작품을 지나치게 길게 쓰는 풍조가 퇴조를 보이면서, 다음에는 어떻게 할 것인지 심각하게 생각하고 나아갈 방향을 슬기롭게 정할 때가 되었다. 단권짜리 장편을 비교적 짧게 써야 받아들여질 수 있다는 것은 의문의 여지가 없다. 그 속에 무엇을 담아야 하는가?

제1세계에서 소설을 해체하는 전례를 따르면서 유행에 뒤떨어지지 않겠다고 하는 것은 어리석다. 그쪽에서도 알아주지 않는다. 우리의 고민을 제3세계의 문제로 인식하고 세계사의 진행에 동참하는 결단을, 목에 힘을 주어 공연히 언성을 높이지 말고 절실하게 다가오는 친근한 목소리로 들려주는 것이 마땅하다. 이 작업을 우리 문학의 전통을 활용해 새로운 방법을 찾으면서 하는 것은 더욱 바람직하다. 좋은 결과를 얻으면 국내나 제3세계는 물론 제1세계에서도 충격을 느끼면서 받아들일 것이다.

❑ 문: 연극의 경우에 관해서도 같은 말을 할 수 있는가?

❑ 답: 크게 보면 소설과 연극은 다르지 않다. 그러나 연극은 소설에 비해 비용이 많이 들기 때문에 제3세계에서 잘 하기 어렵다. 지원은 하고 간섭은 하지 않는 정부를 만나지 못해 고전을 하고 있다. 또한 영화가 소설의 자리를 많이 앗아가고 있다. 당연하다고 여기고 영화를 위해 각별한 노력을 해야 한다. 그렇지만 창조력을 살릴 수 있는 제작 여건이 마련되는지 문제이다.

소설은 영화의 시대에도 위축되지 않는다. 소설은 창작하고 제작하는 데 비용이 적게 들고, 멀리까지 전달되기 쉽다는 이점이 있어 선진과 후진의 교체를 이룩하고 제3세계가 앞서 나아갈 수 있게 한다. 영화가 할 수 있는 일을 앞질러서 한다.

❑ 문: 소설 작품을 연구하면서 구조주의나 정신분석학의 방법을 사용하는 것은 어떤가?

❑ 답: 둘 다 도움이 된다. 구조주의는 작품의 윤곽을, 정신분석학은 등장인물의 내면심리를 이해하는 데 기여한다. 그러나 따로 놀지 말고 작품에서 진행되는 자아와 세계의 대결에 관한 총체적인 해명에 기여해야 한다. 연구의 초창기에 구조주의 방법을 이용하면서 내가 다시 만들어 총체적 해명으로 나아가고자 했다.

❑ 문: 소설이 설화에서 유래했다는 사실을 무시하고 傳이나 고백록과의 관계를 말하기나 한 것은 잘못이 아닌가?

❑ 답: 소설이 설화의 연속이고 극복임을 충분하다고 할 정도로 해명했다. 자아와 세계의 대결에서 세계가 우위인 전설과 자아가 우위인 민담을 합쳐, 세계의 경이나 자아의 가능성이 아닌, 자아와 세계에서 함께 타당한 진실성을 찾는 것이 소설에서 하는 일이라고 했다. 그런데 소설은 미천한 과거를 감추고 고급의 문학으로 행세하면서 질서를 교란하는 이중의 목적 달성을 위해 傳이나 고백록을 이용했다는 데서 오늘의 논의를 시작했다. 설화와의 관계에서는 동일한 특징을 가진 동서의 소설이 상이한 방향으로 나아간 것은 신분 위장을 위해 선택한 선행 문학이 달랐기 때문이다.

❑ 문: 질문마다 답이 쉽게 나와, 해야 할 일을 다 한 것 같다. 우리는 무엇을 해야 하는가?

❑ 답: 질문에 대한 대답은 중간 단계에서 가능한 착상에 지나지 않는다. 어느 하나도 정답일 수 없다. 과연 그런지 따져보아야 한다.

지금까지 내가 한 작업으로 오랜 의문에 결론을 내려 연구가 종결되게 하는 것은 결코 아니다. 새로운 의문이 일어나고, 문제가 확대되어, 연구가 더욱 활발해지도록 촉구하는 기폭제를 마련하는 데 그쳤다.

연구한 것마다 미완이다. 다루지 못한 작품도 문제도 너무 많다. 전개한 논의, 생각해낸 이론이 얼마나 타당한지 의문이다. 이미 한 작업의 완성도를 높이고 획기적인 전환을 하면서 넘어서야 한다. 신경지를 개척하는 것이 더욱 소중한 일거리이다. 영화의 이론은 탐을 내기나 하고 말았다. 학문통합을 실제로 이룩해야 한다. 해야 할 일을 들먹이면 잠이 오지 않지만, 내가 하지 않아도 된다는 생각하니 마음이 편안하다.

앞으로도 수십 년 더 일할 수 있으리라는 착각을 경계한다. 여러 평생을 살 수 있는 듯이 착각하면 더 우습다. 나는 폐업을 앞두고 있다. 남은 과업은 후진에게 넘겨야 한다. 미해결의 과제를 확인하고 설익은 착상을 공개하면서 맡아나갈 사람들을 구하려고 이 강의를 한다.

저자 조 동 일

1939년 8월 9일생. 경북 영양군 출신.

1962년 서울대학교 불어불문학과를, 1966년 국어국문학과를 졸업했다. 1976년 국어국문학과에서 문학박사 학위를 받았다. 계명대학교, 영남대학교, 한국학대학원, 서울대학교 교수를 역임하고, 2004년 9월부터 계명대학교 석좌교수로 재직 중이며, 학술원 회원이다. 주요 저서로 『서사민요연구』, 『한국문학통사』(전6권), 『우리 학문의 길』, 『인문학문의 사명』, 『소설의 사회사 비교론』(전3권) 등이 있다.

홈페이지 : http://chodongil.x-y.net

세계 · 지방화시대의 한국학 7

일반이론 정립

인쇄 | 2008년 2월 20일
발행 | 2008년 2월 25일

저 자 | 조동일
펴낸이 | 이진우
펴낸곳 | 계명대학교출판부
대구시 달서구 달구벌대로 2800
전화 053-580-6233
팩스 053-583-5213
등록 | 1970. 9. 1. (신고번호 제347-1998-1호)

ISBN 978-89-7585-411-8 03910

값 20,000원